本书为教育部人文社会科学研究西部和边疆地区规划基金项目"1912—1931年东北边疆危机与移民实边问题研究"（项目批准号：10XJA770001）最终研究成果

1912—1931年
东北边疆危机与移民实边问题研究

高强 著

中国社会科学出版社

图书在版编目（CIP）数据

1912—1931 年东北边疆危机与移民实边问题研究/高强著. —北京：中国社会科学出版社，2016.9
ISBN 978 - 7 - 5161 - 8818 - 7

Ⅰ.①1… Ⅱ.①高… Ⅲ.①移民实边—研究—东北地区—1912 - 1931 Ⅳ.①K260.7

中国版本图书馆 CIP 数据核字（2016）第 205134 号

出 版 人	赵剑英
责任编辑	张 湉
责任校对	王佳玉
责任印制	李寡寡

出　　版	中国社会科学出版社
社　　址	北京鼓楼西大街甲 158 号
邮　　编	100720
网　　址	http://www.csspw.cn
发 行 部	010 - 84083685
门 市 部	010 - 84029450
经　　销	新华书店及其他书店
印　　刷	北京明恒达印务有限公司
装　　订	廊坊市广阳区广增装订厂
版　　次	2016 年 9 月第 1 版
印　　次	2016 年 9 月第 1 次印刷
开　　本	710×1000　1/16
印　　张	19
插　　页	2
字　　数	321 千字
定　　价	69.00 元

凡购买中国社会科学出版社图书，如有质量问题请与本社营销中心联系调换
电话：010 - 84083683
版权所有　侵权必究

目 录

序 …………………………………………………………………（1）
第一章　民初东北边疆危机之加剧（1912—1917）…………（1）
　第一节　俄国之侵略野心及行径 …………………………（1）
　　一　帝俄与呼伦贝尔危机 ………………………………（2）
　　二　帝俄与内蒙古部分蒙旗王公叛乱 …………………（7）
　　三　帝俄其他侵略之表现 ………………………………（14）
　第二节　日本之侵略野心及行径 …………………………（26）
　　一　日本策划"满蒙独立运动" …………………………（26）
　　二　日本对中国东北之土地掠夺与农业殖民侵略 ……（30）

第二章　民初东北移民实边政策之实施（1912—1917）……（45）
　第一节　东北移民实边舆论之勃兴 ………………………（45）
　　一　相关部门及政府官员之倡议 ………………………（46）
　　二　垦植组织与有识之士之呼吁 ………………………（49）
　　三　报纸杂志广为宣传 …………………………………（52）
　　四　移民实边舆论之评价 ………………………………（55）
　第二节　中央政府相关政策之实施 ………………………（58）
　　一　中央政府相关施政措施 ……………………………（58）
　　二　章炳麟出任东三省筹边使始末 ……………………（64）

第三节　奉天省移民实边政策之实施 …………………………（76）
　　一　成立清丈荒地机关及出台相关政策法规 ……………（78）
　　二　清丈苇塘、前清皇室庄地及星尼地 ……………………（80）
　　三　清丈前清王公庄地及内务府庄地 ………………………（81）
　　四　丈放前清皇室陵寝余荒 …………………………………（83）
　　五　丈放八旗官兵随缺伍田 …………………………………（86）
　　六　丈放余荒及淤荒 …………………………………………（93）
　　七　地方政府之作为与移民实边政策之推行 ………………（95）
　　八　垦植组织与垦植公司之贡献 ……………………………（97）
第四节　吉林省移民实边政策之实施 …………………………（99）
　　一　丈放官荒与清查地亩 …………………………………（102）
　　二　整顿与开发旗地 ………………………………………（108）
　　三　吉林垦植分会移民实边之规划与实践 ………………（113）
　　四　山东垦植分会（垦植协会鲁支部）之筹边 ……………（120）
　　五　其他垦植公司之出现 …………………………………（123）
　　六　农会组织立志筹边 ……………………………………（125）
第五节　黑龙江省移民实边政策之实施 ………………………（126）
　　一　清丈兼招垦总（分）局之设立及相关政策法规之
　　　　出台 ………………………………………………………（130）
　　二　清丈兼招垦总（分）局对黑龙江省垦务发展之推动
　　　　作用 ………………………………………………………（139）
第六节　特殊移民实边政策之分析
　　　　——难民移垦与军队屯垦 ………………………………（156）
　　一　山东难民移垦黑龙江省讷河 …………………………（157）
　　二　讷河"移民代赈"，安置直隶灾民 ……………………（163）
　　三　军屯实边之建议与规划 ………………………………（168）

第三章　东北边疆危机之持续发展（1918—1931）…………（175）
第一节　苏俄（联）与中国东北边疆安全问题 ………………（175）

一　中东铁路及"铁路专用地"主权问题：因俄国新旧政治
　　　　势力内争而引发 ………………………………………（176）
　　二　中苏东段边界问题 …………………………………（195）
　　三　中东路事件与中苏边境战争 ………………………（202）
　第二节　日本与中国东北边疆安全问题 ……………………（208）
　　一　日本侵略力度强化之表现：就舆论、政策及实施加以
　　　　分析 …………………………………………………（208）
　　二　越境朝鲜人问题：日本侵略阴谋之工具 …………（215）
　　三　朝鲜独立运动与珲春事件：威胁中国东北边疆之
　　　　安全 …………………………………………………（228）

第四章　移民实边政策之继续推行（1918—1931） …………（239）
　第一节　移民实边相关政策之实施 …………………………（239）
　　一　奉天（辽宁）省 ……………………………………（241）
　　二　吉林省 ………………………………………………（245）
　　三　黑龙江省 ……………………………………………（250）
　第二节　关内难民潮涌与移垦东北实边 ……………………（256）
　　一　难民潮涌之原因 ……………………………………（256）
　　二　难民潮涌与社会救济 ………………………………（259）
　　三　难民垦荒与充实边疆 ………………………………（263）
　第三节　地方设治与人口增殖 ………………………………（268）
　　一　耕地数字增长对比情况 ……………………………（268）
　　二　地方设治及其意义 …………………………………（270）
　　三　人口增殖 ……………………………………………（276）

结束语 ……………………………………………………………（282）
参考文献 ………………………………………………………（287）

序

　　作者籍隶陕西西安，出生于黑龙江齐齐哈尔。在清代与民国，齐齐哈尔作为黑龙江省行政中心所在地，有丰富的历史资料遗存，其中包括近代东北边疆危机及清政府与民国政府作为应对措施而实施移民实边政策之相关资料。作者在有机会接触到此类资料之后，开始对该问题有所思索。2002年9月，作者有幸考入中山大学历史学系攻读博士学位。入学之后，受导师周兴樑教授点拨及个人学术研究旨趣，确定以清末东北边患与移民实边问题作为学位论文的研究方向。经三年努力，在导师的精心指导之下，作者完成博士学位论文《清末东北边患与移民实边问题研究》，并于2005年6月顺利通过学位论文答辩。在论文答辩过程中，指导答辩的多位学者在肯定论文选题和撰著的同时，提出了所存在的问题和具体的修改意见，为进一步完善论文奠定了基础。经修改与完善，该篇学位论文以同题目于2009年7月出版。

　　作者完成清末相关问题研究工作之后，有意将此研究领域延伸到民国时期。2010年，作者以《清末东北边患与移民实边问题研究》这部小书为主要先行研究成果，申报教育部人文社会科学研究基金项目，并有幸被批准立项：教育部人文社会科学研究西部和边疆地区规划基金项目"1912—1931年东北边疆危机与移民实边问题研究"（项目批准号：10XJA770001）。自课题获准立项后，作者以前期研究成果为基础，通过各种渠道广泛搜集、精心爬梳相关史料，确定写作框架与思路，经数年笔耕，形成书稿，成为课题研究最终成果，由此完成了课题的研究工作。

本课题所研究的对象，是民国前期（1912—1931年）东北边疆地区外患逐渐加剧，以及由此而引发的政府对策——移民实边政策之实施问题，揭示移民与保障边疆安全之间的密切关系，研究的地域范围是当时奉天[①]、吉林与黑龙江三省，以及当时与东北三省关系密切的内蒙古东部哲里木盟[②]（今通辽市）地区。[③]

民国政府在东北地区实施移民实边政策，外部原因居于主导地位，主要在于俄国和日本利用同中国东北地区接壤（日本通过占据朝鲜半岛）的地缘优势，乘中国东北特别是沿边界地带尚未得到有效开发而导致人烟稀少、地利未尽之机，对中国东北地区实行殖民侵略，迫使民国政府作为应对措施而实施移民实边政策。因此，俄、日两国的殖民侵略和民国政府的应对措施密不可分，是研究本课题的基本思路，并成为贯穿始终的一条基本的研究线索。

按照上述思路与线索，课题研究最终成果共分为四章，分别是"民初东北边疆危机之加剧（1912—1917）""民初东北移民实边政策之实施（1912—1917）""东北边疆危机之持续发展（1918—1931）""移民实边政策之继续推行（1918—1931）"。课题研究之所以分为两个时间段而展开，是基于以下考虑：1917年俄国爆发两次革命，对该国形成巨大的冲击，尤其是十月革命的爆发导致俄国局势发生巨变，苏维埃政权取代旧政权，成为中国最大陆上邻国的主宰者。苏维埃政

---

① 1929年改称辽宁。
② 哲里木盟包括科尔沁六旗：科尔沁左翼前旗、左翼中旗、左翼后旗，科尔沁右翼前旗、右翼中旗、右翼后旗，与奉天省关系紧密；郭尔罗斯前旗，与吉林省关系紧密；郭尔罗斯后旗、杜尔伯特旗及札赉特旗（亦作扎赉特旗），与黑龙江省关系紧密。此外，与黑龙江省关系密切的尚有依克明安公，依克明安辅国公系额鲁特外蒙古，在清乾隆年间由新疆迁至黑龙江通肯一带，归黑龙江将军节制，其地虽在黑龙江省，但不属于哲里木盟。
③ 从民国至今，东北地区的地方行政区划几经变化，本课题在研究问题时，均以当时之地方行政区划为准，政区及地名沿革若有必要时尽量注明。

权掌权伊始，鉴于自身处境艰难，为协调与中国的关系，一度表示放弃帝俄政府的侵略政策，并且确实在某些方面付诸行动。但是，随着各方形势逐渐向有利于苏维埃政权而发展尤其在苏联正式成立之后，情况为之一变，苏联政府开始热衷于继承帝俄时代在中国东北地区的侵略"遗产"，在外蒙古、中东铁路、中苏东段边界等问题方面均有越来越露骨的表现，甚至为此不惜对中国大动干戈，大国沙文主义的面目暴露无遗。上述历史事实已经充分证明，富于侵华传统的俄国政权的更迭并没有使中国东北边疆危机有所缓和，与之相反，导致我国东北地区出现了新的边疆安全问题。此外，由于俄国十月革命的爆发及其所导致的一系列后果，日本乘其称霸东北亚的最大对手国内形势发生巨变之机，进一步加大侵略力度，力图将侵略触角由我国东北南部伸向北部，使我国东北边疆危机呈现加剧之势。考虑到上述问题，作者决定以1917年作为研究时段的分界点。当然，由于苏维埃政权真正掌控俄国局面始于20世纪20年代，因此在研究相关问题时，不一定完全以1917年为时段分界点，这是需要说明的。

根据研究内容，书稿可以分为两大部分。

第一，研究1912—1931年间中国东北边疆危机之情况，主要探究俄（苏）、日本对中国东北地区的侵略野心及行径：帝俄乘民国取代清廷、中国政局不稳之机，策动呼伦贝尔分裂分子及哲里木盟少数蒙古王公叛乱；帝俄利用偷移界碑等方式蚕食中国东北边疆领土，通过各种手段侵渔我国边疆资源；苏维埃政权与旧俄白卫势力相互争斗对中国东北地区特别是中东铁路路区安全所造成的威胁；中国政府与苏俄政府关于中东铁路问题之交涉；"中东路事件"及由此引发的中苏边境战争；20世纪20年代中苏东段边界问题；日本策动"满蒙独立运动"；日本在我国东北的土地侵渔与农业殖民侵略；日本借口保护越垦朝鲜人，利用朝鲜垦民国籍、法律地位、土地所有权等问题侵犯中国主权；等等。

第二，研究民国政府面对东北边疆危机而采取的应对措施——移民实边政策之实施及不断深化，以农业移民、土地开发为重心。主要探究以下问题：关于移民实边的舆论潮流；中央与东北地方政府采取的政策措施；民间特别是关内难民移民东北定居垦荒；移民实边政策导致的结果及意义；等等。

课题研究以上述两方面为主要内容，通过对俄国、日本在中国东北地区侵略行径的剖析以及对中国政府应对措施的探讨，揭示移民实边政策实施与东北边疆危机之间的密切关系即移民实边政策是为应对边疆危机而存在并不断得到深化，从东北地区人口增殖、耕地增加、地方行政设施逐渐完善及多民族之间文化交流与融合等方面，指出移民实边政策实施所取得的历史意义及对当今治理边疆地区的现实借鉴作用。

书稿已成，但囿于学识，其中失当甚至舛错之处在所难免，恳请学界博雅君子予以批评与指正。

最后，作者对周兴樑老师的精心指导与热切关怀，再次表示深切的敬意与诚挚的感谢，感谢恩师引导学生走上史学研究之路！感谢教育部社会科学司对研究工作提供充足的资助基金！感谢学校对研究最终成果出版提供专项经费！感谢中国社会科学出版社在书稿出版方面所给予的宝贵帮助！感谢亲友、同人的一贯支持！

高　强

2016 年 2 月 22 日于宝鸡文理学院

第一章

民初东北边疆危机之加剧
（1912—1917）

19世纪中期，中国最大的陆上邻国沙皇俄国掠夺了中国东北边疆100多万平方公里的辽阔领土，近代中国东北边疆危机由此而引发。当时，沙皇俄国利用我国东北边疆特别是中俄两国沿边地带人口稀少、地利未尽、人口与土地严重脱节的不利形势，采用先实施武装移民、后逼签不平等边界条约之手段，大肆鲸吞我国领土。从此直至清代终结，沙俄继续采用各种手段，对我国东北边疆领土实施蚕食与侵扰。日本在控制朝鲜半岛后，利用与我国东北地区接壤的地缘优势，也开始对我国东北边疆实施殖民侵略，且其侵略势头大有超越沙俄之趋势。民国取代清王朝之后，由于各种因素，我国东北边疆危机并未得到改观，反而有日益加剧之趋势。

第一节 俄国之侵略野心及行径

沙皇俄国自19世纪中期开始对中国东北边疆实施侵略，成为近代中国东北边疆危机之始作俑者。辛亥革命爆发之后，帝俄认为中国政局不稳，正是在我国东北地区施展身手的大好时机。1913年，曾出任俄国陆军大臣的库罗巴特金提议，"在天山汗腾格里峰①到海参崴②之间划一直线，全面地'修改'中俄边界"，具体而言，库罗巴特金如此谋划："从西部汗腾格里山到东部符拉迪沃斯托克港的边界走向最符合俄国利益。按照这种划法，满洲、蒙古和新疆省的北部将划入俄国版图或势力范围，而由戈壁沙漠把俄国和中国隔开。"1916年，库罗巴特金"再次建议照此线修改中俄边界"③。沙俄统治集团于是积极展开活动，具体到中俄两国东段边界地区，沙俄策动外蒙古④以库伦⑤活佛哲布尊丹巴为首的分裂集团上演"独立"闹剧，并在内蒙古呼伦贝尔、哲里木盟科尔沁右翼前旗及右翼后旗等地区煽动叛乱，对我国东北边疆安全构成了极大的威胁。在实施以上侵略行径的同时，偷移边界界碑、放纵边民越垦、掠夺资源等侵渔行为亦层出不穷。

一 帝俄与呼伦贝尔危机

呼伦贝尔位于黑龙江省西部，在当时与黑龙江省有直接行政隶属关系，其地"北控俄罗斯，南抚喀尔喀，山河险固，并重龙江，诚西北部一重要屏藩也"⑥。清末以来，在该地区中俄沿边地带，我国境内"一望荒凉，几同无人之境"⑦。由于该地区"地旷人稀，物产丰富，是理想的殖民地"⑧，俄国因而垂涎三尺，一手挑起了该地区之中俄边

---

① 天山主峰。
② 指符拉迪沃斯托克。
③ 中国社会科学院近代史研究所：《沙俄侵华史》第4卷下册，人民出版社1990年版，第807—809页。
④ 关于外蒙古之概念，有狭义、广义之区分。狭义外蒙古一般专指喀尔喀蒙古，而广义外蒙古除喀尔喀蒙古外，尚包括阿尔泰、科布多、唐努乌梁海等地区。
⑤ 今蒙古国乌兰巴托。
⑥ 程廷恒鉴定，张家璠总编纂：《呼伦贝尔志略·沿边形势》，上海太平洋印刷公司1923年版，第29页。
⑦ 程廷恒鉴定，张家璠总编纂：《呼伦贝尔志略·边务》，上海太平洋印刷公司1923年版，第74页。
⑧ 《关东都督府陆军参谋长福田致外务次官松井函1913年12月16日〈俄蒙协约〉的缔结对呼伦贝尔的影响［附件］机密呼伦贝尔问题调查书》，陈春华译：《俄国外交文书选译——关于蒙古问题》，黑龙江教育出版社2013年版，第579页。

第一章　民初东北边疆危机之加剧(1912—1917)

界争端，企图将该地区之重镇满洲里①及中俄界河额尔古纳河流域一带土地囊括于己方境内，并于1911年12月20日逼签中俄《满洲里界约》，强行割占我国领土约1400平方公里。②

呼伦贝尔当地居民主要有索伦③、新陈巴尔虎（今呼伦贝尔）、额鲁特、达呼尔④、鄂伦春等，其中新陈巴尔虎人人数最多，占当地三万多居民总数的三分之二左右，属于蒙古族之分支，而其他民族"非纯系蒙古，多由他族迁徙而来"⑤。外蒙古库伦分裂集团在俄国扶植下非法宣布"独立"后，当地分裂分子"得活佛之劝告，又有某国之怂恿，遂蠢然动矣"⑥。于是，在沙俄和外蒙古的策动下，1911年9月，额鲁特总管胜福、陈巴尔虎总管车和札等人向清政府提出中央政府今后不得在当地设治、驻军和移民等无理要求，遭到中央政府的拒绝。之后，沙俄驻呼伦⑦副领事乌萨蒂操纵胜福、车和札等人勾结外蒙古军队，于1912年1月15日占领呼伦城，宣布"独立"，中国驻当地官员呼伦道⑧黄胜福被迫撤离公署。1月20日，叛乱蒙军驱逐孟克西里卡伦的中国卡兵。当日下午，该卡对岸俄人越界，将该卡吉兴昌商号及分号抢掠一空⑨。2月2日，叛军进攻胪滨府，因遭到清军反击而未能得逞。2月4日，叛军增援反扑，内有"俄马步炮兵约八百人与蒙兵四百余人"参与其中，清军被迫撤出⑩。胜福等人随即成立所谓

---

① 清末为黑龙江省胪滨府治所所在地，今划归内蒙古自治区。
② 吕一燃主编：《中国近代边界史》上卷，人民出版社2013年版，第244页。
③ 指鄂温克族。
④ 指达斡尔族。
⑤ 程廷恒鉴定，张家璠总编纂：《呼伦贝尔志略·蒙旗复治始末》，上海太平洋印刷公司1923年版，第328页。
⑥ 高劳：《外蒙古之宣布独立》，《东方杂志》第9卷第2号，1912年8月1日发行，总页二、第64页。
⑦ 清末为呼伦直隶厅治所所在地，原称海拉尔，今为内蒙古自治区呼伦贝尔市海拉尔区。
⑧ 呼伦道设于1908年，系由呼伦贝尔原副都统置设，领呼伦直隶厅、胪滨府及室韦设治局。
⑨ 黑龙江省档案馆、哈尔滨师范大学历史系编：《黑龙江历史大事记（1912—1932）》，黑龙江人民出版社1984年版，第1页。
⑩ 张本政、刘家磊、马国彦、林世慧、毕万闻编：《东北大事记（1898—1931）》，中国人民政治协商会议吉林省委员会文史资料研究委员会1985年编辑出版，第102页。

"自治政府",呼伦贝尔遂被叛乱分子所控制,陷于动乱之中。

呼伦贝尔叛乱发生后,沙俄不仅无理干涉中国政府出兵平叛,而且公然参与叛军的军事行动,除接济叛军军火之外①,在胪滨府的战事中,沙俄军官居间指挥,并有俄军乔装改扮成蒙军直接参战。② 帝俄干涉我国政府出兵平叛并且参与叛军的军事行动,自然有其原因。据日本驻哈尔滨总领事本多熊太郎分析,"俄国政府中的东方论者历来认为兴安岭为俄中两国国境线。总之,维持呼伦贝尔现状是俄国政府最渴望的事情"③。本多熊太郎还指出:"事实上,相当于黑龙江省三分之一的呼伦贝尔地方,目前已成为俄国的保护地。"④

沙俄煽动呼伦贝尔"独立"后,趁中国政府无法实施有效管理权力之机,勾结叛乱分子在当地夺取各种权益。叛乱发生后,叛军将中俄沿边地带中国所设21处卡伦摧毁殆尽,致使中方防卫设施处于瘫痪状态,俄国乘机重施指使边民越界开垦之故技,企图以此手段蚕食中国领土。例如,"由满洲里西北阿巴该图卡伦起,至库克多博,其间移入俄民计已有二百余户。又吉拉林⑤及莫里勒克河、毕拉尔河、牛尔河、珠尔甘河等流域,迁入我境俄民约有四百八十余户。俄官近乃由斯特列田斯科广运农具,前来按户分配,发给牛种,将大

---

① 关于此点,仅举一例,据《盛京时报》1913年10月26日第7版《俄人暗助枪弹》,胜福等"因枪弹不足"而向俄国求援,俄国"暗助连珠枪一万杆,子弹十箱,目前已由火车运送海拉尔",由胜福等接收。
② 关于沙俄接济叛军军火并直接参与叛军军事行动之事实,可参见程廷恒鉴定、张家璠总编纂《呼伦贝尔志略·蒙旗复治始末》,上海太平洋印刷公司1923年版,第327页:"呼伦独立,系俄人接济枪械";"俄兵改装助蒙合攻胪滨府";"蒙攻胪滨,有俄西伯利亚十五号队武官带兵攻击情事"。
③ 《日本驻哈尔滨总领事本多致外务大臣牧野函第53号密函1913年12月5日[12月11日收到]蒙古问题的现状及将来的趋势》,陈春华编译:《俄国外交文书选译——关于蒙古问题》,黑龙江教育出版社2013年版,第571页。
④ 同上书,第572页。
⑤ 该地在吉拉林河北岸,今属内蒙古自治区额尔古纳市。据缪学贤《黑龙江》,李兴盛、马秀娟主编:《黑水丛书》本之七,黑龙江人民出版社1999年版,第2553页,"吉拉林地质膏腴,为全边冠,苟筹拨常款,大事移民,不出五年,富庶可以立睹。"可见,若在当地实施移民实边之策,前景将会大有可为。

事耕作"①。再如，在呼伦城附近，"熟地甚多，向由华民领照开垦耕种有年"，当叛乱发生后，叛乱当局"将华人驱逐出境，所有耕稼器具，蒙人一并出租俄人，并闻俄领事与蒙古订立合同，行将移民耕种"②。在满洲里附近，"该处车站日前由西伯利亚开来之火车带有瓦罐车数辆，载有俄国贫民数百名，男女老少不一，至站下车均投领事署，探询系移殖蒙古，以备明春开垦"③。此外，胜福等人"遵照库伦政府的旨意，专恃俄国的帮助"，为保持所谓"独立"，"一心讨好俄国人，毫不顾惜地将地方的利权赋予了他们"④。尤其在组建所谓"自治政府"后，胜福等人由于"添设军民政各机关，款无所出，即向俄人息借，将境内所有路矿各权尽充抵押品而断送于俄人"⑤。乌萨蒂趁机施展手段，"诱惑我蒙旗订立林矿渔垦地皮各合同五十余份，就合同内容考之，意在举呼伦全境利权主权作一网打尽之计"⑥。"一网打尽"之说并非耸人听闻，俄国对当地资源的侵渔行径可谓无孔不入，在吉拉林、奇乾⑦等处，俄国越垦占地达702垧之多⑧。位于额尔古纳河右岸的奇乾"以砂金产地为富源，因边防疏阔，对岸俄人之越境偷采，及漏税运货之事，遂至风行"⑨。而吉拉林金矿早就租给了俄人库拉耶夫。除此之外，俄国人还获得了其他11处金矿的开采权。在胪滨

---

① 缪学贤：《黑龙江》，李兴盛、马秀娟主编：《黑水丛书》本之七，黑龙江人民出版社1999年版，第2553页。
② 《俄人租种蒙地》，《盛京时报》1912年7月13日第5版。
③ 《俄国移民蒙古之述闻》，《盛京时报》1913年1月9日第7版。
④ 《日本驻哈尔滨总领事本多致日本外务大臣牧野函第57号密函1913年12月17日［12月23日收到］俄国对呼伦贝尔（巴尔虎）的想法以及俄国人对其经营》，陈春华编译：《俄国外交文书选译——关于蒙古问题》，黑龙江教育出版社2013年版，第582页。
⑤ 《呼伦贝尔之内忧外患》，《晨钟报》1916年11月29日第5版。
⑥ 程廷恒鉴定，张家璠总编纂：《呼伦贝尔志略·外交》，上海太平洋印刷公司1923年版，第83页。
⑦ 该地位于额尔古纳河右岸，1920年置设治局，1922年设县，今属内蒙古自治区额尔古纳市。
⑧ 程廷恒鉴定，张家璠总编纂：《呼伦贝尔志略·垦殖》，上海太平洋印刷公司1923年版，第239页"垦务表"。
⑨ 熊知白：《东北县治纪要》，立达书局1933年版，第483页。

附近有一处煤矿，俄人"自由前往开采"，"声称该矿已经胜福之手，全部卖于俄"①。另外，俄国人还获得了伐木权和乌尔顺河②捕鱼权等③。此外，满洲里煤矿、海拉尔盐矿等资源，无一例外，也全都落入俄人之手。④ 上述事实表明，"呼伦贝尔独立已给俄国带来相当巨大的经济利益，这已为事实所证明"⑤。

俄国在策动呼伦贝尔叛乱后，要求中国政府今后不得在该地区"垦地、驻军及派驻官吏"⑥，并表示"如中政府愿俄国调处，极愿担任居间调停，恢复中国主权。但一切制度虽不同外蒙古之自治，亦不能与内蒙如洮南⑦之改郡县者相同"⑧。俄国之目的非常明显，欲使呼伦贝尔成为不受中国政府有效管辖的"特别区域"。帝俄力图通过逼签条约使其对呼伦贝尔的实际控制"合法化"，结果于1915年11月6日通过签订《中俄会订呼伦贝尔条件》实现了上述目标。《中俄会订呼伦贝尔条件》第6款有如此之规定："呼伦贝尔之土地，为同地人民共有之财产。中国人仅能取得租地权而止，并由该地官宪认为与该地人民之牧畜无障碍者为限。"⑨该条款无疑将"中国人"置于呼伦贝尔"客民"的地位，再次暴露了沙俄阻扰中国政府在蒙疆实施移民实

---

① 《呼伦贝尔之内忧外患》，《晨钟报》1916年11月29日第5版。
② 位于呼伦和贝尔两湖之间。
③ 《日本驻哈尔滨总领事本多致日本外务大臣牧野函第57号密函1913年12月17日[12月23日收到]俄国对呼伦贝尔（巴尔虎）的想法以及俄国人对其经营》，陈春华编译：《俄国外交文书选译——关于蒙古问题》，黑龙江教育出版社2013年版，第582页。
④ 可参见《海拉尔盐权旁落》，《晨钟报》1916年12月3日第5版。
⑤ 《日本驻哈尔滨总领事本多致日本外务大臣牧野函第57号密函1913年12月17日[12月23日收到]俄国对呼伦贝尔（巴尔虎）的想法以及俄国人对其经营》，陈春华编译：《俄国外交文书选译——关于蒙古问题》，黑龙江教育出版社2013年版，第582页。
⑥ 中国社会科学院近代史研究所：《沙俄侵华史》第4卷下册，人民出版社1990年版，第881页。
⑦ 指奉天省洮南府，今划归吉林省。
⑧ 中华民国外交部政务司文书科编：《外交部交涉节要（摘录）》"呼伦独立案（宣统三年十一月至民国二年十二月）"，吕一燃编：《北洋政府时期的蒙古地区历史资料》，黑龙江教育出版社2014年版，第11页。
⑨ 华企云：《满蒙问题》，大东书局1931年版，第173页。

边政策以捍卫其安全的险恶用心。事实上，呼伦贝尔叛乱发生后，当地汉人确实沦为"客民"的悲惨地位而横遭迫害。例如，1913年12月2日，胜福"发布命令，举报在海拉尔旧城居住的中国人，并颁布公告将流浪汉和形迹可疑之人驱逐出境，这使住在该地的中国人极为恐慌"，结果导致"海拉尔旧城尽为蒙古人"。日本关东都督府陆军参谋长福田雅太郎据此指出，胜福此举是俄国意图的表现，因为"把多数中国人逐出呼伦贝尔，取代中国人的无疑就是俄国人"①。再如，在吉拉林沿边一带，"中国卡伦官房现已拆毁一空，凡华人旧在该地营商者，被俄人逐出境，财产货物尽行占去。该地俄人声称蒙古已归俄保护，沿边一带已划归俄人管辖，五十里之内，概不准华人侨居，须留作驻军之地"②。可见，《中俄会订呼伦贝尔条件》签订后，呼伦贝尔叛乱当局在表面上"独立虽云取消"，但是，"我国所得者不过一虚名，其实权早已尽亡"，因为俄国显然已经"视该地居然如一己之领土，视该地之人民俨然如一己之奴隶"，更有甚者，由于呼伦贝尔为黑龙江省"北鄙之屏藩，该地一亡，则兴安岭即失其天堑之险，则江省危矣"③。呼伦贝尔这种极不正常的动荡局面，一直持续到1920年。

二 帝俄与内蒙古部分蒙旗王公叛乱

辛亥革命前后，沙俄除在外蒙古、呼伦贝尔等地区从事分裂中国的颠覆活动外，在内蒙古东部哲里木盟科尔沁右翼前旗及科尔沁右翼后旗等地煽动当地蒙古王公叛乱，其行为与在外蒙古、呼伦贝尔如出一辙。

---

① 《关东都督府陆军参谋长福田致外务次官松井函1913年12月16日［附件］机密呼伦贝尔问题调查书》，陈春华译：《俄国外交文书选译——关于蒙古问题》，黑龙江教育出版社2013年版，第581页。

② 缪学贤：《黑龙江》，李兴盛、马秀娟主编：《黑水丛书》本之七，黑龙江人民出版社1999年版，第2553—2554页。

③ 《呼伦贝尔之内忧外患》，《晨钟报》1916年11月29日第5版。

哲里木盟科尔沁部六旗在清代受盛京将军管辖,①早在清代中期已被初步开发,在清朝末年移民实边政策在蒙地推行时,哲里木盟成为政策实施的重点地区,但是,当地少数蒙古王公出于维护以往既得权益的考虑,对于清政府在其属地移民、设治之举多有不满,于是在辛亥革命前后在沙俄的煽动下效法外蒙古,发动了叛乱。

　　(一) 帝俄与科尔沁右翼前旗札萨克图郡王乌泰之乱

　　科尔沁右翼前旗(札萨克图郡王旗)位于"洮儿河南北两岸,东西延长,为奉省北鄙屏障"②。该旗札萨克图郡王乌泰在清末就与俄国暗中勾结,曾经不顾国家利益,竟然将蒙旗土地、路矿等国家资源视为私有,擅自以此作为抵押,向俄国举借外债,结果酿成中俄两国之间就此问题的交涉事件,若非东三省总督徐世昌建议清政府及时代为偿还俄债,后果不堪设想。

　　当外蒙古与呼伦贝尔在沙俄的动摇下先后掀起分裂活动之后,乌泰不甘落后,于1912年8月在奉天省靖安县③发布布告,宣布驱逐中国地方官吏④。8月20日,经长期预谋,在沙俄与外蒙古分裂集团的挑动下,乌泰在归流河南岸举兵叛乱,并分三路进攻奉天省洮南府、开通县⑤、醴泉县⑥,同时发布所谓"东蒙古独立宣言",叫嚣"宣告独立,与中国永绝"⑦。

　　当乌泰举兵叛乱时,与科右前旗毗连的科尔沁右翼后旗(札萨克镇国公旗)镇国公喜敏珠尔同时叛乱,并占领奉天省镇东县⑧之一部⑨;

---

① 1907年4月东北改建行省后,哲里木盟科尔沁部受奉天省管辖。
② 王树楠、吴廷燮、金毓黻等编撰,东北文史丛书编辑委员会点校出版:《奉天通志》第108卷,沈阳古旧书店1983年版,总2400页。
③ 1914年县名改为洮安,今吉林省白城市。
④ 张本政、刘家磊、马国彦、林世慧、毕万闻编:《东北大事记(1898—1931)》,中国人民政治协商会议吉林省委员会文史资料研究委员会1985年编辑出版,第107页。
⑤ 今吉林省通榆县。
⑥ 1914年改名为突泉县,今划归内蒙古自治区。
⑦ 吉林省档案馆编:《吉林省大事记(1912—1931)》,1988年内部发行,第14页。
⑧ 今吉林省镇赉县。
⑨ 吉林省档案馆编:《吉林省大事记(1912—1931)》,1988年内部发行,第14页。

洮南府"在蒙兵重围中,命运迫在旦夕"①;辽源州②也大受影响,自从叛匪攻打洮南府以来,"该州风声鹤唳、草木皆兵",致使"一般人民慌恐以极,荒务局放荒事宜目下竟无从措手"③。

乌泰等人叛乱,在很大程度上是出于对清政府在蒙地招民开垦、设治管理之不满,"企图恢复前被汉人占据之蒙地"④,因而在举兵叛乱后,对于汉族垦民及其田园家产,轻则加以驱赶、没收,重则横加屠杀、肆意劫掠。据《盛京时报》之报道,"蒙古荒地奉省各属农民往种者,实繁有徒。九月三号有西安县⑤农民六十余家由科尔沁部归来,据言蒙王派兵令其速即出境,否则即行杀毙,故彼等仓皇出奔,幸未遭祸"⑥。这是叛乱发生之后不久的事情,这些汉族垦民未遭屠杀,还算是比较"幸运"。当叛乱蒙匪遭到政府军队讨伐而导致战事失利后,对汉族移民的迫害骤然升级,"迁怒汉民,恣其淫暴",于9月8日在镇东县附近村屯,将"商民杀毙至三百余人,房屋、财产均被抄掠,仅逃去三十余人";在河荣屯,"潘户二十余家丁口百余名亦尽被蒙匪杀害,并有轮奸妇女用刀戳腹之事";此外,"靖安、洮南一带被害情形大都类是,乾安镇汉人尤多,蒙匪付之一炬,生命财产损失无数,致使生者流亡,死者含垢,惨无人理,言之痛心"⑦。郑家屯⑧一带被叛军占据后,"民间逃避一空,遭劫者不堪言状,至他处各民赴该处开垦者,其家属除逃逸外,悉被蒙匪污辱惨杀。"⑨

与呼伦贝尔相类似,东蒙叛乱的幕后主使者是帝俄。乌泰深知其

---

① 《东蒙乱源及现在之形势》,《盛京时报》1912年9月1日第5版。
② 今属吉林省双辽市。
③ 《辽源归客谈》,《盛京时报》1912年9月7日第6版。
④ 《东蒙乱源及现在之形势》,《盛京时报》1912年9月1日第5版。
⑤ 今吉林省辽源市西安区。
⑥ 《蒙古又逐华民》,《盛京时报》1912年9月7日第6版。
⑦ 《三都督通电蒙匪之凶残》,《盛京时报》1912年9月19日第6版。
⑧ 位于内蒙古科尔沁左翼中旗(达尔汉亲王旗)界内,为当时蒙疆重镇,奉天省辽源州(后改为县治)治所所在地,今属吉林省双辽市。
⑨ 《郑家屯近况志闻》,《盛京时报》1912年9月20日第6版。

中底蕴，于是"曾致俄国通商局次长某一函"，其内容主要是："俄国与中国缔结协约①，蒙古传来之领土悉认为中国之附庸而编入自治之范围者，仅边境喀尔喀及科布多地方而已，因此使无数之内蒙古人失与独立部分之蒙古合并之机，内蒙古将陷于灭亡之运命。蒙古人见俄日协约②，对于俄国表满腔之感谢，正努力热衷于全蒙国民之统一，而中俄协约却使蒙古国民之希望悉归水泡，盖据此协约，中国对于蒙古仍有主权，且以蒙古为中国之一部，则中国以后可将蒙古土地任意区分，建家屋于薄冰之上，欲其不破碎也得乎？蒙古欲享受完全独立，不可不统一，而我企图蒙古之繁荣，则以编练军队、广设学校、开发蒙产为最必要，然此非有相当之款项不能进行，斯所希望于俄国当局者之援助也。"③可见，乌泰对俄国与中国蒙疆地区分裂之间的利害关系完全清楚，遂以统一蒙古、使其完全脱离中国为名，公开向俄国乞援，而全部蒙疆地区若脱离中国，正符合俄国的切身利益，因此，帝俄统治集团"不能无视我们需要通过某种途径保护内蒙古蒙人的可能性"④。当时，帝俄除通过外蒙古分裂集团煽动乌泰等人叛乱外，还直接向叛乱分子提供帮助，⑤并为其提供

---

① 指1913年11月中国与俄国订立的《中俄声明》。
② 日俄战争后，俄国与日本为达到在中国蒙古、东北及朝鲜等地区共享侵略权益之目的，分别于1907年7月、1910年7月、1912年7月、1916年7月先后四次达成分赃协议，统称为"日俄密约"。通过以上密约，俄国承认日本与朝鲜之间的特殊政治关系，致使朝鲜最终沦为日本的殖民地；日本承认俄国在中国外蒙古地区的特殊利益，对于其侵略行为不持异议；两国还划分了各自在中国东北及内蒙古地区的势力范围。第三次"日俄密约"签订的时候，正值俄国在我国外蒙古及内蒙古地区进行疯狂侵略之际，乌泰所云"俄日协约"系指第三次"日俄密约"，该密约旨在由两国瓜分中国内蒙古地区，蔑视中国在该地区的主权，对于乌泰之流蒙古分离主义分子无疑有巨大的"鼓舞"作用。
③ 《逆酋乌泰野心之披露》，《盛京时报》1914年5月19日第6版。
④ 《俄国外交大臣就边防军外阿穆尔军区司令请求准许派兵支持蒙古扎赉特郡王及札萨克图郡王事致内阁总理大臣科科弗采夫函第845号1912年9月5日[8月23日]机密》，陈春华编译：《俄国外交文书选译——关于蒙古问题》，黑龙江教育出版社2013年版，第484页。
⑤ 据吕一燃点校《蒙事档案辑录（1911—1913年）》"唐彦保呈蒙藏事务局总裁（1912年11月12日）"，吕一燃编：《北洋政府时期的蒙古地区历史资料》，黑龙江教育出版社2014年版，第396页，"自蒙乱肇端后，俄人之军队发见于蒙地先后计有五次，虽未有何等之行为，其为援助蒙逆，挑拨衅端决无疑义"。

叛乱经费①和武器装备,据《盛京时报》披露,1912年9月,中国海关曾查获"俄国连珠枪二十余箱约计二百数十杆、子弹若干粒,探系蒙匪暗由某国洋行购来,接济军事"②。此外,俄国对于中国政府平叛之举横加干涉。当我国中央政府出兵戡乱时,俄国代理外交大臣尼拉托夫"指令驻北京公使向中国外交总长重申,帝国政府不同意中国向喀尔喀派讨伐军,并警告中国政府,它在内蒙古集结军队,我们将不得不采取相应措施,以防我国权益受到侵害"③。俄国控制下的中东铁路④当局"对于此次汉蒙交战事宜借口确守中立,不准该铁路搭载中国军火及军需各件"⑤。当外蒙古军队进犯内蒙古时,蒙军中发现有俄国人,我国对此提出抗议,严正指出"蒙军中有俄国人,请求采取措施将其召回",俄方就此狡辩,"蒙军中确有一些俄国冒险分子,他们自己做事自己负责,我们不便命令他们返回"⑥。当利用乌泰等人叛乱而从中牟利的图谋没有得逞后,俄国并不甘心,"有事实表明,俄国人企图屡屡煽动逃往外蒙古并加入外蒙古军队的内蒙古王公制造骚乱"⑦。

---

① 在帝俄为乌泰提供叛乱经费问题上,俄国时任驻华公使库朋斯齐有如下之辩解:"乌泰向俄领事借银三万事,稍有误会。此款系周济乌泰从者,约数千名,无衣食可怜,当时曾声明,不准乌泰作军饷上之接济。"——《中国外交总长梁如浩与俄国驻华公使库朋斯齐的谈话 1912年11月8日》,陈春华编译:《俄国外交文书选译——关于蒙古问题》,黑龙江教育出版社 2013年版,第230页。

② 《查获大宗军火》,《盛京时报》1912年9月19日第6版。

③ 《俄国代理外交大臣就有必要在伊尔库茨克军区训练一支武装力量在需要时增援外阿穆尔军区和加强我国在喀尔喀的部队事致俄国内阁总理大臣科科弗采夫函第1028号 1912年10月9日 [9月26日] 机密》,陈春华编译:《俄国外交文书选译——关于蒙古问题》,黑龙江教育出版社2013年版,第85页。

④ 中东铁路原称"大清东省铁路"或"东清铁路",又称"东省铁路""中国东省铁路""中国东方铁路",辛亥革命之后,不再使用"大清东省铁路"或"东清铁路"之名称,一般通称中东铁路。

⑤ 《东清路借口中立》,《盛京时报》1912年9月7日第6版。

⑥ 《俄国外交副大臣就劝告蒙军中的俄国人停止活动事致俄国驻蒙古外交代表密电第3326号 1913年12月9日 [11月26日]》,陈春华编译:《俄国外交文书选译——关于蒙古问题》,黑龙江教育出版社2013年版,第432页。

⑦ 《日本驻俄国大使本野致日本外务大臣牧野电第35号 1914年1月15日 [附件] 机密蒙古情报(俄中关系)第1号》,陈春华编译:《俄国外交文书选译——关于蒙古问题》,黑龙江教育出版社2013年版,第587页。

不仅如此，沙俄还乘蒙乱之机四处骚扰，图谋扩张在我国东北地区的侵略势力，其"军队时于蒙地做练习之野操，种种动作，灭视主权，直不啻以我之蒙疆为彼之领域"①。对于俄国在内蒙古地区大行侵略之道的情形，当时报刊有以下之概括，较为全面："内蒙固我中国完全领土，乃俄人拟从中大为染指，兹探其最近经营之策，大约有五：（一）暗鼓簧内蒙反抗中央，仍袭用架唆外蒙之故智，使我为鹬蚌而彼为渔人；（二）在内蒙各要地先设立银行，以扩张其金融之势力，便攫取内蒙森林、畜牧、垦植、矿产等天然之利权；（三）移民居于内蒙，先攫夺内蒙之农权；（四）与蒙匪等勾串一气，经营内蒙，先伏吞并之基础；（五）在兴安岭等咽喉地建筑炮台，以为控制内蒙之后盾。"②

（二）帝俄与其他蒙旗之乱

乌泰叛乱后，内蒙古某些蒙旗因受其影响，纷纷附和，意在图谋不轨，同属哲里木盟、受黑龙江省管辖的扎赉特旗和杜尔伯特旗均出现了此类迹象。扎赉特旗"被库伦煽惑，大有蠢动之势"，声称"所有在该处之汉人，拟于八月内一律驱逐出境"③。杜尔伯特旗"被库伦活佛煽惑，亦倡独立，焚抢税局，枪毙委员、司书，势甚汹汹"④。此外，锡林郭勒盟、昭乌达盟等内蒙古其他地区，在沙俄和外蒙古分裂集团的唆使和援助下，也都发生了叛乱。

（三）帝俄与巴布扎布之乱

除煽动以上蒙乱之外，沙俄还操纵巴布扎布匪帮兴风作浪，威胁我国东北边境安全。巴布扎布系内蒙古卓索图盟土默特左翼旗⑤人，

---

① 吕一燃点校：《蒙事档案辑录（1911—1913年）》"唐彦保呈蒙藏事务局总裁（1912年11月12日）"，吕一燃编：《北洋政府时期的蒙古地区历史资料》，黑龙江教育出版社2014年版，第396页。
② 《俄人经营蒙疆之计策》，《晨钟报》1916年11月19日第5版。
③ 《蒙人定期驱逐汉人》，《盛京时报》1912年8月21日第5版。
④ 《宋都督电请派兵助剿》，《盛京时报》1912年9月27日第6版。
⑤ 今属辽宁省阜新市。

虽然身为匪类，但却有建立所谓独立"大蒙古国"之"抱负"，因此当库伦分裂集团宣布"独立"时，巴布扎布立刻前往投靠，"派充营长，旋复赏给公爵。后又派充外蒙东南边界官"①，啸聚数千匪众，长时期在内蒙古多伦诺尔等地进行骚扰。库伦当局一直对巴布扎布匪帮予以支持，曾于1915年派员"往内蒙与巴布扎布接洽各事，并给与俄币三万元"②。1915年11月，当中国政府军在外蒙古游格吉庙一带平定巴布扎布匪乱时，库伦分裂集团由"总理"赛因诺彦汗及"外长"辅国公车林多尔济出面，无视即使按照不平等的1915年6月7日《中俄蒙协约》明文规定的"自治"外蒙古仍然为中国领土之国际法事实，指责政府军在剿匪时"越境"，对中央政府正义剿匪之举横加阻挠③。作为库伦傀儡当局后台的沙俄政府由其驻库伦总领事密勒尔出面，同样无理指责中国军队"越境剿匪，有背条约"。我国驻库伦办事大员、都护使陈箓据理驳斥："外蒙为中国领土，官军在本国领土内剿匪，何谓有背条约？"密勒尔竟然罔顾事实，声称"外蒙为中国领土，不过条约上之名词，内、外蒙本有界限，自不应随意侵越"。当双方就巴布扎布匪帮与库伦当局之间的关系问题进行辩驳时，陈箓明确指出，"巴布扎布服从外蒙已久，系外蒙之官，如非受外蒙指使，何敢结党数千，扰乱边防？"密勒尔则诡称，"巴布扎布从前确是附从外蒙，然数月以来，已与外蒙脱离关系。"陈箓当即以库伦当局派员与巴布扎布接洽、并接济其俄币之事为证据加以反驳，米勒尔对此无言以对④。当时，俄国驻华公使库朋斯齐也就此问题向我国提出所谓"抗议"，指责我方"违反1913年声明文件，并要求立即撤走中国军队"⑤。密

---

① 《在追剿巴布扎布叛匪时中国与沙俄、外蒙古的交涉》，孟广耀主编：《中俄关系资料选编·近代蒙古部分》（下），内蒙古语文历史研究所1976年内部发行，第858页。
② 同上书，第860页。
③ 关于双方交涉之详请，可参考同上书，第862—865页。
④ 关于中、俄交涉之详请，可参考同上书，第867—869页。
⑤ 《俄国驻北京公使就要求中国军队撤离外蒙古境释放游格吉呼图克图等同中国外交总长交涉的情况致俄国外交大臣电第725号1915年12月1日［11月18日］》，陈春华译：《俄国外交文书选译——关于蒙古问题》，黑龙江教育出版社2013年版，第499页。

勒尔之所以竭力撇清库伦傀儡当局与巴布扎布匪帮之间的关系，正是因为俄国统治集团才是巴布扎布匪帮真正的幕后操纵者。

总之，在辛亥革命前后，帝俄在我国北方边疆地区大肆侵略，而以东北地区最为严重，当时帝俄的侵略手段主要不是直接诉诸武力，而是采用通过策动边疆某些少数民族上层分离主义分子以"独立""自治"及叛乱等方式使边疆地区事实上与中国分离，而俄国坐收渔翁之利的手段，这种侵略行径较之赤裸裸的军事入侵，隐患更深、危害更大。

三 帝俄其他侵略之表现

辛亥革命前后至俄国帝制崩溃，沙俄除了在我国东北边疆地区大肆进行颠覆活动外，还使用其他侵略手段，同样造成了严重的边疆危机。

（一）"马驮界碑"：中俄东段边界界碑方位变化之真相

自从清末沙俄掠夺我国东北边疆大片领土之后，偷移界碑、越界开垦及掠夺各种资源成为其一向采用的主要侵略手段，到民国初年依然如故。根据1860年11月中俄《续增条约》①，原本是中国内河的乌苏里江成为中俄界河，在俄国强加给中国的这条东段边界线上，根据1861年6月签订的中俄《勘分东界约记》及中俄《东界交界道路记文》之规定，在从乌苏里江江口到图们江江口1000多里长的边界上竖立了8个简易木制界碑（当时一般称为界牌），分别是："耶"（E）、"亦"（i）、"喀"（K）、"拉"（Jl）、"那"（H）、"倭"（O）、"帕"（П）、"土"（T）。② 8个木制界碑设立之时，每座界碑均贴有如下之

---

① 1860年11月14日签订，亦称中俄《北京续增条约》或中俄《北京条约》。
② 根据中俄《续增条约》之规定，在从乌苏里江江口到图们江江口之中俄东段边界上，应设立15座界碑，分别是："耶""热""皆""伊""亦""喀""拉""玛""那""倭""帕""啦""萨""土""乌"。而中俄《东界交界道路记文》却仅规定设立"耶""亦""喀""拉""那""倭""帕""土"8座界碑，比原规定所立界碑数目几乎少了一半。在其他未立7座界碑中，根据中俄《东界交界道路记文》俄文本（俄文本之名称为中俄《乌苏里江至海交界记文》）之规定，"热""皆""伊"3座界碑不再设立，除此之外，尚有"玛""啦""萨""乌"4座界碑遗漏未立。1886年中俄两国就从乌苏里江江口到图们江江口之东段边界举行第二次（转下页）

第一章 民初东北边疆危机之加剧（1912—1917）

碑文：

> 此次会同查勘分界，原为两国和好。今地界既经议定，自应按照上年续定条约，设立界牌，以清界线。东界定为由什勒喀、额尔古纳两河汇处，即顺黑龙江下游至乌苏里河汇处，其北边地属俄罗斯国，其南边地至乌苏里河口所有地方属中国。自乌苏里河口至图们江口，其东皆属俄罗斯国，其西皆属中国。上所言乃空旷之地，遇有中国人住之处及中国人所占渔猎之地，俄国均不得占，仍准中国人照常渔猎。从立界牌之后，永无更改，并无侵占附近及他处之地。所有东边界内原住之中国人民，其向来谋生出入行走之路，应听其便，俄国人不得拦阻。为此特立界牌，永远遵守，两国人民咸各知之勿违。①

尽管界碑碑文明文规定"从立界牌之后，永无更改，并无侵占附近及他处之地"，但是，这并没有阻遏俄国的贪婪侵渔之心，竟然使用私移界碑的卑鄙手法，"暗窃潜移，界线遂半非其旧，俗谚故有马驮界碑之语"②。这种"马驮界碑"的奇特现象到民国年间依然存在，当时报刊披露，"俄人之窃移界碑者，时有所闻，致地日蹙而国益贫困"③。我国政府对北方强邻惯于偷移界碑之卑劣伎俩也颇为重视，如吉林省行政公署于1914年3月曾密令"珲春、东宁、虎林、穆

（接上页）勘界会议时，由于中国勘界大臣吴大澂、依克唐阿等人的努力，中俄双方于1886年7月签订了中俄《珲春东界约》（俄文本名称为《1886年查勘1861年根据1860年北京续增条约划定的俄中边界的议定书》）。根据该约之规定，"啦"（P）、"萨"（C）、"玛"（M）3座界碑得以增设，但"乌"（Y）字界碑仍未设立；另外，在"土"字界碑与"喀"字界碑之间增设了26座小界碑。关于中俄两国从乌苏里江江口到图们江江口东段边界之相关条约、勘界会议及界碑设立之详细情况，可参考吕一燃主编《中国近代边界史》上卷，人民出版社2013年版，第194—224页。

① 中国第一历史档案馆编：《清代中俄关系档案史料选编》第3编下册，中华书局1981年版，第1171—1172页。
② 魏声龢：《鸡林旧闻录》，1913年版，第37页。
③ 吴燮：《论移民以实东陲之利》第1页，《吉林农报》第1期，1916年12月21日发行。

棱、绥远、密山①等县每年夏初秋后密查中俄界牌二次,要求该县查明于所属界内中俄原订界牌记号有无移动、损失,呈报公署"②。但尽管百般防范,俄国依然我行我素,据民国初年杂志之记载,"耶"字界碑本应设立于"乌苏里江汇合黑龙江处,即今俄属西伯利亚三军管区分驻之哈巴罗甫克(伯力)对岸",但是,"俄人明占潜侵,已西进乌苏里口约九十里,立于通江子③入乌苏里江处,而黑龙江、乌苏里江及通江子三水之间所成三角地面④",由此被俄国强行霸占,并公然"于此榷税设防"⑤。关于"耶"字界碑设置方位之问题,《黑龙江》一书之作者缪学贤亦有介绍:"据咸丰十年条约,应立于乌苏里江汇合黑龙江处,即今俄督驻扎之伯力对岸。(时将军⑥景纶奏,俄人指称乌苏里江口近岸莫勒密地方低洼,立牌恐被水冲没,商议在乌苏里口以上三里许高地立牌。副都统⑦恐距岸较远,仍于莫勒密地方多立一牌,以为印证。⑧)不料被俄人明占潜侵,已西进乌苏里口约九十里,立于通江子入乌苏里江处,而黑龙江、乌苏里江及通江子三水之间所成三角地面,俄竟于此榷税设防矣(我国渔樵商旅以纳税于彼为困。凡乌苏里江之航船往往于通江子、乌苏里口舍舟登陆,出绥远州之伊力噶⑨右赴黑龙江,再行航运)。据何理由,殊令人大惑不解也。今彼不以正流转以通江口之沱江⑩为界,我倘据约力争,未尝

---

① 东宁、虎林、穆棱、绥远、密山今均划归黑龙江省,其中绥远改称抚远。
② 黑龙江省档案馆、哈尔滨师范大学历史系编:《黑龙江历史大事记(1912—1932)》,黑龙江人民出版社1984年版,第27页。
③ 指通江,系中国内河,对其地理概念之解释详见下文。
④ 指抚远三角洲,中国人称之为黑瞎子岛。
⑤ 杨耀垲:《吉林旧界变迁纪要(录地学杂志)》,《东方杂志》第14卷第7号,1917年7月15日发行,"内外时报",第177—178页。
⑥ 指吉林将军。
⑦ 指时任三姓副都统富尼扬阿,当时负责会同俄国官员设立"耶"字界碑。
⑧ 据吕一燃主编《中国近代边界史》上卷,人民出版社2013年版,第211页,设于莫勒密之界碑后被江水冲没,以后未再补立。
⑨ 为绥远州治所所在地。
⑩ 指通江。

不可挽回。"① 1919 年 12 月，黑龙江省黑河警备司令在条陈乌苏里江中俄界碑案时，同样指出"耶"字界碑本应设立于"乌苏里江与黑龙江汇合处"，但经"俄人明占潜侵，已西进乌苏里江九十里，立耶字界牌于通江子入乌苏里江处，而混同江、乌苏里江及通江子三水之间所成三角地面，竟为俄所有"，并"绝我松花江②入乌苏里江之航路"③。

"耶"字界碑方位问题是以往中国与帝俄（后为苏俄、苏联）之间边境领土争议的焦点问题之一，以上三则史料对于"耶"字界碑方位问题之历史真相已有介绍。关于俄国不顾国际公法，偷移"耶"字界碑以蚕食我国领土的卑劣行径，1912 年 5 月成立之筹边机构吉林垦植分会于 1912 年 8 月曾经派遣会员经五个多月的实地调查和缜密考证，在调查报告《调查东北路沿疆总纲报告》中，以确凿的证据为基础，得出更为翔实的结论，详细地说明了俄国偷移"耶"字界碑的前后过程。根据吉林垦植分会的实地调查，按照 1861 年 6 月中俄《勘分东界约记》及中俄《东界交界道路记文》之规定，"耶"字界碑最初竖立于"混同江④之东南岸附近伯力日奔沟地方，以是处控制松、乌两江，为天然界线。后经俄人将界牌私移于乌苏里江斜向西南之青牛

---

① 缪学贤：《黑龙江》，李兴盛、马秀娟主编：《黑水丛书》本之七，黑龙江人民出版社 1999 年版，第 2628 页。

② 指黑龙江与松花江江口汇流以后的黑龙江下游，下同。清末以来，在涉及中俄两国从乌苏里江江口到图们江江口之东段边界的多种资料中，经常提到松花江，而松花江是中国内河，本不应见于边界资料之中。事实上，相关边界资料中所提及之松花江实际上是指松花江江口以下的黑龙江，也就是黑龙江和松花江交会之后的黑龙江下游。就边界问题而言，明确这两条河流的地理概念是非常重要的。在清代，清廷习惯上以松花江为主流而以黑龙江为支流，故将松花江江口以下的黑龙江称为松花江。据陈芳芝《东北史探讨》，中国社会科学出版社 1995 年版，第 286 页注②："清朝政府，与前朝及今日中国不同，以松花江为主干而黑龙江为其支流。对满洲人，松花江为祖先发祥圣地，故将现在黑龙江与松花江交汇处以迄海口，视为'松花江下游'。此一满洲习惯，在涉及俄罗斯事务之所有《夷务始末》各卷文件中均有明确显示。"民国时期，这一地理习惯称谓有时仍被因袭，该习惯称谓实不可取，可能会被别有用心者借题发挥，有意混淆地理概念，从而引发边界领土争议。

③ 黑龙江省档案馆、哈尔滨师范大学历史系编：《黑龙江历史大事记（1912—1932）》，黑龙江人民出版社 1984 年版，第 109 页。

④ 对其地理概念之解释详见下文。

河，然犹在江之南岸，尚未侵占江北，是为俄国第一次之私移界牌。嗣后又私行越江沿岸而西移于乌苏里江北岸之包宝山地方，复将包宝山凿平，而木质耶字界牌遂同时湮没，此为第二次之移"。而"包宝山犹在松花江岔流之东，距离通江尚远，讵彼时我国仍放弃不顾，无一人争论"①。1886年，中俄两国就从乌苏里江江口到图们江江口之东段边界举行第二次勘界会议重立石质"耶"字界碑时，俄国为进一步蚕食中国领土，再一次得寸进尺，指鹿为马，"以字音之稍同恃强狡执，误'通'为'同'，指通江为混同江②"，吉林垦植分会派员经实地考察后得出结论，"其实通江为松花江之分叉下流入于乌苏里江，水线可征，并非两江合流，而真正之混同江在俄国之伯力地方"，但俄方故意混淆是非，"争执不让，并将通江以东乌苏里、松花两江之下游亦谓为混同江，即将石质界牌立于通江东四里余之地方（其地系临乌苏里江北岸）"，这就是中俄第二次勘界时"耶"字界碑的竖立地点。但俄人还不知足，后经"数十年来江水冲激，堤岸损坏，界牌行将倒入江流，俄则趁此时机又将界牌移立于通江之西岸（即东口之西岸）、乌苏里江之北岸，距江三丈余高阜之上，用红砖砌台，即现今界牌之地"。这就是在民国初年，吉林垦植分会调查时所发现的经俄国一再非法移动之后"耶"字界碑所在之方位③。至此，"耶"字界碑在最初设立后，经俄人一再"明占潜侵，西进八、九十里"，以至于"自通江口以下，南北岸皆非我有"④。以上调查系吉林垦植分会派员先"访寻该处年久居民与附近界牌之赫哲人，凡年在六十左右者，大多能道其详，遍问多人，所言相同"⑤，后经实地勘察而得出的结果，

---

① 吉林垦植分会：《调查东北路沿疆总纲报告》，民国稿本，第23页。
② 关于通江与混同江并非一江之问题，同上书，第23页对此有详细说明："吉林省东北隅与俄罗斯只一水之隔，北有临江下之松花江，东有乌苏里江。松花江流蜿蜒而东，乌苏里江湍流东北，两江环抱，松花江中间岔流，南达乌苏里江，是为通江，为两江交通之点，航运便捷。而松花江之正流，仍向东下，至俄界伯力地方，与乌苏里江合流为一，即混同江也。"
③ 吉林垦植分会：《调查东北路沿疆总纲报告》，民国稿本，第24页。
④ 魏声龢：《鸡林旧闻录》，1913年版，第37页。
⑤ 吉林垦植分会：《调查东北路沿疆总纲报告》，民国稿本，第23页。

以确凿的证据证明"耶"字界碑经俄国多次非法移动后,向中国边界西进约八、九十里之遥。

"耶"字界碑绝非中俄边境线上唯一的"马驮界碑","亦"字、"喀"字、"那"字、"倭"字界碑均有类似遭遇。关于"亦"字界碑,据吉林垦植分会之调查,当1861年中俄第一次勘界时,"以松阿察河划为国界,树立木质界牌于兴凯湖东北小龙王庙,紧邻松阿察河口之北岸,地处洼下,湖涨发靡常,未几而界牌被水冲去,龙王庙亦随之坍塌,至光绪十二年会同俄国,拟仍在原处重立亦字界牌,而俄人坚持不允,百计要挟,我国终于退让,遂将石质亦字界牌立于松阿察河口之北二百余步,紧邻兴凯湖边界"①,中国因此又丧失了部分固有领土。"喀"字界碑本应设于兴凯湖西勿赛气河,"由此与亦字碑作平线,适将湖流分半",但后被俄国非法毁坏,于是我国国界"缩进五十里",而兴凯湖"湖权为我有者,遂仅余三分之一矣,试由兴凯湖而南,还问当年遗迹,其暗侵之势,何一不可作如是观也"②。缪学贤对"亦"字和"喀"字界碑方位变化也有说明:"兴凯湖东西之喀、亦两牌,所以分湖流之界线者。今日向北展,已再易其原处。(咸丰间分界,设喀字卡伦于勿赛气河,由此与亦字牌作平线,适将湖流分半,后被俄毁坏。吴大澂勘界时,遂立牌于快别当,已缩进五十里,以白绫河为界。然是河北四里,尚有小河。近俄乃强指为界河,又占出四里,而湖东亦字牌亦屡次迁移,直东西为平线,湖权为我有者遂三分之一矣。)试由兴凯湖而南,还问当年遗迹,其暗侵之势何一不作如是观也。"③黑龙江省黑河警备司令同样指出,"兴凯湖应由湖西勿赛气河立喀字牌,由此与湖东龙王庙亦字牌成湖流平线,乃俄人强移喀字牌于白陵河,北进五十余里,而湖权为我有者仅

---

① 吉林垦植分会:《调查东北路沿疆总纲报告》,民国稿本,第25页。
② 杨耀垲:《吉林旧界变迁纪要(录地学杂志)》,《东方杂志》第14卷第7号,1917年7月15日发行,"内外时报",第177—178页。
③ 缪学贤:《黑龙江》,李兴盛、马秀娟主编:《黑水丛书》本之七,黑龙江人民出版社1999年版,第2628页。

三分之一矣"①。

关于"那"字和"倭"字界碑,根据调查,"倭字界牌原立于瑚布图河口,今在小孤山,距河口二里,并非原议交界地。倭字牌以北百数十里横山会处,原有那字界牌,久已无踪迹。光绪三年所补立之那字牌,在瑚布图河口北,不及二里,实非故处。"② 在1886年中俄第二次勘界时,由于吴大澂力争,经中俄双方议定,重定"倭"字与"那"字界碑之方位。"倭"字界碑由小孤山被移到"瑚布图河口,以符原约"③;"那"字界碑则"于横山会处(小绥芬河源)重立新牌,以符原定约界"④。

经1886年中俄第二次勘界,中国在领土方面收回某些主权。但第二次勘界后,在中俄东段从乌苏里江江口到图们江江口之边界线上,俄国偷移、破坏界碑及封堆记号(小界碑)之事仍屡见不鲜。如"拉"字界碑被俄国非法移动后,"若按拉字界牌旧址计算,实向北移进三十华里,所原立之界牌,则杳不知所之矣";中俄第二次勘界时所补立之"玛"字界碑,"亦被俄人毁去"⑤。另外,东宁县"东面邻俄,界碑从帕字至我字⑥,有瑚布图河⑦之纵流,为天然界线。由此至那字,山岭绵亘百数十里,遂悉凭封堆记号,而日忧侵逼",作者魏声龢据此担忧,"他日界碑一徙,恐更酿难解决之交涉"⑧。

---

① 黑龙江省档案馆、哈尔滨师范大学历史系编:《黑龙江历史大事记(1912—1932)》,黑龙江人民出版社1984年版,第109页。

② 刘爽:《吉林新志》,远东编译社1934年增订版,第5页。

③ 同上。但是,"倭"字界碑以后又被俄国非法移动,据姚和锟、汪櫺《吉林边务报告书》,李兴盛等主编:《黑水丛书》本之九,黑龙江人民出版社2003年版,第2083页,此界碑于"光绪二十六年已被俄人移动"。

④ 刘爽:《吉林新志》,远东编译社1934年增订版,第5页。

⑤ 姚和锟、汪櫺:《吉林边务报告书》,李兴盛等主编:《黑水丛书》本之九,黑龙江人民出版社2003年版,第2083页。此外,据同资料第2084页,26处封堆记号中之第1记号遭到破坏,第8记号被俄国破坏后运至伯力博物院。

⑥ "我字"指"倭"字界碑。

⑦ 指瑚布图河。

⑧ 魏声龢:《吉林地志》,姜维公、刘立强主编:"中国边疆研究文库·初编(东北边疆卷八)"本,黑龙江教育出版社2014年版,第180页。

（二）阴谋实施殖民侵略，疯狂掠夺各种资源

除使用偷移界碑的卑劣手段蚕食我国东北边疆之外，俄国利用与中国有漫长边界线的地缘优势，图谋实行殖民侵略，在沿黑龙江、乌苏里江中俄接壤地带，俄国境内"屯堡相望，烟火万家，彼中经营一日千里，重以阿穆尔铁路昼夜督促，松花、混同、乌苏里诸江舳舻衔接，盘马弯弓，无非在发展其殖民能力，一俟有机可乘，越江飞渡，即以我数千里穷荒为尾闾"①。辛亥革命之后，由于民国政府加大移民实边政策的实施力度，俄国统治集团殖民侵略的心理越发迫切："俄国在极东之政策，自中国政变以来，对于分割满洲，颇为薄弱。吾人对于边疆有断乎不可不取之态度，不然中国盛行移民政策，吾人必备多数之军队，且招经济上之大损失，盖俄国住民终不能与中国农民、工民对抗也。"②俄国不但有此野心，而且已付诸实施。据报纸披露，"近数年来，俄国对于远东之措施，以移民为第一故策，沿边各省自一千九百九年起着着进行，大有一日千里之势，而越界开垦之事亦时有所闻"③。在煽动呼伦贝尔"独立"之后，俄国在该地区盗采资源、纵民越垦、实行殖民侵略等情况前文已说明，在东北其他地区，俄国有同样之举动。

关于殖民侵略，据1912年报纸之报道，"俄国近来对于殖边一事极力进行，已在北满沿边各地实行移民开垦政策，"在其侵略大本营中东铁路一带，"运到农民五千余人，分遣沿路各地，从事开垦"④。在中东铁路公司所在地、中东铁路交通枢纽哈尔滨，俄国"禁止华人入该国租界经营事业，而该国之农工每由火车运往海参崴、长春、双城子⑤等处，陆续不绝"，同时"又由满洲里载来农工及军械、马匹、耕种

---

① 《咨奉天省民政长为送垦植章程事 吉林垦植分会筹办调查吉省东北沿边移垦计划报告书》，1913年7月，辽宁省档案馆藏，奉天省长公署全宗（全宗号：JC10），案卷号：JC10-4314。
② 《俄人注意蒙满》，《盛京时报》1912年2月28日第5版。
③ 《俄国远东之移民现况》，《盛京时报》1914年4月12日第7版。
④ 《电告俄人移民情形》，《盛京时报》1912年5月10日第5版。
⑤ 划归俄界后改称乌苏里斯克。

器具等件，数约万计，令人莫解，殆欲实行拓殖"①。1913年，又有"大帮俄国农民到哈②并禀请俄官转商华官，准该农民等在吉、江两省租种荒地"③。在瑷珲河一带，原在当地居住的华人，"被俄兵驱逐出境，焚房掠财"，不久，"俄人忽遣来农民数十家，将华人所遗之房产、家俱、田地，一并收归己有"④。吉林省临江县⑤紧邻俄国，"地阔人稀，土脉腴膏，久为俄人所垂涎，去夏⑥有俄人数名迁赴该县东关，运集砖瓦木料若干，未向县知事知会，即在该处大兴土木，修盖房屋。即该县知事闻知此事，即与俄人等立为交涉，俄人乃言南满一带既准日人杂居，此地独不准我俄人盖房，系属何意？该县知事交涉几次，俄人等均置之不理，工不停修，所盖房间约计一百余间，刻应落成，专待明春移居"⑦。

关于盗采资源，据当时报纸报道，黑龙江省"矿产甚富，久被俄人私行开采，屡经阻止，置之不理"⑧。在多种矿产资源中，俄人对于贵重的砂金资源尤为垂涎三尺，"俄民近于边境者往往联群结队，越界盗采，常与土民龃龉，强无人理"⑨。除矿产资源之外，对于森林、木植、草木等，俄人也是肆意掠取。在中俄两国界河"黑龙江沿岸塔拉干河及下游温河镇等处，时有俄人越界，砍伐林木"，大通县⑩"叉林河地方俄人原设火锯，虽曾划界，时有俄队来往测量窥探"，虽然

---

① 《俄人竟实行其拓殖》，《盛京时报》1912年4月24日第5版。
② 指哈尔滨。
③ 《俄国实行殖民政策》，《盛京时报》1913年9月2日第7版。
④ 《俄人攫我领土》，《盛京时报》1912年11月5日第7版。
⑤ 今黑龙江省同江市。
⑥ 指1916年夏季。
⑦ 《俄人最近之行动·强行杂居》，《晨钟报》1917年1月20日第5版。
⑧ 《调查俄人私占矿产》，《盛京时报》1912年11月2日第7版。
⑨ 《调查奉天、吉林、黑龙江三省砂金情形报告（续）·附录 上政府条陈》，《盛京时报》1913年5月9日第2版。
⑩ 今黑龙江省通河县东北。

经我国"理喻禁阻,而彼族野心防不胜防"①。在中俄从乌苏里江江口到图们江江口东段边界线上,由于俄国界内"山岭险峻,草卉不生,其饲马之草皆取给于华界"②。如在"耶"字界碑界线一侧我国领土范围内盛产羊草,"俄人越界刈割,抗不纳税,且又恃强不许华人刈割"③。此外,俄人对渔业资源也虎视眈眈、恃强掠夺。据吉林垦植分会之实地调查,"乌苏里江之瓦盆窑地方(在绥远境内)产鱼最盛,网滩甚多,江岸有住民数家,均务鱼业。据居民吴喜宝、张鸿祥等云,该处网滩本在江水中流之西北华界以内,乃对岸俄屯(即吉大罗歪)自民国元年,该屯屯长(名八斯克)暨俄书记(安特力)同称网滩地处系属俄界,不许华人捕鱼,复又指挥俄人尽行驱逐,夺去鱼网,一面又勒令鱼户宋奎元交网滩押款羌洋④五十元,方准捕鱼。此次调查详细测量,瓦盆窑实在江水中流之西北,委系华界,若不亟为设法对待,恐沿江渔业日见消灭,沿江领土不可保也"⑤。吉林垦植分会关于"沿江领土不可保"的担忧不是没有根据的,自清末以来,俄国屡次通过指使本国边民越境垦荒、刈割羊草木植、捕鱼、开矿等手段挑起两国边界领土争端,借以蚕食我国领土,在两国界河黑龙江、额尔古纳河流域均发生过类似事件,乌苏里江沿边地带也是如此。垦植分会经详细测量之后明确指出,瓦盆窑网滩地位于乌苏里江"江水中流之西北",按照国际以江河分界之惯例,位于乌苏里江中流西北一侧的瓦盆窑网滩地系我国领土,这是毫无疑义的。俄国蛮不讲理之举不但严重影响了我国边民的生计,而且确实会引发"沿江领土不可保"的边疆领土安全隐患。

对于土地资源,俄人掠夺之野心尤为急切,曾利用蒙边不靖之时机,采取"收买"等各种手段掠夺蒙疆土地,引起我国政府强烈关

---

① 《致农林部(二年十二月二十三日)》,朱庆澜:《黑龙江政务报告书》(卷六·电稿),李兴盛、齐书深、赵桂荣主编:《黑水丛书》本之八,黑龙江人民出版社2001年版,第1145页。
② 吉林垦植分会:《调查东北路沿疆总纲报告》,民国稿本,第28页。
③ 同上书,第24页。
④ "羌洋"亦称羌帖,即俄国卢布。
⑤ 吉林垦植分会:《调查东北路沿疆总纲报告》,民国稿本,第25—26页。

注。外交部为此曾致电黑龙江省行政公署,转达袁世凯之指示,"近来各处人民及蒙古王公等多将土地私售外人,以致事后动生交涉,亟应预为防范,嗣后无论民、蒙将土地售于外人,必先报该省民政长转呈到部核准,方为有效"。黑龙江省民政长为此专门"咨行蒙古王公知照,并通行各属一体遵照"①。第一次世界大战爆发后,出于战备需要,俄国对粮食之需求量猛增,遂在东北北部大肆掠取,并乘机图谋夺取当地土地资源。俄人之方法是:"以华人为代办者,交以现款十分之四,分赴四方收买,惟取款时必有担保品,而担保品又以荒照居多,每荒照一井②可担保现洋三千元。北满一带荒地甚多,价极廉,一井之地至多不过千元,向俄人收买三千元付之,较时价可多两千元。是以射利之徒径赴黑省拜泉、青冈等之荒务局领取荒照,即持此荒照赴哈尔滨俄国经理部,请为俄国代办大豆、牛羊等之军需品,俄人亦不问其真能代办与否,每井均交付三千元,现在其收入之荒照已达一百五六十井,此为俄国年来实行之手段。我国官吏近始注意及此,而荒照之已入俄人掌握者,将来必又引起无数纠葛矣。"③

另外,清末以来,俄国在我国东北北部,以其政府掌控下的中东铁路为基地,大肆进行侵略活动。当时,俄国以修筑铁路为名强行占据所谓"铁路专用地"。④ 1900年庚子事变之后,俄国乘机大肆扩张

---

① 《慎重土地权》,《盛京时报》1913年9月30日第7版。
② "井""方""垧"(亦作"晌")等是当时东北土地计量单位,清末民国时期,就一般情况而言,奉天每晌(垧)地合6亩,吉林、黑龙江每晌地合10亩。45晌地合1方,36方地合1井。
③ 《俄人经营北满之奇策》,《晨钟报》1916年11月17日第5版。
④ 据李济棠《中东铁路》,黑龙江人民出版社1979年版,第93页,当沙俄统治集团商讨在中国东北"借地筑路"计划时,就一再强调必须通过借地筑路的手段,"购买铁路沿线的广阔地带,即令用高价亦在所不惜,以便在此一地带上面建立俄罗斯居住地。"为取得并扩大"铁路专用地",沙俄以强行占据或低价收买等手段将中国国有荒地和民地不断囊括于"铁路专用地"的范围之内。据《加拉亨东来及中东路地亩交涉》,《东方杂志》第20卷第15号,1923年8月10日发行,第10页之记载,俄国以中东铁路公司的名义,共强行占用土地约2171000亩之多,为管理方便起见,俄国于1904年擅自设置地亩处,"复在地亩处下设征税、修路、卖地、农林、户籍各科,使区一铁路局下的一个'处',俨然成俄国在远东的殖民机关。地亩处最违约的是不顾铁路章程,将地亩放给俄、日等国人民耕种,从前中国官吏屈于旧俄威力不敢抗议。"

"铁路专用地",将中东铁路"沿路之土地、矿产、森林、航权、法权、邮电及军警等政,无不自由攘夺"①。俄国在"铁路专用地"内,"挟其国家势力,并以国帑巨万,经营布置,不遗余力,久已视同殖民地,凡所设施,皆蔑我主权"②。对于中东铁路公司所在地哈尔滨,俄国更是大肆经营,"官衙兵营,无不具备,俄人之商肆林立,贸易往来,皆用俄语,俄人亦视哈埠为第二彼得格勒,吾国人至该地者,不啻身入异邦,喧宾夺主,令人声慨"③。帝俄甚至于 1916 年 11 月"拟改哈尔滨为滨江省,设总督",公然将其视为直辖殖民地,由于我国外交部就此提出抗议,俄国之图谋才未能得逞④。此外,俄国于 1907 年非法设立民政处,"凡路界内地亩之一切政权皆属于民政处,于是铁路界内遂变为中东路公司行政区域,或俄人专用殖民区域,在此殖民区域内,有居住、营业、耕种、垦牧等等权利"⑤。俄国以中东铁路为据点,攘夺中国主权,以护路为名驻扎军队,并处心积虑地进行殖民活动,"中东铁路专用地"实际上已经变成了俄国在中国东北的变相殖民地⑥。到民国时期,俄国以中东铁路为基地的侵略活动有

---

① 徐墀:《东省特别区域主权恢复始末记》,《东方杂志》第 20 卷第 12 号,1923 年 6 月 25 日发行,第 51 页。

② 同上。

③ 同上。作为中东铁路枢纽的哈尔滨,是俄国移民最为集中之地,据统计,1912 年哈尔滨总人口为 68549 人,其中俄国人为 43091 人,占人口总数的 63.7%,以上 1912 年数据见李德滨、石方《黑龙江移民概要》,黑龙江人民出版社 1987 年版,第 138 页。截止 1913 年 10 月,哈尔滨俄国移民数字为 43676 人(据《盛京时报》1913 年 10 月 26 日第 7 版《调查侨哈人民之确数》)。另据《险象环生》,《盛京时报》1913 年 6 月 11 日第 7 版,俄国控制下的哈尔滨存在诸多隐患,对我国边疆安全构成威胁,"哈埠为五地杂聚之地,近来险象不一而起,如宗社之潜伏,逆蒙之侦探、俄侦探之密布","均托足于日俄租界",从事破坏我国边疆安全的阴谋活动。

④ 张本政、刘家磊、马国彦、林世慧、毕万闻编:《东北大事记(1898—1931)》,中国人民政治协商会议吉林省委员会文史资料研究委员会 1985 年编辑出版,第 146 页。

⑤ 雷殷:《中东路问题》,沈云龙主编:《近代中国史料丛刊三编》第 51 辑,文海出版社 1989 年影印本,总第 37 页。

⑥ 关于俄国以中东铁路为据点在我国东北驻军的情况,据傅角今《中东铁路问题之研究》,世界书局 1929 年版,第 27 页之记载,1897 年(笔者:史料误作 1987 年),俄国"护路军正式成立,旋增兵至三万,自外蒙独立以后,较原有数目,又增加一千五百有余",导致"当时之中东铁路,不啻俄国侵略东省之大本营也"。关于俄国以中东铁路为据点在我国东北(转下页)

增无已，这种局面一直持续到俄国十月革命爆发。并且，在十月革命爆发后，中东铁路及"铁路专用地"又成为俄国新旧势力争斗之场所，成为我国东北地区新的边患问题。

第二节 日本之侵略野心及行径

日本对我国东北地区的侵略始于甲午战争，在时间上虽晚于俄国，但其野心较之俄国，可谓有过之而无不及。之后经过日俄战争，日本逐渐控制并最终吞并了与中国东北山水相连的朝鲜半岛，以此为基地，大肆侵略我国东北地区，将我国东北南部即所谓"南满"划入其在东北亚的势力范围之内。辛亥革命之际，日本亦趁中国政局不稳之机，进一步加大其侵略力度，由此与俄国一样，成为民国初年中国东北边疆危机的制造者。

一 日本策划"满蒙独立运动"

辛亥革命前后，日本以侵华老手山县有朋为代表的一部分军阀势力主张出兵南满地区，以实现霸占我国东北地区的野心。在日本军方的支持下，川岛浪速等日本大陆浪人勾结前清肃亲王、宗社党[①]魁首善耆，图谋在我国东北和内蒙古东部地区建立所谓"满蒙王国"，为

（接上页）移民的情况，据同上书，第26页之记载，"中东铁路沿线，以前俄侨多至十一万"，具体而言，1920年为144413人，1925年为79785人。20世纪20年代，中东铁路已由以前帝俄独霸变为中苏公管，俄侨数字仍然很多，可以推测，当帝俄独自占据中东铁路时，迁居于此的俄国移民数字会更多。俄国以中东铁路为基地在我国东北北部殖民，企图永久占据，为达此目的，中东铁路公司对其所控制下的"专用地"的农事活动颇为注意，力图将"铁路专用地"改造成掠夺土地和农业资源的基地，为此在哈尔滨、厄科站和安达站等铁路沿线设立了3所农事试验场，受地亩处管辖，对大豆等农作物和牲畜品种进行试验，以上农事试验场在中东铁路中苏共管期间依然存在。关于俄国利用"铁路专用地"掠夺土地和农业资源之详请，可参考程维荣《近代东北铁路附属地》，上海社会科学院出版社2008年版，第196—197页。

① 民国初年，宗社党曾猖獗一时，在东北地区大肆从事颠覆活动，该组织不仅勾结日本，而且勾结蒙古分裂势力及其靠山帝俄，日本与帝俄则企图通过操纵宗社党以达成其侵略之目的。

此发起了两次"满蒙独立运动"。

(一)第一次"满蒙独立运动"

辛亥革命爆发后,满洲贵族不甘心就此退出历史舞台,一部分蒙古王公也担心共和政府一旦建立,他们以往的既得利益将会受到很大的冲击,于是开始图谋不轨,川岛浪速等人认为,应乘此机会,"指挥满族人蒙族人,主动地脱离中国本土,建立一个有组织的国家。满蒙一旦独立,势必与中国本土开始抗争。并且抗争愈激化,结果满蒙必然愈加依靠日本。如利用这种形势,不到数年,日本即能以实力确保满蒙"①。

为实现以上阴谋,1912年2月,善耆等六十余人在川岛浪速等人的策划下,"潜离北京抵大连,下榻于日本关东都督府顾问官邸"②。而与川岛合谋的日本军界人员诸如陆军大佐高山公通,少佐多贺宗之,大尉松井清助、木村植人等则承担操纵内蒙古卓索图盟喀喇沁右翼旗喀喇沁王贡桑诺尔布、昭乌达盟巴林右翼旗巴林王等内蒙古王公的任务,于3月将二王由北京护送回王府,组织所谓"勤王军",准备暴乱。③ 6月,松井清助等率众向"勤王军"输送大批武器弹药,结果在郑家屯附近被吴俊升所部截击,日方多人被拘捕,但事后在多贺宗之向日本驻长春领事馆请求援助的情况下,被捕日人被释放返回长春。西园寺公望内阁经权衡利弊后,对川岛浪速等人的行动加以阻止,④第一次"满蒙独立运动"就此结束。

---

① [日]会田勉:《川岛浪速与"满蒙独立运动"》,陈仲言译,中国社会科学院近代史研究所近代史资料编辑组编:《近代史资料》总48号(1982年第2期),中国社会科学出版社1982年版,第106页。

② 张本政、刘家磊、马国彦、林世慧、毕万闻编:《东北大事记(1898—1931)》,中国人民政治协商会议吉林省委员会文史资料研究委员会1985年编辑出版,第102页。

③ 同上书,第104页。

④ 西园寺公望内阁阻止第一次"满蒙独立运动"的主要原因在于来自英国的干涉,当时,英国情报部门侦知了川岛浪速等人的阴谋活动,出于维护本国在华利益之考虑,向日本政府施加压力。

(二) 第二次"满蒙独立运动"

川岛浪速等人谋划第一次"满蒙独立运动"没有成功,但并不甘心就此中止,其行动继续得到日本军方的支持。1915年底,反对袁世凯图谋推行帝制的护国运动爆发,中国政局再一次陷于混乱,日本军界企图火中取栗,扩大在华侵略势力。

1916年3月,日本陆军参谋本部密令关东军利用宗社党加紧策动"满蒙独立",计划于当年6月间"在庄河、辽阳等地举行暴乱"①。同月,日本财阀大仓喜八郎男爵与善耆"议订借款日金100万元,作为'宗社党'复辟的军事费用,并约定事成后,以吉林省内松花江一带民间所属森林采伐等各项权益,作为双方合办事业"②。为配合日本军界策划的第二次"满蒙独立运动",善耆等人"在日人支持下,招募'勤王军'千余,在旅顺操练,伺机暴动"③。

川岛浪速及部分日本军官亦闻风而动,与盘踞在内蒙古锡林郭勒盟境内的巴布扎布④取得联系,并撮合巴布扎布与宗社党联合,发起了第二次"满蒙独立运动"。1916年3月,川岛浪速在大连设立了举事的指挥部。⑤ 5月,巴布扎布"发布反袁檄文,自称拥戴'大清'"⑥。7月,在日本陆军骑兵大尉青柳胜敏直接指挥下,巴布扎布匪帮3000余人"自呼伦贝尔地区喀尔喀河畔(即哈拉哈河)出发,向洮南一

---

① 张本政、刘家磊、马国彦、林世慧、毕万闻编:《东北大事记(1898—1931)》,中国人民政治协商会议吉林省委员会文史资料研究委员会1985年编辑出版,第138页。
② 吉林省档案馆编:《吉林省大事记(1912—1931)》,1988年内部发行,第85页。
③ 张本政、刘家磊、马国彦、林世慧、毕万闻编:《东北大事记(1898—1931)》,中国人民政治协商会议吉林省委员会文史资料研究委员会1985年编辑出版,第140页。
④ 巴布扎布先前投靠俄国,在俄国庇护下盘踞在内蒙古锡林郭勒盟境内,1915年在中国军队追剿下又逃到呼伦贝尔地区,继续受到俄国的庇护,此时转而投靠日本,成为川岛浪速等人谋划第二次"满蒙独立运动"时所倚恃的一支武装力量。
⑤ [日]栗原健:《第一次和第二次"满蒙独立运动"》(译自日本国际政治学会编:《日本外交史研究——大正时代》,东京1958年版),章伯锋译,邹念之校,中国社会科学院近代史研究所《国外中国近代史研究》编辑部编:《国外中国近代史研究》第3辑,中国社会科学出版社1982年版,第140—141页。
⑥ 张本政、刘家磊、马国彦、林世慧、毕万闻编:《东北大事记(1898—1931)》,中国人民政治协商会议吉林省委员会文史资料研究委员会1985年编辑出版,第141页。

带串扰"①。巴布扎布匪帮先后蹂躏了奉天省突泉、怀德②、郭家店,③吉林省长岭、农安、扶余、德惠等地区,所到之处烧杀抢掠、无恶不作,"生命财产以及商业自治等上所受之损失难以数计"④。仅在怀德县境内之朝阳坡、大榆树、毛泉城子等地,据粗略统计,"被抢居民900余户,被杀70余人,烧毁房屋2000余间,各种财产损失1000余万元"⑤。巴布扎布匪帮为非作歹,我国军队对其施加围剿,日本在我国东北之驻屯军多次干涉,破坏我方正义的剿匪行动。8月下旬,当郭家店被我军收复后,巴布扎布"串入南满铁路⑥郭家店驿停车场",以求得日本的庇护,日方果然"准令巴匪就抚,退归蒙古,并要求官军于其退归时勿加攻击"⑦。日本不但强迫我国军队承诺对巴布扎布匪帮不加以攻击,而且更进一步由关东州都督府都督中村觉下令,"公开由铁岭派日军一支队开赴郭家店,护送叛匪转移"⑧。不仅如此,日方还无理要求"将四平街至辽源三十里内华军撤退",我方"交涉无效,不得已照撤,日军大队旋即将我国兵营占领,并在该地装设电话电线"⑨。9月2日,在日军掩护下,巴布扎布率部携带日方提供的武器弹药从郭家店撤离,准备退返内蒙古。9月3日,巴匪在途经朝阳坡时被当地驻军包围,掩护撤退的日军再次出面干涉,并借口中国军队枪击日本国旗,公然开枪寻衅,导致双方军队发生冲突。9月4日,日军500

---

① 吉林省档案馆编:《吉林省大事记(1912—1931)》,1988年内部发行,第91页。
② 今划归吉林省。
③ 今属吉林省梨树县。
④ 《呜呼,满蒙危矣》,《晨钟报》1916年10月15日第6版。
⑤ 吉林省档案馆编:《吉林省大事记(1912—1931)》,1988年内部发行,第96页。
⑥ 原为中东铁路支线,从哈尔滨修筑至大连。日俄战争之后,中东铁路支线从哈尔滨至长春一段仍处于俄国控制之下,一般称作中东铁路南线,而从长春至大连一段,则被俄国让渡于日本,是为南满铁路。
⑦ 《奉吉军击败巴匪》,《东方杂志》第13卷第10号,1916年10月10日发行,"中国大事记",第1页。
⑧ 吉林省档案馆编:《吉林省大事记(1912—1931)》,1988年内部发行,第95页。
⑨ 《日军占据奉天辽源》,《东方杂志》第13卷第10号,1916年10月10日发行,"中国大事记",第1页。

余名开赴朝阳坡,我国驻军被迫撤离,巴布扎布匪帮趁机逃脱,逃至"长岭县喇嘛苍地方,遭当地驻军阻截,日军又出面干涉"①。巴布扎布在日军庇护下多次免于覆灭之命运,但最终于10月初在热河林西县②附近毙命。

由于袁世凯突然病逝,导致局势发生变化,日本政府为本国利益考虑,决定中止第二次"满蒙独立运动"。

旨在割裂中国东北和内蒙古东部地区、由日本军方和大陆浪人策划的两次"满蒙独立运动"虽然先后破产,但都对我国东北地区安全造成了威胁。

二 日本对中国东北之土地掠夺与农业殖民侵略

日本文人政府对两次"满蒙独立运动"似乎都不很热心,支持力度不大,这不能说明其对中国持有"善意",与之相反,日本"文治派"另有侵华伎俩,即企图利用殖民侵略的方式永久占据我国东北地区。③

(一)日本相关农业殖民侵略理念及实践

当时,日本对我国东北地区的侵略,除策划"满蒙独立运动"、设置关东州都督府对旅大租借地④实施军事殖民统治以及在南满铁路沿线以护路为名驻军等侵略色彩非常明显的手段之外,更多的是采用在东北地区掠夺、开发土地资源并殖民其间的比较隐蔽的手法,成为

---

① 张本政、刘家磊、马国彦、林世慧、毕万闻编:《东北大事记(1898—1931)》,中国人民政治协商会议吉林省委员会文史资料研究委员会1985年编辑出版,第144页。

② 今划归内蒙古自治区。

③ 关于这一点,可参考王伊文在《东游二十日之见闻记》一文中之评论。王伊文认为日本"文治派"之所以如此,"非有爱于我也,诚以彼国之如此急进侵略行为,必不能列强之同意,恐惹起列强之干涉,群起而合攻彼国,反于彼国不利。故彼党当时主张于南满,只取精神上、实际上之并合,不取名义上、形式上之并合耳。"该文载于《东方杂志》第9卷第4号,1912年10月1日发行,"内外时报",第12页。文中所指"精神上、实际上之并合",就是日本企图以殖民之方式永久占据我国东北地区的侵略方式。

④ 日本称之为"关东州"。

日本大陆政策的重要组成部分，与前者之手段相比较看似较为和缓，实则隐患无穷、危害更大。当时，日本侵华"文治派"代表人物、日本驻我国东北殖民统治机构——南满洲铁道株式会社第一任总裁后藤新平极力主张放弃明显而易于招人非议的"武断的领土扩张"，而采用"经济或文明的侵略"即所谓"文装的武备"论，就是这种侵略手法的典型代表，殖民于我国东北是其中重要策略之一。后藤新平一再强调"农业移民的重要性，力主以大规模的移民方式，'开发满洲'，进而实质占领"，计划"于10年之内达到移民50万人的目标，甚至希望增加到一百万人"，如此，"一旦有事时，'以文事的设施'，'作为协助武断行动之便'为目的，其移民的意图乃在'进而作为侵略敌国之准备'，即使有朝一日满洲租借地届限必须归还时，即可以百万移民当作'土地之永借'，而不必归还，属于土地占有主义"[1]，反客为主、鹊巢鸠占之野心昭然若揭。满铁副总裁松冈洋右积极配合后藤新平的上述主张，强调"大和民族必须伸展到满"，为此，"迫切需要一批稳步扎根于这块土地的农业移民"[2]。日本外相小村寿太郎亦持这种侵略理念。小村寿太郎认为，"日俄战争的结果，（日本）帝国所经营的地域已扩大，因此我民族应避免分散到偏远的各国领土，而应尽量朝此地（指满洲）集中，以结合各方的力量，专心经营"，提出在20年之内向中国东北移民百万的庞大计划[3]。小村寿太郎的这种主张，被称为"满韩移民集中论"[4]。

---

[1] 林明德：《日俄战争后日本势力在东北的扩张》，台北"中央研究院"近代史研究所集刊编辑委员会编辑：《中央研究院近代史研究所集刊》第21期，台北"中央研究院"近代史研究所1992年版，第515页。

[2] 高乐才：《日本"满洲移民"研究》，人民出版社2000年版，第31页。

[3] 林明德：《日俄战争后日本势力在东北的扩张》，台北"中央研究院"近代史研究所集刊编辑委员会编辑：《中央研究院近代史研究所集刊》第21期，台北"中央研究院"近代史研究所1992年版，第515页。

[4] 黄福庆：《论后藤新平的满洲殖民政策》，台北"中央研究院"近代史研究所集刊编辑委员会编辑：《中央研究院近代史研究所集刊》第15期上册，台北"中央研究院"近代史研究所1986年版，第387页。

根据以上殖民侵略"理念",日本对我国东北丰富而又有待开发的土地资源之兴趣异常浓厚。① 据民初杂志之报道,"日人之觊觎我农业无微不至,其于奉天公主岭②设产业试验场,而于熊岳城③、长春等处分设支场,专从事试验研究我国之农业。"日本为何对我国东北农事如此关心?"盖吾东省地旷人稀,物产富厚,气候温和,土地肥沃,最适为日本农业的殖民。而欲行农业殖民,须先详知当地之农况,始可着手,故彼尽力于吾东省之农业者,非真为吾东省尽力也,实为达彼农业殖民计耳。"④ 此评论可谓一针见血,点破了日本"关心"我国东北农业之玄机。此外,日本还企图将我国东北地区之垦务置于其控制之下,曾于1912年3月通过驻华公使伊集院彦吉提出"详订东三省地方条约六条",其中包括中国"办理新政和垦务须向日本借款"之要求⑤。

当时,日本不但在我国东北地区普遍设置与农业相关之机构,而且已经实施较大规模的农业生产活动。早在1907年,日本关东州

---

① 《晨钟报》1916年11月13日第5版曾刊文《日人取我土地之毒计》,对此颇有揭露:"南满境内地旷人稀,土脉之膏沃、物产之丰富,不但我内省各地罕有其匹,即全球之上亦不可多得者也,故各国见之莫不大为垂涎,而日人垂涎此种之天府农产国,必欲窃取之以疗其馋吻。"

② 今划归吉林省。

③ 位于今辽宁省盖州市西南。

④ 希郑:《告吉林地方农事试验场当局》第1页,《吉林农报》第68期,1918年11月21日发行。关于日本设立农事试验场之详细情况,可参考程维荣《近代东北铁路附属地》,上海社会科学院出版社2008年版,第199—201页:公主岭农事试验总场设立于1913年4月,规模较大,设备比较齐全,占地面积达211.5296万平方米,从1914年起主要从事农作物的改良和增产试验工作,1918年改称农事试验所;熊岳城农事试验分场开设于1909年,是日本在我国东北农业改良试验的开端,占地面积46.247万平方米。日本通过满铁会社,还在我国东北设立了郑家屯试作农场、汤岗子阿尔加里试验地、凤凰城(笔者注:今辽宁省凤城市)烟草试作场、兴安岭农作场、辽阳苗圃、铁岭苗圃、安东(笔者注:今辽宁省丹东市)苗圃及委托试验地等8处农事试作场,专门配合农事试验场的工作。此外,满铁会社还设置有黄豆原种铺(在开原、大屯、公主岭、郑家屯等地)、水稻采种苗圃(在沈阳、大榆树、熊岳城等地),以及羊、猪种畜场(在公主岭、黑山等地)。

⑤ 张本政、刘家磊、马国彦、林世慧、毕万闻编:《东北大事记(1898—1931)》,中国人民政治协商会议吉林省委员会文史资料研究委员会1985年编辑出版,第104页。

都督府在"关东州"内，已经驱使朝鲜人种植水稻，到1913年，水稻收获量达到"十五万石之多"①。另据《盛京时报》披露，截至1913年，"在鸭绿江沿岸及大东沟附近，耕作水田之朝鲜人已达一万五六千人之多"②。在铁岭西三乡、南三乡等地，也有朝鲜人"栽种水稻情事"③。对于朝鲜人通过租借或收买土地以种植水稻之事，因常有日本人加以主使之幕后背景，关涉土地主权之问题，我国政府颇为重视，铁岭当地政府曾经对此"急行禁止，以免酿成交涉而保本国权利"④。奉天省政府亦鉴于"愚民无知，往往以稻田私行售给外人，动至数十百亩，此风以新民、盘山、辽中、镇安⑤尤甚，若不严行禁止，必致遗患"，为此专门"通令各县知事会同参议两会，严行查禁"⑥。

除朝鲜人在我国东北境内经营稻田之外，"比年以来，日本人在奉天、长春、苏家屯⑦、铁岭、海城、熊岳城、抚顺等铁路租界内暨安奉沿线地方疏通水利，垦作稻田，经营不遗余力。"⑧据日本关东州都督府之调查，"南满之稻田，可耕地有二百万町步⑨"，收获量可达"三千万至三千五百万石之多"；另据日本三井物产公司奉天支店所之调查，"仅奉天以南，稻田可耕地，即有百万町步，其收获在一千万石以上"；在新民屯⑩，朝鲜人"稻作成绩，一反步（约合中国1.7—1.8亩）可获稻五石至五石八斗余"。日本人据此认为，中国"南满既能产米，不惟可使日本及朝鲜人移住于该地，且能借此以补国内米谷

---

① 《日人调查南满富源之披露》，《东方杂志》第10卷第4号，1913年10月1日发行，"内外时报"，第34页。
② 《水田成绩之调查》，《盛京时报》1913年5月16日第6版。
③ 《禁止韩人种稻》，《盛京时报》1913年5月11日第6版。
④ 同上。
⑤ 1914年1月改称黑山县。
⑥ 《禁止稻田私行售给外人》，《盛京时报》1913年5月22日第6版。
⑦ 今属沈阳。
⑧ 《水田成绩之调查》，《盛京时报》1913年5月16日第6版。
⑨ "町步"为日本土地计量单位，1町步约相当于1公顷，合15亩。
⑩ 今属沈阳。

之不足，而不至仰给于外国"①。另据1915年出版的《东三省农林垦务调查书》之记载，日本人及其卵翼下的朝鲜人在我国东北大肆经营水田、种植水稻，其原因在于：第一，"由于越垦韩人之增加。自日韩合并以后，韩人之来奉②经营水田者日益加多"；第二，"由于纯食米性日人之增加。自大连被租、奉省开埠以后，日人猬集，工商而外经营浸及农业"③。

1915年5月9日，日本强迫袁世凯政权接受"二十一条"要求，④其中第二号内容是关于承认日本在南满及内蒙古东部的特殊利益之条款，规定日本臣民在南满和内蒙古东部特定区域内有居住权和土地租借权。⑤据此，日本于5月25日逼签《关于南满洲及东部内蒙古之条约》，攫取了在我国东北特定区域内的居住权、土地商租权等权利，成为在我国东北实行殖民侵略的所谓"法律依据"。日本以此为"依据"，在我国东北南部和内蒙古东部部分地区之内，"既可得土地所有权，将来势之所极，该处土地，到处皆可为日本人所有，是实侵害我国领土之完全也"⑥。《吉林农报》亦曾刊文，指出日本逼签《关于南满洲及东部内蒙古之条约》的严重后果，"我东省自日俄战役后，南满范围以内之地已非我有，而自中日杂居条约订妥后，其势力愈行扩张"，如果日本趁此时机进一步"移民于此，后皆为土著永住，则农

---

① 《日人调查南满富源之披露》，《东方杂志》第10卷第4号，1913年10月1日发行，"内外时报"，第34页。
② 指奉天省。
③ 郭葆琳、王兰馨：《东三省农林垦务调查书》，东京神田印刷所1915年发行，第120页。
④ 除第五号内容另行协商外。
⑤ 日本提出此项要求之目的在于，"为了确保满洲的特殊利益，俾使土地的取得正当化"，可参见林明德《日俄战争后日本势力在东北的扩张》，台北"中央研究院"近代史研究所集刊编辑委员会编辑：《中央研究院近代史研究所集刊》第21期，台北"中央研究院"近代史研究所1992年版，第516页。
⑥ 《中日交涉各项文件·外交部宣言书（通告各国）》，《东方杂志》第12卷第6号，1915年6月1日发行，"内外时报"，总页六、第4页。

业殖民实行后，其地之主权遗弃过半矣，不亦可惧哉"①。

日本在我国东北掠夺土地资源、图谋实施农业殖民侵略，作为"日本大陆政策内的一个重要计划"，始于1905年日俄战争结束以后②。例如，据1914年5月日本驻奉天总领事落合谦太郎致日本外务大臣加藤高明之报告，有日本人原口新吉"侨居中国已有二十年，最近在新民县西公太子堡着手经营水田，与满铁议妥，由满铁投资约五万元，目下正在从事收买土地。先前，该处曾有朝鲜人经营水田，引起纠纷，中国官宪令朝鲜人离开该处，但此人居住中国甚久，通晓中国情形，所采进行事业手段颇为稳妥，截至今日止，并无任何纠纷，已将土地收买终了，正在以佟润堂名义在国税厅进行所有权转移登记，已完成预定收买土地的三分之一"。据该报告，原口新吉以佟润堂名义购买的土地共计422天③，已完成收购193天④。1915年日本强加"二十一条"要求后，对实施农业殖民侵略之计划更是乐此不疲。在本国政府的支持下，日本"大资本家、大野心家特派专人前赴东蒙境内实地调查农垦林矿各实业，以备着手攫取者，尤相望于道"⑤，为实施农业殖民侵略做好前期准备工作。调查之目的在于进一步攫取土地资源、实施掠夺性质的农业生产，为此，日本对已建立的农事试验场继续大力经营："满铁会社对于满洲农事非常注意，故农事试验场每年所需之经费其数甚巨。现在更拟在沿线地方推广试验，已经派员入手调查，以为实行之张本。满洲之农产物如高粱、粳子、大小麦等类本年须实地试验，至于牧畜、植树及肥料一切事项亦按项试验，力求进步。"⑥

---

① 希郑：《告吉林地方农事试验场当局》第1—2页，《吉林农报》第68期，1918年11月21日发行。

② 王检：《东三省日本移民的过去和将来》，《东方杂志》第30卷第17号，1933年9月1日发行，第44页。

③ "天"为当时东北土地计量单位，通常情况下与"垧"同。

④ 《中国科学院经济研究所藏日文档案》编号：482，1286，转引自章有义编《中国近代农业史资料》第2辑（1912—1927），生活·读书·新知三联书店1957年版，第24—25页。

⑤ 《日人经营满蒙之政策》，《晨钟报》1916年10月25日第5版。

⑥ 《农事计划》，《盛京时报》1916年3月10日第6版。

此外，日本不满足于现已拥有的农事试验场之规模，决定在"南满、安奉二路线之附属地外一律遍设农业试验场"，并计划积极开发内蒙古东部农业，于1915年"向我国官府要求在郑家屯先设立农业试验场，以备异日推行蒙古之张本，不待我官府之允许，竟自由购地二十町步，开办一年，大著成效"①。

日本对于攫取我国东北土地资源，可谓处心积虑、无所不用其极。据日本驻铁岭领事酒勾秀一于1916年12月致外务大臣本野一郎机密第90号报告之披露，日本设在铁岭的三井洋行主任佐佐江通过其手下杨某从当地荒务局得到"固山贝子（达赉公）发行的契据四张"，计划"用中国人名义——丰顺堂堂号，取得达旗②河南北荒中适于农耕的土地"。契据的性质"系固山贝子即达赉公民国二年在北京时为整理其旧债而发行的一种债券，该项债券保证每一万两旧债有在其领地内按丈放原价承领五十方地（或一百方地）的权利，换言之，对于保有上项债券者，乃是一次订约于此次丈放达旗河南北荒时可按券面所开地区面积优先承领该荒丈放的证书"，佐佐江在持有契据的情况下，"派其手下杨某之亲友名王宪章者赴郑家屯，向荒务局缴验契据申请拨给土地，目下正在分头进行中"。酒勾秀一指出，除佐佐江外，另一日本人早间也在计划"蒙古农业开发事业"。为减少来自中国官方的阻力，二人在攫取我国土地时，"都是让心腹中国人极其秘密的从事进行，不让中国方面窥知其与日本人有关"。一旦土地到手，"早间那一宗，已经决定完全由满铁出资由早间经营"，而佐佐江这一宗，"暂时由都督府得到约三十万元的援助，但今后将以三井为首，纠合内地资本家，组织一个大资本团来担任经营"③。另外，据酒勾秀一在同一天致本野一郎机密第91号之报告，佐佐江的代理人曲魁一又以丰

---

① 《日人经营满蒙之政策》，《晨钟报》1916年10月25日第5版。
② "达旗"指内蒙古科尔沁左翼中旗（达尔汉亲王旗）。
③ 《中国科学院经济研究所藏日文档案》编号：482，1285，转引自章有义编《中国近代农业史资料》第2辑（1912—1927），生活·读书·新知三联书店1957年版，第33—34页。

益堂堂号的名义在该地区"订立了一百方地的买卖契约",而且预定是已开垦的熟地,"正在秘密的而且极其顺利的向前进展"①。

可见,在逼迫袁世凯政权允诺其"二十一条"要求后,利用某些无良中国人成为日本对我国东北未被充分开发的土地资源加以攫取的重要手段。除以上史料所披露外,据当时报纸之报道,自日本取得在南满优越权后,"即以杂居二字为借口之具,在南满境内到处勾串中国之无赖,盗取我土地权。一般无赖或贪其小利,或借势欺人,居然甘心为虎作伥。故去年八月二十五日中日新约实行之后,迄今仅一年之期,因土地之纠葛发生之案件竟多至一百余起"②。日本强行占据土地之目的在于殖民,根据《关于南满洲及东部内蒙古之条约》,日本人获得了在我国东北特定区域内的居住权及土地商租权,于是,"日人之携妻负子,前赴南满杂居者络绎不绝"③。仅在奉天省开原县,"民国四年日人杂居条约通过以来,凡百余户之村落莫不有日人足迹焉,假营商为侵略,将夺主而喧宾"④。在辽阳县,"自中日杂居条约认定后,辽阳几为日人总汇处,交涉之繁为沈南最"⑤。在安东县,由于该地"与朝鲜紧相毗连,其间仅隔鸭绿江,故日人易至此地实行移民政策,现已大收效果"⑥。位于辽河以西的锦县⑦,本来不属于日本人享有居住权和土地租借权的地区范围⑧,但是,"日人强指为南

---

① 《中国科学院经济研究所藏日文档案》编号:482,1285,转引自章有义编《中国近代农业史资料》第2辑(1912—1927),生活·读书·新知三联书店1957年版,第34页。
② 《日人取我土地之毒计》,《晨钟报》1916年11月13日第5版。
③ 《日人经营满蒙之政策》,《晨钟报》1916年10月25日第5版。
④ 白眉初:《中华民国省区全志》第2册《满洲三省志》,北京师范大学史地系1924年版,第121页。
⑤ 同上书,第125页。
⑥ 《日人经营满蒙之政策》,《晨钟报》1916年10月25日第5版。
⑦ 今辽宁省锦州市。
⑧ 关于在我国东北地区日本人享有居住权和土地商租权的地域范围即所谓"南满洲"和"东蒙",中日两国存在严重分歧。据孙春日《中国朝鲜族移民史》,中华书局2009年版,第285页,"为了扩大取得土地商租权的地域,日本主张,要以行政区域来规定南满和东部内蒙古的区域概念,照此,把奉天省和吉林省大部分地区和过去的东部内蒙古地区划入取得土地商租权的地域。中国政府当然不能同意这种划分法。1923年7月,奉天省长给管内各县知事下达(转下页)

满地域,援中日新约混入杂居"①。在内蒙古东部地区,日本"因筹备移民满蒙各地,特向我国要求在赤峰②、郑家屯及内蒙某地增设领事,闻已经我国外交部允诺"③。

综上,在将"二十一条"要求强加给我国后,日本加快了殖民侵略的步伐。此外,为实现后藤新平的殖民侵略理论,日本政府还曾专门策划实施了两大殖民计划——1914年满铁附属地驻军退伍军人移民、1915年"爱川村"移民,成为民国初年日本对我国东北地区实施殖民侵略的重要组成部分。

(二) 日本农业殖民侵略典型事例

满铁附属地驻军退伍军人移民亦称"除队兵"移民,该项移民活动由满铁会社具体操作。按照计划,满铁会社从1914年开始,"令其

(接上页)的《禁止商租之令》明确指出,所谓'南满',仅指奉天省的一部分,即东边道19个县和在辽沈道管内位于辽河东部的11个县,共30个县。"其中"东边道19个县",据陈作桀《东省韩民问题》,燕京大学政治学系1931年印行,第13—14页之列表,为18个县而非19个,分别是:海龙、辉南、抚顺、本溪、新宾、宽甸、安东、辑安、岫岩、凤城、庄河、桓仁、通化、柳河、临江、抚松、安图、长白;另据《收吉林省长公署令(民国七年十一月二十日)》(附件三 说贴),台北"中央研究院"近代史研究所编印:《中日关系史料·东北问题(民国六年至十六年)》(一),台北"中央研究院"近代史研究所发行1989年版,第235页之政府公文记载,与陈作桀列表相同。至于"在辽沈道管内位于辽河东部的11个县",据《收吉林省长公署令(民国七年十一月二十日)》(附件三 说贴),台北"中央研究院"近代史研究所编印:《中日关系史料·东北问题(民国六年至十六年)》(一),台北"中央研究院"近代史研究所发行1989年版,第235页之政府公文记载,为13个县而非11个,分别是:开原、铁岭、沈阳、辽阳、海城、营口、盖平、复县、金州、辽中、东丰、西安、西丰。此13县连同上述东边道18县,共计31个县。至于"东蒙",据《中日满蒙条约善后会议第一至十三次决议案及其相关文件》(油印件),中国第二历史档案馆藏,农商部全宗(全宗号:1038),案卷号:56,我国政府认为,"现时东蒙与南满之界,大抵以赫尔苏们、半拉山门、威远堡门、法库门、彰武门之东为南满,西北属东蒙",其境内具体设治情况如下:奉天省计有昌图县、康平县、法库县、梨树县、怀德县、辽源县、双山县、洮南县、洮安县、突泉县、安广县、开通县、镇东县、瞻榆县、彰武县;吉林省计有长春县、农安县、长岭县。在上述各县中,长春、怀德、梨树、昌图"为南满铁道线所经由之地,附近日侨已属不鲜"。

① 《中日发生奉天锦县杂居交涉》,《东方杂志》第12卷第12号,1915年12月10日发行,"中国大事记",第2页。
② 当时隶属于热河特别区,今划归内蒙古自治区。
③ 《日本要求在满蒙各处增设领事》,《东方杂志》第12卷第11号,1915年11月10日发行,"中国大事记",第3页。

铁道守备兵于兵役期满之后,即定居于南满各处。由会社给每人以资本金三百元、田地二十亩,使其从事拓殖",为达到切实殖民之目的,满铁会社还特别规定,"以曾有兴业经验而惯于久居者为限,其用意盖欲于南满洲方面使实业与兵力二者兼程并进,其用心已如见矣"[1]。日本政府希望退伍军人能够在中国东北扎根立足,为此要求他们"必须是移住定居意志坚定,携带家属,而且家属中要有两名以上适于农业劳动者",还要求他们必须要有充足的经营资金,"至少要准备一年的生活费用","在经营方法及农作物选择等方面,要服从满铁会社的安排"[2]。截至1917年,"先后移民34户"[3]。但不久,就有17户日本移民退耕。满铁会社经研究后认为,此次移民计划未能取得满意效果的主要原因在于:第一,34户移民家庭都满怀在我国东北"一攫千金"的梦想,但由于种种原因未能如愿,结果大失所望;第二,退伍军人"并没有从事农业的决心,他们虽然从会社方面获得已垦的熟地,但并不愿自己耕作",而是"租佃给东北的农民,而坐守田租";第三,从事农业生产活动的移民"不考究经营方法",导致农业生产效率低下;第四,移民"不能适应满洲的特殊经济环境,生活放浪,以致多陷于破产的状况"[4]。

继满铁会社实施"除队兵"移民计划之后,1915年,日本关东州都督府又策划实施了"爱川村"移民计划。1912年春,日本"关东

---

[1] 徐曦:《东三省纪略》,商务印书馆1915年版,第441页。
[2] 高乐才:《日本"满洲移民"研究》,人民出版社2000年版,第28—29页。
[3] 程维荣:《近代东北铁路附属地》,上海社会科学院出版社2008年版,第202页。另据高乐才《日本"满洲移民"研究》,人民出版社2000年版,第31页,34户移民的分布情况如下:1914年移民7户,被分别安置于开原、虻牛哨、新台子、得胜台等地,共租种土地110.6町步;1915年移民20户,被分别安置在大屯、杨开林、开原、满井、泉头、桓甸子、新台子、文官屯、烟台(今灯塔)、大石桥、汤岗子等地,共租种土地385.2町步;1916年移民5户,安置于孟家屯、金沟子、马仲河、新城子等地,共租种土地101.9町步;1917年移民2户,安置在虎石台、辽阳,共租种土地32.9町步。如此,1914—1917年共移民34户,耕种土地630.6町步。
[4] 瞿明宙:《日本移民急进中的东北农民问题》,《东方杂志》第32卷第19号,1935年10月1日发行,第61页。

州"都督福岛安正在精心视察后,选定土质肥沃、耕种面积广阔的金州①附近之大魏家屯,作为集中安置本国农业移民的优良地点,以实施"日本人移民模范村计划"。1914年12月,福岛安正派员回国征募移民。次年3月,"有19户(山口县18户46人,新潟县1户2人)农家应募而入殖,并分给了房屋,贷付了农具,从事水田作业"。因为移民中的大部分来自山口县的爱宕村和川下村,故各取两村名的第一个字,于1915年4月将该移民定居点命名为"爱川村",该项移民活动也因此而得名。"爱川村"19户移民共计48人,耕作农田800町步,被日本视为向中国东北实施农业移民的"先驱"②。但是,"爱川村"移民计划实施的当年因遭受自然灾害等原因,即有16户移民退耕,后虽极力补救,但到1934年移民仅存7户,并且均因负债累累而苦不堪言。③

可见,民国初年日本在其"关东州"殖民地范围内实施的带有试验性质的两次移民计划都不甚成功④,但这不但未能阻止日本的殖民侵略野心,反而促使其进一步坚定此种"信念":"关东州的地理条件不适于移民,应取得肥沃的满洲全域"⑤,以便为今后的殖民侵略开辟

---

① 今属辽宁省大连市。
② 关于"爱川村"移民之详细情况,可参考高乐才《日本"满洲移民"研究》,人民出版社2000年版,第32—33页。
③ 瞿明宙:《日本移民急进中的东北农民问题》,《东方杂志》第32卷第19号,1935年10月1日发行,第61—62页。
④ 尽管如此,在1915年后,日本在我国东北的移民人数仍处于增长的态势之中,达到一定的规模。据《盛京时报》1916年3月10日第6版《日人在满洲之调查》披露,"自日俄战役已还,日人来满洲经营商业或农工各业者日见增加,此后中日杂居之协约将次履行,将来移居于满洲之人数更不至倍蓰矣。"该消息同时登载了在东北的日本移民数字:旅顺、大连、金州等三处总户数13044户,男27338人、女23027人;营口、奉天、安东、长春等十二处总户数10353户,男18912人、女15691人;领事馆区域内所居之日人,牛庄、辽阳、新民等七处总户数3658户,男6537人、女5996人。总计27055户,男女共计97501人。另据王检:《东三省日本移民的过去和将来》,《东方杂志》第30卷第17号,1933年9月1日发行,第45页,日本在我国东北的侨民人数,1915年为101582人,1916年为110351人,1917年为120160人,增长百分率以1915年为100%,1916年为108.63%,1917年为118.39%。
⑤ 林明德:《日俄战争后日本势力在东北的扩张》,台北"中央研究院"近代史研究所集刊编辑委员会编辑:《中央研究院近代史研究所集刊》第21期,台北"中央研究院"近代史研究所1992年版,第516页。

更为广阔的空间。此外,日本吸取了日本本土人移民尤其是农业移民我国东北失败的教训,于是决定采取利用朝鲜人移殖我国东北的手段,以达其侵略之目的。

(三)"鲜民殖满"

由于日本本土人殖民我国东北不力,在这种情况下,"移鲜民殖满,移日民殖鲜"遂成为日本决定采用的一种主要殖民侵略手段①,而利用朝鲜人越界垦种而占有中国土地,则成为日本对我国东北土地进行侵渔、实行殖民侵略的一种主要方式。

朝鲜人越垦始于清末,中朝界河图们江"沿岸土壤膏腴,最宜垦殖,前清道咸以后,韩民越界私垦,沿江一带多为所占,至光绪末年竟酿成绝大交涉"②。"绝大交涉"是指日本在日俄战争战胜俄国控制朝鲜半岛后,利用因朝鲜人非法越垦所导致的中朝边界遗留问题而一手制造的"间岛"交涉,遂使图们江北岸的中国吉林省延吉府所辖地区"入于日本势力范围"③。早在1907年,日本对"间岛"越垦朝鲜人"颁布了保护条例,这可视为日本奖励鲜民殖满的开始"④。日本在正式并吞朝鲜后在半岛实施极其残暴的殖民统治,"对待朝人之手段益棘",导致朝鲜人不堪忍受,"前来东省者亦益多,日人见此情形,遂将计就计,大示提倡,即以朝人为蚕食南满之先锋队"⑤。民国建立

---

① 瞿明宙:《日本移民急进中的东北农民问题》,《东方杂志》第32卷第19号,1935年10月1日发行,第64页。
② 徐曦:《东三省纪略》,商务印书馆1915年版,第239页。
③ 同上。在"间岛"交涉中,当时在表面上尚处于"独立"状态的朝鲜政府倚仗日本的势力,企图攘夺我国吉林省延吉府所辖地区之主权;而在"朝鲜大权落于日人之手"的情况下,由于日本"对待朝人之政策未免过酷,于是朝人相率携妻负子,前赴延吉一带,以为避秦之桃源",导致当地越垦朝鲜人人口反而超过中国人的反常情况,被日本加以利用。关于此种情况,可参见《日人蚕食南满之毒计》,《晨钟报》1916年10月19日第5版。由于以上来自朝、日两方面的原因,导致我国延吉地区危机重重、险象环生。
④ 《昭和九年拓殖省编拓务要览》,转引自章有义编《中国近代农业史资料》第3辑(1927—1937),生活·读书·新知三联书店1957年版,第506页。
⑤ 《日人蚕食南满之毒计》,《晨钟报》1916年10月19日第5版。

后，朝鲜人越垦如故，"在安东、延吉、临江①、新民等处开垦者络绎不绝"②。在东宁，由于当地"僻处东陲，韩民前来开垦颇多"，据该县县署1916年呈报，当地朝鲜垦民"不下两千七百户，人口大小男女约计七千五百余口，比较前岁增二百余户"③。当时，朝鲜人不仅越界垦荒，并时有租借或收买田地以耕种水稻之事。例如，1912年3月，"有朝鲜人老幼男女二十余人携带大宗货物及家具、农具等件"，从奉天府赶赴兴京④，"观其情形，似往该处租地耕种者"⑤。在安东，朝鲜人屡有"置买田地或租种水田者，至今春韩人来此者为数尤多，凡买卖房产致起钱财上之镠，在所难免"⑥。在岫岩城南百余里二龙山、五道口等处，"朝鲜人数名以日洋千余元向该处愚民私买不毛之地三百余日⑦，立妥契据，并闻内有某国人从中主使，欲在该处开种稻田，实于领土大有关系"⑧。在通化⑨，"境内向多侨居之韩人，近日来携男抱女而来者更络绎不绝，又在乡间典买田产，以作久远之计"⑩。在营口，所属之下土台、田庄台，又有民人私自将土地盗卖于越垦朝鲜人，"辟作稻田"⑪。按照民国政府之规定，进入我国东北的朝鲜人，"按国籍法请愿入中华民国国籍，报经内务部审查合格，给与归化许可执照，请愿后部照未发之先，由县署发给临时归化执照，与部照有同等效力，其享受权利与华民无异"⑫，所享受之权利当中包括土地所有权。日本见有机可乘，遂唆使部分朝鲜人假为"归化"中国而获得中国国籍，

---

① 今划归吉林省。
② 《咨请速订韩人入籍章程》，《盛京时报》1912年5月8日第5版。
③ 《垦民日多》，《吉林农报》第11期，1917年4月11日发行，"新闻"，第1页。
④ 今辽宁省新宾满族自治县。
⑤ 《韩民移徙》，《盛京时报》1912年3月30日第5版。
⑥ 《谕示乡民与韩人交产之办法》，《盛京时报》1912年5月4日第5版。
⑦ "日"为当时东北土地计量单位，谓一日之内可犁之地，也就是"晌"。
⑧ 《愚民盗卖田产》，《盛京时报》1913年3月8日第7版。
⑨ 当时隶属于奉天省，今划归吉林省。
⑩ 《韩人日见繁多》，《盛京时报》1913年4月5日第6版。
⑪ 《又有盗卖国土者》，《盛京时报》1913年7月26日第6版。
⑫ 伪满珲春县公署编辑：《珲春县一般状况》，海林印刷所1935年印行，第10页。

第一章　民初东北边疆危机之加剧(1912—1917)

以便名正言顺地获得土地所有权,于是,朝鲜人"初至各属以入籍为名,各处人民并不详查,或将土地私自典卖与韩民,所立契约合同多不完善,事后酿生交涉,殊多棘手"①,这种忧虑是完全必要的,日本指使朝鲜人假为归化入籍而获得中国土地,借此行其侵渔之道,贻患无穷。

《关于南满洲及东部内蒙古之条约》签订之后,日本声称所有在我国东北之朝鲜人,不论其是否取得中国国籍,均为"帝国臣民",应服从日本法律、接受日本管辖。条约出笼后,吉林巡按使孟宪彝担忧:"日人北进政策早定于日韩合并之时,所以迟迟未发者,良以南满一带除游历人员外,不能深入内地经商营业,其势力之所及,限于铁道一带,终不足以肆其侵略之谋。此次条约既获得杂居内房地权,情势益形展拓,彼必挟经营之事业,与租地之人民,纷至杂投,藉偿其数年之欲望。"② 至于日本声称在南满、东蒙朝鲜人等同于日本臣民之问题,孟宪彝认为祸患无穷,"万一日韩人民互相勾结,或为日人所胁迫,将越垦地亩为无形之让渡,或租或卖,暗中授受,则于土地主权隐忧甚大"③。事态发展果然如此,日本取得以上权力后,更加肆无忌惮地掠取我国东北丰富的土地资源,而所利用者绝大多数正是被其视为本国臣民的朝鲜人。据中国政府公文之记载,日本曾组织"南满拓殖团","此团产生于该国之拓殖会社及以前之朝鲜拓殖团,其得力分子半属朝鲜人。盖以南满沙漠遐荒,水土气候俱不适宜,且生活程度甚低,殊非该国人所能骤至,乃不得不利用与南满接近之朝鲜人为先锋,令其纠资组织,以从事于南满之经营,而归日政府奖励监督

---

① 《预防交涉》,《盛京时报》1912年7月10日第5版。
② 《收政事堂交孟宪彝呈(民国四年七月三十一日)》,台北"中央研究院"近代史研究所编印:《中日关系史料·二十一条交涉(民国四年至五年)》(下),台北"中央研究院"近代史研究所发行1985年版,第616页。
③ 《收吉林巡按使[孟宪彝]咨陈(民国四年八月二十四日)》附件《密陈中日条约吉林善后计划第七案呈文》,台北"中央研究院"近代史研究所编印:《中日关系史料·二十一条交涉(民国四年至五年)》(下),台北"中央研究院"近代史研究所发行1985年版,第654页。

对此，继孟宪彝出任吉林巡按使的王揖唐也指出："吉省自俄日战争日韩合并以来，韩民越图们江而来我境垦地者岁有增加，近且蔓延及于腹地。地方官习于放任，漫不注意，驯至沿边各县韩人户口数逾华人数倍，久成喧宾夺主之势。韩人惟求有地可耕，无远弗届，日人则存心利用，尤希望其来者之众，俾他日藉口有资。"②

在日本殖民当局的有意指使和纵容下，进入我国东北的朝鲜人定居范围逐渐扩大、人数与日俱增。据统计，民国初年，在南满、东蒙日本势力范围内，朝鲜人遍布于"安东、奉天、牛庄③、铁岭、公主岭、昌图、四平街、大石桥、长春"等地，此外，如"吉林④、下九台、饮马河、长白⑤、延吉、陶来昭、张家湾、哈尔滨"等，均成为朝鲜人的定居之所。在上述地区生活的朝鲜人，人口总量达469768人之多⑥。尽管当时进入我国东北的朝鲜人绝大多数善良本分，是迫于日本殖民统治的残酷而不得不越境谋生，希望在异国他乡安居乐业，并且将水稻种植技术引进我国东北，在一定程度上促进了当地的农业生产，但不能否认，有少数入境朝鲜人绝非良善之辈，倚仗日本势力为非作歹，而日本又从中加以充分利用以侵夺我国主权，成为东北地区之一大安全隐患。关于这一边疆安全隐患问题的日后发展情况，在第三章第二节有详细介绍。

---

① 《收政事堂交片（民国四年七月五日）》附件《日人侵略满蒙阴谋报告》，台北"中央研究院"近代史研究所编印：《中日关系史料·二十一条交涉（民国四年至五年）》（下），台北"中央研究院"近代史研究所发行1985年版，第476页。
② 《收吉林巡按使［王揖唐］咨陈（民国五年二月二十二日）》，台北"中央研究院"近代史研究所编印：《中日关系史料·二十一条交涉（民国四年至五年）》（下），台北"中央研究院"近代史研究所发行1985年版，第805页。
③ 今属辽宁省鞍山市。
④ 指当时吉林省城。
⑤ 当时隶属于奉天省，今划归吉林省。
⑥ 《日人蚕食南满之毒计》，《晨钟报》1916年10月19日第5版。关于民国初期朝鲜人定居于我国东北地区的人口总数，各种记载不一，另据《盛京时报》1916年10月26日第4版《韩人侨居满洲之概数》，在"间岛"为173000余名，南满72780名，北满哈尔滨、齐齐哈尔一带7832名，总计253614名。

第二章

民初东北移民实边政策之实施
（1912—1917）

如第一章所述，民国初年，由于俄国与日本对我国东北地区的进一步侵略，导致东北边疆危机进一步加剧。面对严重的边疆危机，民国政府继续实施清政府已在推行的移民实边政策，政府官员、民间团体、人士及报纸杂志等也纷纷就此问题发表看法，强调东北边疆危机的严重程度以阐释实行移民实边政策的必要性，呼吁加大移民实边政策的实施力度，并在一定程度上就政策实施过程中的具体问题展开探讨，形成了关于东北移民实边问题的舆论潮流。这股舆论潮流之勃兴，对于民初东北移民实边政策实施起到了推动作用和促进作用。

第一节 东北移民实边舆论之勃兴

民国初年，俄国与日本对我国东北地区的侵略变本加厉、有增无已，边疆危机依然严重，当时朝野上下就采取何种措施以化解东北边疆危机的问题纷纷发表看法、建言献策，有关移民东北以抵制外患的舆论不绝于耳，这种舆论来自政府官员、垦植组织和民间有识之士、报纸杂志等各社会层面，颇具声势，形成了一股舆论潮流。舆论深刻揭露俄国、日本对我国东北的侵略以阐释移民实边之紧迫性，对移民实边政策实施过程中所存在的问题及具体实施方法等方面，亦有所涉及。

一 相关部门及政府官员之倡议

1912年7月，农林部在致国务院函中指出，"现今蒙地荒寒、人口衰减，推原其故，实由垦政不兴、弃利于地。查内外蒙旗除瀚海界外，尽多可耕之土，东三省、热河、察哈尔、绥远境内垦务已著成效，外蒙古、科布多等处垦务甫有萌芽"，建议在蒙疆"特设拓殖机关，以资经营规划"，认为一旦如此，则"责任专则事易举，名实副则职易行"。具体而言，"对于内蒙拟多用民垦法，对于外蒙拟多用屯垦法，用民垦法应设垦殖厅以执行之，用屯垦法应设垦殖总管府以执行之"。农林部为此还筹划拟订垦地法及蒙汉交产法，并拟订了垦殖厅官制29条及垦殖总管府官制36条[①]。农林部在蒙疆地区遭受沙俄疯狂侵略、呈现严重危机之际提出上述建议，有其目光独到之处，但由于外蒙古的不利局势发展过快，导致建议无法付诸实施，当时能够做的，仅仅是"屡次派员赴东三省各地，调查垦务情形而已"[②]。

1913年10月，副总统黎元洪在通电中指出，由于"东北各省介居俄日之间"而导致危机重重，因此"宜力行移民实边之计，将直隶[③]、山东、安徽、湖南、湖北五省之民移于彼处，以兴屯垦"，同时提出具体方案，主要有："政府当发轮船、火车之免费票，俾北移之民得挈眷同往"；"政府当预备垦田所用之器具，凡移民不能自备者由政府给发之，三年之后再由移民备价返还政府"；"政府当设专官以理移民之事，晓谕移往之民，使知满洲土地肥沃，力耕则上足

---

　　① 《农林部致国务院请将垦殖厅及垦殖总管府官制草案提出国务会议函》，中国第二历史档案馆整理编辑：《政府公报》第3册，上海书店1988年影印本，第525页。农林部拟订的垦殖厅官制及垦殖总管府官制可参见同上书，第540—544页。
　　② 《附录 统计局编行政统计汇报·农商类》，中国第二历史档案馆整理编辑：《政府公报》第112册，上海书店1988年影印本，第383页。
　　③ 1928年后改称河北。

富国、下足富家";"移民以携有家属为宜,俾能永居满洲,有固定之志"①。黎元洪以上所论,指出由于俄、日两国觊觎我国东北,因此移民实边之举刻不容缓,并强调政府应在移民迁移途中及迁移之后的生活、生产安置等方面发挥职能作用,给移民以优惠措施,以吸引关内直隶、山东等地百姓移民东北,既可改善民生,又能充实边疆,可谓一举两得。黎元洪提出以上建议后,国务院为此曾咨文黑龙江省行政公署,指出黑龙江"土旷人稀,急宜迁移直东湘鄂各省之民定行垦殖,以免各该省有人满之患,且可巩固边围,现准黎副统领条陈,办法极为完备,凡移民所需轮船、火车以及犁牛、籽粮均由官府拨给,并予以相当之保护",要求黑龙江省"派员调查殖民之区域,以便筹划实行"②。

1916年10月,农商总长兼全国水利总裁谷钟秀咨文奉天督军兼省长张作霖。咨文指出,"富国之道,端资实业,垦殖一项尤为莫大之利源,近年以来本部对于垦务行政积极推行,开放荒地订有专章,人民领垦加以保护",但是,"政府提倡虽殷,而投资兴业者仍复寥寥,推原其故,实以边疆地方辽阔,荒地所在、领垦手续以及气候、土宜种种情形,内地人民诸多隔阂,若不切实调查、广为传布,不足以引起人民企业之心",要求奉天省政府调查当地荒地数目、分布等情况,以便于移民实边政策的顺利推行。奉天省长公署为此要求所属各县对于本地荒地资源情况予以调查③。

民初东北边疆危机的现实问题引起了外省官员的关注,广东省总绥靖处委员萧惠长认为,"我国边幅辽阔,拱卫京畿扼塞险要莫如东三省",但东北地区由于人烟稀少、地利未尽,"往往数千里一碧荒旷,肥沃之土弃而成荒,坏奇之珍积而莫采,而东南各省则人烟稠密,

---

① 《黎副总统电请移民满洲之擘划》,《盛京时报》1913年10月18日第6版。
② 《调查殖民地》,《盛京时报》1913年11月15日第7版。
③ 《农商部咨为调查垦殖状况及奉天省公署分令查报事》,1916年10月,辽宁省档案馆藏,奉天省长公署全宗(全宗号:JC10),案卷号:JC10-4393-1。

光复以来闲散兵民益形充斥,不谋安插隐患堪虞,外迫强邻,内忧人满,拓殖之谋乌客已乎?但兹事体大,经营颇难,筹措之法莫如由各省分途移无业之民实东边之土,既可调剂盈虚,即以消弭侵略"①。萧惠长之建议得到广东都督胡汉民之赞同,认可"边境空虚,欲以移民之谋为实边之计"为可行之策,并委派萧惠长赶赴奉天省洮南等地调查垦荒相关事宜②。

东北地方官员对当地情况最为了解,纷纷就移民实边之问题发表看法。黑龙江省龙江道③道尹何煜指出东北问题的严重性,揭露俄、日两国的侵略野心和行径,"日之染指我南满、垂涎我东蒙,非以其地窄民稠不足以扩其生计欤?俄之经营西北利亚,且远至于东海滨,非以其民多而好乱,一以之为尾闾,一以之为有北欤?"认为若听任事态如此发展下去,东北有"坐令外人攘为殖民之地"的危险。为改变现状,何煜认为应"行移民实边之上策",使"浮民无业而有业,边地无民而有民"④。在移民实边政策实施方面,何煜认为"江省草莱初辟,有利之实业固多,而开垦荒地利益尤为较大"⑤。如何才能使"江省草莱尽辟,文化大兴,内地居民不招而自来,不移而自至,履

---

① 《东北殖边计划》,《盛京时报》1913年2月15日第2版。
② 关于调查情况,可参见《广东总绥靖处委员萧惠长函询奉天洮南一带蒙荒情形及奉天都督张锡銮复函》,1912年12月,辽宁省档案馆藏,奉天省长公署全宗(全宗号:JC10),案卷号:JC10-26367。
③ 据徐曦《东三省纪略》,商务印书馆1915年版,第93页,自清末改建行省以来,黑龙江省设有三道,分别是兴东道、呼伦道及瑷珲道。1912年,"裁撤兴东、瑷珲两道,置黑河道。惟呼伦一道,比因蒙乱,暂置未议"。1914年6月,"改划全省道区为三,一龙江道,一绥兰道,一黑河道。黑河道旧驻大黑河,今移驻瑷珲"。据同上书,第80—93页,截止1914年,龙江道(驻龙江县)下辖政区为:龙江县、嫩江县、大赉县、肇州县、安达县、讷河县、青冈县、拜泉县、肇东县、呼伦县、胪滨县、泰来镇设治局、吉拉林设治局、西布特哈辖地;绥兰道(驻绥化县)下辖政区为:绥化县、呼兰县、海伦县、巴彦县、庆城县、兰西县、木兰县、通河县、汤原县、龙门镇设治局、铁山包协领辖地、东兴镇协领辖地;黑河道下辖政区为:瑷珲县、呼玛县、萝北县、漠河设治局。道长官为观察使,后改称道尹。
④ 《上大总统条陈时事说帖》,何煜:《龙江公牍存略》,文海出版社1978年影印本,第213—214页。
⑤ 何煜:《黑龙江垦殖说略》(第四章 移殖),1915年铅印本,第2页。

边徼若户庭，化榛荒为富庶"①，何煜针对当时移民实边中所存在的问题发表看法，认为应注重家庭移民，指出"江省垦户之积病往往春来秋去，不特佣工，单丁秋收后无所事事，徒步归里"，这种状况必须改变，否则移民实边徒为形式，因此，"垦民移入之始不可不有永住之决心，携带家属以立固定之根本"②。何煜以上所言可谓颇有见地，因为移民实边政策从清末以来已开始推行，虽取得一定的成效，但总体效果差强人意，其中一种常见现象是关内男子独身一人出关谋生，每到冬季返归乡梓，③ 成为季节性移民，不利于边疆人口的真正增殖，实边之效果也就有限，何煜针对这一症结提出了变通之建议。

二 垦植组织与有识之士之呼吁

民国甫建，外来侵扰导致边疆不靖，为开发边疆以保障其稳定与安全，黄兴等发起组织了中国拓殖协会④，总会设于南京，各省设立分会。由于当时东北边疆危机较之其他边疆地区尤为剧烈，因而引起各省垦植分会的关注，所谓"各省支部所由震奋焕发而尤注意于关东三省者也"⑤。在这种背景下，1912年5月，吉林拓殖分会成立，不久遵照黄兴的建议更名为垦植协会吉林分会，通称吉林垦植分会。⑥ 吉林垦植分会成立后立即开展筹边活动，大力倡导移民实边思想，提出《吉林省移垦边荒巩固国防案》。该议案首先指出吉林边患的严重程

---

① 何煜：《黑龙江垦殖说略》（序），1915年铅印本，第1—2页。
② 何煜：《黑龙江垦殖说略》（第四章 移殖），1915年铅印本，第2页。
③ 关于此点，当时报纸有披露："直隶、山东、河南各省之贫民，每年在东三省作工求食者不下千万，计类皆春来冬返，向以为常。"——《关里苦工纷至沓来》，《盛京时报》1912年3月10日第5版。
④ 后因"拓殖"带有殖民侵略色彩，与我国移民实边政策之宗旨不相符合，故更名为中国垦植协会。
⑤ 《山东都督咨为垦植协会鲁支部垦植有限公司移垦章程事及奉天都督的令》，1913年1—2月，辽宁省档案馆藏，奉天省长公署全宗（全宗号：JC10），案卷号：JC10-7405。
⑥ 参见《吉林拓殖分会咨奉天都督为送中华民国吉林拓殖分会简章事》，1912年6—11月，辽宁省档案馆藏，奉天省长公署全宗（全宗号：JC10），案卷号：JC10-4273。

度,"吉林关系国界之边地,起自东南路延吉府①,迄乎东北路临江、绥远,无尺土不入明窥暗占之范围,无一刹那不在机埋动摇之地位",具体而言,其东南部"延、珲②一带邻日邻俄,四五十年交涉巨案悉萃于是",而东北部一带"与俄境一水之隔,彼则久已实行殖民政策,村落相望,我则一望荒芜,阒不见人,任彼私移界址,越界渔樵"。可见,吉林处于俄、日两强的夹缝之中,岌岌可危,如何应对?议案认为,"吉林全省安危存亡关系,全视垦植进行之迟速为断,何以言之?吉省地广人稀,其势固不得不以移垦为正办,而南日北俄实逼处此,尤不能不采用屯垦制度,盖仿东西各国实边成例,神明变化,以为巩固国防之计划",同时警示国人,若不早行移民实边,则将"寸寸江山已非我有,又容我有插足之余地耶"?基于以上认识,垦植协会决定,将吉林东北部从临江府直到兴凯湖畔全长1300余里之地区"划出沿江十五里,内除沿江堤岸五里,其余十里为移垦地点",同时,"于各省应裁撤军队之中酌量挑选垦丁,分为四年,尽数移殖"。垦植协会指出此举有十利,其中包括"开辟边荒,尽成沃壤""于无形之中布置重兵,俾国防得以巩固"等③。在大造舆论之同时,吉林垦植分会还专门派员详细调查吉林省沿边地带之情况,以便为兴办移民垦植事业做好准备。

奉天省洮南地处科尔沁右翼前旗,当科尔沁蒙旗冲要位置,人称"四省枢纽,十旗中心"④。并且,该地"西北接近外蒙,库伦独立以后,时有边警,近者日人将由南满伸足内蒙,以为扩张势力之准备"⑤。此外,当乌泰举兵叛乱时,洮南首当其冲,罹难颇重。面对当地内忧

---

① 今吉林省延边朝鲜族自治州行政中心所在地。
② 指延吉、珲春。
③ 《咨奉天省民政长为送垦植章程事 吉林垦植分会筹办调查吉省东北沿边移垦计划报告书》,1913年7月,辽宁省档案馆藏,奉天省长公署全宗(全宗号:JC10),案卷号:JC10-4314。
④ 《科尔沁余荒殖民团宣告书》,《盛京时报》1913年7月29日第3版。
⑤ 徐曦:《东三省纪略》,商务印书馆1915年版,第323页。

外患的严峻形势,有识之士左寿椿等人决定"联合同志挽救全洮,以振兴垦务、充实边圉为宗旨",希望以此"务使蒙边无旷土之虞,间阎有安枕之乐"①,发起成立了科尔沁余荒殖民团。科尔沁余荒殖民团成立宣告书指出,洮南因"日伺于东、俄瞰于北"而危机重重,认为:"立国要素,土地、人民、主权三者而已,共和时代主权在民,有荒不垦、有民不殖,土地空虚,主权放弃,嗟我同胞伊谁之责?"宣布兴办垦植团体之目的在于招民垦荒,"注重安边",力求"所放之荒务期能垦,所招之民务期能殖"②。科尔沁余荒殖民团成立后在奉天省城、洮南、锦县等地区开展招民垦荒工作,仅在奉天省城,据《盛京时报》之报道,"领荒者颇不乏人,兹当春令,农事将兴,人民皆有土地之思想,故现在该分部交款报领者,大有山阴道上应接不暇之势"③。

东北民间人士目睹时艰,也就东北移民实边问题建言献策,由于长时期在东北居住生活,对因外来侵略所导致的种种危机有切肤之痛,因此所提建议往往能够切中要害。1917年3月,黑龙江省黑河道沿边商会代表白良栋、丁汝矩在上外交部呈文中指出,"古曰移民,今曰殖民,教农之道,亦实边之政也。黑河边徼旷土甚广,皆沃野也,近如奇克特④温柯镇、呼玛县等处,正设局招垦放荒,伊始之时,必先求便民利民之策,而后可望垦务之发展也",为发展垦务,二人要求民国政府对俄展开交涉,收回被俄国长期把持的黑龙江航运权,认为如此可以"挽回航权,提倡实业,藉固边圉"⑤。

---

① 《科尔沁余荒殖民团函请维持》,《盛京时报》1913年8月9日第6版。
② 《科尔沁余荒殖民团宣告书》,《盛京时报》1913年7月29日第3版。
③ 《报领蒙荒之踊跃》,《盛京时报》1914年3月21日第6版。
④ 今黑龙江省逊克县奇克镇。
⑤ 《收黑河道沿边商会代表白良栋、丁汝矩来呈(民国六年三月二十日)》,台北"中央研究院"近代史研究所编印:《中俄关系史料·东北边防(民国六年至八年)》(一),台北"中央研究院"近代史研究所发行1960年版,第25页。

三 报纸杂志广为宣传

报纸杂志作为舆论工具,对东北边疆危机这一当时的社会现实问题无疑会相当敏感,因此有关这方面的报道、时评、文章等比比皆是,尤以东北地区报纸杂志关注为多。以下所举仅是其中的代表性主张,从中可以窥一斑而见全豹。

《东方杂志》曾刊登文章《经营满蒙议》,指出"满蒙现势,已堕俄、日虎口",日本"内阁与国会,主张移民集中满洲之策,彼其汲汲经营,以高丽视满洲者,不待言矣",俄国则对于"北满、外蒙,尤恣意侵略,得寸即尺"。如何应对来势汹汹的外来侵略,文章认为,"非萃内省全力以经营满蒙,则半壁河山,危如累卵",如何经营?由于民初东北沿边很多地区仍然处于"塞外榛莽,荒凉犹昔"的状态,因此"开发满蒙,首在农垦",而当地"地广人稀,欲行开发,须行移民"①。文章从东北边疆危机谈起,层层递进,得出了移民以保障东北边疆安全的结论。

《盛京时报》曾多次刊发相关论说,试举三例。

1912 年 3 月,《盛京时报》曾刊登一篇论说。论说指出,"我国曩者弃地以资敌,即因沿边荒落,官民群视为瓯脱,而莫为之守故,若夫殖边政策断然实行,则不数年间,沿边村屯星罗棋布,彼纵狡焉思启,其又奚从?"如何实行"殖边政策"?文章建议"规定保护及奖励之法,而复以交通便利,为移殖之先导,则趋之者必且如市",此外认为应组织被裁撤之军队及失业之民以实行军屯与民屯,以此达到充实边疆、巩固边防之目的②。

1912 年 4 月 12 日,《盛京时报》载文《论拓殖之前途》。文章指出,"吾国便于移殖地域,为南、北满洲及毗连内省之蒙古各部,其

---

① 《经营满蒙议》,《东方杂志》第 8 卷第 11 号,1912 年 5 月 1 日发行,"内外时报",第 19—20 页。

② 《殖边今论》,《盛京时报》1912 年 3 月 27 日第 1 版。

地质率为膏沃，宜五谷"，对于如此沃壤，如果"吾不竭力经营之，此所以启人之觊觎也"，而"外人之觊吾属地也，不惜抛掷无数资财、无数精神材力，假国际上之名义，以求遂其鲸吞蚕食之谋"。如何避免此类情况发生，只有大力"从事于垦荒渔猎，为实地之经营"。该论说还指出，由于以前清政府实行封禁政策，"禁令綦严，不敢公然负耒前往"，而如今民国成立，"五族一家，一切障碍悉以扫除"，为开展移民实边事业奠定了政策基础，如此，"安有裹足不前者"①？

1913年5月21日，《盛京时报》再刊文《论今日宜厉行实边政策》。其文略谓，"自晚清以还，士大夫之创实边之论者，踵相属也。然而言之非艰，行之惟艰，迄于今日，边备之空虚也如故。无事时，敌国之兵若民，犹时时阑入边陲，以肆其虔刘荼毒，而我则以壤地相接，形势之大相悬殊，自卫尚且未能，遑言抵制耶？一旦有事，夫复何幸？"边患严峻，其根源在于我国"沿边万余里，地非不毛也，而我向以瓯脱视之，于是逐渐而拆入他人之手中"。以中俄两国边境形势而论，"与我邻者之经营边备也，则不遗余力，遇扼要处，屯置大队，凡可耕处，移民以实之，沿边村屯，基置星罗"，反观我国边境，则"人烟之寥落也如故"。民国取代清廷，"国体更新以后，沿边之空虚，仍无人顾问及之"。如何改变现状？论说认为"与我邻者，其布置亦几经审慎而来，我正不妨仿行之，以为肆应地步"，如何仿行？"惟厉行实边政策"，因为此举可收到"伐敌谋于未形"之实边效果②。

《吉林农报》第1期在《发刊词》中以吉林一省为例，指出当时东北边疆危机的严重程度，"今日何日也？外交紧迫、边患日亟之日也，吉林何地也？中日杂居、商租土地之地也"，呼吁移民实边、开发边疆，"以期外人无隙可乘，无瑕可蹈，国家转弱为强，俾我吉林永为中华民国完全领土"③。该报同期刊登吴燮的文章《论移民以实东

---

① 《论拓殖之前途》，《盛京时报》1912年4月12日第1版。
② 《论今日宜厉行实边政策》，《盛京时报》1913年5月21日第1版。
③ 刘文科：《发刊词》第3页，《吉林农报》第1期，1916年12月21日发行。

陲之利》，从以下六个方面阐释移民边疆的重要意义。第一，"可以安靖内地而充实边陲"。"我国内地人烟稠密，地积徧小"，"倘不设法安插，民间既不能安居乐业"，"唯有迁移来东，则内地可期安宁，而边陲亦得充实"。第二，"可以减少军额以期收支之适合"。"仿屯田法移置遣散之军于东陲，则在国家可减少军额而收支均衡，在东省得增加多数之农民，而地不荒芜矣"。第三，"可以增加国赋以裕国用"。"倘移民来此，授以土地，数年之后，地既成熟，即得征其田赋，在农民先得土地，后纳田赋，不见其苛，而国用可藉此稍裕也"。第四，"可以低廉物价以舒民困"。"倘移民垦植，则于每年必能增加无量数之农作物"，"必可使物价低廉，而民困可舒也"。第五，"可以增加农产物以增输出品也"。"东省为大豆、小麦种植最适之区，倘将素日荒芜不治之地，尽垦而植之，农产物势必增收，而输出品可大形增加矣"。第六，"可以增加农作物以著工商之效用"。"使农不出粟米麻丝，则工商俱失其效用矣，是以治国者，首重农桑，非无谓也，倘以东省广漠之地，一旦尽量而植之，未有不农作物大增者，而工商之效用亦著"①。作者最后对移民实边的重要意义加以总结："其余农桑上诸种之利益，实边垦植者，无不兼而有之，其利岂非鲜哉？故我政府今日而不欲图富强也则已，为欲图富强，舍实边垦植未由。"②

《黑龙江实业月报》亦曾刊发张景阳的《垦务刍言》，根据黑龙江一省的实际情况，就移民实边之问题发表见解："殖民善政，夙为东西列强所著称，垦荒实边，尤为中国近今之急务。然殖民而不得其要，不但难期富庶，人民且视此为畏途，垦荒而不务其实，不但莫辟荒芜，款项必徒掷诸虚牝。不种善因，即无良果，天下事大抵然也。黑龙江省山河表里，土地肥腴，即地利而发挥之，苟能办理得法，富庶不难甲于他者。若拥此雄厚之区，不知变计，而坐受窘困，是犹个人守千

---

① 吴燮：《论移民以实东陲之利》，第2—4页，《吉林农报》第1期，1916年12月21日发行。

② 同上书，第4—5页。

顷之田，不事耕辟，而日日言贫，岂非愚之甚耶？"①以上是就开发地利以促进经济发展而论。不仅如此，就黑龙江省而言，"极北边线，延长三千余里，其中不乏沃壤，若非改弦更张，急图垦辟，任听荒芜，徒为邻封涎羡之物，为政者忍出此乎"②？这是就边疆安全而立论。如何使移民实边政策得以顺利推行？作者建议，"招募真正农夫，编为垦队，发给枪支，使其自卫，可免办警设官保护之责；贷给款项，作为资本，可免迁移垫办无益之耗。然后分段安插，实地垦辟，必能日起有功"③。另外，张景阳在《垦务刍言》（续第1期）中又提出两点建议，其中一点为军屯实边，留待后论，另一点为"裁汰冗费以设立银行"④。作者认为，"草昧初辟之地、人烟辽阔之区，各项行政简单为上，稍事铺张，徒资虚糜"，建议以裁汰冗费所结余之资金"设立拓殖银行，以为各公司垦队贷借之资，自公家一方面论之，岁有利息之入，不糜款而效收，自公司垦队一方面论之，款从借贷而来，必能勤慎以从事"⑤。张景阳之建议为有感而发：移民实边政策从清末就开始推行，成效虽有但比较有限，其原因之一在于缺乏财政方面的大力支撑，张景阳建议裁减地方行政浮费以节省开支而用于移民实边事业，不失为可行之策。

四 移民实边舆论之评价

综上所述，民国初年东北边疆危机四伏、险象环生，成为当时中国边患最为严重的地区之一，在这种严峻形势下，如何化解迫在眉睫的边疆危机成为当务之急，当时舆论普遍认为，继续推行清政府已经实施的移民实边政策并将其进一步推向深化是唯一正确的选择，所谓

---

① 张景阳：《垦务刍言》，《黑龙江实业月报》第1年（1912年）第1期，"投稿"，第1页。
② 同上书，第3页。
③ 同上。
④ 张景阳：《垦务刍言》（续第1期），《黑龙江实业月报》第1年（1912年）第2期，"投稿"，第3页。
⑤ 同上。

"移内地之民,开发边疆,久已公认为谋国之良策"①,如此,关于移民实边的呼声此起彼伏,政府官员公开倡导、民间团体和有识之士极力主张,报纸杂志推波助澜,形成了一股蔚为壮观的舆论潮流。当时有关东北移民实边舆论的主旨有两方面,一方面揭露俄国和日本对我国东北的侵略野心和行径,揭示边疆危机的严重程度,指出移民实边政策实施的必要性和紧迫性;另一方面,舆论就如何实行移民实边政策各抒己见,进行探讨,包括政策实施的某些程序、方案等具体问题,体现出社会各阶层对边政和国家安全的强烈关注,表现了鲜明的爱国主义色彩。

如上所述,民国初年有关东北移民实边的舆论对于该项政策的实施确实起到了促进和推动的作用,但是,其中也存在一些问题,主要有以下几个方面。

第一,当时的舆论一般都将招民垦荒作为移民实边政策实施的重中之重,但这种方式在清末已经开始实行,尽管取得了一定的成效,但其中也有无法根除的痼疾,如放荒经办官员与揽荒揽头朋比为奸腐败营私、揽头包揽大片荒地待价而沽致使大片荒地放而不垦等。以上问题到民国年间依然存在,据《盛京时报》报道,有放荒官员"凡遇放垦之时,大段联荒尽行留搢不放,虚悬放垦之名,借以转售渔利,真正农民以土地为性命,倘无特别势力向垦员疏通,则腴地不能到手",如此引起"一般人民不平之心,以致群相裹足,为荒务前途之障碍"②。放荒官员问题很多,揽头揽荒也成为阻碍垦务健康发展的一大障碍。何煜就此曾指出,"江省放荒几经寒暑,无论如何设法招垦,东荒③则日渐开拓,腹地则依旧空虚,推原其故,皆由揽头包揽大段转手渔利,大户争领腴荒领而不开,致令多数小民领地无门"④。问题

---

① 吴希庸:《近代东北移民史略(初稿)》,国立东北大学东北史地经济研究室编辑发行:《东北集刊》第2期,国立东北大学印刷所1941年石印本,第51页。
② 《开放满蒙沃荒之利益》,《盛京时报》1915年7月21日第6版。
③ 指黑龙江省呼兰平原一带,清末民初有"东荒"之称,是黑龙江省最早招民开垦的地区。
④ 《详饬属整顿垦务开辟地利由》,何煜:《龙江公牍存略》,文海出版社1978年影印本,第95页。

第二章 民初东北移民实边政策之实施(1912—1917)

既出,就要解决,但如何根除以上弊端,当时的评论、建议往往都流于泛泛而谈,探讨一般均较为肤浅,就其可行性、具体实行方案等缺乏进一步的深层次研究,对于解决实际问题助益不大。此外,民国初年用于边政的经费十分有限,没有财力上的有力支撑,移民实边事业很难顺利而持久地开展下去。对此,当时报刊有如此之评论:"移民实边既可裕人民生计,又可以巩固边陲,政府久经决定为积极之进行,而迄今所以尚未有何等进步者,实因大宗移民需费甚巨,无从筹措故也。"[①] 但如何解决这一问题,当时的舆论也未给出有效的答案。

第二,除东北移民实边舆论本身所存在的问题之外,还应注意由于民初政局的影响,致使某些移民实边的具体实施方案无法得到有效落实。民国初年的当政者受舆论的影响和压力,在表面上或许对移民实边之举表示赞同,并确曾拟订各种相关规划,但真正落实者并不多见。有时论曾就此指出:"春融冻释,农夫群将趋南亩而凿井矣。某知斯时,倡移民实边论者,必更兴高采烈,缕陈种种利益,以警告当局者,当局者亦必函电交驰,互相商榷,以为着手实行之预备。然而成效若何,则固不难逆睹,比至岁暮,移民若干户,需款若干元之报告,可决其无有也,是何以故?则以当局者之心目,本不专注乎此。"[②] 此外,军阀之间的割据混战还常常打乱移民实边政策的顺利推行,如张作霖主政东三省后,曾于1921年"呈请中央政府,督令直鲁两省,饬各县调查能迁居东省人数,以便分配垦地,并在天津、保定、济南、青岛、烟台、奉天、营口、大连等处设立移民接待所",但该项计划"正拟积极进行,而直奉战事,忽然爆发,致此项计划,又成画饼"[③]。

由于以上各种原因,民初很多有关东北移民实边的舆论常常陷于曲高和寡、束之高阁的尴尬境地,并未得到落实,即使具体实施也会

---

① 《移民实边经费拟定分担办法》,《盛京时报》1915年8月19日第3版。
② 《论移民筹备局之设置》,《盛京时报》1914年2月25日第1版。
③ 《直鲁难民分布区域》,《晨报》1928年3月3日第6版。

因为各种因素的干扰而大打折扣，导致效果有限。民国初年由于政局错综复杂，以上问题的存在有些也是不可避免的，尽管如此，民国初年有关东北移民实边的舆论潮流是对当时东北边疆危机日益加剧的必然反映，舆论中所蕴含的各种正确主张和合理建议对有效治理边疆地区以保障其稳定与安全，至今仍然有一定的借鉴意义。

第二节 中央政府相关政策之实施

民国初年，迫于边患日深的巨大压力，也由于受到当时有关东北移民实边舆论的影响，北京中央政府及东北地方政府对于东北地区移民实边之问题颇为关注，采取了相应措施，取得了一定的成效，当然，在取得成效之同时，各种问题也时有暴露。

一 中央政府相关施政措施

民国甫建，百废待兴，而巩固新生民国的国家安全无疑成为重中之重，东北边疆危机进一步加剧的客观事实不能不吸引当政者的目光，诚如报纸所披露，"东北边境旷沃数千里，现值多事之秋，殖边之议不容缓图"①。

（一）袁世凯与黎元洪相关政见及评价

出任临时大总统的袁世凯在清末就曾关注过东北问题，成为民国最高执政者后继续对此问题予以关注，曾致电东三省、山西、甘肃等省都督，"协商殖民实边之策"，并拟订了四项具体计划："筹垦款四百万两；先从东三省蒙边入手，渐推及内蒙两盟；凡被遣散之军队，及八旗人等，及内地贫民愿往开垦者，均给资助；设垦务银行，以资接济。"② 当日本于1915年5月通过逼签《关于南满洲及东部内蒙古

---

① 《东北殖边计划》，《盛京时报》1913年2月15日第2版。
② 《殖民实边之政策》，《盛京时报》1912年4月10日第4版。

第二章 民初东北移民实边政策之实施(1912—1917)

之条约》而攫取了在我国东北特定区域内土地的居住权和商租权、同年6月《中俄蒙协约》的签订又使帝俄对外蒙古的实际控制固定化后,袁世凯似乎对东北问题更为关注,"拟饬下政事堂、参议厅协议东三省垦荒事宜,作为重要法案,交内务、农商、财政三部,商同奉吉黑三省巡按使办理",又鉴于"中俄新约现已签字,蒙古垦荒事项尤为重要",计划"俟驻蒙大臣派定,再行提议"①。当然,袁世凯关注东北问题多为官样文章,上述计划并未付诸实施。

副总统黎元洪在民国初年关于东北移民实边的政治主张已如上述,此外,1914年1月,为使移民主张付诸实施,黎元洪与袁世凯面商,正式提出移民东北的建议,并拟订9条具体办法:"政府对于移民轮船、火车概免收费;移民后开垦器具由政府贷款筹办;移民分甲乙两种,甲由政府移送者,乙自行移住者,均由政府保护,并由政府简派专员组织移民事宜;移民使其携带家族,作永久居住之计;移民后三年内免其租税;移民后由政府派员查勘,分别给奖;移民后视满洲土地肥沃酌纳租税;移民予以特别利益;移民后由政府设官垦局,随时接济。"②袁世凯对黎元洪的建议原则上表示同意,曾"电令东省都督、民政长筹议一切",经"三省都督、民政长议定,仍饬直鲁豫湘鄂皖等省之民来东垦殖,免收荒价,并由官府供给川资",但由于"需款浩繁,一时难以筹措,拟先借外债若干,陆续由各省筹还,先行在东设立移民分局,以便筹备一切",并"咨商农林部查核办理"③。但是,外债如何筹借?各省是否情愿筹还所借外债?恐怕都是难以解决的问题,此项移民屯垦计划能否实施,存疑很大。

1916年6月,黎元洪继任民国大总统,对东北移民实边之事仍加以关注,"以实行移民屯垦政策为当今不可稍缓之要图,决定于奉吉黑三省适中地点或长春、哈尔滨设置垦务总局一处,专办殖民事宜,

---

① 《大总统注重东三省荒务》,《盛京时报》1915年6月19日第6版。
② 《副总统移民满洲之擘划》,《盛京时报》1914年1月16日第6版。
③ 《筹划移民屯垦事宜》,《盛京时报》1914年2月22日第6版。

以专责成而收实效,俟筹划完备即将应行解散军队遣发该处,实行屯垦"。黎元洪认为经办此事者责任重大,"非有熟悉东三省情形者断难胜任",决定委派从清末以来即在东北筹边业绩显著的前任吉林都督宋小濂担当此项重任①。

除不断发表关于东北移民实边政见之外,黎元洪对于有志前往东北垦植以抵制外患之举颇多支持。当广东总绥靖处委员萧惠长建议广东都督胡汉民积极参与东北筹边事业后,胡汉民为此咨会吉林都督陈昭常,希望吉林地方政府为广东择定垦植地点。吉林垦植分会对广东方面热心于东北移民实边事业颇为赞赏,为进一步扩大影响,"拟联合全国,实行移民殖边之宏举",为此专门咨文湖北方面,指出东北移民实边事宜"非联合各省通筹全局,不能发展殖民能力,幸赖粤省倡之于前,务请贵省和之于后,同意赞助,筹集资款,协力进行,如议有端倪,即请电商或派员来吉,接洽一切,本分会不但极力欢迎,并愿代为指导地段,支配村落,以尽地主之谊"。黎元洪接到咨文后,因其政见与己完全相同,立刻响应,"以粤省既以实行移民,而吉都与分会竭力维持,自应迅筹办理",认为湖北"无业游民及退伍兵士内地充斥,时虞隐患,以之移往吉省开办林矿垦牧各事,既可发展实业,又可巩固国防,于国计民生两有裨益",于是咨请湖北民政长"转饬实业、内务、财政三司详慎筹划,妥议办法,复核施行"②。

民国初年,湖北人邱品山等发起组织齐安垦牧公司,在奉天省辽源承领荒地2280余垧及镇基1800方。黎元洪对此事极为重视,除咨会农林部外,以副总统兼领湖北都督之名义咨商奉天都督张锡銮,促其玉成此事,奉天省行政公署为此训令辽源县知事办理,县知事靖兆凤经调查后指出,齐安垦牧公司所领荒地"荒榛初辟,譬如平地为山

---

① 《大总统注重移民屯垦》,《盛京时报》1916年9月27日第7版。
② 《东北殖边计划》,《盛京时报》1913年2月15日第2版。

草昧，经营良非易易"，认为民间人士知难而进、在东北垦荒之举实属难能可贵，呈请省行政公署予以核准①。民间组织人力物力兴办垦牧公司以开发东北荒地，是移民实边行之有效的重要方式之一，对于开发边疆、巩固其安全有重要意义，黎元洪力促此事，与其东北移民实边的政见一致，应予以肯定。在黎元洪的关注下，齐安垦牧公司经核准后于1913年9月在辽源正式成立，发布《齐安垦牧有限公司简章》，宣布以"振兴农林、牧养牲畜为宗旨"，规定在招股时"不招非中国人入股"，股东因故转让股份时，"不得转售或抵押于非中国人"②。该公司共招股本总额达银三万余两③，开发"荒榛初辟"之地，在"筑室凿井，以及购备牛粮籽种、雇觅人工、添置农具"等方面苦心经营，"良非易易"④。

可见，面对边疆危机，黎元洪以国家要员之身份就移民东北以抵制外患的问题发表了以上一系列重要政见，并提出具体的实施方案，在提出实施方案时，黎元洪特别注重政府对移民应在各方面予以优惠政策，希望通过切实可行的政策导向促进移民实边政策的顺利推行。但应予以指出的是，在副总统和大总统任内，由于各种原因，黎元洪都不甚当权，难免"位尊而言轻"，其相关政见往往被束之高阁，并未付诸实施。但尽管如此，黎元洪有关东北移民实边的政治主张无疑有可取之处，体现了黎元洪对边政及国家安全的强烈关注，并在一定程度上对当时移民实边政策的实施起到了应有的推动作用。

（二）相关政策法规之出台

民国初期，民国中央政府对于农林事务颇为重视，不断为此发布

---

① 《湖北都督咨为请发给齐安垦牧公司执照及钤记并咨部注册事及奉天行政公署的令》，1913年3—9月，辽宁省档案馆藏，奉天省长公署全宗（全宗号：JC10），JC10－7433。
② 辽源地处内蒙古东部，在日本觊觎范围之内，齐安垦牧公司相关规定的意义不言而喻。
③ 《附录 统计局编行政统计汇报·农商类》，中国第二历史档案馆整理编辑：《政府公报》第112册，上海书店1988年影印本，第383页。
④ 《湖北都督咨为请发给齐安垦牧公司执照及钤记并咨部注册事及奉天行政公署的令》，1913年3—9月，辽宁省档案馆藏，奉天省长公署全宗（全宗号：JC10），JC10－7433。

咨文、命令，出台相关政策法规。

　　农林部执掌农林事务，为此曾接连下达相关部令。1912年5月，农林部发出咨文，宣布"开垦荒地、振兴林业二事为国计民生之莫大利源，即为本部首应筹划之政策"，并且专门指出"东三省幅员辽阔，荒山荒地以及旧有林木并天然森林不可数计"，应予以"切实保护"，表现出对东北垦务的重视①。6月，农林总长宋教仁鉴于"东三省农林一切素不讲究，将为外人夺尽"，为避免继续遭他国之窥伺与掠夺，特别致电三省都督，"将所辖大段荒地大概面积及位置并所有权尽所知者，先电复再迅查，绘图详细报部"②。7月，农林部发布命令，表示对东北林业及国防安全的关注，"东三省长白、兴安岭山脉一带葱茏蓊郁，均属国有之天然林，惟以近年滥伐无度，以致水灾迭现、木植增昂，且外人垂涎、交涉棘手，若长此放弃，实与中国国防与经济俱生危害"，该命令指派农林部山林司司长胡宗瀛等人前往东三省，"随时与地方官接洽，实地调查，并一面筹议营林办法，呈报本部核办"③。中央部门对东北建设问题的重视引起了反响，以吉林省为例，吉林劝业道将全省农垦、山林、渔业、畜牧表册及时呈送农林部。农林部于1912年7月就此指出，"该省僻处偏隅而天产素饶，地利未辟，应兴实业甚多，本部最为注意，正拟遴派专员前赴该省实地调查，与该道协议进行。兹阅呈送之农垦、山林、渔业、畜牧表册，编制详实，条理秩然，于垦务、山林尤能扼要言之，具见平日留心办事，克称厥职，殊堪嘉许。表册留部备查，仍仰该道切实筹划，随时呈报。"④

---

　　① 《农林部咨行保护直隶、东三省及各陵荒地林木文》，中国第二历史档案馆整理编辑：《政府公报》第1册，上海书店1988年影印本，第195页。
　　② 《整顿东三省农林》，《盛京时报》1912年6月13日第5版。
　　③ 《农林部部令》，中国第二历史档案馆整理编辑：《政府公报》第3册，上海书店1988年影印本，第139页。
　　④ 《农林部批吉林劝业道递送农垦山林渔业畜牧表册呈》，中国第二历史档案馆整理编辑：《政府公报》第3册，上海书店1988年影印本，第225页。

第二章 民初东北移民实边政策之实施(1912—1917)

1912年9月,农林部公布《农林部厅司分科暂行章程》,规定在垦牧司下专门设置边荒科,专司边地垦务,内外蒙古、奉天、吉林、黑龙江被列入边地的范围之内。①

1913年12月,在农商总长张謇的主持下,农商部制定了《国有荒地承垦条例》计29条,1914年3月3日,以大总统之名义公布施行。自此,国有荒地"开垦之规定及承领之程序,乃有遵循之轨矣"②。条例第1章为"总纲",其中第1条规定:"国有荒地,指江海、山林新涨及旧废无主未经开垦者而言";第2条规定:"凡国有荒地,除政府认为有特别使用之目的外,均准人民按照本条例承垦";第3条规定:"凡承领国有荒地开垦者,无论其为个人为法人,均认为承垦权者";第4条规定:"前条之个人或法人之团体员,非有中华民国国籍者,不得享有承垦权③"④。

以上规定,使开垦荒地得到国家法律的认可与保护,具体到东北地区,荒地俯拾皆是,对于有志于东北拓荒者无疑会起到鼓舞作用,并注意到保护国土资源以保证利权不致外溢的问题。条例第4章为"评价及所有权",其中第18条规定荒地地价分为五等,具体是:"产草丰盛者为第一等,每亩一圆五角;产草稀短者为第二等,每亩一圆;树林未尽伐除者为第三等,每亩七角;高低干湿不成片断者为第四等,

---

① 《农林部厅司分科暂行章程》,中国第二历史档案馆整理编辑:《政府公报》第5册,上海书店1988年影印本,第102—106页。按照章程规定,边荒科执掌之事务如下:一、调查边地及边远省份荒地事项;二、筹办边地及边远省份开垦事项;三、许可边地及边远省份开垦官荒事项;四、规定边地及边远省份荒地升科事项;五、关于边地及边远省份垦荒区域内之土木工事及水利事项;六、关于边地及边远省份移民垦荒奖励保护监察事项;七、关于分配官有荒地给付屯兵或移民事项;八、关于移民兴垦银行事项。

② 章有义编:《中国近代农业史资料》第2辑(1912—1927),生活·读书·新知三联书店1957年版,第651页。

③ 据同上书,第651页,由于当时有"一般渔利之民,竟有包揽大段荒地,冒承垦权为所有权,私将荒照抵售外人情事。如吉林、奉天地方,往往发生此项案件",因此中央政府在《国有荒地承垦条例》中有关于土地承垦权及其继承、转移等方面之专门规定,以保护土地主权。以后奉天省地方政府出台的《奉天全省官地清丈局章程》亦有类似之规定。

④ 《国有荒地承垦条例》,中国第二历史档案馆整理编辑:《政府公报》第24册,上海书店1988年影印本,第97页。

每亩五角；卤斥砂砾未产草之地为第五等，每亩三角。"第21条规定"于竣垦年限内提前竣垦者，得优减其地价"，具体是："提前一年者，减百分之五；提前二年者，减百分之十；提前三年者，减百分之十五；提前四年者，减百分之二十；提前五年者，减百分之二十五；提前六年者，减百分之三十。"① 相对低廉的地价及奖励措施，对于垦民有较强的吸引力。

1914年7月16日，农商部又公布了《国有荒地承垦条例施行细则》计18条②，以便于承垦条例的具体操作。

中央政府相关政策法规的出台，一方面表现出中央政府对东北移民问题的重视；另一方面为该项事业的开展提供了法律依据，从而起到促进与推动的良好作用。

二 章炳麟出任东三省筹边使始末

为消弭东北边疆危机、促进与推动移民实边政策之实施，民国中央政府于1912年年底设置了东北筹边机构——东三省筹边公署，由当时声望颇高的章炳麟出任东三省筹边使之职。

1912年11月27日，章炳麟被袁世凯正式委任为东三省筹边使，12月14日开始启用东三省筹边使铜质关防。与此同时，章氏拟订了筹边公署组织法，遴选属员，开始谋划筹边事宜。当时，章炳麟密切关注东北边疆危机。他认为，"关东地处边陲，天产宏富，久为各列族觊觎，如不及早自图，则必有先我著鞭者。与其交涉于事后，何如筹措于事前。"③ 如何筹措？"三省应办实业，如矿产、垦植、森林、航路等，均关急要之图。欲期同时并举，势必先行筹设银行，开办金

---

① 《国有荒地承垦条例》，中国第二历史档案馆整理编辑：《政府公报》第24册，上海书店1988年影印本，第101页。
② 该条例细则载于中国第二历史档案馆整理编辑《政府公报》第37册，上海书店1988年影印本，第401—402页。
③ 《为筹实业基金事致奉天及吉林都督函（1912年12月20日）》，陟墙、刘敏：《章炳麟出任东三省筹边使档案史料选》，《历史档案》1991年第1期。

矿，以为入手准绳。"① 章炳麟时任统一党理事，统一党本部于12月23日开会欢送，章炳麟在会上表示："鄙人此次进行手续，第一统一币政，其次开矿，其次开垦。"② 章炳麟以上函电及讲话都提及东北任职后所要主持兴办的事务，表达了筹边之志向，而他以后在东北的筹边举措，基本上也是按照以上思路而展开的。

1912年12月27日，章炳麟前往东北赴任，在同奉天都督张锡銮短暂会晤后，于12月29日行抵吉林省长春，决定在此组建筹边公署。翌年1月1日，东三省筹边公署开始正式办公，章炳麟为此宣布："本使奉命筹边，兴办实业，以开利源，驻扎长春，组织公署，于二年一月初一日开幕。"③ 希望以此唤起东北地方官民的重视，襄助其共图筹边大业。按照《东三省筹边使公署办公员额暨暂行章程》之规定，公署设置参赞两名，辅佐筹边使，另设有秘书处、术艺处及庶务处，人员共计9人，以上11人就是章炳麟的全部属员。此外，有10名卫兵，以及回事、当差、厨役各两名和送信杂役1名服务于筹边公署。在章炳麟主持下，将筹边公署1913年度常年经费预算、每月支出银两数目造册送财政部审计，预计每月支银2160两，全年共计26000两，用于公署职员的薪水开支及必需的办公费用。④ 可见，在筹边公署最初组建之时，诚如章炳麟事后之回忆，"僚属财⑤十人耳，既鲜事，经费亦少"⑥，尽管如此，他还是希望在东北任职期间能够有所作为，从其言论与行为上均可看出这一点。

---

① 《为筹实业基金事致奉天及吉林都督函（1912年12月20日）》，陟墙、刘敏：《章炳麟出任东三省筹边使档案史料选》，《历史档案》1991年第1期。
② 汤志钧：《章太炎年谱长编》上册，中华书局1979年版，第420页。
③ 《为发晓谕三省军民通告事训令稿（1913年1月18日）》，陟墙、刘敏：《章炳麟出任东三省筹边使档案史料选》，《历史档案》1991年第1期。
④ 《为请领开办经费及送章程等事致财政部咨文（1913年1月3日）》，陟墙、刘敏：《章炳麟出任东三省筹边使档案史料选》，《历史档案》1991年第1期。
⑤ "财"，资料原文如此，似应作"才"。
⑥ 章氏国学讲习会校印：《太炎先生自定年谱》（章氏国学讲习会排印本），上海书店1986年影印本，第22页。

如上所述，章炳麟对东北地区由于外来侵略而导致的边疆危机有清醒的认识，主张以开发实业、移民实边之手段作为应对之策，这种政见通过他在长春各界欢迎大会上所发表的演说中充分地表现了出来。

在演说中，章炳麟痛陈东北地区的危急形势，指出"自中国观东三省，三省为中国领土，自外国观东三省，三省已非中国领土"，章氏所言"外国"显然是指俄国与日本，两国早已将中国东北视为禁脔，肆意侵略，我国主权堪忧，章炳麟对此表示，"鄙人此次来东，对于三省亟谋补救"①。如何补救？章炳麟认为发展实业以改变东北边疆落后面貌为当务之急，他强调以下几点。

第一，"清理财政"。章炳麟首先指出东三省币制紊乱，不仅对于民生影响甚大，而且导致外币泛滥、利权外溢的严重后果："三省财政奉天略善，吉、黑不堪言矣，官帖②所称一吊并无一定准绳，每吊合铜元若干均由贪官污吏所操纵，小民生计困苦达于极点。各国法但有虚金本位，吉、黑二省竟有虚铜本位，实为怪事，加以划地自限，出者即不能通用，以致俄国羌帖、日本老头票③充满三省，利权外溢，莫此为甚。夫世界各国未有以本国人民用他国纸币者，盖纸币所以济现金辗转之穷，以一发三，大致如此，若用他国之纸币，直与受人欺诳无异，而推原其故，则在官帖之滥不能抵制之故。"接着，章炳麟提出改革之法："首在设立三省银行，改吊为元，价格有定，虽不无小小涨落，而大致不差，可以一律信用，否则虽竭力开矿兴农，所得矿产、粮食亦不过换得羌帖、老头票一纸空文，以我实货换彼空纸，其为害不待智者而后知也，故理财为办理实业先事之图。"④

---

① 《长春各界欢迎章太炎大会纪事（章太炎先生演说词）》，《盛京时报》1913年2月26日第2版。

② 官帖为吉林、黑龙江两省纸币，分别由吉林永衡官银号、黑龙江广信公司在清末开始发行，以吊为单位，最初发行尚有限制，吊与制钱的兑换比例亦有一定的标准，如吉林官帖最初以制钱五百文为一吊，之后钱法流弊日增，由于滥发而导致价值跌落、信用降低。

③ 老头票指日本银行券。

④ 《长春各界欢迎章太炎大会纪事（章太炎先生演说词）》，《盛京时报》1913年2月26日第2版。

第二,"便利交通,其权必应操之自我"。清末以来,在东北陆路交通方面,铁路利权旁落,俄国与日本一北一南,分别控制中东铁路和南满铁路。章炳麟对此指出,"东清、南满二铁道直贯满洲,脚价昂贵,外省人开垦者自不能扶老携幼而来,其为移民殖边之碍非浅",同时认为以中国当时之财力,若大规模在东北修筑铁路似不可能,加之俄国、日本为保证中东、南满铁路的垄断地位,对中国在东北修筑铁路百般阻挠,如此"惟有开通小道",但只能起到稍为补救的效果。陆上交通难以发展,章炳麟关注于水上交通方面,指出"从前南满铁道未成,营口商务较今繁盛,今则日日冷淡,而辽河上流亦已壅塞,将来辽河既淤,营口必废为荒土,而三省无海口矣,故欲便利交通,以开通辽河为首"。为充分利用东北水道以改善当地落后的交通状况,章炳麟计划"将松、辽沟通,使由黑龙江至松花江、由松花江达辽河,可以直抵海口"①。显然,与发展陆上交通相比较,章炳麟更加重视发展水上交通事业,建议通过疏通水道以改善东北交通,认为此举可以收到事半功倍之效果,并且可以权自我操,不必受制于人。

第三,注重移民实边。由于章炳麟对东北边疆危机有清醒的认识,对唯一化解危机之策——移民实边自然非常重视,于是在重点强调财政、交通兴革事项后,就移民实边中所存在的问题发表见解,指出"从前三省移民移男而不移女,以至男丁日多成户日少",如此"人无室家,谁能常住,所以春来秋去并无停留,即使久居,亦无滋生之效,是移民于终无已时也",如何改变这一现象?章炳麟建议,"若欲招垦,亦当同时并招女工",认为这样可使移民在当地成家立室、安居乐业,"不患其去焉,后辗转孳生,而地无旷土矣"②。章炳麟以上所论与何煜的见解颇为类似,对移民组建家庭的重要性予以关注。

章炳麟在发表演说的最后,对东北发展前景有如此之展望:"财

---

① 《长春各界欢迎章太炎大会纪事(章太炎先生演说词)》,《盛京时报》1913年2月26日第2版。
② 同上。

政既理，交通既便，即使无官家为之提倡实业，而行旅皆欲出于其途，商贾皆欲藏于其市，农夫皆欲耕于其野"①，对东北地区的经济发展和社会进步充满了期望。

通过以上演说可知，章炳麟主张从财政、交通、移民招垦等方面入手，在东北地区实施建设，以迅速改变该地区的落后面貌，保障边疆安全，这从他所拟订的《东省实业计划书》中也可以看出。《东省实业计划书》指出，"实业所以开利源，而经营必资于财用，运输必借于交通，无财用则重价之物与粪土同，无交通则出产之货与埋藏同"，提出"设立三省银行，以圆易吊"，同时铸造金币，而"欲铸金币，又不可不预濬金源，非开办金矿，收买金砂，不足以供鼓铸"，又建议开浚松花江、辽河，"去其淤梗"，以利交通②。筹边规划确定之后，章炳麟开始打算将其付诸实施。

在改革币制、建立良好财政系统方面，章炳麟意欲落实《东省实业计划书》中有关财政事项，兴办实业银行，③ 改吊为元、铸造金币，建立金本位币制，④ 以改善东三省混乱的财政状况，并抵制外来经济侵略。⑤ 但章炳麟兴办银行的计划由于袁世凯的亲信梁士诒等人从中

---

① 《长春各界欢迎章太炎大会纪事（章太炎先生演说词）》，《盛京时报》1913年2月26日第2版。
② 汤志钧：《章太炎年谱长编》上册，中华书局1979年版，第427页。
③ 兴办银行需要筹措资金，据章炳麟估计，"计需现金五百万元方敷周转"，此事本应由"中国银行分设而濡滞未行"，为此章炳麟建议，"拟向英法德美各国银行商借以作母财"，如此可收"亡羊补牢救祸未晚，溃疽续骨疗伤可痊"之效。可参见《东三省筹边使实业计划呈大总统书》，《盛京时报》1913年2月22日第2版。
④ 章炳麟建议在东北实行金本位币制的理由是："诚欲统一币制，非先铸金币无以为银币权衡。盖银币成色不高，则民间必失信用。而银币成色不减，则外人买以毁销，必然之势也。今先铸金币以为本位，无论银元成色足与不足，其换兑金币并无差异，于是银元成色可以一律减低而信用依然如常，毁销不禁自绝，此则金币之铸，诚当今所不可缓者。"可参见同上资料。
⑤ 章炳麟之所以建议铸造金币、实行金本位币制，一方面是希望以此为手段以改善东北币制紊乱的状况，另一方面在于铸造金币必须首先开发金矿，而此举可以达到抵制外来经济侵略、挽回权利之目的："以炳麟所调查者，则黑龙江所辖库玛尔河金苗最旺，吉林东沟、北清等处次之，综计三省出金一岁所得略值银元七百万，乃连年俄人以羌帖收买，扫地无余，以我实金易彼空券，终岁汗血之劳，只为他人效命，是中国不办金矿变间接为俄人雇工，此可为太息痛恨者也。"可参见同上资料。下文所述章炳麟接办兴龙沟金矿，出于同样目的。

作梗，得不到北洋政府的支持，最后不了了之。

改革币制、建立良好财政系统目的之一是为解决实业建设资金严重短缺的问题，为达到这一目的，章炳麟还希望依靠自己在海外华侨中的声望促其参与东北筹边大业，为此发出呼吁，指出"关东地处边陲，天产宏富，久为外族觊觎"，俄、日经济侵略步步紧逼，以至于"宝藏内滞，羌帖外来，财权操于他人，则国非其国矣"，认为"农商实业借交通为血脉，赖货币为源泉，今道路假于他人，现银蚀于内地，天产虽富，人力未充，惟有开银行以清其源，收沙金以固其本，然后大启坦途，力谋林垦为救本之策"。但是，兹事体大，若"拱卫东隅"，必须"恃全国之财力，非一方所能集合也，遮蔽大陆，赖东省之屏藩，非本部所能自了也"，章氏为此对海外华侨发出号召，强调"保全领土、力谋富强实吾辈之责任，惟望通筹南北、交相灌输，以南纪之茧丝供朔方之保障"，希望有志于东北建设者"招集巨资，群起合作"，如此可达到"远东边计，从兹巩固"之效果，希望海外华侨在财政方面对东北开发建设事业施以援手[①]。

在发展交通事业方面，前文已提到，章炳麟鉴于东北铁路"多隶外人，虽欲新辟无由"[②]，决定从改善水上交通入手，在辽河、松花江之间开凿运河，认为一旦运河开通，"帆轮辐辏，流转不穷，屯垦则易以集人，林矿则易以出口，庶地无广漠不治之忧，货无迟滞不销之患，为利泽深矣远矣"[③]。曾任吉林民政使的韩国钧也建议章炳麟将沟通辽河、松花江的计划付诸实施，在两条河流之间"穿运河以通之"[④]。为将交通建设规划予以实施，章炳麟聘请英国工程师秀思主持进行实地勘查。1913年5月，勘查工作结束，结果发现辽河、松花江

---

① 《筹边使照会南洋华侨》，《盛京时报》1913年5月18日第6版。
② 汤志钧：《章太炎年谱长编》上册，中华书局1979年版，第428页。
③ 《东三省筹边使实业计划呈大总统书》，《盛京时报》1913年2月22日第2版。
④ 章氏国学讲习会校印：《太炎先生自定年谱》（章氏国学讲习会排印本），上海书店1986年影印本，第22页。

之间"有高原间之，恐穿治亦不可就"，于是，"其议遂寝"①。关于在辽河、松花江之间开凿运河的建议在清末已经出现，但当时仅是提出此种建议而已，章炳麟将其付诸实施，开展了勘查工作，虽然限于自然地貌因素，发展此项水上交通事业未果，但为以后东北水上交通建设提供了可资借鉴的科学勘测依据。

在兴办农垦、开发矿产方面，章炳麟也曾做出努力。章炳麟从"调查边荒入手"，曾咨请黑龙江都督兼民政长宋小濂协助调查黑龙江"诺漠尔河②南北地段已放、未放之荒究有若干"，准备招徕垦民。宋小濂自清末以来即在东北任职，对边疆危机感受强烈，任职期间大力推行移民实边政策，对此欣然予以配合，"饬垦务局绘具图表咨送"③。

除了调查荒地为招民开垦做好前期准备之外，章炳麟对于东北原有垦务大力扶持。1910 年，有民间商人在吉林省东宁承领荒地，招民开垦，集股创办了富宁屯垦公司，但因"办理未得其宜，股束解体"④。东宁地处中俄沿边地带，沿边地带发展垦植事业可以收到抵御外患、捍卫边疆之作用，章炳麟有鉴于此，为维持陷于困境的富宁屯垦公司，于 1913 年 3 月将其购归官办，"将公司房屋、地亩、牛马、农具悉数买收，派员办理，名曰东宁屯垦局。"⑤在购归官办期间，由章炳麟经手，"放出荒地一千九百二十二坰六亩三分，按筹边使公署为国家边务机关之一，该署发放小票，本公司可查见，此项地票从未收取分文地租，暂由各该领户自行垦植，借资鼓励"⑥。可见，章炳麟在将富宁屯垦公司购归官办时将移民实边之主张付诸实践，给予垦民

---

① 章氏国学讲习会校印：《太炎先生自定年谱》（章氏国学讲习会排印本），上海书店 1986 年影印本，第 22 页。
② 今属黑龙江省讷河市。
③ 《筹边使咨请调查余荒》，《盛京时报》1913 年 2 月 1 日第 7 版。
④ 《吉林阜宁屯垦公司成绩报告书》，《吉林农报》第 65 期，1918 年 10 月 21 日发行，"附录"，第 1 页。
⑤ 徐曦：《东三省纪略》，商务印书馆 1915 年版，第 272 页。
⑥ 《吉林阜宁屯垦公司成绩报告书》，《吉林农报》第 65 期，1918 年 10 月 21 日发行，"附录"，第 3 页。

以优惠措施，希望以此广为招徕、充实边疆。

除注重招民开垦外，章炳麟对开发矿产资源也很重视，在请求北洋政府调拨农垦经费之同时，要求将开矿经费一并下拨。对此，当时报纸有报道："东三省筹边使章炳麟顷日电致政府，据称现查得东宁地方可以屯垦，兴龙沟矿产最富，拟即开采，刻已勘定地址，其开办费约计两处非三万两不可，请即饬部按数筹拨，以便着手办理。"① 东北地区矿产资源极为丰富，俄国与日本对此垂涎三尺，或非法盗采，或强行开发，类似事件屡见不鲜。仅以章炳麟所指兴龙沟金矿②为例，该处矿址位于吉林省边防要地密山西南，"紧接俄境，久为垂涎，今有奸商粤人某欲将私售于俄人"③。章炳麟鉴于事态严重，以"本使奉命筹边，责无旁贷"④，再次敦请北洋政府下拨开矿经费，以"杜外人窥伺"⑤。

1913年3月，筹边公署接收兴龙沟金矿，"设局于矿地，派一委员管理之，招集矿丁若干名，而领以把头，从事淘采"，矿丁"所需之器具盐粮，由局随时筹垫，限期归还"⑥。章炳麟在咨复工商部文中指出，"本署接办此矿，请款二万两者，拟以五千两筹垫本局费饷需，以后于收金款内仍可偿还，以一万五千两购买矿丁余金，免致卖于俄人、实金流出。本署拟将所买之金，运入内地，或卖于财政部，以作金币之预备，或卖于商人，得现银以济边地之银荒，源源往来，获利可操左券，此系试办之法。俟有赢余，即当开掘大溜，自雇矿丁，乃

---

① 《章太炎请拨屯垦开矿开办费》，《盛京时报》1913年3月7日第7版。
② 据徐曦《东三省纪略》，商务印书馆1915年版，第300页，兴龙沟金矿亦称兴隆沟金矿，清末民初开始试行开采，但试行开采后不久，"广东匪人黎镇藩窥其金苗甚旺，假借都督同乡势力，纠合无赖流氓数十名"，在矿区肆意"私行开采，不纳官金，作久占之计"，吉林劝业道请求吉林都督陈昭常取缔，而陈昭常表面上"严饬查拿，暗中反与串通作弊，以致粤党猖獗，全沟不靖"。章炳麟就此事与陈昭常"严重交涉，始获允交接办"。可见，在兴龙沟矿务问题上，章炳麟与陈昭常矛盾甚深，下文所述二人不和，此为原因之一。
③ 《章太炎实业之规划》，《盛京时报》1913年3月16日第6版。
④ 徐曦：《东三省纪略》，商务印书馆1915年版，第300页。
⑤ 《章太炎实业之规划》，《盛京时报》1913年3月16日第6版。
⑥ 徐曦：《东三省纪略》，商务印书馆1915年版，第299—300页。

为真正官办,利益可以全归国有"①。可见,章炳麟力图整顿兴龙沟金矿,但不久筹边公署解散,"此矿改归商股接办"②,改为商股接办后,对于筹边公署所谋划的"一切规制,略加修改,然大体尚仍旧惯"③。章炳麟来东北就职之前就曾经表示将开矿列入筹边规划的范围之内,就职之后为此两次向中央请款,其目的在于通过开发边疆矿产资源杜绝外来之觊觎,确保利权不致外溢。

总之,改革币制、发展交通、兴办农垦矿业,是章炳麟最为重视的筹边事务,并在兴办招民屯垦以充实边疆、开发矿产以挽回利权等方面取得了一定的业绩。此外,章炳麟在东北任职期间其他一些举措亦值得注意,其中以测绘地图的成效较为突出。章炳麟鉴于东北"边事甚行失败,于职务攸关,岂忍坐视?况俄、蒙屡次侵吞边境,若无详细地图与之交涉,即殖边事宜亦殊难着手",决定"聘请人员赶绘边境详图"④。可见,章炳麟热衷于测绘边疆地图之目的在于充分了解东北当地情况以便于巩固边防、开发边疆、促进移民实边事业的顺利发展。韩国钧为此曾向章炳麟推荐缪学贤,章炳麟称其人"善测绘,尝为吉林图,余甚爱之",缪学贤在章氏提掖下,"复为绘黑龙江图,校旧东三省图为精"⑤。此外,章炳麟对吉林垦植分会绘制的《东北边疆地图》亦赞赏有加。吉林垦植分会成立之后,为谋划移民实边大业,曾派员经实地勘查精心绘制而成《东北边疆地图》计14幅。章炳麟对此大加赞赏,指其图"凡吉林与俄接壤者,其间土田、森林、渔牧靡不详备,其测量之审正、比例之真确、绘事之慎密,界线之分明,视官图什佰过之,而于'耶'字界牌移徙处所尤详,用意深邃,

---

① 徐曦:《东三省纪略》,商务印书馆1915年版,第301页。
② 同上书,第299页。
③ 同上书,第300页。
④ 《筹边使派员详查边境》,《盛京时报》1913年4月16日第6版。
⑤ 章氏国学讲习会校印:《太炎先生自定年谱》(章氏国学讲习会排印本),上海书店1986年影印本,第22页。

规划宏大，固非徒为农事计也"①。

章炳麟在东北立志筹边，但任期却非常短暂，自1912年底受命赴任，到1913年6月即辞东三省筹边使之职。章炳麟很快去职，其原因复杂，试分析如下。

首先，东三省筹边使之设未经法定程序，且权限不明，有因人开署之嫌，遂使章炳麟任职缺乏法律依据。民初政局错综复杂，出于安抚、笼络之目的，因人设官的现象比比皆是。袁世凯任命章炳麟为东三省筹边使的动机较为复杂，如前所述，袁世凯在清末曾经关注过东北问题，入民国后委章炳麟以此职，一方面是对东北问题继续予以关注的表现，同时也是为了顺应民初对东北边疆危机的普遍重视而做出的姿态，但另一方面也包含以此笼络章炳麟之意。对此，奉天省籍参议院议员曾有翼曾质询政府，首先指出东三省筹边使之设不符合法定程序："迩来政府往往不依法律而以命令设官，如又设东三省筹边使是也。查东三省筹边使在旧官制中原无是名，政府必视东三省有筹边之必要，亦当先交东三省筹边使官制草案，经院议决再行设官，未为晚也，乃旧无是官而遽然任命，以命令代法律，致与民国约法大生障碍。"之后，曾有翼认为东三省筹边使权限不明："凡设一官必有一官之权限，今概称之曰东三省筹边使，将筹边使可以指挥三省都督乎？抑三省都督仍各自为政，与筹边使渺不相涉乎？且东三省筹边使事务范围广狭，尤吾人所莫能解释，外交也？军政也？屯垦也？以及农林路矿各种实业也？凡言筹边皆可涉及，东三省筹边使将以上所列各事务概经营之乎？抑指一种特别事务而经营之乎？"最后，曾有翼毫不客气地直言该职之设，"不过为一虚矫名士章炳麟谋一位置而已"，认为应"设官所以为民，非为笼络一二闲员也"②。曾有翼质疑东三省筹边使之设并连带攻击章炳麟，虽有某些偏颇之处，但若仔细加以分析，

---

① 衣保中：《民初的吉林垦植分会及其筹边活动》，《中国边疆史地研究》1993年第4期。
② 《曾有翼对于东三省筹边使之质问书》，《盛京时报》1913年2月16日第2版。

似亦不无道理,东三省筹边使之设确有因人设官、权限不明的问题,章炳麟尽管不应对此负责,但其出任此虚衔之职难免遭人侧目。

其次,章炳麟上任后未能妥善处理与当地官员特别是高级官员的人际关系,不但使其筹边规划常陷入曲高和寡、无人襄理的尴尬境地,而且无法在东北官场立足。对于东三省筹边使之设,东北地方官员本来就有所顾忌,唯恐会侵夺其现有之权势与地位,而章炳麟又一向恃才傲物,臧否人物、针砭时弊不留余地,此秉性在东北任职期间不改,遂与当地官员结怨日深。在长春各界举办的欢迎大会上,章炳麟在讲到东北边疆危机日益加深时,曾直言"物必自腐,而后虫生,徒恨日、俄无益也,三省祸根在于官吏之腐败"①,抨击东北官场腐败不留任何情面,如此直言不讳,自然会引起当地官员的强烈不满。另外,因熊成基遇害事件,章炳麟与东北地方高层进一步交恶。熊成基于1908年曾组织新军发动安庆起义,后在东三省从事反清革命活动,1910年在哈尔滨被捕遇害,时任吉林巡抚陈昭常对熊成基之死难辞其咎。1912年2月,章炳麟尚未就任东三省筹边使之职,曾赶赴吉林参加各界群众举行的熊成基追悼大会,知陈昭常亦与会,遂大书挽联一副悬于会场:"早到三年我也同成国事重犯,蠢尔元凶你敢来吊革命先驱",陈见状大为窘迫,只得被迫离开会场②。章炳麟向以文笔犀利著称,嬉笑怒骂皆成文章,在此表现得淋漓尽致,使陈昭常当众难堪,二人之后关系如何可想而知。到东北任职后,章炳麟仍多次就熊成基遇害之事痛诋已由巡抚变身都督的陈昭常,并指斥在吉林任职的颜世清、陈友璋是杀害熊成基的罪魁祸首。章炳麟以上举动可谓激烈,为缅怀先烈所致,虽无可厚非,但他既开署于长春,却因此事与吉林高层结怨颇深,未免过于昌言无忌,导致当地官员对其频生恶感,必欲逐之而后快,频频就此对中央政府施加压力。对此,当时报纸有报道,

---

① 《长春各界欢迎章太炎大会纪事(章太炎先生演说词)》,《盛京时报》1913年2月26日第2版。

② 吉林省档案馆编:《吉林省大事记(1912—1931)》,1988年内部发行,第3页。

第二章 民初东北移民实边政策之实施（1912—1917）

对于设置东三省筹边使，"三省议会因东省时局不靖，款项支绌，多不赞成斯举，以前次三省屡经会商，联名呈请大总统取销"，中央政府迫于压力，有意将东三省筹边使改为所谓"蒙事调查局"①。另外，与章炳麟积怨颇深、两不相能的陈昭常曾向袁世凯提出辞呈，表面原因是健康问题，所谓"腹部积郁，几废寝食，经名医疗治，迄无效验，遂思辞职归里，以便调养"②，真正目的是借此迫使中央政府尽快将章炳麟调离东北。可见，与东北高官关系僵持，导致无任何权限的章炳麟无法施展筹边抱负，难安其位只能离职。

再次，缺乏经费，致使筹边规划无法实现。关于筹边经费问题，章炳麟预算，"本署常年公费每年拟二万六千金，请由财政部拨款"，并特别强调指出，"炳麟目击时艰，不忍稍事虚糜，意谓开源尚未着手，节用自所宜先。"③ 章炳麟所言不虚，他所希望得到的经费并不多，因为当时"东三省各司、道"的经费开支，"无不岁支五六万至六七万两"④。两相比较，东三省筹边公署所得经费可谓相形见绌，除去职员薪水、日常办公费用等开支外，所剩无几。章炳麟在东北立志筹边，为此拟订了发展实业的具体规划，但设立银行、改善交通、兴办农垦、开发矿产，均需要巨额资金，而筹边公署对此根本无力筹措。在这种情况下，章炳麟为兴办实业曾多次请款，但除在将富宁屯垦公司购归官办时得到些许款项外，⑤ 其他几乎一无所得。对此，当时报纸有如此之评论："章太炎氏到任后因迫于财政，至今

---

① 《筹边使有改为调查局消息》，《盛京时报》1913年4月17日第6版。
② 《陈昭常辞职之消息》，《盛京时报》1913年5月2日第7版。
③ 《东三省筹边使函送临时预算册由》，财政部 民国二年五月二十七日收，中国第二历史档案馆藏，财政部全宗（全宗号：1027），案卷号：1258。
④ 刘敏、张志强：《章太炎在东北的筹边活动》，《社会科学战线》1991年第3期。
⑤ 章炳麟所得款项并非政府财政拨款，而是借款。据《吉林阜宁屯垦公司成绩报告书》，《吉林农报》第65期，1918年10月21日发行，"附录"，第1页，章炳麟在将富宁屯垦公司购归官办时，"由中央秘书厅拨借交通银行大洋三万元，并指定专办此项实业"，章炳麟辞职后，"中央一再催还三万元之公款"，后经秘书厅与吉林地方政府磋商，达成"以东宁屯垦暨密山等县之金矿抵偿此项债务"之协议。北洋政府对东北地方建设持如此态度，章炳麟当时因经费捉襟见肘而无法将实业规划付诸实施之窘况可想而知。

一事未办。"①"一事未办"与实际情况不相符合,但经费无助确实导致章炳麟在东三省筹边使任上政绩寥寥,虽然责不在章炳麟,却难免给旁人留下尸位素餐之印象,以章炳麟之性格,继续担任此有名无实之筹边使绝无可能。

章炳麟任职之初曾表达其筹边之志向:"炳麟本革命党人,从前所以出入生死者,只为政令之苛残、民生之憔悴耳,今者持节临边,期偿始愿,以鹰颤搏击之心,副云霓救旱之望。"②可见,他希望在东北地区通过兴业殖边而有所作为,但由于上述种种原因,最终事与愿违,加上宋教仁被刺事件发生,使章炳麟对袁世凯彻底失望,改变了拥袁的政治立场,遂于1913年6月19日致电袁世凯:"恳乞将东三省筹边使开去,生死之分,一听尊裁。"③电文措辞强硬,愤懑之情溢于言表。6月23日,章炳麟获准辞职。7月15日,东三省筹边公署正式解散。

总之,民国初年,章炳麟目睹东北边疆危机日益加剧,出于对东北安全问题的关注而出任东三省筹边使,"原为移民实边、拓殖闲荒起见"④,希望通过招民垦荒及兴办其他建设事业改变东北边疆空虚、落后之局面,并以此抵制外来侵略、确保边疆稳定与安全,表现了章炳麟筹边兴业、消弭边患的爱国思想,但由于种种原因,最终壮志难酬。尽管如此,章炳麟关于东北筹边之规划与举措,在民初东北移民实边政策实施方面,应占有一席之地。

第三节 奉天省移民实边政策之实施

在东北地区中,奉天省靠近关内,自然气候条件等最为优越,经

---

① 《筹边使之变相》,《盛京时报》1913年4月29日第6版。
② 汤志钧:《章太炎年谱长编》上册,中华书局1979年版,第427页。
③ 吉林省档案馆编:《吉林省大事记(1912—1931)》,1988年内部发行,第35页。
④ 《筹边使有改为调查局消息》,《盛京时报》1913年4月17日第6版。

过清末实施招民放荒、地方设治等措施，移民实边成效较大，但到民国初年，"东则长白、临江一带，西则辽、洮①以迄东蒙"，仍有大量荒地有有待于进一步开发②。据当时报纸之报道，奉天省未被开垦的荒地数字为330万晌，③吸纳移民的余地仍然相当可观。尤其在中朝沿边"鸭绿江上游一带（即长白、临江、安图、抚松、辑安④诸县）尚有大片荒地"⑤。不仅如此，朝鲜边民越境开垦的现象极为严重。例如，临江县土地被开垦者"唯帽儿山⑥附近诸屯而已，由此至八道江⑦沿途及鸭绿江沿岸山林而外，荒田榛莽所在多有"；长白县"境内之西北路可垦荒田甚多，极宜从事移植"，临江、长白两县计1786户、人口为9551，其中"韩人之越垦者殆居其三分之一"；辑安县"自光绪年间始有汉人之移垦，县城⑧附近虽已垦辟，而境内北部荒凉满目，犁垦未加"，该县计17444户、人口为107764，其中"韩人之移住者不少"⑨。

---

① 指辽源、洮南。
② 《开放满蒙沃荒之利益》，《盛京时报》1915年7月21日第6版。
③ 《东三省荒地之调查》，《盛京时报》1915年1月13日第6版。关于民国初年东北荒地之数字，各种史料记载不一。就奉天省而言，同是《盛京时报》，据该报1914年1月8日第6版《东三省荒地之调查》之报道，奉天省荒地总面积为3600万晌，其中已开垦荒地数字为408.4万晌（未垦荒地数字应是3191.6万晌）；另据《东三省农务概况》，《吉林农报》第8期，1917年3月11日发行，"论说"，第4页之记载，奉天省可垦荒地数目为3000万晌。笔者以为，《盛京时报》1914年1月8日第6版之报道与《吉林农报》之记载数字似偏高。而据《盛京时报》1915年5月13日第6版《东三省荒地之调查》，奉天省荒地数字是360万晌；郭葆琳、王兰馨《东三省农林垦务调查书》，东京神田印刷所1915年发行，第1页所记奉天省荒地数字亦是360万晌，该数字与《盛京时报》1915年1月13日第6版之报道数字又稍有出入。由于奉天省各种条件优于吉林和黑龙江省，自清代中期以来已渐次开发，再经过清末移民实边政策的大力推行，到民国初年未垦荒地的数字在300万晌左右较为可信。受限于当时条件，关于民国初年东北地区荒地之统计数字不可能完全一致，以下吉林和黑龙江省存在类似问题。另据高劳《满蒙经济大要（译日本〈实业之世界〉）》，当时奉天省已耕地与各省已耕地占全省土地之比重相比较，仅为15.7%强，该文载于《东方杂志》第15卷第10号，1918年10月15日发行，第15页。
④ 安图、抚松、辑安今均划归吉林省，辑安今为吉林省集安市。
⑤ 郭葆琳、王兰馨：《东三省农林垦务调查书》，东京神田印刷所1915年发行，第53页。
⑥ 系临江县治所，在鸭绿江北岸。
⑦ 系奉天省怀仁县治所，怀仁县今改称桓仁县。
⑧ 辑安县治所土名通沟口，在鸭绿江西北岸。
⑨ 郭葆琳、王兰馨：《东三省农林垦务调查书》，东京神田印刷所1915年发行，第37—38页。

中朝边境朝鲜人越垦往往得到来自日本的怂恿与纵容，不仅如此，根据"二十一条"要求，从国际法角度而言，日本在我国东北南部及内蒙古东部获得"居住、购地等权"，此为"东蒙草木、南满河山，横被东来海风摧尽颜色"，而南满、东蒙极大部分地区位于奉天省辖境之内，在这种危急形势下，实施移民实边为必要之举，所谓"我能实边，边患日息"①。

一 成立清丈荒地机关及出台相关政策法规

在清代，奉天省是清廷统治东北的中心地区，盛京②实际上居于陪都之特殊地位，其表现之一是在当地设置有大量陵寝附属地、皇庄、官庄、八旗官兵随缺地、围场及马厂等官有地，占地颇多。清末实施移民招垦政策，围场、马厂等渐次开发，但直到民国初年，奉天省境内遗留的前清官地数量仍然庞大，且问题百出，将其收归国有、加以开发成为大势所趋。民国成立伊始，农林部于1912年5月曾就此发表见解，指出"各省荒地所在多有，现在中国户口日繁，农产、食品渐有供不及求之虑，本部建设伊始，自以垦荒移殖为入手办法，所有前清官有土地或陵寝地方，可分为禁地与国家公地二种"，主张除特殊情况外，应将绝大部分前清官有土地收归国有，成为"国家公地"，而在国家公地中，"有宜于放垦者，有宜于造林者"，应予以大力开发③。农林部以上主张虽然涵盖全国，但显然更适合于东北地区的具体情况。

另据《盛京时报》报道，袁世凯为此也曾发出电饬："民国成立，五族共和，所有前清之各项官有田产应悉归民国管理，东三省为满清之根本地，其田地产业较他处为多，仰即一一详细调查，造

---

① 郭葆琳、王兰馨：《东三省农林垦务调查书》（自序），东京神田印刷所1915年发行，第3—4页。
② 指沈阳。
③ 《农林总长咨商内务部各省官有土地划分禁地公地分别管理办法文》，中国第二历史档案馆整理编辑：《政府公报》第2册，上海书店1988年影印本，第48页。

具清册见报。"①

　　调查前清官有田地产业之目的在于对其实行丈放，以利于开展垦务。为达此目的，奉天省于1915年1月10日在省城东华门外设立全省官地清丈局，以原审计院协审官孙葆瑢为局长，存记道尹强运开、原署新民府知府金梁为副局长，金梁兼充坐办。② 为激励局员认真办事，清丈局规定如果办事人员在招民垦荒、筹集款项等方面业绩突出，应按照奖励条例予以褒奖，"以资激劝，庶望风兴起，可收速效，实于筹款、实边大有裨益"③。同年4月，清丈局公布了《奉天全省官地清丈局章程》共54条④。章程第4条宣布："本局办理清查官地及丈放事宜，凡全省官有闲荒、余荒、淤荒及蒙荒等地，均应一律清查、分别丈放。"⑤ 第21—23条规定放荒时视具体情况收取荒价的原则，并对于承领边远荒地者予以优惠待遇："丈放各地，凡地势平坦、土质膏腴者定为上则，每亩缴价大银元七元；地虽平坦而土性较薄者定为中则，每亩缴价大银元五元；地势偏陂低洼兼有沙碱者定为下则，每亩缴价大银元三元；其斥卤碱片暨山陂沙石之地尚有堪耕种者，应于册内注明，照下则减半缴价。""丈放苇塘，凡泥质较厚、水度合宜多产大苇者为上则，每亩缴价大银元三元；泥沙参半多产中苇者为中则，每亩缴价大银元二元；地多沙碱产生小苇者为下则，每亩缴价大银元一元。""丈放各地如在蒙荒边陲、交通不便者，应作特别办理，由局查明该地邻近时价，从轻酌定，布告招领。"⑥ 第32条规定："丈

---

　　① 《电饬查报前清之官有产》，《盛京时报》1912年5月14日第5版。
　　② 《奉天巡按使张元奇呈派员开办全省官地清丈局祈鉴文并批令》，中国第二历史档案馆整理编辑：《政府公报》第47册，上海书店1988年影印本，第341页。
　　③ 《详奉天巡按署为放垦变通办法及节事》，官地清丈局1915年6月，辽宁省档案馆藏，奉天省长公署全宗（全宗号：JC10），案卷号：JC10-4224-2。
　　④ 章程全文可参见中国第二历史档案馆整理编辑《政府公报》第54册，上海书店1988年影印本，第181—187页。
　　⑤ 《奉天全省官地清丈局章程》，中国第二历史档案馆整理编辑：《政府公报》第54册，上海书店1988年影印本，第181页。
　　⑥ 同上书，第183页。

放各地，如系熟地限当年升科①，生荒限三年后升科。"②生荒延缓升科，对于吸引垦民承领是有影响力的。为防止他国掠夺土地资源而导致主权外溢，章程第34条特别规定，"凡报领各地户，以有中国国籍者为限"③，这与中央政府出台的《国有荒地承垦条例》中的相关规定完全一致。《奉天全省官地清丈局章程》的出台，为将清代原有官地收归国有、招民垦荒提供了法律依据。

二 清丈苇塘、前清皇室庄地及星尼地

按照《奉天全省官地清丈局章程》第4条之规定，清查官地及丈放事宜，"先从盘山、安东苇塘，沈阳教场，黑山牧地及庄地、星尼地等处次第开办"④。所谓苇塘，是原官有荒地之一种，在前清时代已开始丈放，其中安东苇塘的丈放尤其具有意义，因为安东"境接朝鲜，客民越占，每因田产细故，屡起衅端"⑤。到民国初年，仍然存在未经丈放之苇塘。截至1914年，盘山苇塘共计"三四十处"，其总数"不止十数万亩"，安东苇塘则"较盘山尤多"⑥。尤为值得注意的是，民初仍有将苇塘擅自售卖于外人之现象发生。如在安东，尽管当地县公署"屡次示禁人民，不准将田产典卖于外人"，但当地巨富夏开府竟然将"拨充学款之苇塘私卖与韩人，得价洋七千余元"⑦。有鉴于

---

① 据黑龙江省档案馆、哈尔滨师范大学历史系编《黑龙江历史大事记（1912—1932）》，黑龙江人民出版社1984年版，第47页，对于开垦地，根据其生熟腴瘠等具体情况，规定于不同年限后，"按照税则，科以钱粮，谓之升科"。
② 《奉天全省官地清丈局章程》，中国第二历史档案馆整理编辑：《政府公报》第54册，上海书店1988年影印本，第184页。
③ 同上。
④ 同上书，第181页。
⑤ 中国第一历史档案馆编：《光绪朝硃批奏折》第93辑（农业·屯垦耕作），中华书局1996年版，第888页。
⑥ 《奉天巡按使张元奇呈现拟开办丈放庄头星尼各浮多地亩及盘山等处苇塘所需经费仍请以土地调查局预算及册照费拨用请鉴核文并批令》，中国第二历史档案馆整理编辑：《政府公报》第44册，上海书店1988年影印本，第97页。
⑦ 《究办私卖学田者》，《盛京时报》1912年6月20日第5版。

此，当局决定继续对安东、盘山等地剩余苇塘予以丈放。① 据《盛京时报》1915年7月之报道，安东苇塘"丈量告竣，计八万亩，可变价九万元"；盘山苇塘亦"测丈完毕，计二十万亩，价分三等，平均价每亩一元四角，已招人继价报领，年终当可放完"②。庄地指"前清皇室庄地，原额四十九万余亩，带地投充，当日均有确数，分纳粮差，迨历年既久，附近闲荒暗被侵垦，名为浮多"，而此项浮多"非皇产额内之滋生，乃从前国有未开之闲荒"，因此应将"所有庄地一律清丈，除原额四十九万余亩拨归皇产外，其余私垦浮多悉数归国有，分别等则，收价丈放"③。星尼地为"前清雍正时，因贝子获罪，抄产入官，拨交内务府镶黄旗管理，其地分隶锦、兴、辽、海④各县，约共十九万余亩，原领当差，历年按丁交纳库款银两"，由于年代久远，"丁户既多，亩数尤巨，附近闲荒被其侵占私垦者，亦所在皆有"，应"仿照庄地，一律清查"，以便于将"所有私垦浮多一律收归国有，收价升科"⑤。

三 清丈前清王公庄地及内务府庄地

当时，前清王公庄地被列为清丈范围之内。为清查、丈放前清王公庄地，奉天省当局制定了《奉天全省官地清丈局丈放王公庄地章程》。章程第1条规定，在丈放王公庄地时，"查照庄册所收正额地价，除报效二成外，拨归各府汇领，其浮多地亩应归国有，由本局定

---

① 关于具体情况，详见《通饬查报苇塘余荒》，《盛京时报》1914年12月8日第6版；《丈放苇塘员联翩出发》，《盛京时报》1915年1月14日第6版。
② 《丈放官荒志闻》，《盛京时报》1915年7月4日第6版。
③ 《奉天巡按使张元奇呈现拟开办丈放庄头星尼各浮多地亩及盘山等处苇塘所需经费仍请以土地调查局预算及册照费拨用请鉴核文并批令》，中国第二历史档案馆整理编辑：《政府公报》第44册，上海书店1988年影印本，第97页。
④ "锦"指锦县，"兴"指兴京，"辽"指辽阳，"海"指海城。
⑤ 《奉天巡按使张元奇呈现拟开办丈放庄头星尼各浮多地亩及盘山等处苇塘所需经费仍请以土地调查局预算及册照费拨用请鉴核文并批令》，中国第二历史档案馆整理编辑：《政府公报》第44册，上海书店1988年影印本，第97页。

价放领"；第 2 条规定，在清查王公庄地时，由于"庄地散在内外各城，久与民地相混，缪辖滋甚"，因此"各王府如有不愿丈放者，亦应声请本局派员清查划分正浮，正额归府，浮多归国，唯此项浮多应由本局查核另放"；第 4 条是关于地价方面的规定，地价分"上、中、下三则"，每亩分别是 8 元、6 元、4 元①。1916 年，继《奉天全省官地清丈局丈放王公庄地章程》，奉天省又出台了《奉天省增订清查各王公府带地投充地亩章程》。内务、财政两部在会同核议该项章程时认为，"前清各王公府带地投充地亩坐落奉天各属，所在多有，其间纠葛情形较之普通王公地产，清查尤为困难，该省前订清丈王公庄地章程有未能一律适用之处，自应另行增订章程，以凭办理"②，指出了该章程出台意义之所在。

除王公庄地之外，内务府庄地成为官地清丈局的重点清丈事项之一。关于内务府庄地的具体数目，据"盛京内务府庄地册载，原额五十余万亩"，但"历时既久，附近闲荒暗被侵垦，名为浮多，所在皆有"，远远超出 50 余万亩③。据《盛京时报》之报道，内务府庄地"计约六十余万亩"，另外约有"浮多地三四十万亩"④，数目颇为可观。为整顿内务府庄地垦务，奉天巡按使张元奇于 1915 年 5 月指出，内务府"庄地年久弊生，诸多纠葛，正浮相混，不易区分，非将前项地亩不论正额浮多一律丈放收价，不足以资清理"⑤。经与北京内务府咨商并由内务部核准，官地清丈局局长孙葆瑨等人拟订了《丈放内务府庄地章程》共 10 条。章程"总纲"规定，对于内务府庄地，"不论

---

① 《奉天全省官地清丈局丈放王公庄地章程》，1915 年，辽宁省档案馆藏，奉天官地清丈局全宗（全宗号：JC12），清丈局定字绳卷宗（8997）总局为清丈地亩发的饬文。
② 《内务、财政部奏为遵议奉天省增订清查各王公府带地投充地亩章程恭折仰祈圣鉴折》，中国第二历史档案馆整理编辑：《政府公报》第 82 册，上海书店 1988 年影印本，第 473 页。
③ 《谨将拟定丈放内务府庄地章程缮具清折恭呈钧鉴》，中国第二历史档案馆整理编辑：《政府公报》第 57 册，上海书店 1988 年影印本，第 531 页。
④ 《丈放官荒志闻》，《盛京时报》1915 年 7 月 4 日第 6 版。
⑤ 《奉天巡按使张元奇呈为拟订丈放内务府庄地章程缮折请鉴文并批令》（附清折），中国第二历史档案馆整理编辑：《政府公报》第 57 册，上海书店 1988 年影印本，第 530 页。

正额浮多,一并清查丈放,正额地价拨解皇室,浮多地价收归国有";章程"领地"规定,"先尽庄头交价承领",但"不准无故撤佃,致失各佃生业",为避免以往放荒时出现的弊端,"领地"同时规定,"不准庄头勾串他人,影射冒领,如庄头无力价领,取具该庄头退地甘结,准原佃承领,唯庄头如有私典盗押于佃户者,应径归佃户承领,均发给丈单,遵限缴价,逾限不交,撤地另放";章程"地价"规定,"此项庄地应收地价,均系从轻酌定,分为三则,上则每亩缴价大银元七元,中则每亩缴价大银元五元,下则每亩缴价大银元三元,每亩随缴照费大银元一角,册费大银元二角";章程"升科"规定,"所有放出庄地,当年一律起科,由该管县按年征收,以重课赋"①。按照章程规定,从1915年至1924年,奉天省总共丈放"内务府庄地67万余亩"②。

四 丈放前清皇室陵寝余荒

前清每处皇室陵寝所在地占地颇多,一般"周围绵亘数十百里",在清代当然被列为禁区,严加封禁,"禁止垦牧"③。民国初年,前清皇室陵寝余荒也在一定程度上得到开发。清昭陵奉祀人艾寿山、董世麟、李恩奎等恳请"将弛禁附近荒地开垦若干,自由耕种",得到奉天省民政长之许可。④ 1913年,"有翟某者,为奉天农林学堂理事,发起设立溥丰农业公司,为水田耕作之计划。该公司资本金一万六千元,农场为北陵⑤附近之未垦地,即前清皇室所有地,一千二百余亩,内选四百五十亩,充水稻试作之用。本年(1913年)五月行水稻栽培,

---

① 《谨将拟定丈放内务府庄地章程缮具清折恭呈钧鉴》,中国第二历史档案馆整理编辑:《政府公报》第57册,上海书店1988年影印本,第531页。
② 奉天省官地清丈局:《奉天全省官地清丈局兼屯垦局报告书》下卷,1924年,《清丈局历年丈放地亩表》。
③ 《昭陵放荒之繆輵》,《盛京时报》1913年4月4日第6版。
④ 《昭陵奉祀人呈请开荒垦地》,《盛京时报》1913年4月5日第6版。
⑤ 北陵即皇太极昭陵。

灌溉则引该处附近之沼池，用水吸桶或水车为之；收获量一亩五可得二石内外。其余田地耕作高粱、大豆、玉蜀黍、大小麦、粟等，并经营牧畜业也。"①

溥丰农业公司以耕作水稻为主，在日本有意驱使朝鲜人越界种植水稻以侵渔我国土地利权的情况下，国人发展稻作农业有其积极意义，地方政府对此亦加以积极扶持。例如，有水田有限公司开办者呈请奉天省行政公署，"请领荒淀试办水田，暨定等则"，当局"准予报领，援照沈阳县丈放玉泉河洼地下等折半章程备价承领，俟派员丈放后再行酌示数目，并咨国税厅发给大照"②。再如，营口县自治员李荫棠"拟报领海界洼子屯城荒数段，试办稻田"，奉天省行政公署认为此举"原为提倡实业起见"，予以支持③。

地方政府不但对民间种植水稻予以扶持，而且曾就栽种水稻事宜进行调查。据《盛京时报》报道，"农业毕业生赵长大具禀劝业道，谓奉天沿河两岸暨洼下之地近年多被水灾，人民乏食，倘能改种水稻，尚不致颗粒无收，请发给执照，分赴各属调查地亩高下之情形，以便提倡种植水稻，改良农业，当蒙陈道④批示，以该生留心实业，殊属可嘉，现除缮给执照外，并饬令将调查各属低洼地亩，分别官地、民地，绘图列表具复。"⑤ 除调查之外，地方政府还有由官方开辟水田、种植水稻的计划，并着手前期准备工作。据报纸之报道，奉天省劝业道陈兰薰经调查认为，"新民府原设之蒲河水利局大可扩充，即以该局改组为水田公司，并拟于蒲河下游两岸自阿牟牛村起，至箭沙河村止，约纵长可三十里许，横宽可四里左右，以为实行开辟水田、

---

① 章有义编：《中国近代农业史资料》第 2 辑（1912—1927），生活·读书·新知三联书店 1957 年版，第 357 页。
② 《领荒试办水田》，《盛京时报》1913 年 11 月 18 日第 7 版。
③ 《报领无主荒地》，《盛京时报》1913 年 11 月 21 日第 7 版。
④ 指劝业道陈兰薰，重视垦务。据《劝业道注重垦务》，《盛京时报》1912 年 6 月 29 日第 5 版，陈兰薰"对于实业最为注意，兹以东省土地宽广、宜于垦植，吉省已经设立拓殖会及垦务团，奉天亦亟宜照办"，为此曾经"移知农务总会"，"迅速设法筹办，以兴地利"。
⑤ 《劝业道提倡种植水稻》，《盛京时报》1912 年 4 月 12 日第 5 版。

试种水稻入手之区域",并且,"除呈请都督核准外,已委派植物研究所委员杨炳中君带同测绘员鳌君功前往蒲河下游一带测勘地势,考验土质"①。

兴京永陵②龙岗官山余地也于1912年经奉天两任都督赵尔巽和张锡銮之呈请,开始予以丈放开垦。据调查,"兴京永陵以启运山为主峰,东接长白,绵延千里"③。该处"山荒久未丈放,弃利于地,深为可惜"④。清朝统治者"将与永陵不相连属之山岭岗阜先后埋桩封禁,其用意不过防范破坏龙脉风水",奉天临时省议会指斥此为"重惑迷信谬说",建议"将前以有碍风水为名封禁各地分别丈放升科",认为"裕国便民,莫善于此"⑤。经勘测,当地"自新开岭起,越金厂岭,至邯郸坡,东西约二百余里,均可丈放"⑥。该议案提出后,奉督赵尔巽原则上表示同意,随即派员设局,开始清丈。⑦该处荒务局总办金梁上任后,鉴于当年"转瞬天寒,冰雪在地,不易绳丈",电请"将该荒一面勘明共有若干方,一面先令报领者缴价,一俟明春再行拨段"⑧。张锡銮继任奉天都督后亦呈文中央政府,大力主张开放此处山荒。张锡銮认为,"考当年封禁之由,系为郑重陵寝起见,所以禁樵采而杜刨垦,划界址而便守护,不必尽由风脉之旧说⑨也",指出丈放陵寝荒地的好处在于,"丈放可以筹款,辟地开垦

---

① 《劝业道筹设水田公司》,《盛京时报》1912年5月10日第5版。
② 坐落于辽宁省新宾满族自治县,为清朝皇室祖陵。
③ 《奉天都督张锡銮呈大总统谨将丈放兴京龙岗官山余地规定章程开折请饬部立案文并批》(附清折),中国第二历史档案馆整理编辑:《政府公报》第8册,上海书店1988年影印本,第638页。
④ 《许省长注意开垦》,《盛京时报》1913年12月4日第6版。
⑤ 《咨请议决提议划清永陵界址丈放封禁山地一案》,《盛京时报》1912年10月2日第3版。
⑥ 《关于丈放龙岗官山余地之呈报》,《盛京时报》1912年12月26日第6版。
⑦ 《派员丈放兴京龙岗之山荒》,《盛京时报》1912年10月22日第6版。
⑧ 《变通兴京荒务办法》,《盛京时报》1912年11月5日第6版。
⑨ 所谓开垦有碍陵寝风水成为反对丈放者的主要理由,张锡銮在此提到此点,其目的显然在于减少阻力。

可以安民"①。张锡銮在呈文中,将《丈放兴京龙岗官山余地章程》共13条同时呈报。章程宣布此次丈放以"便民垦植为宗旨",决定在兴京设立兴京官山余地丈放总局,"总办丈放一切事宜",并在新开岭、金厂岭两地分别设立行局,"专办丈地拨段等事"。关于地价,章程规定:"官山余地均系荒段,应查照历次放荒成案暨当地情形酌定,地价分为三则,以二百四十亩为一方,上地每方收价银二百四十两,中地每方收价银一百六十两,下地每方收价银八十两,其有不堪耕种只能作为樵采牧养者,不分等则,每亩收银一钱。"关于升科事宜,章程规定:"该处均系山荒,土质硗薄,其课赋等则自应从轻核定,不分正耗,上地每亩征银四分,中地三分,下地二分,其不堪耕种之地,每亩征银一分。惟所放荒地既属瘠薄,若照历办垦章于三年后升科,各地户仍不免苦累,应援照丈放蒙旗荒地办法,自报领之年起,至第六年升科,以恤民艰。"②通过分析该章程不难发现,对于垦民有诸多优惠之处。据《盛京时报》之报道,丈放章程已得到中央部门之批准,谓"此项荒地亟应丈放,希饬员赶紧办理",奉天省由"财政司筹定经费,在兴京县设立垦务局,招工开垦,计亩升科"③。

五 丈放八旗官兵随缺伍田

奉天八旗官兵随缺伍田的丈放,在民初奉天官有地丈放的事例中具有一定的典型性。八旗官兵随缺伍田作为官有旗地之一种,最初形成于乾隆年间,可区分为官兵随缺地及伍田地。随缺伍田作为"一种特别俸给制度,随缺地系按盛京驻防官兵于饷额之外,照缺拨地;收租伍佃田原系旗兵牧马之区,嗣因私垦日多,遂将其地开垦,由旗兵

---

① 《奉天都督张锡銮呈大总统谨将丈放兴京龙岗官山余地规定章程开折请饬部立案文并批》(附清折),中国第二历史档案馆整理编辑:《政府公报》第8册,上海书店1988年影印本,第638页。
② 同上书,第639—640页。
③ 《许省长注意开垦》,《盛京时报》1913年12月4日第6版。

认领纳租。考诸历史，按其名称，实系国有之产业"①。据此分析，随缺伍田为清朝政府所有，并非八旗官兵之私产，民国承继于清，自然应当拥有对随缺伍田之所有权。到清末民初，随缺伍田分布于今沈阳、辽阳、岫岩、牛庄、铁岭、抚顺、开原、锦州及原柳条边墙设置之边门等处。据不完全统计，官随缺地计46146.5亩，兵随缺地计952697.7余亩，伍田地计331720.3余亩，所有官兵随缺伍田地统共计1330564.5余亩。②清朝末年，随着土地开发高潮的到来，奉天省旗务处"曾有丈放收价之议，嗣因军兴，卒不果行"③。如此，随缺伍田成为奉天省官有地丈放的一个遗留问题。

民国建立后，奉天八旗官兵随缺伍田于1912年"经省议会议决，归为国有"，但是，奉天省八旗"六十六佐领迭次在都督府呈请拨给旗兵，以资生计"④。当时，奉天省八旗官兵头面人物为反对丈放随缺伍田，组成了八旗生计总会。八旗生计总会在致奉天都督反对丈放随缺伍田的呈文中，首先罗列三种理由，强调八旗对随缺伍田的所谓所有权："窃以官兵随缺地亩之由来，乃初为国家分别赏功之一种，是以可谓报酬之代价也，即以之为代价，是与国家丈放收价私产之性质无稍异也，既与民间私产并无稍异，若夺为国有，是何异于夺个人之私产而为国有，此以性质上观之，不应归为国有者一也；再查此次裁缺，实在与国体不合，非以官兵有不法行为而裁撤也，既无不法行为，若夺其职事则可，再夺其固有资产则不可也，而且南省解散官兵尚有恩晌之明征，此以公理上言之，不应归为国有二也；再个人私产恒以

---

① 《财政部咨奉天都督兼署民政长准咨送修改丈放官地章程应准立案请预估地价约收数目报部文》（附章程），中国第二历史档案馆整理编辑：《政府公报》第15册，上海书店1988年影印本，第37页。

② 徐世昌：《东三省政略》（旗务·奉天省），文海出版社1965年影印本，第5455—5457页。

③ 《财政部咨奉天都督兼署民政长准咨送修改丈放官地章程应准立案请预估地价约收数目报部文》（附章程），中国第二历史档案馆整理编辑：《政府公报》第15册，上海书店1988年影印本，第37页。

④ 《饬司复议伍田归为国有案》，《盛京时报》1912年9月20日第6版。

常年纳税为此例，官兵随缺伍田久由自己纳税者二百余年，此以义务上言之，不应归为国有三也。"之后，八旗生计总会还指出："刻下旗人生计已达极点，除坐食俸饷而外别无营业，若一旦停止俸饷又夺其田地之租，是绝其生路而速其危机矣。"① 言外之意，如果强行丈放，难免会有不测事端出现，显然带有威胁的性质。当时，反对丈放者为既得利益集团，系出于私利之考虑，因为随缺伍田"在未经丈放之时，各兵丁等本未能实惠悉沾，不过少数在旗办事之官吏、领催把持克扣，就中渔利"②。在这种情况下，既得利益集团自然对丈放随缺伍田大加反对，而游惰成性、唯恐因失去职田而生计无着的普通八旗兵丁亦在其中推波助澜。③ 另外，由于绝大多数八旗兵丁不擅稼穑，故将其随缺伍田租佃给民人，自己坐食地租④，而佃户尽管遭受盘剥，但因获得实际上的永佃权而使生计问题得到某种程度上的保障，也害怕一旦随缺伍田收归国有而丧失永佃权，因此也反对丈放。以上诸多因素交织在一起，遂使丈放随缺伍田阻力重重。

奉天都督"以此事与国计民生均有关系，现已札饬度支司复议，妥善办法，呈复核夺"⑤。于是，本来已经明确的随缺伍田的国有性质似乎有待再议。之后，由张锡銮提交奉天临时省议会对此予以讨论。⑥

---

① 《八旗致都督文》，《盛京时报》1912年8月24日第6版。
② 《奉天民政长张锡銮呈大总统拟将随缺伍田地价仍按四成发给八旗官兵以恤生计请鉴核备案文并批》，中国第二历史档案馆整理编辑：《政府公报》第25册，上海书店1988年影印本，第387页。
③ 关于此点，可参见《政治会议审查借债筹办八旗生计咨询案报告》，《盛京时报》1914年2月26日第1版，"旗民中下之人，向恃前清优待，依赖食饷，养成游惰之习惯。"
④ 关于此点，可参见《密陈考查东三省情形折》，徐世昌：《退耕堂政书》（卷五·奏议五），沈云龙主编：《近代中国史料丛刊》第23辑，文海出版社1968年影印本，总第243页，"旗营官兵皆有随缺地，官员地亩之多寡视其缺分，兵丁亦如之，惟系招佃领种，各官兵但收其租耳。"
⑤ 《饬司复议伍田归为国有案》，《盛京时报》1912年9月20日第6版。
⑥ 可参见《代理国务总理孙宝琦呈大总统据奉天查案委员王耒呈称查奉天新民等县垦民呈恳减缓丈放伍田一案该领催扎兰丰阿及八旗生计会均答有应将该垦民等呈恳各节亦应无庸议等情经院复核切实可行请鉴核文并批》，中国第二历史档案馆整理编辑：《政府公报》第26册，上海书店1988年影印本，第162页。

经奉天临时省议会多次讨论，再次明确了随缺伍田的国有性质，议决丈放。[1] 为便于丈放，奉天省于1913年2月决定将东三省屯垦总局与丈放八旗官地总局合并，"以屯垦总局名义执行丈放奉天各旗随缺伍田事宜"[2]。但是，在该议案讨论的过程中，反对丈放随缺伍田之声不绝于耳。尽管遭遇阻力，奉天省行政公署根据东三省屯垦总局之呈请，做出如下决定："丈放官地事宜既经省议会议决通过，自宜委员前往丈放，诚恐有无知之徒借端煽惑，有碍进行，应请通饬各旗转行各团体传知遵照，一俟职司监绳员到日，即由驻扎该处军警妥为保护而免疏虞。"[3] 八旗满蒙汉协领继善等人闻知后，"联名具呈大总统，请免丈放随缺伍田"，袁世凯答以"随缺伍田本非八旗官兵私产，此项实行丈放，于公家财政及八旗生计均有裨益"，如此不得"妄肆阻挠"[4]，驳回其无理要求。

当时，反对者不仅阻挠丈放，更有甚者，有人竟然将随缺伍田"擅自盗卖，并有售于外人情事"[5]。对此，档案公文有记载。据奉天省东路丈放官地事务所之呈报，抚顺千金堡佃户胡呈玺等人所租种的八旗官地竟然已经出卖给日本人所开办的煤矿，东三省屯垦总局面对既成事实，只得决定，"此项官地卖与日本炭坑，既系在未经丈放随缺伍田以前，自毋庸再行丈放"[6]。在当时日本以各种手段掠取我国土地所有权的情况下，部分随缺伍田被售卖于日本人的情况表明，丈放随缺伍田的重要性不仅仅限于经济层面，已经上升到保护土地主权的

---

[1] 关于奉天临时省议会就此问题进行讨论的情况，详见《盛京时报》1913年5月9日第2版、5月11日第2版、5月25日第2版、5月28日第2版、5月30日第2版。
[2] 据（民国）赵恭寅、曾有翼纂，民国六年铅印本影印：《沈阳县志》（一），成文出版社有限公司1974年版，第80页。
[3] 《屯垦局派员丈放伍田》，《盛京时报》1913年6月6日第6版。
[4] 《八旗协领呈诉大总统之批示》，《盛京时报》1913年6月13日第6版。
[5] 《通令严查盗卖官地》，《盛京时报》1913年6月13日第6版。
[6] 《为抚顺千金堡佃户胡呈玺等承种官地经抚顺县卖于日本炭坑情形由》，1914年3月，辽宁省档案馆藏，奉天官地清丈局全宗（全宗号：JC12），奉天东路丈放官地事务所卷宗（197）。

高度上,应"迅速丈放,以免荒废"①。当奉天都督排除阻力,下令开始丈放后,西路官地督理委员王树勋、杨怡铭及北路官地督理委员王钟琳等人,"先后启程堪丈"②。

为更加有效地丈放随缺伍田,屯垦局"拟定章程二十三条"③,由奉天省"民政长咨行财政部,请予立案",并"奉部覆准予立案,转饬屯垦局遵照"④。奉天省行政公署随即发布布告,规定:"随缺伍田丈放价值,上则六元,中则五元,下则四元。所得之价,以三成五厘作八旗生计,以五厘作八旗学堂经费,以六成作行政经费。"⑤通过章程之规定可知,奉天省行政公署迫于八旗生计总会的请求,为减少丈放阻力,并出于安抚旗众以免激发变故等方面的考虑,决定将丈放随缺伍田所得地价由国家与八旗官兵劈分,以示体恤,对于八旗官兵已有诸多照顾之处。但即便如此,以往既得利益者仍感觉利益受损,于是,"施其要挟伎俩,希图恢复其原享利权,故迭次无理要求,甚至拦绳阻丈,聚众滋扰"⑥。

为进一步减少丈放阻力,奉天省行政公署专门出示通俗易懂的白话告示,进一步明确说明了随缺伍田的国有性质及丈放时体恤八旗官兵之意。关于随缺伍田的国有性质,告示明示:"甚么叫随缺伍田呢?当初八旗官兵,照着额数都拨点官地,给他们叫他收租,好贴补他当差花销,到了这个人不当差的时候,另换一个人,这个地租亦就随给换新的那个人收去了,故此叫做随缺;甚么叫做伍田呢?当初八旗领

---

① 《财政部咨奉天都督兼署民政长准咨送修改丈放官地章程应准立案请预估地价约收数目报部文》(附章程),中国第二历史档案馆整理编辑:《政府公报》第15册,上海书店1988年影印本,第37页。
② 《派员丈放官地》,《盛京时报》1913年6月13日第6版。
③ 《丈放官地章程咨准立案》,《盛京时报》1913年7月9日第6版。该章程详见中国第二历史档案馆整理编辑《政府公报》第15册,上海书店1988年影印本,第37—39页。
④ 《丈放官地章程咨准立案》,《盛京时报》1913年7月9日第6版。
⑤ 《丈放随缺伍田之布告》,《盛京时报》1913年10月24日第6版。
⑥ 《奉天民政长张锡銮呈大总统拟将随缺伍田地价仍按四成发给八旗官兵以恤生计请鉴核备案文并批》,中国第二历史档案馆整理编辑:《政府公报》第25册,上海书店1988年影印本,第387页。

催、兵丁，每旗都拨点官地，给他们叫他收租，好贴补他当差、养马的花销，到了这个人不当差的时候，另换一个人，这个地租也都给那新的去了，故此叫做伍田。照这样说起来，所有这随缺伍田，既不是自己私产，又不是八旗置的公产，明明白白是国家所有的官产了。"①关于体恤八旗官兵，告示指出："这随缺伍田既是官产，所有变卖的价，就应该全数提归国家，才是正办。不过本都督办事，将来总是让人过得去，八旗官兵将来总是要裁的，裁的时候，虽然中央必有办法，但是我在奉天，不能不替奉天八旗预先想个法子，筹点生计，所以呈请大总统，将这随缺伍田变卖的钱拨几成给八旗，为将来生活地步。"告示还希望八旗官兵："尽点爱国热心，试问国家不保，哪里还有家？"② 这份白话告示可谓苦口婆心，希望以此感化八旗人等，缓和其对立情绪、减轻丈放阻力。不仅如此，奉天省民政长张锡銮于1914年3月建议进一步提高八旗所得地价收入劈分之比例，将丈放随缺伍田所得地价"按四成发给八旗官兵生计，以示体恤"，得到批准③。按照此项规定，八旗官兵人等进一步"实惠均沾"④，本应就此满足，但在当丈放随缺伍田时，八旗领催扎兰丰阿仍然"率众拦丈，经警厅禁阻不服被押"。扎兰丰阿被羁押，实属罪有应得，八旗生计总会则借题发挥，"一方聚集各兵丁，坚请放人，一方唆使各佃户环求减价，揆其用意，无非藉端要挟，便彼私图"⑤。

尽管阻力重重，丈放八旗随缺伍田是大势所趋、无可阻挡。随缺

---

① 《丈放随缺伍田之白话布告》，《盛京时报》1914年2月5日第6版。

② 同上。

③ 《奉天民政长张锡銮呈大总统拟将随缺伍田地价仍按四成发给八旗官兵以恤生计请鉴核备案文并批》，中国第二历史档案馆整理编辑：《政府公报》第25册，上海书店1988年影印本，第388页。

④ 《代理国务总理孙宝琦呈大总统据奉天查案委员王耒呈称遵查奉天新民等县垦民呈恳减缓丈放伍田一案该领催扎兰丰阿及八旗生计会均属咎有应得该垦民等呈恳各节亦应无庸置议等情经院复核切实可行请鉴核文并批》，中国第二历史档案馆整理编辑：《政府公报》第26册，上海书店1988年影印本，第163页。

⑤ 同上书，第162页。

伍田从1914年开始正式丈放，经初步丈放，到1915年年初，"此项地费已取得百万余元，除将六十万元归公外，所余之四十万元按八旗各佐分摊，俾各旗丁实受其惠"①。可见，丈放随缺伍田起到既可以开发边荒又可以使贫困旗丁享受实惠之双重目的，以丈放将损害八旗生计为由而加以反对是没有任何道理的。截至1917年，"增收地价连同照费，计洋二百五十万元之谱"②。随缺伍田地价征收如此之多，足见当时丈放规模之浩大及垦务发展之兴盛。到1924年，八旗随缺伍田基本上丈放完毕，共计丈放约达1427718亩。③

近代中国东北边疆出现危机，其根源在于清政府推行错误的"虚边"政策，禁止汉人入居垦殖。清政府之所以推行"虚边"政策，在很大程度上是为人口日益繁衍而又不擅营生的旗人生计问题考虑，有意将东北地区的大片荒地作为旗人的预备资源，不许汉人垦殖，相关事例不胜枚举，对于拨给旗人的旗地，更是严禁汉人染指而取得其所有权，奉天八旗随缺伍田即为其中之一种。清王朝覆灭之后，包括随缺伍田在内的前清大量官有地失去国家政权的保障，实际上已难以为继，问题层出不穷，土地利用效率低下。在这种情况下，将其收归国有加以更为有效的开发与利用，通过此举进一步推动东北地区的经济发展与社会进步，以保障其稳固与安全，乃是大势所趋。奉天原有官地经大规模清丈，导致这种"大土地所有形态解体，把它丈放给一般人民，做为纯粹私有地"，如此，前清官地"在法律上失掉一切封建性，现出近代的面貌"④。由于官地被大规模丈放，导致奉天私有地的数字急剧攀升，据农商部统计，"1914年奉天省有私荒8563963亩，

---

① 《旗丁均沾利益》，《盛京时报》1915年1月22日第6版。
② 《国务总理段祺瑞呈大总统核议奉省请奖办理丈放随缺伍田出力各员勋章文》（附单），中国第二历史档案馆整理编辑：《政府公报》第100册，上海书店1988年影印本，第157页。
③ 奉天省官地清丈局：《奉天全省官地清丈局兼屯垦局报告书》下卷，1924年，第361页。
④ 《满洲经济年报》1933年，转引自章有义编《中国近代农业史资料》第2辑（1912—1927），生活·读书·新知三联书店1957年版，第52页。

1918年增至15825865亩，仅4年即增加近1倍"①。包括奉天八旗随缺伍田在内的前清官地所有权性质的改变，使原来劳作于官地的劳动者之身份也随之而发生转化，由以前的受雇于满洲皇室、贵族、八旗官兵的佃户、庄丁甚至等同于农奴转化为自耕农。土地所有权性质的改变、劳动者身份的转化，都会促进东北地区的农业生产与社会进步，这对于边疆地区之安全而言，是非常重要的。

六　丈放余荒及淤荒

除清查、丈放原有官地之外，②奉天省当局对省内余荒、淤荒等也开始予以丈放，以招民开垦。所谓余荒、淤荒，指"非正式开垦的土地，一般指山荒、河淤海退之地、边远的生荒地及土质贫瘠的间荒地。依照法律，这些土地归国家所有，故亦称官荒"③。当时，中央部门对此予以关注，农林部曾致电奉天都督，"迅将所属境内无主官荒，地段大概若干、面积几何，开明见复"，奉天都督为此"札饬屯垦局详细查明，列表呈报"④。当时，地方政府鼓励百姓积极领荒，奉天都督赵尔巽曾"咨呈国务院，请将东平县⑤养鹿山荒开放，任民领垦"，对此，中央内务部与农林部表示同意，"准如所拟办理"，赵尔巽随即委派当地官员着手进行⑥。营口所属东北乡王春和等人"呈请报领该乡北界河边淤荒三百余亩"，营口县公署下令予以核办⑦。营口、海城两县"山荒极阔，无人开垦，殊为可惜"，有郝某"报领

---

① 毛英萍：《略论民国时期东北的农业经济政策》，《北方文物》1997年第2期。
② 丈放前清官地还包括出放围场荒地，据《围场荒地亦将丈放》，《盛京时报》1915年2月2日第6版，前清时代，"东丰、西丰、西安等县均有鹿场，以备围猎"，民国成立后，围场已弃置不用，应"一律丈放"，奉天省行政公署为此饬令以上各县将各自围场详请"迅速查报"，为丈放做好准备。
③ 毛英萍：《略论民国时期东北的农业经济政策》，《北方文物》1997年第2期。
④ 《饬查大段官荒》，《盛京时报》1912年6月27日第5版。
⑤ 今吉林省东丰县。
⑥ 《都督注重饷源》，《盛京时报》1912年5月22日第5版。
⑦ 《呈请报领淤荒》，《盛京时报》1913年10月19日第6版。

开垦，以便种植"，当局予以批准，由两县知事"详纳查勘，以便放荒而重国课"①。

为了吸引垦民，奉天省当局规定对于承领者，在地价、赋税等方面都予以优惠待遇。奉天全省官地清丈局曾就此专门指出，"放地虽为筹款，而民艰亦不能不顾，且价轻则报领自多，亦与筹款有益"，因此，官地清丈局"所定地价均尚折中，遇有地瘠民贫之处，并准随时酌情减轻"②。官地清丈局确定了惠民政策，并在实际操作时有所体现。例如，在丈放山荒时，根据其生熟程度，"各分三则收价，唯山地土性瘠薄，未便于平原等视"，因此，"熟地上则每亩收价大银元一元五角，中则每亩收价大银元一元，下则每亩收价大银元五角；生荒上则每亩收价大银元七角五分，中则每亩收价大银元五角，下则每亩收价大银元二角五分"；此外还规定，"山荒内如遇石多土少，不堪耕种只能作为牧养者，准予免价归领"。至于赋税，规定如下，"山荒内已垦熟者，应于价领后当年升科，未垦熟者应于价领垦熟后第五年升科，均按下则减半纳赋，如作牧场、樵采之区，向不垦种者，应准免课"③。优惠政策的实施取得了效果，"各属农户闻风报领者，纷至沓来"④。

在日本殖民侵略步步紧逼的情况下，丈放山荒等荒地具有抵制侵略、保护土地主权的重大意义。《盛京时报》对此曾有评论："中日新条约成立，日人在南满一带确有承租土地之权，惟以其承租办法之协订须需时日，尚未见诸实行耳。然一面就东省人民程度观之，民智开发实非曩日漫无辨别之可比，现在人人莫不具国家观念也，是以民间人士因日人遵章承租之期在即，或恐所在山荒地段行将为日人所占得，

---

① 《报领开垦山荒》，《盛京时报》1913年11月23日第6版。
② 《详奉天巡按署为放垦变通办法及节事》，官地清丈局1915年6月，辽宁省档案馆藏，奉天省长公署全宗（全宗号：JC10），案卷号：JC10-4224-2。
③ 《奉天全省官地清丈局丈放山荒章程》，1915年，辽宁省档案馆藏，奉天官地清丈局全宗（全宗号：JC12），清丈局定字绳卷宗（8997）总局为清丈地亩发的伤文。
④ 毛英萍：《略论民国时期东北的农业经济政策》，《北方文物》1997年第2期。

近来禀呈报荒者颇不乏人，就中此项风潮，在海城、盖平等县尤甚。今以盖平一处言之，自入春以来，呈报山荒者计有一百余起之多，该县知事暨县署员现下因此颇行忙碌云，盖人民此种举动实出美意，藉以得免利权外溢，则尤堪庆幸。"①《盛京时报》虽然有非常深的日本背景，此处对于丈放山荒的意义之评价还是比较客观而公允的。

七 地方政府之作为与移民实边政策之推行

奉天省地方政府在民国初期招民垦荒的过程中发挥了应有的作用，注重调查荒地情况，以便招民开垦。例如，奉天省实业司长冯绍棠"以富国莫先于重农，各属未垦种之荒田若不详细调查，招人垦种，置膏腴之地于不顾，非惟有背重农要义，且于国税前途亦大有关系，拟派员二人前往各属调查，并闻调查明确后即行筹款招人垦种，以冀振兴农业"②。

沿边地带开发程度如何，关系重大，地方政府对如何招民实边，应有所考虑，以抚松县为例。1909 年，清政府在奉天省设置抚松县，该县地处长白山一带，与朝鲜半岛为邻，日本在控制朝鲜后对该地觊觎多端。抚松县知事田升堂为此于 1914 年在上奉天巡按使公署之呈文中指出，"抚松县境逼处边陲，叠嶂重峦，人烟稀少而地方出产丰富"，"易为外人所注意，而设治以来韩侨星布，即为异日起衅之媒，胡匪时起，更为彼人藉口之端，若长此敷衍，奉省有变，固不能自存"，"为今之计，韩侨不可驱逐，只宜抚绥，使渐入我范围。惟有招徕民户以实之，民户多则边防固矣，然而设治五年，民则不足三千户，升科之地不足六千晌"，为更多招徕移民以垦荒，田升堂请示是否可减收荒价以吸引垦民，如此将使"民户益多"，"以中国之土地居中国之人民，使外侨无所容足，可以绝外人之窥伺"。奉天巡按使张锡銮

---

① 《报荒甚多之可喜》，《盛京时报》1915 年 6 月 4 日第 6 版。
② 《实业司拟振兴农业》，《盛京时报》1913 年 11 月 25 日第 6 版。

批示本省财政厅对此发表意见,财政厅厅长张翼廷认为,"该县僻处边荒,人民稀少,设法招徕实为今日切要之图,所拟减价放荒办法于实边、征课均有裨益,事属可行"①。之后,管辖抚松县之东边道②道尹又提出相关之具体建议,将抚松县"生荒每晌减收荒价一元,三年后升科,纳课三角三分;熟荒每晌减收荒价二元,当年升科,纳课三角三分",此项建议经财政厅报请张锡銮批准③。

在临江县,公民王金波呈文奉天省行政公署,计划"招集大资本家,将已报未垦之荒地实行开拓,定名大利有限公司",省行政公署就此指出,"关外地大物博,四望平原,垦地拓民尤为当今之急务,该公民热心提倡,深堪嘉许",命临江县知事予以支持④。

鸭绿江沿岸荒地颇多,"前经批准开垦,距朱家坎车站十数里设立荒务总局,各城设有支局,以便广招垦户"。不仅如此,为劝导领荒,奉天省特派王子耕先在省城设立事务所,又到辽阳大力推行垦务,宣传鸭绿江沿岸"荒地肥沃,气候温和,黑土深至数尺余,每方四百五十亩价仅二百四十元"。报纸对此评价,"王君到处提倡,不难引起时人之实业观念"⑤。可见,地方政府对中朝界河鸭绿江一带垦务颇为重视,广为宣传劝导,所规定之地价亦相对低廉,对于沿边垦务之推

---

① 《抚松县详请减荒价以广拓殖民事及奉天巡按使署批》,1914年9—11月,辽宁省档案馆藏,奉天省长公署全宗(全宗号:JC10),案卷号:JC10-6505。
② 据徐曦《东三省纪略》,商务印书馆1915年版,第61页,清末,奉天省分为四道,分别是锦新营口道、兴凤道、洮昌道及临长海道,奉天府则直辖于省行政公署。1913年2月,奉天省改置中、东、南、西、北五路道,7月,裁撤中路、西路两道,改划为南、东、北三路道。1914年6月,改南路道为辽沈道,东路道为东边道,北路道为洮昌道。辽沈道原驻营口,后移驻沈阳,东边道驻安东,洮昌道原驻辽源,后移驻洮南。据同上书,第38—60页,截至1914年,辽沈道下辖县治为:沈阳、铁岭、开原、东丰、西丰、西安、营口、辽阳、辽中、台安、盖平、海城、锦县、新民、彰武、黑山、盘山、北镇、义县、兴城、绥中、锦西;东边道下辖县治为:安东、兴京、通化、凤城、宽甸、桓仁、临江、辑安、长白、安图、抚松、抚顺、本溪、海龙、辉南、柳河、金县、复县、岫岩、庄河;洮昌道下辖县治为:辽源、洮南、昌图、康平、开通、洮安、梨树、安广、怀德、突泉、镇东、法库。
③ 《谈道尹详请移民防匪》,《盛京时报》1914年12月29日第6版。
④ 《创办垦荒公司》,《盛京时报》1914年2月28日第7版。
⑤ 《荒务委员来辽》,《盛京时报》1914年7月18日第6版。

广是很有促进作用的。

针对揽头揽荒待价而沽致使大片土地领而不垦之现象，奉天省当局亦曾试图加以整饬。例如，奉天省北路观察使鉴于奉天省"北路各县设治未久，土旷人稀，虽由于交通不便、移民未多所致，领荒未垦尤其一大主因。查近来吉黑各省均有限期开垦、期满撤地办法，实为垦务要着。北路所属各县领荒未垦者比比皆是，查领荒未垦乃一般包揽大段者待时居奇之诡计，急应严加取缔，以促农业进步"，为此"拟具简章七条"。奉天省财政司认为，"所拟简章尚属妥诣，合行令各该县知事遵照办理"①。

八 垦植组织与垦植公司之贡献

前文已述，黄兴等人发起组织了中国拓殖协会（中国垦植协会），总会设于南京，各省设立分会，奉天垦植分会因此而建立。对此，《盛京时报》曾予以报道："省城各界前曾接准南京黄留守行知，谓拓殖一事为当今富国裕民之要图，南京已设有总会，各省应设分会，东三省土地宽广，拓殖更不容缓，请即照办等情。现在农总会总、协理已与劝业道暨城厢议董各会会议数次，拟组织奉天拓殖分会，业经大众赞成，顷止筹划一切，一俟就绪，即将开办。"②

奉天垦植分会制订了《中华民国奉天垦植分会章程》。③ 章程宣布，"本分会以奉天为范围，斟酌地方情形，分别缓急，实力筹办拓地垦荒、殖产兴业各事宜为宗旨。"垦植分会成立后，"奉天区内关于拓地垦荒、殖产兴业各事宜，统由该会筹办，以资国利民福"④。

除奉天垦植分会外，其他旨在开发土地资源、发展农业生产的组织亦曾出现，其中以奉天彰武农牧树艺模范会社有代表性。该组织由

---

① 《领荒者须依限开垦》，《盛京时报》1913 年 10 月 9 日第 6 版。
② 《组织拓殖分会》，《盛京时报》1912 年 5 月 14 日第 5 版。
③ 章程全文可参见《为报奉天垦植分会成立并送分会章程及职员表》，1913 年 4 月 17 日，辽宁省档案馆藏，奉天省长公署全宗（全宗号：JC10），JC10 - 25704 - 2。
④ 《组织垦植分会》，《盛京时报》1913 年 1 月 15 日第 6 版。

县知事发起成立，计划"招集资股，在彰武地河两岸，先购民地一千亩，试种水旱各田；于隙地水洼，牧畜养鸭"，并且已"招集股本六千元，分三十股，为创办基础，即在是处设立农牧树艺模范会社事务所。一面次第试办，俾民取效；一面续招七十股，陆续扩充"①。

此外，农垦公司及个人纷纷出现，积极参加到开发东北的行列之中。除前文曾提到的齐安垦牧公司、溥丰农业公司之外，奉天省农会董事恩惠卿等在南满铁路沈阳车站以北"一里许之塔湾地方购置洼地一处，约计五六百亩，试种水稻、荸荠等诸农作物，预定资本洋七千元"②。另据《农商公报》之记载，1915年，"两江人士金是珠等，联络范氏五人，筹备资本，来奉（天）企图实业。闻范、金两君到奉后，即注意于农业，先在省城开办五合公司，内容系五人合办，资本亦以五人分配，不入他股。七、八月间，已在田庄台一带，购地两千余亩，拟在该处设一庄房，派人经理耕种事宜。近今又在开原、铁岭一带，收购田亩"③。此外，尚有姚锡光等倡议创办拓富垦牧公司。该公司在其章程中宣布以"拓殖实边"为宗旨，"先从奉天洮南县归流河一带择购地亩，暂行试办，以次推及塞北、满蒙等处"，决定在洮南设立总公司，并在"各处垦牧重要地点设立分公司"，召集股本120万银元，以开展垦牧事业④。农商部在1915年7月27日的相关批示中指出，拓富垦牧公司创办之目的在于"力辟边荒，用意良善"，决定"准予立案"⑤。

---

① 《农林部咨奉天民政长文》（《农林公报》第2年20期），转引自章有义编《中国近代农业史资料》第2辑（1912—1927），生活·读书·新知三联书店1957年版，第357—358页。
② 《模范水田开始耕种》，《盛京时报》1913年7月6日第7版。
③ 《农商公报》第17期，转引自章有义编《中国近代农业史资料》第2辑（1912—1927），生活·读书·新知三联书店1957年版，第358页。
④ 《批示·拓富垦牧公司章程》，中国第二历史档案馆整理编辑：《政府公报》第62册，上海书店1988年影印本，第263—264页。
⑤ 《批示·农商部批第一四三三号》，中国第二历史档案馆整理编辑：《政府公报》第62册，上海书店1988年影印本，第263页。

第四节 吉林省移民实边政策之实施

吉林省在东北三省中位于中部。清末以来,土地开发、移民实边已达到一定的规模,但民国建立之初,仍有大量荒地存在,沿边地带更是如此,[①] 并且边疆危机深重,移民实边既有其可行之空间,又具有紧迫性。据1912年统计,当时吉林全省37个地方行政区划单位已放未垦地及未放荒地之具体数字如表1所示。

表1　　　吉林全省三十七属所有荒地各数目一览表　　（单位：晌）

政区	政区沿革	治所今址	已放未垦地	未放荒地	合计
吉林府	旗治沿革：1653年置宁古塔昂邦章京,1662年改称镇守宁古塔等处将军,1676年移驻于此,1757年改称镇守吉林等处将军,1907年裁,置吉林巡抚。民治沿革：1726年置永吉州,1747年裁,置吉林直隶厅,1882年升为府治,1913年改为县治	吉林省吉林市	无	无	无
长春府	1800年置直隶厅,1888年升格为府治,1913年改为县治	吉林省长春市	无	无	无
伊通州	1882年置,1909年升格为直隶州,1913年改为县治	吉林省伊通县	无	无	无
濛江州	1907年置,1913年改为县治	吉林省靖宇县	58104	50000	108104
农安县	1882年置分防照磨,1889年改为县治	吉林省农安县	无	34716	34716
磐石县	1887年置州同,1902年改为县治	吉林省磐石市	无	无	无
长岭县	1907年置	吉林省长岭县	84000	无	84000
桦甸县	1907年置	吉林省桦甸市	无	159265	159265

---

① 据《为照会驻吉屯垦分局明春暂缓移民应先择定荒地作屯垦用由》,1912年3月2日,辽宁省档案馆藏,奉天官地清丈局全宗（全宗号：JC12）,东三省屯垦驻吉分局卷宗（2707）垦字2号掘数127,"吉林辖境寥廓,土地沃饶甲于他省,已放未垦及未放荒地业经分别详查,东南荒地以濛江、桦甸为最多,东北荒地以绥远、虎林、饶河、桦川、穆棱等处为最多。"濛江今为吉林省靖宇县。

续表

政区	政区沿革	治所今址	已放未垦地	未放荒地	合计
双阳县	1910年置	吉林省长春市双阳区	无	无	无
德惠县	1910年置	吉林省德惠市东北	无	无	无
舒兰县	1910年置	吉林省舒兰市西南	1060	11000	12060
新城府	旗治沿革：1692年置伯都讷副都统，1909年裁。民治沿革：1726年置长宁县，1736年裁，1810年置伯都讷直隶厅，1906年升格为新城府，1913年改为县治，因与直隶、山东、江西、浙江、贵州五省县名重复，次年更名扶余	吉林省扶余市	无	无	无
双城府	1818年置双城堡协领，1882年置直隶厅，1909年升为府治，1913年改县治	黑龙江省双城市	无	无	无
宾州府	1882年置直隶厅，1909年升格为府治，1913年改称宾县	黑龙江省宾县	无	无	无
五常府	1869年置五常协领，1882年置直隶厅，1909年升格为府治，1913年改县治	黑龙江省五常市	15000	无	15000
榆树厅	1882年置抚民同知，1905年置榆树县，1909年升格为直隶厅，1913年改为县治	吉林省榆树市	无	无	无
滨江厅	1909年置直隶厅，1913年改为县治	黑龙江省哈尔滨市	无	无	无
长寿县	1902年置，1914年更名为同宾县	黑龙江省延寿县	无	3500	3500
阿城县	1725年置阿勒楚喀兼副都统衔协领，1756年改置副都统，1909年裁，改县	黑龙江省哈尔滨市阿城区	无	无	无
宁安府	旗治：1653年置宁古塔昂帮章京，1662年改称镇守宁古塔等处将军，1676年改置宁古塔副都统，1909年裁。民治：1726年置泰宁县，1729年裁，1902年置绥芬直隶厅，1909年升格为府治，1910年改称宁安府，1913年改为县治	黑龙江省宁安市	无	30000	30000

续表

政区	政区沿革	治所今址	已放未垦地	未放荒地	合计
延吉府	1902年置直隶厅，1909年升格为府治，1913年改为县治	吉林省延吉市	无	无	无
珲春厅	1714年置珲春协领，1881年改置为副都统，1909年裁，置厅，1913年改县	吉林省珲春市		25000	25000
东宁厅	1909年置，1913年改为县治	黑龙江省东宁县东南	4500	16700	21200
敦化县	1882年置	吉林省敦化市	3073	无	3073
和龙县	1909年置	吉林省延吉市东南	无	2000	2000
额穆县	1909年置	吉林省蛟河市	无	21440	21440
汪清县	1909年置	吉林省汪清县西南	无	7000	7000
依兰府	旗治：1714年置三姓协领，1731年改置为副都统，1909年裁。民治：1905年置府，1913年改县	黑龙江省依兰县	54000	无	54000
临江府	1905年置临江州，1909年升为府治，1913年改县，因与奉天省某县重名，1914年更名为同江县	黑龙江省同江市	404500	无	404500
密山府	1907年置，1913年改为县治	黑龙江省密山市	430000	4000	434000
虎林厅	1909年置呢玛厅，1910年改称虎林厅，1913年改为县治	黑龙江省虎林市	106000	64000	170000
绥远州	1909年置，1913年改为县治	黑龙江省抚远县	无	450000	450000
方正县	1909年置	黑龙江省方正县	17869	15000	32869
桦川县	1909年置	黑龙江省桦川县	43200	37600	80800
富锦县	1909年置	黑龙江省富锦市	110900	14369	125269

续表

政区	政区沿革	治所今址	已放未垦地	未放荒地	合计
穆棱县	1909年置	黑龙江省穆棱市西南	21000	70000	91000
饶河县	1910年置	黑龙江省饶河县西北	4000	350000	354000
总计			1357206	1365590	2722796

资料来源："已放未垦地、未放荒地"之数字源自《为照会驻吉屯垦分局明春暂缓移民应先择定荒地作屯垦用由》，1912年3月2日，辽宁省档案馆藏，奉天官地清丈局全宗（全宗号：JC12），东三省屯垦驻吉分局卷宗（2707）垦字2号捆数127；①"政区沿革、治所今址"源自徐曦：《东三省纪略》，商务印书馆1915年版，第62—79页，牛平汉主编：《清代政区沿革综表》，中国地图出版社1990年版，第95—109页。

一　丈放官荒与清查地亩

民国初年，吉林省所属尤其是沿边地带很多地区大片荒地仍处于闲置状态。据《盛京时报》之报道，"吉林土脉肥饶，地面辽阔，垦植实为要图，惟库款支绌，开采维艰，故有石田千里之慨"，吉林都督陈昭常指出虎林、桦甸、临江等县尚存在大片荒地，"望政府注意"②。大片土地抛荒与缺乏劳动人手有关，诚如署饶河县县知事赵邦泽于1913年12月在条陈政见呈文中所言："饶河幅员之大，几达四万方里，土地不为不广，顾何以榛芜弥望、大利弃地如故也？是

---

① 该档案所统计吉林省荒地数字低于同时期奉天省荒地统计数字，明显偏低。据《盛京时报》1914年1月8日第6版《东三省荒地之调查》，吉林省荒地总面积为4050万垧，其中已开垦荒地数字是325万垧（未垦荒地数字应是3725万垧）；据吉林省档案馆编《吉林省大事记（1912—1931）》，1988年内部发行，第49页，截止1914年1月，吉林省荒地总面积为4050万垧，其中已开垦荒地数字是320.5万垧；据《盛京时报》1915年1月13日第6版《东三省荒地之调查》，吉林省未垦荒地数字为4500万垧；据《东三省荒务概况》，《吉林农报》第8期，1917年3月11日发行，"论说"，第4页，吉林省未垦荒地之数字为4500万垧；据郭葆琳、王兰馨《东三省农林垦务调查书》，东京神田印刷所1915年发行，第146页，吉林省荒地数字为2亿6282.3万余亩，按每10亩合1垧计算，为2628.23万余垧。另据高劳《满蒙经济大要（译日本〈实业之世界〉）》，当时吉林省已耕地与各省已耕地占全省土地之比重相比较，为16.8％强，该文载于《东方杂志》第15卷第10号，1918年10月15日发行，第15页。
② 《吉督注重官荒》，《盛京时报》1913年4月23日第7版。

在无人民。"①

　　土地抛荒、民户稀少不利于边疆之安全与巩固，招民开垦、移民实边刻不容缓。有鉴于此，1913年4月，吉林省发布布告，鉴于近来"垦户东来，络绎不绝"，更由于"俯念边陲重要，亟取开放主义"，决定"无论大段官荒，畸零散荒，均准民间报领，以期速垦，而免荒芜"，以此达成"实边圉"之目的②。以此原则为依据，1913—1914年间，先后被丈放的荒地主要有：由依兰至密山官道间大小五站荒地60万垧、③勃利④官荒20万垧、⑤虎林官荒19余万垧。⑥此外，在一面坡⑦设立荒务局，出放荒地20余万垧。⑧

　　1916年，吉林省继续勘放官荒，首先从大段荒地较多的同宾、五常两县着手开始。同年冬季，同宾、五常两县分别设置了荒务处，制订了《堪放同宾、五常县荒熟地亩单行章程》20条。根据章程之规定，除继续堪放两县境内以前已经丈放的生熟官荒中的"浮多无主官荒"之外，规定划归两县勘放之官荒共27处，包括小老爷岭、太平沟、苇沙河东岸、石头河子、珠子营、乌吉密及蚂蜒河两岸、大小亮珠河两岸等地⑨。与此同时，又在一面坡、苇沙河分别设立了珠河⑩、

---

①《署饶河县知事赵邦泽条陈政见呈（民国二年十二月二十八日）》，黑龙江省档案馆编：《黑龙江设治》下册，1985年内部发行，第688页。

② 孙占文：《黑龙江省史探索》，黑龙江人民出版社1983年版，第285—286页。"实边圉"之所以成为当时吉林省放荒招民之重要目的，在于该省特别是与俄国、朝鲜交界地区大片土地抛荒，导致强邻觊觎而危机重重。为改变吉林沿边地带的不利形势，时人呼吁，"为今之计，莫若移民实边，寓兵于农，殖农林垦牧之产业，行工商铁路之政策，急起直追，补牢未晚。"——郭葆琳、王兰馨：《东三省农林垦务调查书》，东京神田印刷所1915年发行，第146页。

③ 孙占文：《黑龙江省史探索》，黑龙江人民出版社1983年版，第286页。

④ 今划归黑龙江省。

⑤ 孙占文：《黑龙江省史探索》，黑龙江人民出版社1983年版，第286页。

⑥ 同上。

⑦ 今属黑龙江省哈尔滨市，为中东铁路在中国境内车站之一。

⑧ 孙占文：《黑龙江省史探索》，黑龙江人民出版社1983年版，第286页。

⑨ 同上。

⑩ 今黑龙江省尚志市。

苇河①荒务局（后正式改置为县治），续放大青川、大肚川两处官荒，并且制定清厘同宾、五常27处官荒办法，以此督促领荒者在5年之内将所领荒地切实开垦。如此，自1916年冬至1923年9月底，同宾、五常共丈放官荒711000垧。②

1917年9月，吉林省又制定了《吉林省勘放官荒试办章程》18条。章程规定在省内腹地和东南部20县的范围内全面丈放剩余官荒："凡民旗各户私垦并未纳过租赋颁布印照，以及民旗各官署向未经理亦无档案可查者，统为官荒，统依本章程行之。"并规定："放荒区域之内，除同宾、五常两县所辖之大青川、大肚川设有荒务委员照旧章办理外，其余各县并无成排大段，多系零夹荒，均归县知事兼理。"依据该章程，从当年开始至1923年，共勘放官荒7853垧③。

如此，自民初以来，吉林省大小五站、勃利官荒、虎林官荒、一面坡官荒、同宾和五常两县官荒及20县夹荒，统共放荒达1914949垧。④

在丈放官荒之同时，清查地亩随即展开。清查地亩之目的在于祛除垦务弊端，以推动其健康发展。关于此点，以富锦县为例，据该县代理知事陆迈1914年2月所言，富锦县"土脉膏腴，从前以微价领荒者，渐垦成熟，有移家来此者，有他省人愿久安于此者，利之所在，众乃共趋，再迟数年，可期富庶。惟历年放荒，但求得价，浮多盖被，弊窦丛生，非及此时赶紧清厘，将至不可收拾"⑤。

针对垦务弊端，1914年，吉林巡按使齐耀琳出于整顿之考虑，"呈准清丈地亩"，系"专指沿边各县而言"⑥。为了便于沿边地带荒地

---

① 今归并于黑龙江省尚志市。
② 孙占文：《黑龙江省史探索》，黑龙江人民出版社1983年版，第286页。
③ 同上书，第286—287页。
④ 同上书，第287页。对清末民初东北地区土地开发有专门研究的已故学者孙占文先生指出，放荒数字是不完全的，仅做参考。
⑤ 《代理富锦县知事陆迈为详报地方情形呈（民国三年二月十七日）》，黑龙江省档案馆编：《黑龙江设治》下册，1985年内部发行，第675页。
⑥ 《吉林巡按使孟宪彝呈为设立吉林全省土地清丈局谨将筹拟开办情形请鉴示文并批令》，中国第二历史档案馆整理编辑：《政府公报》第55册，上海书店1988年影印本，第432页。

的清查和丈放，吉林省于1914年呈准对依兰、桦川、穆棱、宁安、密山、虎林、饶河、同江、富锦、绥远、宝清、勃利、①桦甸、额穆、濛江等沿边15县进行全面清丈，制定了《修正吉林沿边各县清丈地亩规则》44条。按照该规则之规定，对以上15县"已放荒地与垦熟已未升科地亩"，一律予以清丈。同时规定，在清丈时，"凡勘出浮多及未放官荒，分别腴瘠收价：宁安、依兰、桦川、穆棱生荒，每垧收大洋二元；富锦、密山、额穆、桦甸、勃利生荒，每垧收大洋一元五角；虎林、濛江、宝清生荒，每垧收大洋一元；绥远、饶河、同江生荒，每垧收大洋五角。"荒价相对低廉，对于沿边垦务是有推动作用的②。此项清丈工作由吉林巡按使公署实业科办理，于1915年基本结束。清丈范围除耕地外，还包括城镇街基，分别按清、查、升、垦、街、基六种字照发给财政部印照。清丈结束后续放余荒，其浮多荒地，无论归原主领受，还是另行新放，规定一律6年升科。③

由于从清末放荒以来，东北荒地放而不垦的现象非常严重，吉林省也是如此，荒地长期闲置，致使"日俄垂涎，越垦偷种，而穷苦无告之朝鲜人越垦者尤多"，因此荒地"非一经垦熟，即为他人所有矣，国土所关，利源所在"④。针对此种弊端，民国成立后不久，吉林省颁布了《新订限制垦荒章程》13条。章程规定凡是领而未垦荒地，自章程颁布之日起，"预限半年，责令各户报齐。无论响数多寡，均按原领时所定升科年限，仍尽原户自垦，逾限撤佃，并不发还已缴荒价、照费。其余已过升科年限而仍未开垦者，不问其地属何人，由垦植会协同地方官派员招各处垦户实行垦辟，原领地主不得阻挠、干预。"⑤

---

① 在规则公布之时，宝清、勃利尚未正式设立县治。宝清今划归黑龙江省。
② 孙占文：《黑龙江省史探索》，黑龙江人民出版社1983年版，第302—303页。
③ 刘克祥：《清末和北洋政府时期东北地区的土地开垦和农业发展》，《中国经济史研究》1995年第4期。
④ 《东三省荒务概况》，《吉林农报》第8期，1917年3月11日发行，"论说"，第7页。
⑤ 刘克祥：《清末和北洋政府时期东北地区的土地开垦和农业发展》，《中国经济史研究》1995年第4期。

在颁布章程之同时,"对新招垦户、新开荒地,有计划有组织地进行遣送、划拨。规定凡就垦者在10户以上,须呈由该省垦植会或实业机关、团体,或垦户自举代表,函电通知吉林垦植分会,接洽一切,引领到段。零星散户可随时附入多数垦户。如各省官府、团体有能力招集垦户或集资招民欲往吉林垦荒,须将垦户若干、人丁若干、资本若干,函电通知吉林垦植分会,或派专员接洽,以便该会预为调查实在地点,是否足敷分配。俟计划确当,即行着手移送。到后即指引地段,计户授荒,并于适当地点酌留村镇、街基,编列号数,以便聚族而居。不能由垦户随意指垦,以免零星散处,日后难以'保护'"①。以勃利县为例,该县设治委员鉴于当地"地本膏腴,荒放数年,地多未垦,只因土旷人稀,胡匪骚扰之故""巡视各境,茫茫荒甸,一望无涯""纵有数家开垦,相距亦二十里外,寥若辰星,匪徒焉得不肆行无忌"等实际情况,为此布告垦户,"亟宜合群,不得散住"。具体规划是,"在划分警察区域以内,以十五里为一村,二十里为一屯,五十里为一镇。以吉心河镇为城基,大碾子河第一镇,小五站为第二镇,龙爪沟为第三镇。三大镇彼此相距均在数十余里,一经指定地点,凡外来各户,不得任意零星,自蹈危险。即此分别垦户,亦不畏难,日久进户之多,则小屯化为大村,大村变为大镇,人烟稠密,消息灵通,警察稽查于各镇,团兵校巡于村屯,纵有匪警传来,自然守望相助,或防或剿,众志成城,团体既坚,何畏之有,保安之策,莫善于此,莫便于此"②。

但是,尽管有关于限制垦荒之相关规定,当时清丈时所查出的浮多荒地及未放官荒,领荒者大多仍为官僚、士绅和富商,领荒之目的在于囤积居奇、待价而沽,对于垦荒本无兴趣,导致大片荒地依然闲

---

① 刘克祥:《清末和北洋政府时期东北地区的土地开垦和农业发展》,《中国经济史研究》1995年第4期。
② 《内务部等为勃利设治案已奉准咨(民国六年五月二十九日)》,黑龙江省档案馆编:《黑龙江设治》下册,1985年内部发行,第632页。

置。例如，密山县"僻处边陲，面积纵横三百方里"，截至 1916 年年初，"该县已垦熟地不过四万晌"，另有已出放之荒地 9000 余方，除被县知事及其员司、戚友"冒领四千余方外，余多为揽头、士绅影射包领，真正垦民仅领有千方左右"，此种行为被认定为"只知图利自己或第三人，不顾破坏国家垦殖政策"，当局据此决定，将所报领之荒地撤销①。勃利县情形相似，"荒放数载，开者寥寥，人民失其利权，国家未得租赋，推原其故，大户多领而不垦，小户思开而畏匪。茫茫沃野，一片荒芜，实属可惜"。② 勃利县县公署据此指出，"视此膏沃，若不急速设法垦辟，放弃一年，即失一年时序"③。为制止类似不法现象，吉林省制定了"抢垦章程"。章程规定，对于"已放、未放及有主、无主之地，凡荒芜未垦者，任何人均可报县领照认垦"。同时，"对认领面积予以限制：凡以人力垦者，每人准抢垦 10 晌（100 亩）；有牛犁一具者，准抢垦一方（45 晌）；用机器犁者，不予限制。抢垦荒地，限三年升科纳赋，其地亩以十分之四归原主，余十分之六归己有④。"抢垦章程"的制定，使大片荒地闲置的状况有所改观。

综上所述，吉林省地方政府出于"俯念边陲重要"之考虑，在沿边地带实施放荒、清丈及抢垦政策，对于开发当地荒地资源以免强邻觊觎、招徕垦民以充实边疆人口起到了积极作用，"实边圉"之目的也因此得以初步实现。

吉林省地方政府对于沿边地带垦植事业的重视还体现于 1914 年 6 月核准制订的《吉林全省放荒规则》之中，规定对于吉林省腹地与沿边地带的荒价区别对待。章程规定，"沿边之荒价与腹地之荒价异"，

---

① 《议定蜜山荒案》，《盛京时报》1916 年 2 月 1 日第 7 版。
② 《内务部等为勃利设治案已奉准咨（民国六年五月二十九日）》，黑龙江省档案馆编：《黑龙江设治》下册，1985 年内部发行，第 634 页。
③ 同上书，第 635 页。
④ 刘克祥：《清末和北洋政府时期东北地区的土地开垦和农业发展》，《中国经济史研究》1995 年第 4 期。

就腹地荒价而言，约"上等每垧四元，中等每垧三元，下等每垧二元，最下等每垧一元（每元概小洋计）"，沿边荒价则较腹地荒价减半，"上等二元，中等一元五，下等一元，最下等五角"①。荒价减半，对于垦民显然有很大的吸引力，成为垦民开拓边疆的一种动力。对于吉林省关于沿边荒价减半征收的规定，中央相关部门予以支持。以宝清县为例，截至1916年，该县境内"已经丈过未曾出放闲荒"尚有54800余垧，此种所剩闲荒"皆系山坡水甸，不易垦种"，导致"领户观望不前，未免均归弃掷"。宝清县为此决定，对于上述闲荒"减收半价，以资招徕"，并上报农商部核准，农商部批准后又与财政部咨商，后者亦表示同意，"比照下等荒地，每垧核收吉洋一元"②。另据《盛京时报》报道，吉林省政府鉴于1915年本省"雨水为灾"，为鼓励农民前往"东边密山、富锦各县另垦生荒"，规定"二三年内可免纳租"，此项优惠政策导致"乡间一般租户拟于明春移家垦荒者，刻间皆有"③。

二 整顿与开发旗地

除丈放官荒、清查地亩等措施之外，吉林省对本省旗地也加以整顿，成为当时推广垦务的一大施政举措。

如前文所述，吉林巡按使齐耀琳于1914年"呈准清丈地亩"，但"专指沿边各县而言"，并没有"计及旗地"，其原因在于"吉省旗地积习最深，骤议改革，殊属不易"④。在清代，吉林省土地准许"旗人任意垦种，向不纳租，嘉庆末年始准招民开垦"，旗民垦地尤其是旗地"大半种地多而纳租少，甚有种地百余垧而仅纳一二十垧之租

---

① 《东三省荒务概况》，《吉林农报》第8期，1917年3月11日发行，"论说"，第5页。
② 《公牍·农商部咨复吉林省长文》，《吉林农报》第3期，1917年1月10日发行，"政事"，第1页。
③ 《农民预备垦荒》，《盛京时报》1915年9月18日第6版。
④ 《吉林巡按使孟宪彝呈为设立吉林全省土地清丈局谨将筹拟开办情形请鉴示文并批令》，中国第二历史档案馆整理编辑：《政府公报》第55册，上海书店1988年影印本，第432页。

者，纠葛弊混，莫可穷诘"，清末时曾经试图对此加以整顿，但成效不大①。此种状况延续到民国初年，对于垦务而言是十分不利的，亟须加以改变。

"吉省旗地积习最深，骤议改革，殊属不易"，这是当时的实际情况，但是，对其加以整顿以便于进一步开发与利用，是边疆地区社会经济发展与国防安全的需要，必须加以改变。1915年4月，继任吉林巡按使孟宪彝在呈文中指出，经吉林省旗务处及全省十旗协佐共同商议，表示"情愿将向归旗属之随缺津贴马场、公田、官庄、官屯、牧场、校场以及生荒浮额等地，无论新陈，悉听派员堪丈，一律出放，惟请于丈放后拨留地价五成，永储中国银行，以应得利息作为十旗常年生计专款"②。孟宪彝据此批示，"准如该旗等所请，援照奉省官庄、伍田办法，将此项地价分作十成，以六成归公，以四成专作旗族生计之需"③。

鉴于"吉省地亩名目复杂，头绪纷繁，自非有专局办理，不能次第进行"，孟宪彝呈请设立吉林全省土地清丈局，"委任分发吉林道尹④王树翰为局长，刊用木质关防，并麟派熟悉民旗各地之员充副局长、坐办等差，俾得相助为理"⑤。孟宪彝的呈文得到批准后，吉林全省土地清丈局随即于1915年4月正式成立，规定除沿边各县之外，

---

① 《吉林巡按使孟宪彝呈为设立吉林全省土地清丈局谨将筹拟开办情形请鉴示文并批令》，中国第二历史档案馆整理编辑：《政府公报》第55册，上海书店1988年影印本，第432页。

② 同上。

③ 同上。

④ 此处资料有误，"吉林道尹"应作"吉长道尹"。据徐曦《东三省纪略》，商务印书馆1915年版，第79页，自清末吉林省全面设治以来，共设西南路、西北路、东南路、东北路四道，民国成立之后初无变更。1914年6月，改西南路道为吉长道，治所由长春县移驻吉林省城（吉林县）；改西北路道为滨江道，驻滨江县治所所在地哈尔滨；改东南路道为延吉道，驻延吉县；改东北路道为依兰道，驻依兰县。据同资料第62—79页，截止1914年，吉长道下辖县治为：吉林、长春、伊通、濛江、农安、长岭、舒兰、桦甸、磐石、双阳、德惠；滨江道下辖县治为：滨江、扶余、双城、宾县、五常、榆树、同宾、阿城；延吉道下辖县治为：延吉、宁安、珲春、东宁、敦化、额穆、汪清、和龙；依兰道下辖县治为：依兰、同江、密山、虎林、绥远、桦川、富锦、饶河、方正、穆棱。

⑤ 《吉林巡按使孟宪彝呈为设立吉林全省土地清丈局谨将筹拟开办情形请鉴示文并批令》，中国第二历史档案馆整理编辑：《政府公报》第55册，上海书店1988年影印本，第432页。

"其余通省旗民新旧各地,统归该局照章清丈",并于5月开始启用关防①。为便于清丈,吉林全省土地清丈局曾经出示布告,其文略谓:

> 田赋为国家收入之正供,经界为地方致治之原则。吉省幅员辽阔,浮多夹荒所在皆是,核与内省专办经界情形不同,议设土地清丈局,含有清赋、放荒意思,本为因地制宜起见。清丈办理得宜,斯于国计民生均有关系。实行清丈,则此疆彼界阡陌井然,可免控争之累,既可平均赋则,又能整理经界,实于公私两有裨益。况民旗各户食毛践土,具有天良,对于国家有应尽之天职,对于地方有应尽之义务,照章升科浮多缴价,本属理所当然。本总局审订规则,凡有不便于民者,悉予删除,并一面派员调查各县土地之肥瘠,按照原定价数目持平核减,一俟调查明晰,即将改定地价榜示通衢,用昭大信。②

吉林全省土地清丈局的成立,有利于进一步深入整顿本省垦务。

为减轻清丈之阻力,使之顺利推行,吉林省于1917年9月出台了《吉林省民旗纳租地亩自报浮多升科免价试办章程》共8章36条。章程第1条规定,为"免除清丈困难起见,特规定吉林省民、旗原有纳租地亩,所有浮多,准其依限自报升科,并免缴纳地租"③。当时规定,自报地区除沿边15县之外,腹地20县④皆在自报区域之内。关于

---

① 吉林省档案馆编:《吉林省大事记(1912—1931)》,1988年内部发行,第66—67页。据同上书,第107页,1917年6月,吉林全省土地清丈局改称吉林省清查土地局,并启用新关防。此外,据同上书,第109—110页,同年9月,吉林省清查土地局实行改组:"本局此次改组,专为清查通省旗民原额浮多等地自报升科事宜,并兼办变卖旗署通产、清查城镇街基、勘放各县官荒等事。"
② 《清丈局之布告》,《盛京时报》1915年12月8日第7版。
③ 吉林省档案馆:《吉林省大事记(1912—1931)》,1988年内部发行,第110页。
④ 据孙占文《黑龙江省史探索》,黑龙江人民出版社1983年版,第304页,章程规定的腹地20县包括:吉林、双城、扶余、榆树、阿城、同宾、五常、双阳、磐石、滨江、宾县、舒兰、伊通、延吉、方正、东宁、汪清、和龙、敦化、珲春。但是,延吉、东宁、汪清、和龙、珲春等县实际上并非处于吉林省腹地。

自报地亩，"除前清私产及驿站官产、旗产、并未经勘放之官荒街基另有章程规定外，凡民旗大租、民认旗东、旗招民佃以及山荒、柳通、草甸、插花地等，并警学、自治屯会、各项公产，均适用本章程之规定"。章程特别声明，对于"报出浮多地亩，一律免收地价"；同时也严格规定，"如有浮多地亩，本地主隐匿不报，准他户揭报。一经查实，以半归公，以一半照时价减半放给报户，以杜隐匿"①。奖惩政策的特别说明，意在清查更多的浮多地亩，以推动垦务之发展。按照章程之规定，吉林省腹地20县清丈出浮多地亩共计314093垧，至1923年清丈完毕。②

在清丈进行期间，吉林省各旗署官产土地于1917年开始丈放。据民国杂志之记载，"吉林全省自昔原属八旗辖地，其拨为各旗署直接管理之土地当然不少。其中尤以吉林、双城、舒兰、扶余、五常、宁安、阿城、桦川、富锦等县为主要旗署驻在地，故随缺地尤多。此等土地向归旗署直接管理或征收地租。自清室鼎革，八旗及鸟枪营等署，悉停止公务，故是等土地一律变卖。其未垦者，则放荒招领；其已垦者，则变价发卖"③。可见，到民国初年，吉林省前清旗署官产土地与奉天省情形相类似，因政治等各方面的原因，已经难以为继，为更加有效地发挥其作用，变卖与丈放是唯一可行之路。

1917年6月，吉林省地方政府制定了《修正变卖吉林通省旗署④官产章程》22条，并于8月正式公布。章程规定，"凡从前旗署承管之各项地亩、确非旗人己产，持有相当契照及公众集资价买之公产，均照本章程一律变卖"。按照章程之规定，以官署名义经理租佃的土地包括如下名目："马厂地、恩赏地、津贴地、官庄地、插花地、草甸地、柳通地、公田地、晾网地、随缺地、备保地、八旗义地、五官

---

① 孙占文：《黑龙江省史探索》，黑龙江人民出版社1983年版，第304页。
② 同上。
③ 同上书，第305页。
④ 资料原文此处作"旗"，应作"旗署"。

牧养地、公田生息地、五官牧官屯地",等等,以上各种名目的官产地,均被列入变卖之列。当时规定,"变卖此项官产,先尽原佃原租各户承领,不领者取结外放"。按照章程之规定,被丈放官有旗地之价格分为三等九级:一级一等每垧大洋50元,二等每垧大洋20元,三等每垧大洋9元;二级一等每垧大洋40元,二等每垧大洋16元,三等每垧大洋6元;三级一等每垧大洋30元,二等每垧大洋12元,三等每垧大洋3元。另外,为照顾旗人,章程规定,"凡变卖地亩收入之价款,应依照原案提出四成为旗人生计之用"[①]。可见,丈放官有旗地之价格相对较高,这说明民初东北地方政府改变原官有旗地之所有权,将其变卖丈放,主要目的在于提高土地的使用效率以尽地利而实边围,但借此筹款亦是追求的目标之一,这与当时东北因财政状况紧张以致捉襟见肘、左支右绌有关,当然也不能排除地方政府以此聚敛钱财之意图。当时,东北三省在清丈土地时,都出现过此类现象。

按照《修正变卖吉林通省旗署官产章程》之规定,八旗官兵随缺地属于应被变卖、丈放的官有旗地范围之内,但具体变卖方法出台的时间则相对较晚。1918年1月,吉林省制定了《变卖官兵粮租随缺地办法》8条。规章规定对于吉林省八旗官兵随缺地亩,"无论有无契照,仍一律作为官产,照省定价值照章变卖"。变卖方法分两种,一为"归兵丁承领",一为"归佃户承领"。具体方法是,"归兵丁承领者,每垧收价九元。归佃户承领者,由佃户共交价每垧大洋二十元。除扣留官价九元及二成经费一元八角外,下余九元二角发给官兵,作为佃户向兵丁买得地东所有权之代价"[②]。

从1917年至1923年,吉林省共变卖、丈放旗署官产地熟地计约62913垧、荒地计约5507垧,二者合计约68420垧。[③]孙占文先生指出,68420垧的统计数字是不完全的,据有关资料记载,依兰、富锦、

---

① 孙占文:《黑龙江省史探索》,黑龙江人民出版社1983年版,第306页。
② 同上书,第306—307页。
③ 同上书,第307页。

桦川3县,"旗产单内未卖旗产计有十一万四千余垧",之后,除"先后呈报变卖一万余垧外,未卖者尚在十万垧左右",其主要原因在于,"或由于旗佃争领另待解决,或由于年歉匪扰民力未逮"①,由于以上原因,导致变卖旗产的时间相对较长。

综上所述,民国初期吉林省通过推行大力丈放官荒、清查地亩,包括变卖、丈放旗署官产地等施政措施,促进了当地的土地开发,而且在土地开发的过程中,"比较重视沿边地区的放荒和招垦,从而在'兴垦实边'方面取得成绩,初步改变了沿边广大地区'荒凉遍野,渺无人烟'的局面,这是民国时期在土地垦殖方面的重大成绩。这与当时采取的移民政策有重要关系"②。孙占文先生的以上分析与评价,是符合当时实际情况的。

三 吉林垦植分会移民实边之规划与实践

中国拓殖协会(中国垦植协会)总会在南京成立后,1912年3月,吉林省派遣杨福洲与黄兴联系,准备在吉林省组织分会。黄兴随即致电吉林都督陈昭常,望其关注此事。③ 同年5月5日,吉林拓殖分会(吉林垦植分会)在省城召开成立大会,公举陈昭常为会长,劝业道王荃本及吉林特派员杨福洲为副会长,于6月16日正式启用关防。④

吉林拓殖分会(吉林垦植分会)成立后,很快公布了《中华民国吉林拓殖分会简章》。章程宣布,"以吉林为范围,斟酌地方情形,分别缓急,实力筹办拓地垦荒、殖产兴业各事宜"⑤。

吉林垦植分会成立后立即开展筹边活动,多次集会讨论筹边事宜,会员各抒己见,阐发实边见解。会员何辑五认为,就吉林通省

---

① 孙占文:《黑龙江省史探索》,黑龙江人民出版社1983年版,第307页。
② 同上书,第308页。
③ 吉林省档案馆编:《吉林省大事记(1912—1931)》,1988年内部发行,第5页。
④ 同上书,第8页。
⑤ 《吉林拓殖分会咨奉天都督为送中华民国吉林拓殖分会简章事》,1912年6—11月,辽宁省档案馆藏,奉天省长公署全宗(全宗号:JC10),案卷号:JC10-4273。

而言,"迤东、东北、东南各边远虽已实行择要设治,举办垦荒,奈官力未逮、民力维艰,且人民之习惯恒以安土重迁为难事,因此未领之荒甚多,已领之荒开垦无几",荒务问题颇多,并且,"吉省逼近两强,地处极边",以上问题必须解决,如何解决?"欲求实际之可征,必以调查为入手"。何辑五认为,调查工作之重点在于掌握所调查地区之"林业若干,荒段、渔业、矿产若干,分别列表报会,以为调查之比较"①。何辑五就移民实边之问题提出如下建议。第一,"迁移保护须先妥为招待"。由于"各省人民凡有志注重拓殖各项实业、初赴边远者,惟恐道路、风情诸多未谙",因此,"亟应择各处冲要之区,设立拓殖招待所数处,担任接洽",对于"奔赴拓殖地点之人民,均须随时询明某某人民由某省某处奉某社团之遣派介绍,向某处而往,倘有极贫之户,声称川资不敷抵界之用,须由该所招店员随时确查情节,酌量接济钱项,勿使途次有追悔之嗟,以期将来人民来者之踊跃"。第二,"拓殖各地点须先筹备器皿,以应抵界人民之急需",器皿包括"农具、籽种、食物"等。应设立"商业专卖公司,凡关于应需物品皆须运备,以为人民等供给需用,如系无力贫民,可暂缓交价,俟其实业扩张后得有利资,再行请还,以纾民力"。第三,由于"各移垦人民贫者极多",因此"人民抵界安插后,须建设交通储蓄银行,疏通财物"。贫困垦民"建筑、开辟、购置牲畜各项,殷殷需款者,皆可向该银行会商筹借,以资维持"。第四,"奖设殖民社会,以资转运物产,疏通有无"。由于"自拓殖实业畅兴后,人民所需布帛、菽粟各物品及界内出产之土物互相转运,殊属不易",因而应准许垦区"自行组织此项社会,招集股本,凡各省暨界内富民皆准提倡,至举办实行后,务以转运、互相流通物品为宗旨",对于垦区之内"出产土物,尤须运转变卖",由于"其经历艰苦,不一而足",

---

① 《吉林拓殖分会关于会员何辑五呈报东北路未放官荒数目并条陈拓殖办法的答复》,1912年6—7月,吉林省档案馆藏,吉林垦植分会全宗(全宗号:131),分类号:L142-54 档号:131-44,业字四十三号。

因此"应多方鼓励,以为劝业之先声,应由本会厘订特别劝勉之章程,予以极优之权利"。第五,广建村屯,实行军队屯垦。"移垦虽为实边之急务,然幅员辽阔,惟恐官家之保护力有未逮,即或遣一标一协①前往驻护,复恐兵自为兵,既无身家财产之观念,一旦有事,仍不可恃,殊与实边殖民之问题毫无补助。莫若于开辟之始,查明荒段若干方,规定若干方为一村屯,按照屯田兵制,以陆军排队营标编制章程,编定官长目兵,再按户籍之法分别选定,按官兵之阶级酌核授田,编定后即责成各该营队官长督催开垦"。第六,轻徭薄税,以广招徕。垦民开辟边荒,含辛茹苦,应"援照荒务放荒章程,开垦数年后方能升科,以广招徕"。同样,对于"远来之商贩市侩,其照章应输之厘税,亦宜从宽减收,稍示矜恤,以期踊跃前来"。此外,"林渔矿产各实业之赋税亦如之"。第七,除开垦荒地外,对于"林渔矿产各业及其他一切自然之美利",应准许垦户报请垦植分会,予以开发。一旦如此,"府海官山精华发现,五行百产地利繁兴,是国无游民,野无旷土,富国强兵,易臻速效"②。何辑五的以上建议引起垦植分会的重视,在其后该会制订的"移垦大纲"中多有反映。

吉林垦植分会于成立之当年,"为移民东北之大计划,乃于沿江一带,实地调查,以为将来设施之准备"③,并且详细设计了移民规划,"首先编订移垦草案,旋即派员前往实地调查",举凡"村镇区域及屯垦地址内一切土产风俗、国界沿革,凡有关于实边要点者",均

---

① "标""协"等是清末军队之编制名称,民国初年沿用以上编制名称,不久改为与世界各国军队相同的军队编制名称。

② 《吉林拓殖分会关于会员何辑五呈报东北路未放官荒数目并条陈拓殖办法的答复》,1912年6—7月,吉林省档案馆藏,吉林垦植分会全宗(全宗号:131),分类号:L142-54 档号:131-44,业字四十三号。

③ 徐曦:《东三省纪略》,商务印书馆1915年版,第284页。关于吉林垦植分会派员前往实地调查的具体情况,据《拓殖会调查各地点》,《黑龙江实业月报》第1年(1912年)第1期,"外省纪闻",第1页:"吉林垦殖协会支部,近日集议沿边办理屯垦一案,已经议决,并请由劝业道借拨调查经费五千两,闻拟派调查、测绘各二员,一由临江府起点,一由兴凯湖畔之龙王庙起点,约本月内即须出发。"

在调查、研究之列，之后拟订招民垦荒章程，"以为实行招垦之预备"①。具体调查情况如下：自临江府城西之"古城子起，迤松花江、通江'耶'字界牌，经乌苏里江、松阿察河，至兴凯湖畔之龙王庙'亦'字界牌止，里程约1373里，全段与俄国阿穆尔省及东海滨省均一水之隔。沿江边以宽十五里为此次调查移民设村适中地点"。在这一地区，除"州县城区左近人民户口另有数目不计外"，仅有汉人387户，已垦熟地2084晌零5亩；赫哲族人计188户，已垦熟地仅68晌5亩，另外有未加入我国国籍的朝鲜侨民41户，已垦熟地45晌。除以上少量熟地外，尚有毛荒926775晌。据调查，该地区除"山林河渠水甸不堪耕种者""村镇道路牧场庐墓"及已垦熟地等之外，共有可垦荒地达363532晌，可以容纳移民（以每户20岁以上之壮丁两口、每口授地10晌计）18179余户。另外，"全段内除去山岭河渠水泡洼塘草甸以及城厢附近有居民处所不计外，详细履勘，其地势高阔、平坦适中可以设立村镇者，共计一百八十处，拟设镇六十，村一百二十"。除以上调查内容之外，对于当地之地势、土质、气候、宜种谷类及收获量、粮食价格及销路、垦地方法、水旱交通道路、林木、渔业、商业、流民、旅店、邮电、赫哲族人、朝鲜侨民、巡边、设治处所、吏治等具体情况，吉林垦植分会均有翔实的调查与介绍。②垦植分会在《调查移垦地点总纲报告》结尾处还特别指出，以上移垦地点"毗连俄境，隔江相望，交涉甚繁，正所谓冲要之区，稍一不慎，即失权利"，俄人"惯用其强硬手段"，攘夺我国权力，而我国则对此"无可奈何"。在这种情况下，"为官吏者亦知身为守土，责无旁贷，但迫于势力不敌，往往敷衍了事，而外人则援以为例，屡屡侵越，此皆昭昭有据者也，若遴选精明强干之员，充任边疆，则一切利权，自不难挽

---

① 《吉林垦植分会筹办调查吉省东北沿边移垦计划报告书 咨奉天省民政长为送垦植章程事》，1913年7月，辽宁省档案馆藏，奉天省长公署全宗（全宗号：JC10），案卷号：JC10－4314。

② 《吉林垦植分会筹办调查吉省东北沿边移垦计划报告书 调查移垦地点总纲报告》，1913年7月，辽宁省档案馆藏，奉天省长公署全宗（全宗号：JC10），案卷号：JC10－4314。

回矣"①。这显然是垦植分会对当政者的殷切期望,希望官员捍边守土,维护国家主权。

经集思广益并调查研究,吉林垦植分会最终决定以吉林省沿黑龙江下游及乌苏里江一带,作为移民地点。在对计划移垦地点进行实地调查的基础上,垦植分会制定了"移垦大纲"。大纲首先开宗明义,宣布"以移垦边荒、巩固国防为宗旨",决定将吉林东北部沿黑龙江下游及乌苏里江从临江府直到兴凯湖畔全长1300余里之中俄沿边地区,"划出沿江十五里,内除沿江堤岸五里,其余十里为移垦地点",并且,为辟地聚民以为"巩固国防之计",在移垦地点应普遍设立村镇,"以半方里为村基,一方为镇基,并于村镇之旁各留一方为牧养地及取土场,余除道路为垦地,庶几疏密相间,声势易于联络"。大纲决定在吉林省城设立垦植筹办处,下设垦植财务所(设于哈尔滨)、垦植供给所(设于临江以下各处)及垦植运输所(设于哈尔滨),以上各机构"专办移丁垦植事务"。大纲计划在"应行裁撤军队"中挑选请愿在边疆务农者作为垦丁,且以携带眷属为佳。大纲规定,每名垦丁拨给荒地20晌、房基5亩,"免缴荒价,限三年一律成熟,作为己产",为鼓励垦丁垦荒,还规定垦丁"如能于年限以内多垦者",听其自便。除给予垦丁以上优惠待遇之外,大纲还规定:"农业资本以牛具、食粮、人工为大宗,而远地移垦,开辟新荒,更有川资及建筑费为数尤巨,兹拟凡就移之丁到荒后,所需垦费概由公家借垫,其有眷属同来,所需川资、食粮,如该户不能自办者,亦借助之。"为广为招徕,大纲规定,吉林通省各"府厅州县,如有贫民自愿到荒垦地者,亦编入垦户之内,一切待遇与垦丁同";被俄国驱逐之华民"愿为农者,亦编入村镇内,一律待遇"。在垦植分会指定的移垦地区之内分布有赫哲族人,关于如何调动他们以参与实边事业,大纲对此有

---

① 《吉林垦植分会筹办调查吉省东北沿边移垦计划报告书 调查移垦地点总纲报告》,1913年7月,辽宁省档案馆藏,奉天省长公署全宗(全宗号:JC10),案卷号:JC10-4314。

专门规定:"赫哲种族久附中国,只以远处边荒,声教未能普及,数百年来惟以游牧渔猎为生,罔知耕种。俄人任其入界渔猎,行其笼络阴谋,我若不加意抚绥,则如达尔胡之外向,亦意中事,尤边事之隐患也。拟凡该族未垦之荒,暂由供给所另雇熟习农事之人,帮同开垦,并教以耕种之法。所雇之人工价、食粮,均由供给所给发,概不取偿,俾得逐渐诱导,不敢甘居化外。"为保护沿边垦务并捍卫边防,大纲还决定建立护垦队,归属垦植筹办处管辖。护垦队除在垦植筹办处所在地吉林省城、垦植财务所及运输所所在地哈尔滨驻扎外,重点配置于移垦区域:"临江府一段四百余里,驻兵三排;绥远至饶河口穷荒弯远,呼应不灵,拟驻兵二排;虎林及上下游共驻二排;龙王庙一排;穆棱县一排"[①]。通过以上对垦植分会制订之"移垦大纲"分析可知,大纲是在对移垦地区实地调查的基础上制订完成的,详实而完备。

吉林垦植分会计划将吉林东北部中俄沿边地带作为移垦实边之重点地区,符合当地的实际情况。该地带包括密山、虎林、饶河、绥远及临江等政区,"其地位于吉省之东北隅,清室三百年间,列为荒徼,然沿江一带,农林鱼泽之利,大有可图,移民实边,此为佳壤"[②]。再有,这一地带"地处东省极边,三面邻俄,以兴凯湖、乌苏里江、混同江划分国界。晚近以来,设官守土,经营垦殖。以形势论,皆扼要之区也"。具体而言,密山"据穆棱河流域之平原,阻山带湖,足以为固,异日榛莽尽启,声援四接,内联列邑,外治强俄,实为极东一大都会";虎林"为密山之左辅,沿江冈峦起伏,足资控守";饶河"被山临流,适居乌苏里江中点,与绥远、虎林,互为犄角";绥远"左临混同、右带乌苏,与俄之伯力一江遥隔,经营边塞,此为要区。惟荒陬乍起,气象单寒,将来边利渐兴,允宜立为重镇";临江"居

[①]《吉林垦植分会筹办调查吉省东北沿边移垦计划报告书 咨奉天省民政长为送垦植章程事》,1913年7月,辽宁省档案馆藏,奉天省长公署全宗(全宗号:JC10),案卷号:JC10-4314。

[②] 徐曦:《东三省纪略》,商务印书馆1915年版,第280页。

松、黑两江之口，过此以往，江左悉入俄境，县治控制其间，扼中俄边要。惟附近平坦空旷，无险塞可依，斯为缺点。综览沿边形势，两面临江，有险可守。目前计划，宜以垦殖为先"①。关于当地移民垦植之情况，乌苏里江、黑龙江沿岸自清末以来，才开始"渐有汉民移垦，然尚在萌芽时代"，而当地土著赫哲族人"向以渔猎为生，不知粒食，故彼族虽据有沃土，而农事迄未萌芽"②。这种状况显然亟待改变，垦植分会将该地带作为移民垦植地点，无疑是切中款要的。

通过上述可知，吉林垦植分会立志筹边，理想远大、规划周详。不仅如此，垦植分会成员还将其筹边理想与规划付诸实施。1912年6月，垦植分会会员秦锡藩等人"发起垦植急进社，在密山一带购置荒地，招户开垦"。垦植急进社成立后，制订如下计划："购荒60方，以59方为垦地，平分设立两庄，每庄以五十户为率。垦户有四丁以上者，给荒32垧，三丁者给21垧，以二年为限，一律开垦成熟。所余一方为村基、场围、土场等用。设有正副管理各1人，协理2人，干事4人，司帐2人。所招佃户川资一律由本社垫借，薄取其息"③。另外，"经吉林都督批准，依兰东马场屯垦事宜转交吉林垦植分会接办，已经东北路观察使将该垦区荒熟地亩、房间、器具等项移交完毕，作为官股，由垦植协会转交垦植急进社经营"。到1913年5月，垦植急进社"已在密山县、依兰县两处实行开垦"④。

1913年年初，"吉林都督咨令延吉县将三道湾屯田转归垦植协会接办，该会委派干事谢景霖前往接收，并在该处设垦植经理处一所，管理一切事务。会员张宗吉为振兴屯田区的垦务，乃申请在屯田界内集资创办垦植农业公司。经分会批准，于3月6日正式设立延吉三道湾垦植务农社。该社以'兴业实边，开地利民'为宗旨，由垦植协会会员张宗

---

① 徐曦：《东三省纪略》，商务印书馆1915年版，第281—282页。
② 同上书，第282页。
③ 衣保中：《民初的吉林垦植分会及其筹边活动》，《中国边疆史地研究》1993年第4期。
④ 同上。

吉、杨显舜等人集资创办，纯属商办性质，股金1万元，以吉洋为本位，500元为一整股，50元为一零股。该社以屯田区招垦事宜为营业范围，主要是招徕垦民，向他们提供农具、籽种等项垦费的无息借款，垦熟之地每年按垧向该社交纳租粮5斗，以后每年依次递加5斗，至5年为止。凡经该社垫款各户至第5年交纳地租并还清垫款后，垦熟之地自第6年起以三成归该社，七成归垦户占有。未经该社垫款各户垦熟之地以二成归该社，以八成归垦户永远管业。一年后，该社共垫出资本吉洋3000余元，先后移来山东、直隶、奉天等地垦户200余家"。可惜的是，最终由于"延吉县公署要在屯田界内拨丈学田，遂使该社垦务滞碍不行"①。

除开办农垦公司外，吉林垦植分会会员还致力于开办林业公司及开发矿产资源，以防此方面之利权外溢。垦植分会会员傅仁山等40余人经调查，"查得方正县一带树木较盛，因此发起拟在该县组织林业公司一处，广招工人"，计划"共集资本一万元，限定每股五十元"，一方面在省城垦植分会总部招股，另一方面，"先由发起人出资本三万吊，以便先行开办"②。1913年10月，垦植分会会员鲜鑫集资一万吊，"禀请开采桦甸县栗子沟金矿，成立'栗子沟垦植矿务社'，同年12月由省署核准发给勘照"③。

四 山东垦植分会（垦植协会鲁支部）之筹边

除吉林垦植分会之外，作为中国垦植协会分支机构之一的山东垦植分会也致力于从事东北移民实边之事业，并且所选定的移民垦植地点与吉林垦植分会大致相同。

山东垦植分会成立后，就东北移民实边之问题曾发出呼吁，"目前之计，惟有以垦植之业务行移民实边之政策，但兹事体大，非通筹全国之民力、财力，不足以调剂盈虚，消弭侵略"，宣布"本支部马

---

① 衣保中：《民初的吉林垦植分会及其筹边活动》，《中国边疆史地研究》1993年第4期。
② 《创办林业公司》，《盛京时报》1912年6月15日第5版。
③ 吉林省档案馆编：《吉林省大事记（1912—1931）》，1988年内部发行，第44页。

第二章 民初东北移民实边政策之实施(1912—1917)

首东来、着鞭最早,先经勘定吉林东北边沿江一带作为垦植地点",号召"凡我民国同胞不以省界分,不以种族异,苟愿负耒耜而受一廛,本支部无不一体欢迎",希望"万众一心,接踵而至,将垦务于以骤兴,而边圉亦藉臻巩固,于民生国计裨益良多"①。

山东垦植分会决定将吉林省东北边沿江一带作为垦植地点之后,"调查、经营,双方并进,以临江府为中流管键,府治迤东广袤八九百里起,筑村屯、房舍,建修桥梁、道路、学堂、工厂,一律竣工,而迤东、迤西如三姓②、绥远等处,尚在分头推广,其所以为垦民计者,固已无微不到,但期源源而来,当使所至如归。兹已订定移垦专章③,俾资遵守"④。到

---

① 《山东都督咨为垦植协会鲁支部垦植有限公司移垦章程事及奉天都督的令》,1913 年 1—2 月,辽宁省档案馆藏,奉天省长公署全宗(全宗号:JC10),案卷号:JC10 - 7405。

② 今黑龙江省依兰县。

③ 山东垦植分会制定的移垦章程名为《垦植协会鲁支部垦植有限公司移垦章程》,共计 8 章 29 条。第 1 章为"总纲",第 1 条宣布,"以拓地垦荒、殖产兴业为宗旨,除备款招垦随时规定施行外,其由各地民户移住开垦者,适用本章程之规定";第 2 条规定:"为促进垦务起见,凡有中华国籍之民户愿移住开垦者,得适用本章程,认为本公司垦户"。第 2 章为"移垦地点",第 3 条说明,以"吉林省依兰府之龙爪沟及临江府、绥远州等处,作为移垦地点";第 4 条对于移垦具体地点予以专门介绍,"本公司于临江府城东沿江一带筑起村屯、房舍、道路、桥梁,应即以该处为移垦地点,以后垦户繁多,再向绥远、依兰等处分头设置,次第安插"。第 3 章为"牛具籽种",第 5 条规定,垦户所需要之"水井、碾磨及其他一切公用物,统由本公司置备";第 6 条规定:"设垦植银行于济南,设分行于各繁盛地方,各垦户预计牛具籽种需款若干,得交由附近垦植银行汇至垦地,自由支用,不取汇费"。第 4 章为"赴垦",第 9 条规定,垦民前往移垦地所需路费"暂由各垦户自行筹措,俟交通部核准免购车票时,再行布告";第 10 条规定:"各垦民有素居乡村未惯远行不悉赴垦途径者,可取具保结,呈由本支部或该管地方衙门转达本支部,定期招集派员,分起带赴垦地,以资照料。其向本支部报垦或呈由各该管地方衙门转报本支部,领有赴垦执照,自赴垦地领垦者,本公司一体安插。其距垦地较近各民户,并可迳赴该垦地本公司事务所报告领垦"。第 5 章为"居住",第 12 条规定:"本公司业经修起大小村屯数处,屯内房屋除划留公用外,其余专备垦户承领之用,垦户若能自行修造,亦可暂时借住";第 15 条规定,对于自行修造房屋的垦民,"本公司酌量借给房草房木"。第 6 章为"领垦",第 19 条规定:"垦户报领荒地,须预三年内能垦若干,写具领垦愿书,由本公司丈出指拨,发给承垦证书,不取荒价"。——《山东都督咨为垦植协会鲁支部垦植有限公司移垦章程事及奉天都督的令 垦植协会鲁支部垦植有限公司移垦章程》,1913 年 1—2 月,辽宁省档案馆藏,奉天省长公署全宗(全宗号:JC10),案卷号:JC10 - 7405。通过对该移垦章程的分析可知,山东垦植分会在赴垦、居住生活、生产资料及荒价等方面,都有优待垦民的相关规定。

④ 《山东都督咨为垦植协会鲁支部垦植有限公司移垦章程事及奉天都督的令》,1913 年 1—2 月,辽宁省档案馆藏,奉天省长公署全宗(全宗号:JC10),案卷号:JC10 - 7405。

1913年夏季，在指定移垦地域依兰县龙爪沟，垦户共领垦荒地600余方，并在当地"凿井盖房，甚形踊跃"①。

　　山东垦植分会的东北筹边之举，得到本省地方政府及在东北乡帮的支持。据报纸报道，"山东垦植协会久拟移民赴吉林开垦，一切布置均已妥帖。惟地方不靖，迄未实行，现在大局渐就安谧"，于是，山东都督"周自齐特派顾问张作甫将贫民护送来奉，旅奉山东同乡于昨日在西关劝工场开会协商招待事宜，闻此次来者共十九人，不日即行赴吉，以后即陆续迁移"②。另外，周自齐又曾"派委陈命候在吉林省临江县地方领有闲荒若干方，以备山东移民之用"，并将其"归山东垦植协会经理"③。1913年9月，山东省行政公署再次致电奉天省政府，指出"移民实边为当务之急，前经电商三省，已得多数赞成，当即拟定在吉林设垦植协会"，经前期工作，"移民之准备所有器具、牛马、房屋、饮食、服用等物，现已逐一预备妥协"，将派移民代表前来与奉天省民政长就此进行协商④。10月，山东垦植分会鉴于已在"临江地方占领荒地若干晌，已建筑房屋若干间，即道路桥梁无不设置完备"，准备"招集垦户"，并决定"筹设垦殖公司，招股本五十五万元，作移民垦荒经费"，并在哈尔滨筹设机关部，委派会员张功懋前来加以组织⑤。

　　在山东垦植分会的规划下，移垦取得了一定的成效，详见表2。

表2　　山东垦植分会所组织各团体垦户及所垦荒地亩数一览

团体	经理人	垦民户数	垦地亩数	所在村屯
保华公司	朱心芳	34	15300	头屯
同志社	张寿卿	40	27000	二屯

---

① 《山东垦殖协会之进行》，《盛京时报》1913年7月18日第7版。
② 《鲁督移民赴东省垦植》，《盛京时报》1913年5月20日第6版。
③ 《山东垦殖协会现状》，《盛京时报》1913年6月28日第7版。
④ 《山东移民代表将来奉》，《盛京时报》1913年9月25日第6版。
⑤ 《垦殖会筹设机关部》，《盛京时报》1913年10月4日第7版。

续表

团体	经理人	垦民户数	垦地亩数	所在村屯
齐鲁公司	李莱仙	15	9000	二屯
志垦团	黄丹廷	25	10800	三屯
协聚成	苗振纲	25	9000	四屯
同枝团	崔椒村	15	4500	五屯
福和堂	王兴五	6	3150	四屯
五福堂	王鼎三	11	5850	四屯
淄东移垦团	刘允亮	11	4950	四屯
保善团	樊克仁	22	18000	头屯
总计		204	107550	

资料来源：郭葆琳、王兰馨：《东三省农林垦务调查书》，东京神田印刷所1915年发行，第197—198页。

五 其他垦植公司之出现

除吉林垦植分会和山东垦植分会之外，以开垦边荒为职志的垦务公司在吉林省也曾出现。当章炳麟辞东三省筹边使之职后，东宁屯垦局"改归商股接续办理，更名曰阜宁屯垦公司"[1]，继续开展垦植事业。阜宁屯垦公司所垦荒地，"沿东清铁路五六七各站，南至大绥芬河，共分东、西两大段。东段设屯二，曰东前屯，曰东中屯；西段设屯三，曰西前屯，曰西中屯，曰西后屯。于东西适中之地，设立屯垦总公司，以为统辖各屯之机关。别于马家大营地方设立屯垦转运处，是处为前赴东宁之孔道，粮石出口，输运甚便。自此次接办后，股本既富，规划亦周，将来实边之效见于吉林者，当以此处为最著矣"[2]。事实确实如此，阜宁屯垦公司在招民垦荒及兴办其他实业方面成效显著。为广为招徕，阜宁屯垦公司"广招流散，有家室者特给安家费十五元"，并向垦民提供粮食、籽种，粮食"每垧酌借三斗以至五斗"，

---

[1] 徐曦：《东三省纪略》，商务印书馆1915年版，第272页。

[2] 同上。

规定"春放秋收，不取子息"；籽种"分期三年，全数归还"。从1915年至1918年，阜宁屯垦公司共"贷出资金约吉银七千余元，食粮八百余石（东宁每石合六百斤）"①。为使垦民能够安居乐业，阜宁屯垦公司专门建立了护垦队，"由东宁县的六十名猎户充当护垦兵，其饷银由公司发给"②。阜宁屯垦公司为推进垦务，致力于从事农业生产技术之改良，从美国引进坐犁，并引进撒籽耙地机，"每一拉过可撒种至十二行之多，稀稠宽窄，皆可随意"；此外，阜宁屯垦公司在垦区内试养山东柞蚕，试种吉林农事试验场的旱稻、美国铃当麦，很见成效。并在西屯、八里坪、土城子等地试种水稻，"成绩颇佳"，每垧地可收获水稻十四五石之多③。阜宁屯垦公司除开发土地之外，还兼营工商业，于1916年出资俄银三万数千元，在中东铁路五站中国界内创设"中华市场"，出放街基，招徕商户。到1918年，共招商号270余家，尚不包括临时性质的小营业商家。此前，五站中国界内"荒烟蔓草，野无人迹"，中国商人大多寄身于俄境及俄站界内，遭受俄方横征暴敛，"商民终岁勤劳，悉为外人剥削殆尽"。中华市场的创办，改变了这种不利状况，对繁荣边镇、挽回利权意义重大④。不仅如此，阜宁屯垦公司还曾投资于当地的社会公益事业，出资改善交通条件及兴办学校，以造福于一方，主要包括以下善举：出资开辟寒葱河至太平岭的山道50里；在中华市场创立两级学校一所，招收学生38名；此外开设有土城子学校、小绥芬金厂小学校、石门子旧塾、城东改良学校、河东旧塾、八家子小学及八里坪小学等。⑤通过以上介绍，可知徐曦的预见正确，阜宁屯垦公司所开展的各项事业，达到了"实边之效见于吉林者，当以此处为最著"之效果。

---

① 衣保中：《清末民国时期牡丹江地区的土地开发》，《吉林师范学院学报》1991年第3、4期。
② 同上。
③ 同上。
④ 同上。
⑤ 同上。

此外，海参崴华商潘某在东清铁路以北，"承领荒地二千五百晌，招佃开垦，亦名曰阜宁屯垦公司，其地段东至俄界，西至细鳞河，南至东清铁路，北至黄窝集大山，因地段偏北，遂别之曰北公司"①。

另据《盛京时报》之报道，"东边地阔人稀，荒芜殊甚，虽前经招垦且领垦，无如资本缺乏，未能尽力开垦，故荒芜者仍居多数，现在经王绅叔康等极力提议，集股两万元，组织垦务公司，以兴地利而足民食。闻已将股款招齐，议定开垦简章十二条，具禀劝业道立案，一俟批准，即当带领屯民前往密山一带，从事开垦"②。这是民国建立不久发生的事情。

此外，尚有力田公司出现。该公司成立后，在通启中宣称："本公司为裕国便民起见，以包垦未辟荒地并买卖荒事为宗旨。敝人调查吉江等处荒务事宜，视有领荒若干井、若干方，久未开辟者，未免利弃于地，深堪痛惜；亦有卖荒不得全价，买荒而地段不清，受撞骗之害，摊缪辂之累。种种弊端，不堪言状。可见卖荒难买荒亦难，而垦荒尤难，抑何好事难成而大利难兴也哉！敝人触目惊心，不遑坐视。谚云，大利必归农，岂可任其荒废耶？爰与同志集成巨款，预购美国最新轻便快犁，包垦未开大段，论井论方，咸听自便，或出售或购买，代为更名换照。凡我各界同仁，如果注意实业，不以虚妄见弃者，本公司既已力承其乏，一经商订预约，罔不慎始图终，以期达到目的为完美。"③力田公司同时还公布了预约及开垦的具体日期。

六 农会组织立志筹边

民国初年，吉林省农会组织纷纷出现，希望以此启迪农智，保全

---

① 徐曦：《东三省纪略》，商务印书馆1915年版，第273页。
② 《组织垦务公司》，《盛京时报》1912年4月9日第5版。
③ 《力田公司通启照录》，《盛京时报》1914年7月2日第6版。

土地资源，并发展农业。

在方正县，绅农张雨琴鉴于当地"地处边僻，民智闭塞，近来土地日辟、户口日增，而农业终未发达，荒野之地未垦者十分之四五，况农民势如散沙，若不速为联络一气，共谋进行，则农务终难起色，当经邀集绅农公议，众志金同，拟为组织县农会"①。除方正县之外，截至1917年，敦化、扶余、阿城、延吉、珲春、密山、伊通、农安、长岭、依兰、宾县、宁安、长春、榆树、穆棱等地均出现了农会组织。

为联络各地农会，全省性质的农会组织随之出现。吉林省农会在致省长公署呈文中指出，"中日杂居之约实行，通省各县农智不开，深恐一盘散沙之愚农到穷极无可如何之境，势非将田土抵贷于外人不止"②。此种担忧绝非杞人忧天，因为当时日本人"来吉游历及营杂业者络绎不绝"，处于穷乡僻壤的农民一旦无人加以组织和引导，"何知国土之贵重，倘有因笼络诱引商租田土，起有意外纠葛"，不但农民"丧失权利，而国家亦恐酿出无限交涉"。在这种情况下，组织全省农会实为必要之举，"以期农智早开，保全国土，不受外人之愚弄"③。

农会组织在当时对于移民实边政策之推行，起到了一定的舆论影响和组织运作之作用。

第五节　黑龙江省移民实边政策之实施

黑龙江省地处东北边疆最北部，居民最为稀少、人口密度最低，

---

① 《方正组织县农会》，《吉林农报》第3期，1917年1月10日发行，"新闻"，第1页。
② 《公牍·吉林省农会呈省长公署文并指令》，《吉林农报》第5期，1917年2月11日发行，"政事"，第1页。
③ 同上书，第1—2页。

"以一百九十余万方里之面积，仅有二百余万人民居之，① 是以平均计算，每方里不过一人稍强"，并且由于在东三省中开发最晚、荒地最多，"宜乎生谷之地多未垦，山泽之利无由出"②。边疆如此空虚，唯一可行之策，在于移民实边，"将地狭人稠之省迁移其民于江省，使之开垦，不但民可由殖，边可由实，即国赋亦可赖以增加也"③。

据1913年调查统计，黑龙江省土地开发情况如表3所示。

表3　　　　　　黑龙江省已开垦地与未垦荒地一览

政区	政区沿革	治所今址	已垦地（亩）	未垦地（晌）
龙江县	旗治：1683年设镇守黑龙江等处将军，初治黑龙江东岸旧瑷珲城今俄罗斯境内，次年移治黑龙江西岸今黑龙江城遗址，次年移驻墨尔根城，1699年移驻齐齐哈尔城，1907年裁，设黑龙江巡抚。民治：1905年设黑水直隶厅，1908年升龙江府治，1913年3月改县	黑龙江省齐齐哈尔市	1782251	3586561
嫩江县	1685年黑龙江将军移驻于此，1699年黑龙江将军移驻齐齐哈尔城，此处设墨尔根城守尉，1710年设副都统，1908年裁，设嫩江府，1913年3月改县治	黑龙江省嫩江县	317000	9073300
大赉县	1904年设直隶厅，1913年3月改县治	吉林省大安市	1433416	53117
肇州县	1906年设直隶厅，1913年3月改县治	黑龙江省肇源县	2410119	197584
安达县	1906年设直隶厅，1913年3月改县治	黑龙江省安达市东北	415443	4487500

---

① 关于清末民初东北人口之数字，各种资料记载不一，以黑龙江省为例，《东三省农林垦务调查书》出版于1915年，指黑龙江省人口总数为200余万；另据［日］东亚经济调查局编《满蒙政治经济提要》，东京改造社昭和七年（1932年）版，第19页，截至1911年，黑龙江省人口总数为2074000；再据葛剑雄主编，侯杨方著《中国人口史》第6卷（1910—1953年），复旦大学出版社2001年版，第147页，截至1911年，黑龙江省人口总数为1858792。综合各种资料分析，清末民初黑龙江省人口数字在200万左右，应当是可以采信的数字。
② 郭葆琳、王兰馨：《东三省农林垦务调查书》，东京神田印刷所1915年发行，第255页。
③ 同上。

续表

政区	政区沿革	治所今址	已垦地（亩）	未垦地（晌）
讷河县	原为东布特哈地，1691年设布特哈总管，1894年置为副都统，1905年裁，1908年设直隶厅，1913年3月改县治	黑龙江省讷河市	208294	1504003
青冈县	1905年设县治	黑龙江省青冈县	1120290	1450938
拜泉县	1906年设县治	黑龙江省拜泉县	1500000	3687294
肇东设治局	1906年设肇东分防经历，驻昌五城，1912年1月改为昌五城设治局，1913年12月正名为肇东县	黑龙江省肇东市	152000	1499424
泰来设治局	1913年11月新设	黑龙江省泰来县	552651	2547349
西布特哈	1691年设布特哈总管，1894年置为副都统，1905年裁，1908年拟于此设诺敏县，旋拟设布西厅，均未实行	内蒙古自治区莫力达瓦达斡尔族自治旗	106160	1491000
绥化县	1885年设厅，1905年升格为府治，1913年3月改为县治	黑龙江省绥化市	2941494	298366
呼兰县	旗治：1732年设呼兰城守尉，1878年改置为副都统，1905年裁。民治：1862年设直隶厅，1905年升格为府治，1913年3月改县治	黑龙江省哈尔滨市呼兰区	3182242	
海伦县	1899年设通肯副都统，1905年裁，设海伦直隶厅，1908年升为府治，1913年3月改为县治	黑龙江省海伦市	4493397	
巴彦县	1905年设州治，1913年3月改县治	黑龙江省巴彦县	267845	
余庆县	1905年设县治，因与贵州省某县重名，1914年1月改称庆城县	黑龙江省庆安县	2207020	482591
兰西县	1905年设县治	黑龙江省兰西县	2142600	
木兰县	1905年设县治	黑龙江省木兰县	1196026	200000
大通县	1906年设县治，因与甘肃省某县重名，1914年1月改称通河县	黑龙江省通河县东北	491681	935170
汤原县	1906年设县治	黑龙江省汤原县	229685	14851129
龙门设治局	原为招垦行局，1912年改为设治局	黑龙江省五大连池市龙镇	184130	14570587
瑷珲县	1684年黑龙江将军移驻于此，1685年黑龙江将军再移驻墨尔根城，于此处设黑龙江城（瑷珲）副都统，1908年裁，改设为瑷珲直隶厅，并于厅北70里之大黑河设置黑河府，1912年11月裁府入厅，1913年3月改为县治	黑龙江省黑河黑龙江城遗址	353229	1434760

第二章　民初东北移民实边政策之实施(1912—1917)

续表

政区	政区沿革	治所今址	已垦地（亩）	未垦地（晌）
呼玛设治局	1913年3月设县治，县治土名西尔根	黑龙江省呼玛县	250	
萝北设治局	1882年设兴安城总管，1894年裁，1912年设设治局，1913年12月正名萝北县	黑龙江省萝北县北	3169	5773806
总计			27890392①	68124479

资料来源："已垦地、未垦地"之数字源自郭葆琳、王兰馨《东三省农林垦务调查书》，东京神田印刷所1915年发行，第283—284页；"政区沿革、治所今址"源自徐曦《东三省纪略》，商务印书馆1915年版，第80—93页，牛平汉主编：《清代政区沿革综表》，中国地图出版社1990年版，第110—119页。此外，据徐曦《东三省纪略》，商务印书馆1915年版，第84—86、90—93页，截至1913年，除表中所列之政区外，尚有呼伦县②、胪滨县③、吉拉林设治局辖地④、漠河设治局辖地⑤及铁山包协领辖地⑥、东兴镇协领辖地⑦等政区，未被列入表内。其中，呼伦县、胪滨县及吉拉林设治局未被列入或与当时呼伦贝尔地区之动荡局势相关。

---

①　该数字为笔者将表格内各政区之已垦地亩数字相加计算所得之数字，《东三省农林垦务调查书》所记之已垦地原数字为30100999亩，有误。另外，《东三省农林垦务调查书》在原表中将未垦地单位定为"亩"，若以"亩"为单位，则数字明显偏低，有误。据《盛京时报》1914年1月8日第6版《东三省荒地之调查》，黑龙江省未开垦荒地面积为6750万晌，《盛京时报》1915年1月13日第6版《东三省荒地之调查》所记载黑龙江省未垦荒地面积亦为6750万晌，另据《东三省荒务概况》，《吉林农报》第8期，1917年3月11日发行，"论说"，第4页之记载，黑龙江省未垦之荒地数目为6900万晌。如此，《东三省农林垦务调查书》原表中未垦地之单位应是"晌"。分析表格，呼兰县、海伦县、巴彦县等地区由于地处黑龙江省腹地，土地开发较早，因此已垦地相对较多，未垦荒地相对较少，但应有之，表中没有相关记载。呼玛设治局、萝北设治局、龙门设治局等辖区由于地处偏远，已垦地非常稀少，未垦地数字很高，呼玛设治局辖区未见未垦地之数字记载，绝非该处没有未垦地，而是未做调查、统计所导致的结果。如此，当时黑龙江省未垦地之数字应高于表内所记载之数字。另据高劳《满蒙经济大要（译日本〈实业之世界〉）》，当时黑龙江省已耕地与各省已耕地占全省土地之比重相比较，为4.8%强，该文载于《东方杂志》第15卷第10号，1918年10月15日发行，第15页。

②　据徐曦《东三省纪略》，商务印书馆1915年版，第84页，该地区原为前清呼伦贝尔副都统辖区，1908年，清政府裁撤副都统，"设呼伦直隶厅，旋升为府，民国成立，蒙人叛乱，久未解决，（民国）三年六月正名为县，县治土名海拉尔（以海拉尔河得名）"。

③　据同上书，第84—85页，该地区原为前清呼伦贝尔副都统辖区，1908年，清政府裁撤副都统，"置胪滨府（以胪朐河得名），民国三年六月正名为县，县治土名满洲里"。

④　据同上书，第86页，该地区原为前清呼伦贝尔副都统辖区，1908年，清政府裁撤副都统，"拟设室韦直隶厅，旋置设治局，地当吉拉林河北岸，故名（旧为吉拉林金厂地）"。

⑤　据同上书，第92—93页，该地区原为前清黑龙江副都统辖区，"后设漠河金厂，其地始重"，1908年"拟置漠河直隶厅，未果，今置设治局"。

⑥　据同上书，第90页，该地区位于庆城县东北境内，"为旗丁屯垦地"，1908年"拟置铁骊县，迄未实行"。

⑦　据同上书，第91页，该地区"在木兰县迤北境内，地名东兴镇，旧为旗丁屯垦地"。

如表3所示，民国初年，黑龙江省荒地极多，为以招民垦荒为主要方式的移民实边政策实施提供了非常广阔的空间，此项利国利民之事业在黑龙江省是大有可为的。

一 清丈兼招垦总（分）局之设立及相关政策法规之出台

民国初年，黑龙江省地方政府对于移民实边政策之实施颇为重视。例如，黑龙江都督宋小濂鉴于"江省开辟二百余年，为全国东北之门户，地接强邻，人民稀少，而又土地膏腴，久为俄人所窥伺"，因此提议筹划"移民办法，拟豫鲁秦晋各省人民移来开垦"，认为如此"人地相宜，生计日大"，并"电请中央政府核办"①。当时，黑龙江省地方政府对移民实边之重视程度，集中体现于设立清丈兼招垦机构方面。

（一）清丈兼招垦总（分）局之设立

鉴于黑龙江省土地开发滞后、人烟寥落且由此而引发的边疆空虚、边患频仍的客观事实，以及自清末以来黑龙江省垦务所存在的问题，黑龙江省地方政府认为，"清丈、招垦于实边、兴垦均有莫大关系，遂电请中央，全省一律清丈，兼办招垦，并推于余荒"，②决定设立清丈兼招垦机构。朱庆澜也鉴于"江省土旷人稀、沃壤千里，自前清改设行省以来，屡次出放荒地约计六千七百五十余万晌，惟领户多因无力开垦，或大段包揽未能售出，以致开垦成熟之地不过二百余万晌，其未经丈放者尚不胜数"，如此，"不惟弃置若大之利益，且与实边前途诸多窒碍，故拟将全省所有荒熟地未经出放者一律出放，已放者一律清丈，已放未经开垦者一律撤佃"③。为征得中央政府之同意，朱庆澜于1914年2月在致中央政府的电文中，指出此举之必要性与重

---

① 《都督筹议移民实边》，《盛京时报》1912年11月2日第7版。
② 万福麟监修，张伯英总纂，崔重庆等整理：《黑龙江志稿》（卷9·经政志 垦丈），黑龙江人民出版社1992年版，第414页。
③ 《清丈荒地之伟举》，《盛京时报》1914年2月14日第7版。

要性：

> 查本省未放官荒尚多，其已放各荒未经垦熟者，亦所在皆是，故以繁盛之区论，不过东荒数县，得全省面积十分之一二，余或烟户寥寥，或百余里无人烟，或千余里山林阻深，寂无蹊径，无论军政、民政遂皆无从着手。现在财政奇绌，固不能效俄之悉比利业[①]，由国家筹款迁民，然提倡奖励，保护督催，在我尚优为之。盖已放各荒，原领之户，或因无力开垦，续来领户欲领而不得。未放之荒，地多僻远，非有兵队驻扎，或组织团体为之创设，人民又不敢往。日复一日，已放者无人垦，未垦者无人领，坐是民无由殖，边无由实，地方无由盛，租赋无由增，不惟弃等石田，且处此漩涡中，安有图存之望？又各属已垦升科及将届升科之地，迄无照章查丈，日久辗转尤甚，亟应举办清丈，一面将丈出浮多地亩收价，以清讼累而增税源。惟以上各节责重事繁，非专设机关不足以策进行。兹在省城设立清丈兼招垦总局，凡向之关于垦务各局处，咸隶属之，委任局长办理，并于各县酌设行局。所有省行局一切开支约须六七十万，即由清丈兼招垦收入支给。除招垦收入暂难预算外，以清丈论，除国库能加增百一十万元外，约收入丈费一百一十余万元。如此不徒设局经费有盈无绌，且直接间接国家赋税相继俱增。拟委任杜荫田为总局局长，金纯德名誉局长。除饬赶造预算暨局章专案送部[②]外，谨此电陈。伏乞核示。[③]

自民国成立，与地方政府一样，中央政府对于黑龙江省也颇为重

---

① 指西伯利亚。
② 指内务部、财政部及农商部。
③ 黑龙江省清丈兼招垦总局编：《黑龙江省清丈兼招垦总局计划书》，李兴盛、马秀娟主编：《黑水丛书》本之七，黑龙江人民出版社1999年版，第2222页。

视，认为"江省沃野千里，最宜垦殖，惟地处边陲，乏人提倡，以致弃利于地"，计划"移直东之民垦荒实边"，为此致电朱庆澜，责成其调查黑龙江省荒地数目及移民空间①。在这种情况下，朱庆澜所请自然会得到中央政府的重视，国务院为此复电："官荒清丈，必须从测量入手，仰先将章程呈送核夺。"②

应中央政府之要求，黑龙江省将所拟订的清丈兼招垦章程暨各项施行规则，以及预算收入支出表上报中央，再次强调清丈及招垦之重要性："江省各属荒地，出放多年，已垦者亟应普通清丈，以增租赋，未垦者尤应及时招垦，以冀殖民实边，克日进行。"③财政部在接到黑龙江省所呈送文件后，对黑龙江省计划设立清丈兼招垦总局持有异议，以设局"经费浩繁，垦荒收益之多寡未能预定"为由，建议"毋庸设局"，由黑龙江省"国税厅设法办理"清丈兼招垦事宜④。朱庆澜为此解释设立清丈兼招垦机构之原因及清丈地亩与充实边疆之间的关系："清丈一事敛怨丛劳，办理稍有不慎，即易起民间之风潮。本不愿以一身当其冲，惟因边境空虚，外力侵逼，欲图保存，莫急实边。而垦殖所需，动辄巨万，既无巨款筹拨，仅恃荒价，收入无多，适各属迭请清丈，故乘此时机，将清丈、招垦、放荒三事，共同组织。在事实上，既有相互之关系，在经济上，又得挹注之通融，是以边务经费指拨三十万，招垦垫款预定三十万，且除去此项支出，国家尚可收入百余万，边荒既得开垦，赋税亦因增加。"⑤经此番解释，中央最终决定同意黑龙江省设立清丈兼招垦机构。

征得中央部门同意之后，黑龙江省清丈兼招垦总局于1914年3月1日在省城齐齐哈尔正式设立，以龙江县知事杜荫田为局长，实业司

---

① 《调查荒地实数》，《盛京时报》1914年1月17日第7版。
② 黑龙江省清丈兼招垦总局编：《黑龙江省清丈兼招垦总局计划书》，李兴盛、马秀娟主编：《黑水丛书》本之七，黑龙江人民出版社1999年版，第2222—2223页。
③ 同上书，第2223页。
④ 同上书，第2225页。
⑤ 同上书，第2226页。

长金纯德为名誉局长。

　　清丈兼招垦总局设立后，黑龙江省行政公署于1914年3月21日发出训令，"为谋统一进行，不论新设旧有，凡关于荒赋各局，均隶属于清丈兼招垦总局"，并于3月2日"通电各属，饬将放荒机关一律停止，听候该局酌办"。决定"先在讷河县设立第一分局，呼兰县设立第二分局，肇州县设立第三分局，均令赶紧筹备，不日即将成立，自可次第进行"。训令指出，"现届春融之际，外省垦户接踵来归"，此后由于"风声远播，招集愈广，其垦户之络绎来江指段认垦者，自必日愈加多，遍及全省"；另外，由于"各县以经界未正，讼累滋多，各农民尤望早日清丈，以息争端"。基于以上情况，为迅速清丈与招垦，决定将"原定六分局同时成立，而每局兼顾二三县"，如果尚不能适应清丈兼招垦之顺利推行，"此后各该县署及设治、佐治、稽垦各局在清丈兼招垦分局未到以前，凡有关于招垦、清丈、放荒、出放街基等事，宜应准直接向该总局请求核办，以谋统一而策进行"[①]。

　　根据黑龙江省行政公署之训令，各地清丈兼招垦分局先后组建完毕。"原拟全省划为十区，每区设一分局，嗣又加添沿边两区，共为十二区。因事之便利，有一区设两分局者，有由地方官兼办者，亦有派委专员办理者。"[②]

　　前文曾提到，在筹备设立清丈兼招垦机构期间，朱庆澜曾专门解释设立清丈兼招垦机构之原因及清丈地亩与充实边疆之间的关系问题，黑龙江省清丈兼招垦机关正式组建后，又再一次指出了清丈、招垦二者之间的关系问题："清丈所以息民争，招民所以重实垦，筹边伊始，自以清丈民有为先着，丈出浮多即为官有地，准其原户挨地续领，原户荒未尽辟，自应另招民户为之续垦。此清丈与招垦分言之，则为两

---

① 《行政公署训令》，《黑龙江公报跋（土地）》，民国三年，第2页。
② 万福麟监修，张伯英总纂，崔重庆等整理：《黑龙江志稿》（卷9·经政志 垦丈），黑龙江人民出版社1992年版，第419页。

事，实行之则有连带关系，一而二，二而一，不可须臾离者。"① 同时还着重指出，"民有地中余荒夹荒原户争领不遑，招徕垦户日多，自应推放边荒，以便安插，庶使地利日辟，边备日实，对内对外，富国富民，均为亟亟不可或缓之图"②。此外，清丈兼招垦机关还发布布告，着重指出："本局之设，原为使人民实行开垦，非似从前之垦务局办法，只图收入少数经费，任凭人民包揽大段，久事荒芜。"③ 以上见解均以兴垦实边为出发点，颇具见地。

（二）政策法规之主要内容

为使清丈、招垦及放荒事宜有条规可循，黑龙江省行政公署制定了《黑龙江全省清丈兼招垦章程》《黑龙江省清丈规则》《黑龙江省放荒规则》《黑龙江省招垦规则》及《荒事公断处章程》等相关系列性文件，④ 于1914年3月21日正式颁布，为清丈、放荒、招垦事务提供了法规依据。

《黑龙江全省清丈兼招垦章程》计5章20条。第1章"总纲"第1条宣布宗旨："本章程专为办理黑龙江全省清丈兼招垦而设，凡关于堪丈已未升科地亩、清理田赋、招民放荒、派员督垦以及城基、镇基、屯基各事宜，均依本章程行之。"为统一事权、提高办事效率，第3条规定："本章程为谋统一进行，不论新设旧有，凡关于垦荒各署局均隶属于清丈兼招垦总局。"⑤《黑龙江全省清丈兼招垦章程》的制定与颁布，为《黑龙江省清丈规则》、《黑龙江省放荒规则》、《黑龙江省招垦规则》及《荒事公断处章程》等系列规章制度奠定了基础。

---

① 黑龙江省清丈兼招垦总局编：《黑龙江省清丈兼招垦总局计划书》，李兴盛、马秀娟主编：《黑水丛书》本之七，黑龙江人民出版社1999年版，第2232页。
② 同上书，第2233页。
③ 《布告清丈本旨》，《盛京时报》1914年3月28日第7版。
④ 上述规章之具体规定，详见黑龙江省清丈兼招垦总局编《黑龙江省清丈兼招垦总局计划书》，李兴盛、马秀娟主编：《黑水丛书》本之七，黑龙江人民出版社1999年版，第2248—2263页。
⑤ 同上书，第2248页。

《黑龙江省清丈规则》计7章44条。第1章"总纲"第1条规定:"本规则依照清丈兼招垦章程第十七条规定清丈施行规则,凡关于清丈已放毛荒与垦熟已未升科地亩暨城基、镇基、屯基,均依本规则行之。"① 第3条规定:"清丈绳弓依本省旧用五尺为弓,每绳以三十六弓为准。"② 第3章"经费"第20条规定:"酌收地亩丈费",对于上等生荒熟地,"每垧收大银元八分";下等生荒熟地,"每垧收大银元四分"③。第21条规定:"收浮多熟地价",分为三等:上等熟地,每垧收大银元九元;中等熟地,每垧收大银元六元;下等熟地,每垧收大银元三元④。第22条规定:"收浮多生荒价",分为四等:上等生荒,每垧收大银元四元;中等生荒,每垧收大银元三元;下等生荒,每垧收大银元二元;最下等生荒,每垧收大银元五角,龙江、甘井子⑤采用之⑥。第4章"升科"第30条规定:"浮多熟地当年升科,其毛荒浮多者,仍照向章,自出放后第六年升科。"⑦

《黑龙江省放荒规则》计10章22条。第1章"总纲"第1条规定:"本规则依照清丈兼招垦章程第十七条规定放荒施行规则,凡关于出放大段生荒及零星夹荒,均依本规则行之。"⑧ 第2章"划分地亩"第2条规定:"大段荒边,每三十六方里划为一井,每井划为九区,每区划为四方,每方划为四十五垧,每垧面积二千八百八十弓(合十亩)。丈荒弓绳适用清丈规则第三条之规定。"⑨ 第3条规定:"每井适中地点,得划留屯基两处,每处两方。"第4条规定:"大段荒地适中

---

① 上述规章之具体规定,详见黑龙江省清丈兼招垦总局编《黑龙江省清丈兼招垦总局计划书》,李兴盛、马秀娟主编:《黑水丛书》本之七,黑龙江人民出版社1999年版,第2251页。
② 同上书,第2252页。
③ 同上书,第2253页。
④ 《黑龙江省清丈规则》,黑龙江省清丈兼招垦总局编:《黑龙江省清丈兼招垦总局计划书》,李兴盛、马秀娟主编:《黑水丛书》本之七,黑龙江人民出版社1999年版,第2253—2254页。
⑤ 位于龙江县境内。
⑥ 同上书,第2254页。
⑦ 同上书,第2255页。
⑧ 同上书,第2256页。
⑨ 同上。

地点，得划留镇基一处，每处六方。"① 第3章"计算地亩"第5条规定："生荒每一垧扣除三成（沟洼壕道），按照七成实地收价。"第6条规定："生荒遇有沙洼碱甸，量予折扣。"② 第5章"荒价"第12条规定："价目分为三等：一等荒每垧大银元三元；二等荒每垧大银元二元；三等荒每垧大银元一元。"③ 相对低廉的荒价，对于垦民是有吸引力的。第6章"生科年限"第13条规定："丈放后六年后升科。"④ 此规定对于垦民而言，同样有着吸引力。

《黑龙江省招垦规则》计11章37条。第1章"总纲"第1条规定："本规则依照清丈兼招垦章程第十七条规定招垦施行规则，凡关于招徕民户，督催垦辟各事宜，均依本规则行之。"⑤ 第2章"招待"第2条规定："在省城设垦户招待所一处（前城议会驻在地），专待四外垦户，由总局派员随时应接，如垦户于招垦及放荒章程有不能详悉者，均由该员详告之。"第3条规定："招待附近各省垦户，得将本规则刷印成册，分行奉天、吉林、直隶、山东、河南等省布告之。"⑥ 第4条规定："志愿招垦人员由二人以上之介绍，经总局许可者，得认为本总局招垦员，发给委任状，前往附近各省，自由招致，并携带规则，宣布宗旨。一面由省长或总局行知该员前往所在地之长官。"第5条规定："各户远来就垦，其沿途经过地方，遇有应行保护时，得由招垦员随时随地请求军警保护。"⑦

---

① 《黑龙江省清丈规则》，黑龙江省清丈兼招垦总局编：《黑龙江省清丈兼招垦总局计划书》，李兴盛、马秀娟主编：《黑水丛书》本之七，黑龙江人民出版社1999年版，第2257页。
② 同上。
③ 同上。
④ 同上。
⑤ 同上书，第2258页。
⑥ 同上。
⑦ 根据该条之规定，黑龙江省行政公署应清丈兼招垦总局之呈请，就切实保护垦民之事于1914年4月8日发出训令："总局自开办以来，于招垦一事尤持极端进行主义。现在已届春融，所有各省垦户或携带家属自行来江，或由招垦人员带领赴段，若不妥筹保护之法，诚恐道途不靖，咸有戒心，而于招垦前途反有障碍。应请查照本省招垦规则第五条草案，通令各属巡警，并函致都督府通令陆防各军分行驻在城乡各军警，遇有垦户过境，务须特别注意分段护送，以安旅行而广招徕。至垦户赴段应用护照，拟由总局迳发，以省繁琐。"——《行政公署训令 公函》，《黑龙江公报跋（土地）》，民国三年，第8页。

第 6 条规定:"招垦员如劝集多户,招送不暇时,得由该员详请总局派员接待。"① 第 3 章"授地办法"第 7 条规定:"已未出放荒地,如龙江、肇州、拜泉、安达、通河、汤原、萝北、乌鱼、安古②、龙门、讷河、嫩江、通北③、东兴镇、甘井子、西布特哈、瑷珲、呼玛、佛山④等段,凡未垦者,均作安插垦户区域。"第 9 条规定:"垦户有犁一具,准其承垦四方,惟各公司领垦,不在此限。"第 10 条规定:"垦户如有用火犁者,其承领荒地数目随时酌定。"⑤ 第 14 条规定:"瘠硗之区,如余庆东之安邦河、汶水河,上集厂⑥东之依吉密河、额依浑河、努敏河、克音河上游及东大砬子等处水有卤质,由主管分局酌量改良机器井,并设法招垦,报明官有者减价,民有者缓限升科。"⑦ 第 4 章"垦齐年限"第 15 条规定:"所有领垦各户,其垦齐年限,仍应查照向章办理,五年垦齐,六年升科。"⑧ 第 5 章"资助及保护"第 18 条规定:"凡领垦之户,由公家借款三十万元,用作接济垦户籽种费。每犁一具,接济五十元,由始垦之年算起,第二年还十元,第三年还二十元,第四年还齐。"第 20 条规定:"开垦地点若偏僻距城较远者,由各局购备粮草,专备垦户购用,照原价转售,不加利息。"第 21 条规定:"荒区僻远,未经设立警察,垦户到段时,准由

---

① 《黑龙江省招垦规则》,黑龙江省清丈兼招垦总局编:《黑龙江省清丈兼招垦总局计划书》,李兴盛、马秀娟主编:《黑水丛书》本之七,黑龙江人民出版社 1999 年版,第 2259 页。
② 乌鱼、安古均属龙门设治局辖地。据万福麟监修,张伯英总纂,崔重庆等整理《黑龙江志稿》(卷 9·经政志 垦丈),黑龙江人民出版社 1992 年版,第 422 页,龙门设治局"自宣统年间开始出放龙门四镇荒地即龙门、安古、乌鱼、库伦段",乌鱼、安古位列其中。
③ 今归并于黑龙江省北安市。
④ 今黑龙江省嘉荫县。
⑤ 《黑龙江省招垦规则》,黑龙江省清丈兼招垦总局编:《黑龙江省清丈兼招垦总局计划规则》,李兴盛、马秀娟主编《黑水丛书》本之七,黑龙江人民出版社 1999 年版,第 2259 页。
⑥ 位于绥化县境内。
⑦ 《黑龙江省招垦规则》,黑龙江省清丈兼招垦总局编:《黑龙江省清丈兼招垦总局计划书》,李兴盛、马秀娟主编:《黑水丛书》本之七,黑龙江人民出版社 1999 年版,第 2259—2260 页。
⑧ 同上书,第 2260 页。

主管分局请派军队保护"。① 第6章"招垦员职权"第22条规定："招垦员担任招徕真正农户，并介绍各处垦务公司。"② 第9章"招垦员奖励"第30条规定："招垦员系无给职，但招足有犁具五十户到段安插实垦，即准给津贴一百元一次，并准在新放荒地内领地二方，减收半价。"第31条规定："招垦员招至百户外，得照清丈奖章奖励。"第32条规定："招集多户，如系组织公司，应照公司奖章办理。"③ 第10章"垦户奖励"第33条规定："垦户中有介绍至十户者，到段后委为户长，百户或数十户者，得委为屯长。"第34条规定："如介绍至三百户以上者，除其自己领垦之地外，另准领地四方，减收半价。"④ 第11章"附则"第35条规定："承领新荒价目，于放荒规则内规定之。"⑤

综观《黑龙江省招垦规则》可以发现，该规则出台之目的在于：广为招徕、兴垦实边。例如，第2章"招待"之相关规定，旨在发挥官方在广招垦民方面之作用。第3章"授地办法"所规定的安插垦户之区域多在沿边地带，招垦实边之目的显而易见；而限制领荒数目，主要是针对颇有财力的揽荒揽头，目的在于根除包领大段、领而不垦之垦务痼疾，对于及时开垦边疆荒地而真正收到实边之效果是有作用的；对于自然条件相对恶劣之区的特殊优惠政策之规定，有利于吸引垦民。第4章"垦齐年限"中"五年垦齐，六年升科"规定之目的在于减轻垦民赋税负担，借此吸引垦民，这对奉、吉两省以及关内的一般小户垦民是有吸引力的。第5章"资助及保护"的相关规定，有利于垦民无后顾之忧、安居乐业。关于招垦员及垦户奖励措施之规定，对激励有关员司致力于招民实边，有一定的促进作用。

---

① 《黑龙江省招垦规则》，黑龙江省清丈兼招垦总局编：《黑龙江省清丈兼招垦总局计划书》，李兴盛、马秀娟主编：《黑水丛书》本之七，黑龙江人民出版社1999年版，第2260页。
② 同上。
③ 同上书，第2261页。
④ 同上。
⑤ 同上。

二 清丈兼招垦总（分）局对黑龙江省垦务发展之推动作用

丈放荒地机关的出现及相关政策法规的出台，为黑龙江省清丈、放荒奠定了坚实的基础。黑龙江省各地清丈兼招垦分局相继组建后，制订各种规章制度，以推动垦务之实施。据报纸之报道，自清丈兼招垦机关成立后，"人民具呈报领荒地者，争先恐后"①。

当时，黑龙江省根据各地的实际情况，规定不同的旨在促进垦务的政策措施，"已垦者如龙江、大赍、肇州、肇东、呼兰、木兰、汤源②、大通、拜泉、青冈、兰西、讷河、克音③段等十三处，重在清丈；未垦者如西布特哈、安达、乌鱼、安古、通北、嫩江、景星镇④、甘井子、龙门、萝北、呼玛、瑷珲等十二处，重在放荒招垦"⑤。

为更加有效地清丈及出放土地、招徕垦户，黑龙江省各地尤其是沿边地带之清丈兼招垦分局根据各自所在地区的实际情况，制定了具体的规章制度。

（一）腹地之清丈兼招垦

如前文所述，根据黑龙江省行政公署之训令，将黑龙江全省划分为12个分区，以便于分别开展清丈及招垦事务。

第一区设第一清丈兼招垦分局，所辖区域为讷河县、嫩江县及西布特哈等属，分局驻讷河县城，后由于"所辖幅员辽阔"，因而"将西布特哈划归该处总管公署兼办，将嫩江一县另设分局"⑥。在本区内，"嫩江一县，当计划清丈之初，因该处人烟稀疏、地多未辟，拟不清丈，故

---

① 《布告清丈本旨》，《盛京时报》1914年3月28日第7版。
② 资料原文如此，指汤原。
③ 位于绥化县境内。
④ 原属龙江县，后改为景星县，今归并于龙江县。
⑤ 章有义编：《中国近代农业史资料》第2辑（1912—1927），生活·读书·新知三联书店1957年版，第651页。
⑥ 万福麟监修，张伯英总纂，崔重庆等整理：《黑龙江志稿》（卷9·经政志 垦丈），黑龙江人民出版社1992年版，第420页。

未规定等次①。"之后,"请由民政长核准,定为每垧五角。及后,嫩江分局成立,除熟地浮多照章下等收价外,所放荒地仍按最下等办理"②。

第二区设第二清丈兼招垦分局,所辖区域为呼兰、兰西两县,分局驻呼兰县城。③ 原定等次均为上等。呼兰、兰西"为本省开辟最早之处",由于经"历年清查,是以此次清丈,浮多极少,且多半洼、瘠"。根据此实际情况,当实行清丈时,"分为上、中、下三等,未能概按原定上等收价",此外,"原放地亩,不分等次,统收丈费八分。惟新放浮多,照例只收地价,不收丈费"④。

第三区设第三清丈兼招垦分局,所辖区域为肇东、肇州两县,分局驻肇州县之丰乐镇。⑤ 原定等次均为上等。两县原为蒙地,"属于郭尔罗斯后旗,地多洼、碱。因其附近铁路,并南与吉林接界,交通便利,人烟稠密,故当日规定等次列为上等。及后,因事制宜,多有变更,大致所放浮多荒、熟,中、下等次居多,丈费则统按上等八分核收"⑥。

第四区设第四清丈兼招垦分局,所辖区域为绥化、庆城两县及铁山包地区,分局驻绥化县城。在本区,"铁山包一段,原系屯田。后因旗丁潜逃,经该处协领请准,补招民户,订有专章"。当举办清丈后,将当地垦务归入第四清丈兼招垦分局一并办理。⑦ 原定等次为:克音段、绥化县与庆城县均为上等,铁山包地区未定。在该区内,有两处地方情形比较特殊。一处为绥化县上集厂迤东荒地,"原系早年出放之地,后因水土恶劣,妇女夭亡,垦户弃地而逃,荒芜多年,

---

① 据万福麟监修,张伯英总纂,崔重庆等整理《黑龙江志稿》(卷9·经政志 垦丈),黑龙江人民出版社1992年版,第423页,关于地亩价、费等次,原有如下之规定:"浮多熟地,分上、中、下三等;浮多荒地,分上、中、下及最下四等;新放荒地,分一、二、三三等;丈费,分上、下两等。此指全省而言。至各县之等次,则酌量地方之繁僻、土质之膏瘠,每县定为一等。后因各地情形不同,或事实窒碍,随时应因,价、费屡有增减。"
② 同上书,第424页。
③ 同上书,第420页。
④ 同上书,第429页。
⑤ 同上书,第420页。
⑥ 同上书,第434页。
⑦ 同上书,第420—421页。

俗语谓之'撩荒'"。该处荒地"面积有二万余垧，土质肥活，弃之可惜，遂创设公司，合力开垦，并改良饮料，定名曰绥化县上集厂迤东撩荒农业公司"。为表示对该公司不避艰险、勇于垦荒之举予以褒扬，清丈兼招垦总局决定对于该公司所领荒地地价予以核减，"照下等核收"，每垧收取地价一元①。另一处为庆城县"水土恶劣及瘠薄"地区，因"水性恶劣，妇女、小儿，夭寿无常。携眷之户，多已潜逃"②。第四清丈兼招垦分局据此请示总局，对于上述地区之荒价，"应照放荒规则第十二条荒价办理"，鉴于"水土恶劣"，应进一步减等，"一律照下等办理"，每垧以五角之标准收取荒价，得到总局之同意。据统计，"减列下等之区，约有十万垧"③。此外，绥化县"津河段呼兰河南岸、濠河北岸及弩敏段，位于呼兰、弩敏两河之间，滨河一带，地势低洼，辄遭淹没"、上集厂迤东撩荒农业公司"以南附近之处，以二十里为度，水土恶劣，户口稀少"，两处面积"通盘合计，在十一万垧以上"。经分局请示、总局批准，对以上两处荒地，"一律照中等定章，分别收价"④。

第五区设第五清丈兼招垦分局，所辖区域为拜泉县，分局驻拜泉县城。⑤ 拜泉县"土质膏腴，原定上等"⑥。当具体实施清丈兼招垦事宜后，等则也有改变。例如，拜泉东河套一带，因"地势洼下"而土质不佳，经总局批准，"照中等收价。如遇沙、瘠过甚，不堪耕种者"，则以下等收价⑦。此外，"利、贞⑧两段十四井以东，均系揽头王鸿猷等所包领。因有册、照不符关系，其照内浮多，经平政院判定，冈荒每

---

① 万福麟监修，张伯英总纂，崔重庆等整理：《黑龙江志稿》（卷9·经政志 垦丈），黑龙江人民出版社1992年版，第4329页。
② 同上书，第441页。
③ 同上书，第443页。
④ 同上书，第421页。
⑤ 同上书，第441页。
⑥ 同上书，第443页。
⑦ 同上书，第444页。
⑧ 系荒段之名称。

垧收价一元，洼荒每垧五角。贞字迤东山林夹荒，垦殖公司报领在清丈成立之先，故照下等浮多荒地收价。又，各井内所剩之沟、洼、碱、甸，仅堪作牧场、草甸者，照三等荒地收价"①。

拜泉县曾于 1913 年制定催垦办法，以便使荒地切实得到开垦，当清丈兼招垦局设立后，再一次重申此原则。黑龙江省长公署为此曾专门咨文吉林省长公署，咨文指出，据拜泉县知事兆麟呈称，"本县荒地原领各户，或散居各属，或籍隶他省，此次催垦、招垦，若不通知，难期齐集。拟请通令各属，并转呈省公署咨行奉、吉两省转行各县，广布周知，以便各领户闻知，来段实行垦辟，于催垦、招垦裨益非浅"②。为使催垦与招垦有章可循，拜泉县制定了《拜泉县办理催垦兼招垦单行章程》共计 19 条。章程第 5 条规定："催垦、招垦，限定三年竣事"；第 6 条规定，对于县内未垦荒地，"第一年应由招垦员分别催、招垦熟十分之三"，"第二年由招垦员分别催、招垦熟十分之四"，"第三年最后十分之三，即于是年一律垦齐"；第 7 条规定："凡距县城左近地方及他处已垦辟而未垦齐之荒地，由招垦员查明严催，极力开辟，惟须遵照第六条，分年垦齐"；第 11 条规定："每年秋季，须由招垦员协同警察，实地调查某户实垦若干垧，统共若干垧，是否符规定按年垦辟之数，列表呈报县公署"；第 19 条规定："招垦地点三年竣事后，如果户口繁多、地面兴盛，届时由县公署酌量以招垦员驻在地呈请改为佐治局"③。

第六区设第六清丈兼招垦分局，所辖区域为青冈县，分局驻青冈县城。④ 原定等次为上等，但实际情况是，由于境内"地质不齐，西北方

---

① 万福麟监修，张伯英总纂，崔重庆等整理：《黑龙江志稿》（卷 9·经政志 垦丈），黑龙江人民出版社 1992 年版，第 443—444 页。
② 《吉林省长公署训令各县文》（附章程），《吉林农报》第 11 期，1917 年 4 月 11 日发行，"政事·公牍"，第 1 页。
③ 同上书，第 2—5 页。
④ 万福麟监修，张伯英总纂，崔重庆等整理：《黑龙江志稿》（卷 9·经政志 垦丈），黑龙江人民出版社 1992 年版，第 421 页。

面,洼、碱尤多,原定虽属上等,实行多难办到"。例如,"其界内碱、甸,六局裁撤以后,经青冈县请准,按最下等出放,每垧收价六角"①。

第七区设第七清丈兼招垦分局,所辖区域为龙江县、景星镇、吉沁河及甘井子等处,分局驻龙江县城即黑龙江省省城。② 该分局所辖地区除个别"较腴荒地,按一元收价"之外,③ 由于"地多沙碱,依照向例,列为最下等,每垧收价五角"④。

第八区设第八清丈兼招垦分局,所辖区域为大赉、泰来两县,分局先驻大赉县城,后移驻泰来县城。⑤ 原定等次:大赉县中等,泰来县未定。"及后实行,分局因其地段肥瘠不均,将浮多地分为三等收价,原领地亦分等收费,每垧四分、八分不等。"另外,两县有已丈未放洼荒约15余万垧,分局请示"每垧五角,试行出放;并咨请大、泰两属立案,准俟十年以后,按各户垦熟之地,照最下租额升科。如果洼、碱段内含有可垦之荒,仍行作为下等,每垧收价一元",总局据此批示:"查第八区地价,原定中等。上年该局丈放碱、洼地段,业照下等收价,已属减轻。所有大、泰两属上年已丈未放之零星碱、洼,准仍照下等荒价,每垧收一元二角,未便按五角核收,并准量予刨扣,俾便招放。"⑥

第九区设第九清丈兼招垦分局,所辖区域为巴彦、木兰两县,分局驻巴彦县城。⑦ 原定等次:木兰县中等,巴彦县上等,"及后实行,因肥瘠不均,乃由起员量地分定,三等俱备"。其中对于巴彦县东阿力

---

① 万福麟监修,张伯英总纂,崔重庆等整理:《黑龙江志稿》(卷9·经政志 垦丈),黑龙江人民出版社1992年版,第450页。
② 同上书,第421页。
③ 同上书,第451页。
④ 《咨农商、财政、内务部清丈局详复汤萝加价暨边地荒价改收情形文》,朱庆澜:《黑龙江政务报告书》(卷三上),李兴盛、齐书深、赵桂荣主编:《黑水丛书》本之八,黑龙江人民出版社2001年版,第863页。
⑤ 万福麟监修,张伯英总纂,崔重庆等整理:《黑龙江志稿》(卷9·经政志 垦丈),黑龙江人民出版社1992年版,第421页。
⑥ 同上书,第452—453页。
⑦ 同上书,第421—422页。

罕段低洼地段所清丈出的浮多地亩，因水土不佳，"准减照中等核收浮多地价"；两县山荒、瘠地等已丈未放官荒，"因地势洼下或瘠薄、僻远，无人承领"，因此决定"准照下等官荒出放，以免弃利于地"①。

在第九区木兰县境内，有东兴镇协领所辖前清旗丁屯垦地，原有毛荒60800晌。为切实调查当地垦务之实际情况，以便进一步予以推广，黑龙江省清丈兼招垦总局派出督查员刘启昆前往实地调查。经调查，据1917年5月之统计数字，界内首先曾丈放民户毛荒10000余晌，第九清丈兼招垦分局成立后又丈放官荒4200余晌、学田营基等项5600余晌，此外尚有未放官荒20000余晌，总计约有毛荒110000晌。截止同年，当地有已垦熟地约计5000余晌，到段垦户约计2000户，"附居东兴镇左近最多，其中民户十之七八，有原领之户，亦有买旗户之荒者。而旗户到段实行开垦者虽有，尚不甚多"②。

经调查，东兴镇屯田界内，"东至老爷帮，北至黑山里，土质沃壤，树木丛杂，开垦无需牛马，即新刨山荒，每晌得粮七八石"。土质肥沃吸引垦民前来，"远系吉奉，近在邻封，携眷迁移"。但由于当地黑山一带"素称盗贼渊薮，出没无常，荒户有资本者虑及绑票，贫民小户不堪扰害"，导致"荒户畏避"。至于旗户，其绝大多数"素不讲求耕种，已有毛荒不能自垦，需款转售又嫌价廉，执照坐守不计开垦"。由于以上原因，当地某些地带如"东兴镇街之北岗，一片榛莽，住户星稀，遥望重山漫岭，烟雾茫茫"③。

鉴于以上情况，清丈兼招垦总局建议在东兴镇设立稽垦局，并详解其缘由及作用："若论东兴地势土质，利于开垦。迄今屯田二十余年，仅开地五千余晌，到段者二千余家，揆厥原因，实无提倡督催，任其荒芜，一旦突开生面，耳目一新，新招开垦者尚易，保护垦民者

---

① 万福麟监修，张伯英总纂，崔重庆等整理：《黑龙江志稿》（卷9·经政志 垦丈），黑龙江人民出版社1992年版，第453—454页。
② 《黑龙江清丈兼招垦总局局长杜萨田为议复东兴镇应设招垦局并筹拟经费呈（民国六年五月二十四日）》，黑龙江省档案馆编：《黑龙江设治》上册，1985年内部发行，第406页。
③ 同上。

最难。如果设局,亟宜筹定保护方法,已来之户,不受盗贼搅害,当然获垦殖利益,未来之户,闻风兴起。譬如设局之初,能招垦户五百家,开垦得其所哉,如无天灾,次年垦户即能增加两倍,以户引户,再次年即能增加三倍。若无意外灾害,三年内至少已能进四千多户,每户平均开地七晌,以四千户计,开地二万八千晌,三年后无须招垦,而垦户自然肯来。即黑山附近可垦之荒,五年后垦务可观。筹拟将来状况,较目前之不设局,进步大有希望也。"①

为更加有效地推进当地垦务,除建议设立稽垦局外,清丈兼招垦总局还有以下具体建议,"均为办垦切要之图,自应逐渐进行,以免利弃于地"②。

首先,保护垦民。清丈兼招垦总局认为,"保护垦民,尤为招垦之要着"③。鉴于当地匪患猖獗,故此建议"招募本地猎户",组成山林护垦队,认为此举"虽为地方开垦计,实为国家殖民计"④。

其次,"减收亩捐",广为招徕。清丈兼招垦总局建议,"东兴如划为稽垦区域,草昧初辟,正在招徕时代,宜涵养民力,民力厚而垦地自多。垦成熟地,五年升科,拟自开垦之年起,三年以内,仅收亩捐一半,以舒民力。"如此,"垦户负担若轻,招户最易"⑤。

再次,针对旗人垦荒不力之状况,清丈兼招垦总局建议:"东兴镇为旗人屯田之区,有名无实,如设稽垦局,为催促垦务进行为宗旨,除旗荒已买民户不计外,其余已开者无多,当然督垦未便敷衍,可否勒限由原主自行招户开垦,抑或由该旗招户开垦,倘逾限不开,即由稽垦局照章招垦。"⑥

---

① 《黑龙江清丈兼招垦总局局长杜荫田为议复东兴镇应设招垦局并筹拟经费呈(民国六年五月二十四日)》,黑龙江省档案馆编:《黑龙江设治》上册,1985年内部发行,第407页。
② 同上书,第409页。
③ 同上书,第410页。
④ 同上书,第407—408页。
⑤ 同上书,第408页。
⑥ 同上书,第408页。

最后,"推放山荒",招民开垦。清丈兼招垦总局建议,"如东兴设稽垦局,附近黑山划归稽垦范围,推广出放,照最下等山荒价,外加修道费二角,以备开通道路,修盖山林护垦队驻所、房井,使盗匪绝其根株,垦户得安其业",如此,"三五年后,一片山林之区,即变为膏腴之田",否则,"非设稽垦,黑山开辟无期"①。

第十区设第十清丈兼招垦分局,所辖区域为安达县及东集镇稽垦局,分局驻安达县城。②原定等次为中等,但该分局辖境"所余夹荒,洼、瘠过甚",根据不同情况,"有按下等新荒出放者,有按下等浮多出放者,③有按最下等浮多出放者,亦有草甸出放者"④。

(二)沿边地带移民实边之推行

沿边两区系清丈兼招垦总局"就全省地面详细计划,于边境一带续添","将汤、通、萝三属暨龙门镇、奇克特、呼玛、瑷珲等处分配该两区之内"⑤。

第十一区为增加之沿边两区之一,所辖区域为通河、汤原及萝北三县,通河、汤原各设一分局,萝北县则由县行政公署兼办。⑥原定等次:通河县、汤原县中等,萝北县下等。之后,各地"因情形各异,规定亦多有不同",具体情况是:通河县"附郭腴地定为上等,此外高阜者为中等,洼下者为下等。新放出荒,每垧收价五角";汤原、萝北两

---

① 《黑龙江清丈兼招垦总局局长杜荫田为议复东兴镇应设招垦局并筹拟经费呈(民国六年五月二十四日)》,黑龙江省档案馆编:《黑龙江设治》上册,1985年内部发行,第408—409页。
② 万福麟监修,张伯英总纂,崔重庆等整理:《黑龙江志稿》(卷9·经政志 垦丈),黑龙江人民出版社1992年版,第422页。
③ 资料原文该句为:"有按最下等浮多出放者",与后一句重复,根据上下文意,"最"疑为衍字,予以删除。
④ 万福麟监修,张伯英总纂,崔重庆等整理:《黑龙江志稿》(卷9·经政志 垦丈),黑龙江人民出版社1992年版,第455页。
⑤ 《咨财政、农商、内务部请追加清丈总局添设分局预算文》,朱庆澜:《黑龙江政务报告书》(卷三上),李兴盛、齐书深、赵桂荣主编:《黑水丛书》本之八,黑龙江人民出版社2001年版,第856页。
⑥ 万福麟监修,张伯英总纂,崔重庆等整理:《黑龙江志稿》(卷9·经政志 垦丈),黑龙江人民出版社1992年版,第422页。

县"原放荒地,仅收过经费者,每垧补价五角,免收丈费;其余原放荒、熟地亩,汤原收丈费八分,萝北收丈费四分。汤原浮多,分中、下两等收价;萝北浮多,统按下等收价。新放山荒,收价五角"①。

为督促垦户切实垦荒,汤原及萝北两县实行催垦政策,并根据边远地区之实际情况,灵活制订相关规定。萝北县"迭经该县勒限严催,垦户迄未到段,本应从严取缔,藉促垦辟,但边远之区与内地微有不同,果能撤出而后即有续垦之人,在原领户自无异辞,倘因地势所限,撤回后仍不能垦,反不若促之使垦,或责令倍价,亦未始非寓撤于罚之一法";并且,"江省自受欧战影响,物价仍昂,银价日跌,而领荒之户亦不似春间之踊跃,其时局亦因之一变,事贵因时应即变通办理"。基于上述考虑,由于萝北县与汤原县荒地同时出放,为使规章划一,决定以1915年5月1日为第一期限,"如原户仍未到段,实行撤原领十分之四";以同年10月1日为第二期限,垦户"如仍未到段,即余数撤佃另放,不退原价"②。

通河县清丈兼招垦分局成立后,在招民垦荒方面亦曾多方努力。据该局呈报,鉴于"通河已放民荒多未垦辟,未放官荒亟须招放",因此"条拟招垦各办法",建议"招募垦队,进山工作",得到清丈兼招垦总局之批准。通河县清丈兼招垦分局随即"将垦队一律募齐,购买车马器具派往,拟设凤山镇③之西北五十里地方相度地势,建造垦民应用房间,现已建成木房二十余间",并派招垦员前往奉天省招集垦户,"招徕到段之户已有六十余名,经局验明,指段安插,其未到段者,据各招垦员报告,约有二千余户"。清丈兼招垦分局并未满足于上述招垦成果,为长远规划考虑,指出"通河荒段辽阔,烟户星疏,年成歉收,米粮缺乏,招徕之户若非妥为接济安插,诚恐已

---

① 万福麟监修,张伯英总纂,崔重庆等整理:《黑龙江志稿》(卷9·经政志 垦丈),黑龙江人民出版社1992年版,第457页。
② 《巡按使署批》,《黑龙江公报跋(土地)》,民国三年,第38—39页。
③ 1929年11月,在该地置凤山设治局。

来者困窘，未来者裹足，仍无以速垦辟而收实效"，为此，清丈兼招垦分局请求"由招垦费项下先行拨给大洋三万五千元，由局于丰收各属预为采买米粮籽种，以俟明春垦户到段后，每二十户拨给木房三间、山荒十方"，垦户所需之米粮籽种，"有资者购买，照原价只加运费，额外不加毫厘"；无资者则"量为垫给，准其作价分年偿还"，如此，"公家可收垦殖之效，而垦户亦无困窘之虞"①。通河县清丈兼招垦分局以上招垦规划，在《通河县招垦简章》中有集中体现。②

另外，在本区内，蒋汝藻、郑润昌等申请在汤原县额勒密地区"价买荒地十井，计十六万二千亩"，二人在致黑龙江省实业司呈文中呈称，由于领荒"地段辽阔，宜用大农法，以机器开垦，定雇东益公司，选用技师，置备机器，用大农法代垦。订立雇佣合同，以十年为期，机器、牲畜、庐舍归东益公司，设备、劳动工人则以土著及内地移民供给使用"。实业司认为，"此项合同，地主以速垦为目的，东益公司以供给技术机器得受佣资为目的。而在国家经济政策上则化荒为熟，影响甚大，似于边省开辟富源之道，至为捷速"，建议批准。朱庆澜及农商部均认为双方所拟合同"既属双方合意，复为速垦起见"，应"准予备案"③。对蒋、郑二人呈文之批准，与放荒及招垦章程之有关原则是相一致的：第一，迅速开垦，以尽地利；第二，对于使用机器开垦者，可以放宽领荒数目。

在萝北县，有东井垦务公司出现。该公司所领荒地计约5万亩，其中"除道路、沟渠、房屋及岗泡，约可垦二万四千亩"。鉴于当地"户口太少"，雇工困难，因此决定"购机二架，用大农制，而略兼中

---

① 《通河清丈兼招垦分局详筹划接济垦民办法并应需垫款数目文》，何煜：《黑龙江垦殖说略》（附录一），1915年铅印本，第34—35页。
② 该招垦简章详见何煜《黑龙江垦殖说略》（附录一），1915年铅印本，第35—36页。
③ 《呈农商部据蒋汝藻等雇佣东益公司垦荒应否准予备案文》（附合同附约），朱庆澜：《黑龙江政务报告书》（卷三上），李兴盛、齐书深、赵桂荣主编：《黑水丛书》本之八，黑龙江人民出版社2001年版，第847页。

农招佃办法，寓移民兴市之意，俾地价亦可得间接之利，计全地第二年可开齐，第三年可种齐，至第五年股东可将全资收回"①。

第十二区也是续增之沿边两区之一，所辖区域为龙门设治局、奇克特、瑷珲县及呼玛县等地区。②原定荒价等次：瑷珲县、呼玛县均为下等，龙门设治局未定。③在本区内，由于瑷珲、呼玛两县"逼近俄境，准照特别办法"，即减收荒价；龙门设治局、奇克特辖地亦属沿边地区，条件艰苦，为鼓励垦民踊跃领荒，应减收荒价④。经清丈兼招垦总局批准，"龙门、奇克特应放可垦山荒三十四万二千余晌，每晌收价五角，瑷珲山荒约十万晌，每晌收价三角，呼玛山荒约五万晌，每晌收价二角，统按七折计算。"⑤但中央有关部门对此持有异议，认为荒价之规定"不特与原定章程不符，且等则过多"，致使"办法参差，殊欠妥恰"。另外，中央有司还认为，"瑷珲、呼玛两县，逼近俄境，请予特别减收，然每晌合地十亩，若收两角，复以七折扣算，计每亩只收一分四厘。无论何项硗薄地亩，既有人民领种，则非石田可知，焉有如此贱值"⑥。清丈兼招垦总局为此陈说理由，解释将荒价列为五角、三角及二角者，"原指各县之边荒而言，此项边荒，系沿兴安岭一带，气候过寒，又因比邻俄境，爰取开放速垦主义，所收之费仅敷丈费而已"。为迁就中央有司之看法，清丈兼招垦总局决定，"兹为整齐划一，计拟将原定三二角者均改为每晌五角，以免参差"，但同时又强调指出并声明，"土地收益，凡附城镇近处

---

① 陈道一：《东井垦务公司进行计划及概算》，《吉林农报》第12期，1917年4月21日发行，"附录"，第2页。
② 万福麟监修，张伯英总纂，崔重庆等整理：《黑龙江志稿》（卷9·经政志 垦丈），黑龙江人民出版社1992年版，第422页。
③ 同上书，第459页。
④ 《咨财政、农商、内务部请追加清丈总局添设分局预算文》，朱庆澜：《黑龙江政务报告书》（卷三上），李兴盛、齐书深、赵桂荣主编：《黑水丛书》本之八，黑龙江人民出版社2001年版，第856页。
⑤ 同上。
⑥ 同上书，第862页。

则利厚，若偏远之区纵使任民踩占，甚至公家补助牛具，尚苦招致不易，将来能否一律照五角放出，尚不可知，惟有饬呼玛各县勉力进行"①，以上陈说，显然蕴含对中央有关部门不解沿边地带招垦之难的不满之意。

当时，地方官员对中俄沿边地带包括垦务在内的各项实业建设颇为重视。黑河观察使张寿增曾就黑龙江两岸中俄两国之形势加以比较："瑷珲县属对岸为俄界阿穆尔省，规模整齐，气魄雄壮，对比强邻，自应力图进行，以求稍减相形之愧。"② 如何"力图进行"？应从以下几方面着手进行："利交通以疏脉络，扩矿业以开财源，兴垦务以殖人民，均应办之。"③ 在垦务方面，张寿增认为，"边疆荒地俱应开垦"，并且，由于瑷珲紧邻俄境，因此"尤应以瑷珲为先"。基于此种考虑，张寿增"请开放沿江垦荒，并筹瑷珲屯垦各办法"，招垦局成立后，可"从速办理，望早收效"④。

在推广瑷珲垦务过程中，引导鄂伦春人垦荒是一项重要措施。张寿增指出，"黑属沿江千余里，其间土著以鄂伦春人为最多，惟散漫山谷，到处游猎聚集，向无定所。"张寿增为此曾饬令鄂伦春库玛尔路⑤协领徐希廉"设法收抚"。经调查，"兴安岭西，在四站、喀尔通、爱吉、绰洛河等处，所居库玛尔路人丁约有百户"，徐希廉决定将此处鄂伦春

---

① 《咨财政、农商、内务部请追加清丈总局添设分局预算文》，朱庆澜：《黑龙江政务报告书》（卷三上），李兴盛、齐书深、赵桂荣主编：《黑水丛书》本之八，黑龙江人民出版社2001年版，第863页。

② 《黑河城政内务事项》，张寿增：《黑河观察使筹办政务志略》上卷，1914年江省吉庆山房铅印本，第17页。

③ 《弁言》，张寿增：《黑河观察使筹办政务志略》上卷，1914年江省吉庆山房铅印本，第1页。

④ 《整顿实业事项》，张寿增：《黑河观察使筹办政务志略》上卷，1914年江省吉庆山房铅印本，第16页。

⑤ 清末民初，鄂伦春人分为五路：在库玛尔河附近者，为库玛尔路鄂伦春；在阿力河附近者，为阿力路鄂伦春；在多布库尔河附近者，为多布库尔路鄂伦春；在托河附近者，为托路鄂伦春，此四路鄂伦春属西布特哈。在毕拉尔河附近者，为毕拉尔路鄂伦春，属东布特哈。——黑龙江省档案馆、黑龙江民族研究所编：《黑龙江少数民族档案史料选编（1903—1931）》，1985年内部发行，第78页。

人连同眷属迁至"瑷珲西山内坤河上游鸿户图河左近①，拟占屯基"，并在溪罕河右岸荒地②垦荒，"永为生业"，并请示"宽限十年后，再议升科"。张寿增认为此举"系为收抚该旗人丁、代筹生聚起见，实于旗丁生计、开垦实边均有裨益"，准其所请③。张寿增为此呈请省行政公署，核发经费，"库玛一路，共应需羌钱一千五百四十四元，毕路④与此路同"⑤。清末民初，鄂伦春人不仅居无定所、不事农耕而导致人地分离，而且存在其他问题。据当时报刊披露，"鄂伦春所猎获皮张，均向俄境售卖，换取食用，甚有多潜入俄籍者，若不亟为收用，势不至不尽为俄人牢笼，悉入俄籍不止。"一旦如此，对于边疆安全而言，隐患极大，如何应对？"今我民国成立伊始，筹实边固圉之策，尤不可缓，请亟抚用鄂伦春人，以为指臂之助。"⑥ 除张寿增之外，朱庆澜亦鉴于鄂伦春人"生计日窘，私入俄籍十居三四"之现状，担忧如果"不速设法，恐将来均非我有"，为此电请中央财政、陆军两部，"略陈该旗艰窘并关实边各情形，请部速拨巨款，挑壮丁为鄂伦春队，以便收抚而镇边陲"⑦。1915 年 10 月，黑龙江省"从鄂伦春部落抽调三十人，组成鄂伦春山巡马队"⑧，尽管人数过少，但也可被视为是收抚鄂伦春人之一项重要举措。1915 年 2 月，朱庆澜再次就收抚鄂伦春人之问题提出具体办法："饬令库玛尔、毕拉尔两路鄂伦春人选择丰

---

① 据《呈请由省核发鄂伦春人开垦经费请鉴核指令文》，张寿增：《黑河观察使筹办政务志略》下卷二，1914 年江省吉庆山房铅印本，第 21 页，此处距瑷珲 70 余里。
② 据同上书，第 21 页，此处距瑷珲亦为 70 余里。
③ 《为呈报鄂伦春人拟在鸿户图河等处设屯垦荒请鉴核指令文》，张寿增：《黑河观察使筹办政务志略》下卷二，1914 年江省吉庆山房铅印本，第 19 页。
④ 指毕拉尔路鄂伦春。
⑤ 《呈请由省核发鄂伦春人开垦经费请鉴核指令文》，张寿增：《黑河观察使筹办政务志略》下卷二，1914 年江省吉庆山房铅印本，第 21 页。
⑥ 欧震球：《黑龙江垦殖入手办法刍言》，《黑龙江实业月报》第 1 年（1912 年）第 2 期，"论说"，第 8 页。
⑦ 《请款收抚鄂伦春》，《盛京时报》1914 年 3 月 10 日第 7 版。
⑧ 张本政、刘家磊、马国彦、林世慧、毕万闻：《东北大事记（1898—1931）》，中国人民政治协商会议吉林省委员会文史资料研究委员会 1985 年编辑出版，第 133 页。

腴荒地垦种；由省拨给车犁、牛马；拨付羌洋二千余元。另拨毕拉尔路牛四十头，代牧畜筹办处分养。"① 可见，朱庆澜之意图，与张寿增完全相同。

黑河道所属瑷珲县县知事孙蓉图在迅速招民开垦边荒方面亦有所考虑，并曾于1916年2月提出具体建议。孙蓉图首先指出由于地处边陲，瑷珲县较之黑龙江省其他各县，在垦务方面之落后状况及其原因："查我江省自办招垦以来，提倡经营不遗余力。现在经界既正，蟊蝥已清，垦民日来日众，凡经办过丈垦各县，无不逐渐收效。惟瑷珲县境处边陲，幅员数百余里，大岭中横、长江抱流，区域虽非平原，水土实不恶劣，境田垦熟之地不过二万余垧，尚有可垦之荒约十六七万垧未经出放，安望开辟荆榛？到处触目惊心。虽已经奉饬开办，由县兼放预算毛荒十万垧，限四个月报竣，但查本地居民数约二万有奇，除老幼残疾、学童妇女、工商兵警数外，所余丁男寥寥无几，且富者偏于经商，贫者又无力垦，其远方人民或昧于瑷荒之优劣，或限于长途之川资，饬定预放毛荒十万垧，诚恐不但不能开辟，而且亦难如期尽数出放。"② 之后，孙蓉图提出具体招垦建议："详查本地之情形，到处之趋向，自应一面兼办放荒，一面提倡招垦，双方并进，易克有功。兹拟于奇克特并二龙地方作为招垦机关，由公家备办木料、犁具、粮草，分别酌给，或暂垫办，定期归还；并遣员前往奉吉黑省各县灾区招户来垦，酌核稍给川资，以资提倡；并于办理招垦一切经费，酌拟于出放之荒价并垧附加二成，并筹拟街基附加之费，约在三四万元之谱。如不敷用，再行遵章酌请垫补。如何办理，于放荒进行毫无窒碍，于实垦主义大有裨益。"③ 黑河道尹认为孙蓉图之建议，"系为殖民实边起见"，建议批准。黑龙江省行政公署对此批示："此案前据清

---

① 张本政、刘家磊、马国彦、林世慧、毕万闻编：《东北大事记（1898—1931）》，中国人民政治协商会议吉林省委员会文史资料研究委员会1985年编辑出版，第128页。
② 《批黑河道尹详转瑷珲县详为酌拟出放荒价附加二成办理招垦请鉴核电》，《黑龙江公报跋（土地）》，民国五年（自一月至五月），第10页。
③ 同上书，第10—11页。

丈总局详以瑷珲县请出放之荒附加二成等情，业经照准在案，兹据前情，仰即知照"，予以批准①。

龙门为推广沿边垦务，专门设置了招垦专局。设局原因在于，"龙门新旧放出之荒，实垦不及百分之一，若不早为着手，终无繁殖之望"。龙门"东控瑷珲，西南与汤萝绥海②衔接，应先在龙门段内设立招垦专局，并于海伦设招待所，由招垦局派员分驻，依次进行"。为迅速招致垦民，制定了诸多优惠政策。例如，"垦户赴荒之粮草货物，请免收捐收税，并于龙门招垦界内缓设捐税及烟酒公卖三年，系为垦民暂轻担负，俾广招徕"；"官荒缓归三年交价，核与承垦边荒条例吻合，已为农商部承垦边荒条例所许"。此外，清丈兼招垦总局鉴于"设电、修道、盖房，悉为垦殖边荒不可或少之筹备"，因此建议"推广地方劝业银行，以盾其后"。保护垦民生命财产之安全使之安居乐业，对移民实边而言关系重大，所谓"保护管理，无事不借力警权、法权"，由于龙门"遐僻边徼，有时尤借重于军权"，招垦专局为此"有指拨两连军队之议，俾安新垦，以壮声援"，清丈兼招垦总局建议由当地行政机关"协力扶助"，并"咨商军署俯准添拨"，指出此举之益处，"该荒空旷，近逼青山一带，护垦驻此，则东荒匪患可弭，一举两善备焉"③。为广为招徕、开垦边荒，招垦专局制定了《黑龙江省龙门县设治兼招垦局通告》④。通告首先宣布给予垦民之优惠政策，主要有："无论官荒民荒，均准垦户拣选好地，来局指段开垦"；"凡承垦之户，如有力量不足，须补助者，每家每晌借给大洋一元，如承垦一千晌，借给一千元，承垦二千晌，即借给二千元"，"此项补助费

---

① 《批黑河道尹详转瑷珲县详为酌拟出放荒价附加二成办理招垦请鉴核电》，《黑龙江公报跋（土地）》，民国五年（自一月至五月），第 11 页。
② 指汤原、萝北、绥化、海伦。
③ 《清丈兼招垦总局详组设龙门招垦局变通办法文》，何煜：《黑龙江垦殖说略》（附录一），1915 年铅印本，第 31—32 页。
④ 《黑龙江省龙门县设治兼招垦局通告》连载于《盛京时报》1916 年 1 月 14 日、15 日、16 日、20 日、21 日，均在当日第 7 版。

三年归本，不计利息，惟于分得之地，每千晌提出一晌，归于公家，补充招垦经费，以免官款受损"①。为免除垦民对生命及财产安全问题之顾虑，通告宣布，"本段原驻陆军一连、巡警百名"，并"请准军署，再予拨兵二连，常川驻扎"，对于"上荒之行旅、车辆，尽力保护"②。通告附有《龙门县招垦局招垦简章》，共计20条。章程第1条规定："以招募农民实行开垦为宗旨，但以中华民国国籍之人民为限"；第2条规定："先由绥兰海道所属之龙门县为入手开办区域，俟办有成效，再行推广于汤原、萝北、木兰暨其他已放荒而未垦辟之各县"；第3条规定："每牛具一副，准其承垦一百五十晌，以三年为垦齐之期。牛具多者，以次递加"；第4条规定："官荒垦熟后，完全归于垦户"；第5条规定："凡承垦之户，如因资本不足，须补助者，公家按其承垦晌数给予相当之补助金，但不得超过每晌大洋一元之额"③；第11条规定："招垦行局设于龙门县段内，择其冲要而能四周策应之地点安设之"，并且，"为便利垦民起见，于海伦、奇克特特设招待所，以与垦民接洽"④。

通过以上具体分析可知，黑龙江省清丈兼招垦机构之设立，对于移民实边政策之推行，的确起到了促进与推动的作用，诚如朱庆澜所指出的那样："黑龙江省幅员辽阔，土脉膏腴，矿产丰富，只以土旷人稀，遂致利源未启，是国家筹集巨资移民垦荒、大办拓殖，实为目前最重要之问题。澜抵江后，藉清丈以兼办招垦，既可收款，又可放荒，实为殖民兴业之远计。"⑤特别应当指出的是，如前文所述，清丈兼招垦总（分）局在举办清丈、放荒及招垦事宜时，能够根据各地的实际情况，灵活运用有关规章制度，对于土质贫瘠、水质恶劣等地区，

---

① 《黑龙江省龙门县设治兼招垦局通告》，《盛京时报》1916年1月14日第7版。
② 《黑龙江省龙门县设治兼招垦局通告》（续），《盛京时报》1916年1月15日第7版。
③ 《黑龙江省龙门县设治兼招垦局通告》（续），《盛京时报》1916年1月16日第7版。
④ 同上。
⑤ 《上大总统发达拓殖事业说帖（代巡署拟）》，何煜：《龙江公牍存略》，文海出版社1978年影印本，第225页。

清丈时所查出之浮多地亩减等收价出放，放荒时亦秉承此原则，减收荒价，在沿边地带更是如此，均以广为招徕、开发地利为宗旨。另外，鉴于黑龙江省"地处边徼，声气隔阂，以致内地大农咸存观望"这种不利于推广垦务之现状，黑龙江省清丈兼招垦总局认为"垦殖之兴，端资人力；招徕之广，尤赖鼓吹"，于是加大宣传力度，及时"添刊垦务公报，于本省垦务情形及一切章程、案牍记载甚详，以期唤起农民之观感，催促垦务之进行"①。除加大宣传力度之外，黑龙江省清丈兼招垦机构在招垦时"实行招垦奖励章程，委任招垦员三十余名分往邻省招致"，并在东北交通枢纽长春、哈尔滨等地特别"派员接待指导"，引导垦民"各安耕凿"，经此努力，1914年和1915年，在奉天与吉林两省，"招到垦民不下一万余户"②。不仅如此，由于当"清丈将次告竣"之时，"历年出放民荒尚未开垦者为数犹多，而各属未放余荒及招垦规则内原指安插垦户各区域丈而未放、放而未竣者亦复不少"，清丈兼招垦机构决定"亟宜继续招徕，力促开辟"，并重申招垦规则之原则："凡认垦官荒者，计犁拨地；认垦民荒者，照各属习惯法，得与业户劈地；到段实垦之户，由公家拨款接济，俾得尽力田畴"③。1915年，"奉、吉两省重被水灾，失业之户较昔为多"，为借此更多地招致垦户，清丈兼招垦机构与奉、吉两省咨商，"由本总局拣派绥员分投被灾之区，招徕真正农户，指拨各属实行垦殖，一俟到境，即派员分别安插"，并宣布资助垦民以粮食、籽种等，给予垦民的优惠政策较之招垦章程更为优厚，以达到"人至如归，各得其所"之目的④。力行招垦见到实效，1917年，"江省招垦局，去春在外省招到垦荒者万余户，奈因地广人稀，不敷分布，又派员分往各灾区，招来垦户，预备粮食、籽种，以资接济。闻由省长咨请各省谕知各农户，

---

① 《整理垦务之计划》，《盛京时报》1915年2月27日第7版。
② 《出示招垦》，《盛京时报》1915年10月28日第7版。
③ 同上。
④ 同上。

速往认垦,勿误耕种之期"①。

　　由于清丈兼招垦机构的努力,招垦实边初见成效。据《盛京时报》报道,"江省举办招垦以来,昕夕筹划,不遗余力。即以第七清丈分局一区而论,对于就垦之户,设备完善,则他局可以知矣。近闻该局新派出之招垦员林子静、张国臣等已在奉天开原、西丰等县招妥垦民八九十户,日内当可来江,已报请第七清丈分局早为招待。兹闻该局已转饬景星镇、碾子山各处招待所,一俟垦户到齐,妥为安插。"②再如,通北地区截至1915年春季,经当地设治局派员调查,"已垦成熟地四万垧有奇",鉴于同年当地"时疫盛行""风水为灾",导致垦民处境困苦,设治局"请款赈抚,并贷给籽种,各佃户始免流离"③。中俄沿边各县则于1914年冬季至1915年夏季,从关内山东、直隶、河南等省招致垦民12834户,招垦机构对此并不满足,指出"邻俄各县虽经设治,土地荒芜,户口畸零",此12834户之移民"合之固多,分之仍形不足,是非复作招徕计划,则边疆永无填实之一日",为此咨请朱庆澜与邻省咨商,共同筹划移民事业④。可见,招垦机构与地方当局为巩固已有移民垦植之成果并使之继续发扬光大,做出了自己的努力。

第六节　特殊移民实边政策之分析
——难民移垦与军队屯垦

　　综上所述,在民国初期,东北移民实边政策实施的主要方式是清丈地亩、出放荒地,通过移民招垦之方式开发边疆土地资源并增殖人口。另外,根据各种具体情况,中央与东北地方政府还曾实施或设想

---

① 孙占文:《黑龙江省史探索》,黑龙江人民出版社1983年版,第293页。
② 《垦户来江之踊跃》,《盛京时报》1916年2月29日第7版。
③ 《黑龙江通北设治局通志》(经政志·垦务),未明确标注版权及出版时间,第16—17页。
④ 《朱兼按咨商移民办法》,《盛京时报》1915年11月13日第6版。

过相对特殊的移民方式，以移垦难民实边与军队屯垦实边最为重要，以下予以介绍与分析。

一　山东难民移垦黑龙江省讷河

民国初年，由于种种原因，关内难民不断涌入东三省。1912 年，就有山东难民由于当地"收成荒歉，居民无衣无食"，被迫乘船前往东北，在奉天省安东登岸，以避免"死填沟壑"①。另据《盛京时报》同年之报道："天气日暖，轮舶畅行，近日登州、龙口来营②轮船载到山东贫民不可胜数，探悉此项贫民多系登莱青三府之人，因该处既遭兵燹，又值年荒，在家不但无以为生，且亦不得安处，情势所迫，故不得不移家来东，或就垦务，或投奔乡亲另谋生路。"③ 难民在奉天省登岸后，继续北上，据《吉林省大事记（1912—1931）》1912 年 4 月 20 日"大事记"之记载，山东登莱青三府难民，由奉天省北上抵达吉林省者已有 200 余名。④

如何安置关内难民，成为东北当政者必须考虑并予以解决的问题。本来，东北地方政府就有意招徕难民出关垦植，希望通过此举开发东北，以达移民实边、抵制外患之目的。1914 年，朱庆澜鉴于黑龙江省"为全国东北之门户，地接强邻，土地膏腴，人民稀少，久为外人所窥伺"，为此"筹划移民办法，拟将豫鲁直鄂各省人民移来开垦，人地相宜，生计莫大"⑤。基于此种考虑，对于涌入的关内难民，东北地方政府持欢迎、招徕之态度，并在旅费、安置垦荒地点等方面予以扶持，引导难民定居垦荒。据《盛京时报》报道，当时关内难民出关，"山东人各由轮船而来，直省人之早来者皆搭火车，故京奉车春冬两

---

① 《难民来者日多》，《盛京时报》1912 年 4 月 12 日第 5 版。
② 指营口。
③ 《贫民纷纷东来》，《盛京时报》1912 年 5 月 9 日第 5 版。
④ 吉林省档案馆编：《吉林省大事记（1912—1931）》，1988 年内部发行，第 7 页。
⑤ 《都督筹划移民实边》，《盛京时报》1914 年 2 月 6 日第 7 版。

季，特售小工票以惠贫民"①。另据《吉林农报》，"时值春融，山东、直隶两省垦民次第来东，近有一班行抵长春，值中东铁路货车不足，不能北行，因而停滞于长春境内，旅费既罄，糊口之计穷，甚至有鬻子女以谋生活者。此辈苍生，现已达至男子三千人、女子三百人之数，而今后尚有增加之势。陶道尹②为安插垦民计，特与中东铁路局交涉，增加三等客车，将此辈送至哈尔滨，并与滨江道尹③协议，使之从事于江北垦务。日来经开始移送，得此一番安置，当可各得其所。盖此等开发满洲之急先锋，官家对之断不愿使其穷促无归也。"④ 除官府施以援手外，民间团体对难民也曾予以救助。例如，当时有很多山东人在哈尔滨经商，1914年，"山东水灾区域数百里，禾稼、田产、牲畜淹没无算，兼以青岛租界日德兵燹，⑤ 天灾人祸，数万人民嗷嗷待哺，转瞬冰天，痛苦之情，何堪设想？"在哈尔滨之山东商人为救助同乡，"提议捐助，以救灾黎"⑥。来自官府与民间团体的救助，成为吸引关内难民进入东北的因素之一。

民初东北地区难民移垦实边之典型事例，为山东难民移垦黑龙江省讷河事件。

1914年第一次世界大战爆发后，日本趁西方大国无暇东顾之机，为取代德国在我国山东半岛的侵略地位，公然出兵占领了青岛和胶济铁路沿线地区，致使"胶澳事起，莱州一带陷入战地，加以淫雨经旬，河流漫溢，胶潍密墨等属，几成泽国，天灾人祸，相逼而来"⑦。有鉴于此，朱庆澜于1914年10月指出，黑龙江省"沃野千里，半付荒芜，历年披荆斩棘，实以鲁人居多"，建议"值此灾变非常，若择

---

① 《关里苦工纷至沓来》，《盛京时报》1912年3月10日第5版。
② 指时任吉林省吉长道道尹、驻长春交涉员陶彬。
③ 指时任吉林省滨江道道尹、驻哈尔滨交涉员李鸿谟。
④ 《安插垦民三千人》，《吉林农报》第11期，1917年4月11日发行，"新闻"，第2—3页。
⑤ 指"第一次世界大战"爆发后日本攻击德国在华租借地青岛事件，详见下文。
⑥ 《山东同乡顾念桑梓》，《盛京时报》1914年10月1日第6版。
⑦ 《上大总统（三年十月六日）》，朱庆澜：《黑龙江政务报告书》（卷六·电稿），李兴盛、齐书深、赵桂荣主编：《黑水丛书》本之八，黑龙江人民出版社2001年版，第1169页。

真正农工,移徙江省,既足以惠灾黎,亦藉以实穷边,实为两便。此项移民经费,体察现在财力,原假定为六十万元,拟请财政部拨助二十万元,并请交通部对于灾地移民,视为特别,经过轮船、火车,一概免价,余由江、鲁两省分认"①。财政部据此认为,"胶澳启衅,淫雨成灾,小民荡析流离,嗷嗷待哺,非预筹补救之策,曷以济赈抚之穷,江省地广人稀,榛芜满目,历年从事垦辟者,本以鲁人为多,该巡按使等拟请移徙灾黎赴江垦殖,于因势利导之中寓移民实边之意,荒徼可期日辟,穷黎亦得所依归,洵于国计民生两有裨益",同意朱庆澜移山东灾民充实东北边疆之建议。关于减免灾民路费问题,交通部允诺,灾民若乘坐轮船,"按七折收价",若乘坐火车,则"灾民每名经过一路者,酌收车费一元"②。随后,经财政、交通两部会同核复后,"以遣送招待之事,既经两省分别担任,就目前财力所及,先为计口授田,积以岁时,自可推行尽利,至轮船、火车免费一节,经交通部拟定减折酌办",并"会呈大总统,奉批如拟办理"③。朱庆澜随即"电商督办山东赈务吕镜寰,移徙鲁省难民来黑,拨给荒地开垦",如此,山东难民"联袂来黑",朱庆澜为此专门饬令警察厅,"凡鲁省移来之难民,务须格外优待,一俟来多,以便安插"④。朱庆澜又鉴于"年关在即,转瞬春来,移民一节必须及早着手,以免临时无措",为此专门派员"为移垦委员,前往山东招该难民作速来黑,以便明春从事耕垦"⑤。最终决定,安插地点选在讷河,"移山东之灾民赴黑开鄂民遗下未垦之荒,其宗旨系以垦代赈,与周⑥前此办法大致

---

① 《上大总统(三年十月六日)》,朱庆澜:《黑龙江政务报告书》(卷六·电稿),李兴盛、齐书深、赵桂荣主编:《黑水丛书》本之八,黑龙江人民出版社 2001 年版,第 1169 页。
② 《财政 交通部会呈核复黑龙江巡按使电呈移民垦殖办法请训示文并 批令》,中国第二历史档案馆整理编辑:《政府公报》第 44 册,上海书店 1988 年影印本,第 325 页。
③ 《财政 交通部会呈移山东灾黎赴黑龙江垦殖》,《东方杂志》第 12 卷第 1 号,1915 年 1 月 1 日发行,"中国大事记",第 1—2 页。
④ 《鲁人联袂来黑》,《盛京时报》1914 年 11 月 6 日第 7 版。
⑤ 《黑省移垦消息一束》,《盛京时报》1914 年 12 月 24 日第 6 版。
⑥ 指周树模,在清末曾出任黑龙江巡抚。

相同①，惟此次则略有限制，非经挑选认为真正农民，不准移垦"②。为切实落实该项移民计划，专门制定了《黑龙江省移山东灾民赴江开垦章程》，共计4章21条③。章程规定，对于灾民，"遣送之事由山东担任，安插之事由江省担任"④，计划于1915年春季，引导"垦户到段，所拨之地限当年开齐"⑤。

经前期认真筹备，该项移民计划于1915年开始实施，⑥《盛京时报》对此次移民过程之报道较为全面。在该移民计划实施的过程中，由于奉天省为山东难民前往黑龙江省之中转地，奉天巡按使张元奇予以协助，曾致电山东巡按使蔡儒楷，"速照前议办法，务于开河之际将鲁省贫民乘轮送往奉省，以便资遣吉、黑两地，分别移住开垦荒地"，此外，还要求本省财政厅厅长董元亮，"速即筹款六万元，备充此次移民之用"⑦。当奉天省巡按使公署获悉山东灾民1000余人即将"由海路来奉"之消息后，为此特别饬令辽沈道道尹荣厚，"遇鲁省移民到营登岸，务须派员妥为保护，以免再蹈湖北移民之覆辙"⑧。除奉天省积极参与此项移民计划外，黑龙江省作为山东难民移垦之目的地，行政作为颇多。朱庆澜"以徙民伊始，招待宜周"，为此指令龙江道

---

① 指清末湖北灾民移垦黑龙江省讷漠尔河事件，该事件为清政府试图以关内难民充实东北边疆一次规模最大的尝试。1910年，时任黑龙江巡抚周树模与湖北省合作，迁移部分湖北灾民至黑龙江省讷漠尔河一带垦荒，希望以此达到既拯救灾民、又充实边疆之双重效果，但是，由于灾民整体素质不佳等各种复杂原因，最终毫无成效。此次民国政府同样移山东灾民至黑龙江省讷河一带垦荒，当局显然吸取了前次湖北灾民移垦失败之教训，处处注意避免重蹈覆辙，并因此终于取得了成效。
② 《黑省移垦史之一瞥》，《晨钟报》1917年9月7日第3版。
③ 该章程见何熜《龙江公牍存略》，文海出版社1978年影印本，第248—257页。
④ 《黑龙江省移山东灾民赴江开垦章程》，何熜：《龙江公牍存略》，文海出版社1978年影印本，第249页。
⑤ 同上书，第257页。
⑥ 据《政府注意移民政策》，《盛京时报》1915年1月23日第6版，移民计划最初决定："（一）中央拨发经费二十万元，山东、黑龙江省各担任二十万元；（一）运载轮船、火车之费，交通部饬令四平轮船减收七成，火车按人收费，每路一元；（一）山东派员护送抵黑省，由黑派员照料；（一）本年三月实行。"之后在具体执行计划时大致如此，仅经费方面有变化，详见下文。
⑦ 《实行移民政策》，《盛京时报》1915年2月11日第6版。
⑧ 《保护移民》，《盛京时报》1915年3月2日第6版。

道尹何煜派出5人为招待员，前往山东"迎护垦民"①。为减免移垦灾民路费之负担，朱庆澜"以垦民乘坐本国火车，业经商陈交通部，核准减价"，并"派员向南满、中东各路商令酌减，亦经南满铁路会社允将车价减成输送"，同时为使灾民顺利抵达，朱庆澜在铁路枢纽所在地"奉天、长春、哈尔滨等处，预先派员布置照料"②。当"鲁民陆续到境"后，何煜请求巡按使公署"派队保护"，朱庆澜为此"于沿途一带饬派军队，就近保护"③。山东省作为移垦难民原籍所在地，该省军政当局也予以配合。由蔡儒楷主持，"将无告贫民千余人由火车运奉，再转黑省，俾资授田垦辟"，并"派委员二名护送"，当时以泰武将军之身份督理山东军务靳云鹏"则饬军政执法官罗培鑾充作移民代表，以便与将军、按使接洽，商办一切"，并已到达奉天，会商移民事宜④。

按照原定计划，朱庆澜本来"拟请中央及山东各筹款二十万元，龙江亦筹二十万元，合计六十万元，以备移多数灾民赴龙江开垦"，但由于"中央及山东因款项支绌，未能筹拨，故龙江一省竭力筹措，仅得移灾民千余丁于讷河"⑤。关于此项移民经费问题之波折，详请见于财政部致袁世凯之呈文："查此案，前据江省电陈，请在该省清丈局所收荒价暨官银号垫拨，业奉电令允行在案。此次原呈内拟订章程，遣送之事由山东担任，安插之事由江省担任，是筹款本系江省专责。兹请

---

① 《移民垦荒之计划》，《盛京时报》1915年3月14日第7版。
② 《兼署黑龙江巡按使朱庆澜呈鲁省暨京兆宝坻等县灾民移殖到江谨将办理情形呈请训示文并批令》，中国第二历史档案馆整理编辑：《政府公报》第60册，上海书店1988年影印本，第375页。
③ 《龙江移垦近闻》，《盛京时报》1915年3月19日第7版。
④ 《移民代表来奉》，《盛京时报》1915年4月2日第6版。
⑤ 郭葆琳、王兰馨：《东三省农林垦务调查书》，东京神田印刷所1915年发行，第316页。此千余灾民并非全部安置于讷河，据《兼署黑龙江巡按使朱庆澜呈鲁省暨京兆宝坻等县灾民移殖到江谨将办理情形呈请训示文并批令》，中国第二历史档案馆整理编辑：《政府公报》第60册，上海书店1988年影印本，第375页，此批山东灾民移殖黑龙江省，100户587名安置于讷河县，17户97名安置于拜泉县，47户278名安置于肇东县，48户179名安置于通河县，共计212户、1141名。

截留验契费二十万元作为中央补助经费，查验契为解部专款，未便由外省率请截留。①且复核所拟办法大纲，于救灾实边本属兼筹，并顾其赖官力辅助之户，仅第四项有人无资一种。②况于山东出境之时，复由两省派员会同检查，惟取壮丁，俾胜利作，游民概不容羼入，老弱又先予汰除，悬例綦严，合格便少。而于江省入境之后，先尽讷河县属前移鄂民案内腾出房井拨用，是所缺亦仅籽种、牛只、器具等物，似尚轻而易举。该省详细概算现尚未据造送，无从核计，惟综察所拟办理情形，所需经费应亦不至过巨，本省当可自筹。拟请饬下江省巡按使先将详细概算送部后，再行核办。"袁世凯据此批令，"准如所议办理"③。

可见，财政部罗列种种理由，以为筹款移民系黑龙江省之专责，与己无关，拒不拨款，并得到袁世凯之首肯。中央部门拒不拨款，灾民原籍所在地山东省亦"仅任遣送之费"，并且"改易宗旨，仅任第四种垦户遣送费，其第三种川资则只补助四分之一五，第一、二两种并不加补助"④。移民实边乃当时国家要政，中央部门、山东省此举显

---

① 据《致财政部（三年十二月五日）》，朱庆澜《黑龙江政务报告书》（卷六·电稿），李兴盛、齐书深、赵桂荣主编：《黑水丛书》本之八，黑龙江人民出版社2001年版，第1171页，朱庆澜在致财政部之电文中，一方面希望财政部能够及时下拨中央移民专款20万元："兹事需款最繁，大部不予拨款，江省财力过单，万难有济，仍恳照数饬拨，以成斯举"；另一方面鉴于经费短缺，对于由黑龙江省承担之移民经费做出变通筹款方法，呈请财政部批准："本省筹拨二十万元，在此次清丈地价内酌量附加，计收入须在明年，现在需用甚急，无款挪垫，将各县验契解款一律截留应用，俟前项附加各款收到，即行归垫解部。"财政部不但拒不下拨本应由其承担的移民经费，对黑龙江省筹划移民经费的变通方法也不予批准。
② 据《黑龙江省移山东灾民赴江开垦章程》，何煜《龙江公牍存略》，文海出版社1978年影印本，第248—249页，章程第1章"总纲"第1条规定："移民开垦，分四种办法"，具体是："一、有资本之户，购垦民田、领垦官荒，均听其便；二、由业主垫款承垦有主荒地，垦熟按成分地；三、承佃或代种有主熟地，秋后交纳租粮，或按成分粮；四、有人无资，由官拨地垫办，分年偿还。"在这四种移民类型中，"前三种为力能自给之户，第四种为赖官补助之户。"财政部据此认为在山东垦民中，完全需要官府资助者不多，因此移垦费用也不会很多，以此为由，拒不拨款。
③《鲁省移民案之概算》，《盛京时报》1915年4月1日第7版。
④《兼署黑龙江巡按使朱庆澜呈鲁省暨京兆宝坻等县灾民移殖到江谨将办理情形呈请训示文并批令》，中国第二历史档案馆整理编辑：《政府公报》第60册，上海书店1988年影印本，第375页。

然有推卸责任之嫌,从反面亦可看出黑龙江省在实施此项移民计划时所付出的努力,在财政紧张、经费短缺的情况下,朱庆澜坚持推进此项移民实边事业,难能可贵。

尽管由于移垦经费方面出现了困难,以至于无法尽可能多地移垦山东灾民,但该项移民计划仍较顺利地得以执行。山东灾民抵达黑龙江后,按照原定计划,大部分被安置到讷河一带垦荒,"计先后送到垦户共一千余人,现在以强半安置讷河,其余各户亦于各属分别安插"①。垦民抵达荒段之后辛勤劳作,当年"在讷河已种成熟地六千余亩,连开成生荒共一万余亩,进行颇称迅速"②。垦务主持者、龙江道道尹何煜对此颇为满意。他指出,"鲁民仅占头屯一处,一年以来所开之地已较鄂民为多。查前鄂民垦地无多,逃亡相继,成效毫无。该屯地质甚优,除督饬鲁民垦殖外,并于附近鄂屯及其他余荒设法招垦,缓期收价,以辟地利而兴地面"③。何煜还展望,来年计划"拟种千余晌,以便垦足二千晌",以后"逐年进行"④,进一步扩大规模。可见,与前次湖北难民移垦不同,在不长的时间内,山东难民移垦已初见成效。

二 讷河"移民代赈",安置直隶灾民

民初引导难民到东北垦荒实边,除山东难民移垦黑龙江省讷河之外,其他事例亦有。当时,直隶是关内仅次于山东的东北移民原籍所在地,每年均有大批直隶难民涌入关外。中央政府与东北地方政府对安置直隶灾民并借此充实边疆之事务颇为重视,据《盛京时报》之报道,"内务部以黑龙江沿边地方土旷人稀,行政上之计划殊有缺点,

---

① 据同上书,第375页,"以上配送各县,惟讷河设有督垦处,由该处会同知事办理,一应房井、农具、籽种、粮草、家具等项,均饬先期购置齐全,其余拜、肇、通三县,则责成招待员会同各该知事办理。"

② 《上大总统发达拓殖事业说帖(代巡署拟)》,何煜:《龙江公牍存略》,文海出版社1978年影印本,第226页。

③ 《上巡署到江后业经办理各事节略》,何煜:《龙江公牍存略》,文海出版社1978年影印本,第240页。

④ 同上。

日内拟将直隶近被水灾数县之人民移徙百户以备实边之选,并在沿边地方设立男女工艺厂及垦荒公司,藉以振兴实业、推广生计"①。

中央部门有此移民规划后,黑龙江省地方政府予以积极配合,并决定仍以讷河县作为直隶难民之安置地点。讷河县县知事赵秉璋建议:"该县近年垦民纷至,地利渐兴,而莽莽原野,究难免有漏辟之处,若不设法经营,急起直追,将来清丈告竣,按地升科,诚与课赋有碍。兹查本年直隶天津、武清、宝坻、宁河四属均皆大水为灾,哀鸿遍野,详请巡按使署拟专派妥员前往各灾区分别招徕,先试招勤朴壮丁百户,咨由交通部发给免票,移殖来江。其勤于治事之男子拟先由工艺入手,筹设勤工厂一处,庶使春夏耕耘、秋冬习艺;妇女则悉归教养院。如此既无旷业之民,亦鲜弃利之地,诚一举而数有裨益。"②

朱庆澜接赵秉璋呈报后,完全赞同,并咨文交通部,首先进一步阐释此举之重要意义:"国以民为本,民以食为天,仓廪足而四维张,实业兴而三事治。比岁以来,水旱洊至,年谷不登,颠沛流离,转徙沟壑。念内地之灾沴,饥馑频仍;抚边省之荒原,草莱依旧。与其坐困故土,孰若企业他乡?此移民政策所以盛行于东西,而工艺方针乃渐趋垂于中外。查直隶永定河连年大水,今夏尤甚,沿岸各县居民受灾甚巨。本省财政奇绌,深愧资助无方,第是工垦需人,尚可移民代赈。兹拟先移此项灾民百户,来江省讷河县,学习工艺,兼事耕垦。幼女归教养院,男丁入劝工厂,妇女入女工厂,三年期满,计夫授田,俾令各安生业,并经讷河县拟具详细办法,派员往招。以工代赈,失所者庶不至靡瞻靡依,募众实边,垦荒者行将见成都成邑。一举两得,

---

① 《内务部拟移直隶灾民实边》,《盛京时报》1914年9月25日第7版。据黑龙江省档案馆、哈尔滨师范大学历史系编《黑龙江历史大事记(1912—1932)》,黑龙江人民出版社1984年版,第31页,在内务部做出规划之前,黑龙江省地方政府已开始着手此项工作,1914年5月,讷河县招募直隶水灾难民,兴办"劝工厂","该厂原有荒地八百一十垧,到1919年9月关闭时已垦出熟地五百零五垧"。

② 《讷河县之实边政策》,《盛京时报》1914年10月1日第6版。

莫善于斯。"① 然后，朱庆澜提出要求，希望交通部襄助："惟是山川迢递，跋涉实属维艰，款项奇绌，代筹又难为力。一再熟思，惟有恳祈大部，体念灾民，准援本省移殖鄂民及直隶军粮城苦工免票各成例，从速发给由京至奉火车免票若干张，俾彼嗷嗷哀鸿，得于天气和暖之时，早日到江，无误安插，实纫公谊。"②

朱庆澜在致交通部之咨文中，附有《黑龙江省讷河县移民代赈办法》共计10章17节。③ 第1章"总纲"第1节宣布："现在江省土满，亟待招徕，直隶人满，又膺灾患，若以直省有余之人民，开拓江省有余之土地，甚属相宜。惟国人通病，安土重迁，非出于万不得已，决不肯轻去其乡。迩来盗贼肆起，水旱频仍，困苦流离，民不堪命，国库既异常支绌，赈抚亦有时而穷。兹拟指定讷河最膏腴之地，移殖天津、宁河、宝坻、武清受灾最重之民，或垦或工，以资代赈。"第2节宣布，"拟不动巨款，先移灾民百户，小试其端，以借垫为始基，以收益为效果。借慈善之事业，作垦殖之前趋"。④ 第2章"安插"第3节规定："讷河招股设立劝工厂，内分两大部：一曰建筑部，凡木工、泥工、石工、铁工、土工等科隶之；一曰林垦部，凡开地、种园、凿井、芟草、刊木等科隶之。外又集股设立女工厂，内分缝纫、纺织、编物等科。难民之来江者，其男子则各就所长，分别入劝工厂作工，妇女则入女工厂。俟明年女子教养院成立时，再将幼女提出，拨归教养院"。第4节规定："讷河衙署、学堂、桥梁、道路诸待修葺，民间盖房、凿井零星工程亦多，凡入建筑部之工人，即承做以上各项工程人。讷河照章应拨学田四千晌，拟由地方筹款，再续领四千晌，统用

---

① 《咨交通部招募天津等县灾民开垦习艺请发给免票文》（附移民代赈办法），朱庆澜：《黑龙江政务报告书》（卷三下），李兴盛、齐书深、赵桂荣主编：《黑水丛书》本之八，黑龙江人民出版社2001年版，第900—901页。

② 同上书，第901页。

③ 详情可参见朱庆澜《黑龙江政务报告书》（卷三下），李兴盛、齐书深、赵桂荣主编：《黑水丛书》本之八，黑龙江人民出版社2001年版，第901—905页。

④ 《黑龙江省讷河县移民代赈办法》，朱庆澜：《黑龙江政务报告书》（卷三下），李兴盛、齐书深、赵桂荣主编：《黑水丛书》本之八，黑龙江人民出版社2001年版，第901—902页。

林垦部之工人开。三年开熟之后,学田净得熟地四千晌,下余熟地四千晌,由工人备价承领,归伊管业,即学田应劈之熟地,亦仍归该工人等佃种,按年出租。"第5节规定:"劝工厂、女工厂均定以三年工满,工满之后,每夫授熟地百亩,窝棚三间,或缴价纳租,各安生业。"①第3章"招徕之机关"第6节规定:"在芦台、山海关、新民县、江省省城,设移民临时招待所各一,讷河设移民总招待所一。由新民县至江省省城,陆路共一千七百里,各就站道,酌设临时马拨,接替护送。"②第5章"移民之手续"第10节规定:"由芦台至新民县,中国火车拟由江省巡按使署咨请交通部发给免票,由专办移垦委员先期祗领,以备应用。由新民县至江省,再由江省至讷河,统雇用大车或辘辘车转运。仍请由巡按使咨请奉天巡按使署发给护照,并通饬沿途各县各驻队保护。"③第7章"借垫之办法"第13节规定,移民费用,"由清乡罚款项下借垫六千元,由讷河八旗押照存款项下借垫六千元。除以慈善名义分投募捐,俟集有成数,提前归还外,其余均由所移之民分年担负"。④第9章"授田之结果"第15节规定:"此项移民,既分别归入建筑、林垦两部,除有余暇包办工程,承揽开垦外,应先尽学田八千晌经营。限三年之内,土地一律开熟,房井一律完竣。三年之后,每名除提三成工资偿还移民借垫外,尚余工资八十四元。又学田开垦成熟,除交出四千晌外,尚余四千晌,应劈给劝工厂。该厂即以此四千晌熟地,安置一百户移民,令其男女团圆,各安生业"⑤。此项"移民代赈办法"由讷河县县知事赵秉璋拟订,经巡按使公署批准执行,并"责成该县负完全责任,妥慎办理,随时详

---

① 《黑龙江省讷河县移民代赈办法》,朱庆澜:《黑龙江政务报告书》(卷三下),李兴盛、齐书深、赵桂荣主编:《黑水丛书》本之八,黑龙江人民出版社2001年版,第902页。
② 同上书,第902—903页。
③ 同上书,第903页。
④ 同上书,第904—905页。
⑤ 同上书,第905页。

报查核"①。

朱庆澜咨请交通部减免难民旅费,交通部据此回复:"查京奉铁路,因合同关系,一切运输向无免费之例。江省地广人稀,沃野千里,货弃于地,兹因直省水灾甚巨,贵巡按使轸念灾民,兼筹边计,移民代赈,教养兼施,一切办法,规划周详,荩筹至佩。本部自应极力维持,襄兹善政。此项移民车费免收既难照办,查每年天津各处小工乘车赴奉,每名酌收车价三元。此次移民就赈,本部拟再变通办理,所有由芦台至新民三等车价,拟饬京奉路,每人口无论男妇幼稚,酌收车费一元,分三次运竣,每次二百名。由芦台专办移垦委员先期向京奉局领取凭照三纸,于起运时,先期持照赴站换票,接洽备车输运。"② 按照交通部之回文,虽然没有全免车费,但减价酌收,对直隶难民还是有所优惠的。

移直隶灾民之计划得到批准后,赵秉璋开始负责将其实施。赵秉璋首先"详请龙江道尹,借垫移民川资"。到1915年初,赵秉璋又面见何煜,陈述其移民计划。由于"春融在即,房架井木、打绳编篱均应欲为筹备",以便为垦民就垦提供生活便利,赵秉璋为此已专门派出移垦专员及招待员"前赴京兆、宝坻等处,接运壮丁二百名来讷,以为将来房井、犁具之预备"。并计划于当年阴历三月,将剩余壮丁"分第二、第三两起,及老少妇女,一并接运到段"。赵秉璋认为,垦民"经过沿途火车各站,虽芦台设有总招待事务所,奉天、长春、哈尔滨等处设有分招待所,而垦民太多,上车下车在在需人照料,请分咨保护"。何煜随即请求朱庆澜,"迅咨京兆尹转饬宝坻等县知照,及直奉吉三省巡按使转饬各关各县,一俟垦民到境,分饬军警妥为保

---

① 《饬龙江道尹据讷河县详设劝工厂招募直省灾民习艺文》,朱庆澜:《黑龙江政务报告书》(卷三下),李兴盛、齐书深、赵桂荣主编:《黑水丛书》本之八,黑龙江人民出版社2001年版,第907—908页。

② 《交通部咨》,朱庆澜:《黑龙江政务报告书》(卷三下),李兴盛、齐书深、赵桂荣主编:《黑水丛书》本之八,黑龙江人民出版社2001年版,第901页。

护"①。此次直隶移民共计1373名，由直隶出发，经由长春北上黑龙江省。②但是，最终于1915年5月间抵达讷河之直隶灾民仅171名，"由讷河县安置，所需迁移费六千元，亦由移殖鲁民经费内匀拨开支"③。

综上所述，民国初期，由政府组织、以开垦边荒为主要形式的两次关内难民充实边境之事例，尽管规模有限，但都取得了一定的成效，成为当时东北移民实边政策实施的有益尝试，并为20世纪20年代尤其是20年代后期出现的难民潮涌东北之现象做好了前期铺垫。

三 军屯实边之建议与规划

（一）军屯实边建议之提出

在民初东北移民实边舆论潮流中，通过军队屯垦之方式以巩固边疆安全是其中重要之组成部分，报纸杂志、政府官员及军事将领等均曾倡导此说。

如前文所述，张景阳有关于设立拓殖银行以开发边疆之实边建议，作者在同文中还建议实施军屯实边。张景阳认为："江省东西北三边，外则俄屯比栉，军队雄厚，强邻之窥视日逼日紧；内则蒙藩错落，萑苻潜伏，盗匪之扰害时出时没。有此外患内忧，而欲移民殖边，非有重兵保护，佃民之生命财产，何所恃而不恐乎？无如封疆辽阔，粮草毫无，欲调军队，则转运非易，欲添防守，则薪饷倍增，求一举两得，莫屯垦若也。"④ 如何"调拨军队以分段屯垦"？作者提出具体建议："其安插则六里见方为一井，设一营，五井设一协，五十井设一镇，每井二八八行弓，合地一千六百二十垧，五十井合地八万一千垧。每镇一万二千五百人，除去房井、道路占地外，每人均地六垧，责令三

---

① 《龙江移垦近闻》，《盛京时报》1915年3月19日第7版。
② 《江省移民过长》，《盛京时报》1915年4月22日第6版。
③ 《兼署黑龙江巡按使朱庆澜呈鲁省暨京兆宝坻等县灾民移殖到江谨将办理情形呈请训示文并批令》，中国第二历史档案馆整理编辑：《政府公报》第60册，上海书店1988年影印本，第376页。
④ 张景阳：《垦务刍言》（续第1期），《黑龙江实业月报》1912年第1年第2期，"投稿"。

年垦齐,头年垦十分之四,二、三两年各垦十分之三。其办法则每营备垦犁二十五具,房院牛犁籽种,由各营自备。垦熟之地,十年起租。历年出产粮石,官长得十之二,士卒得十之八,按照各领饷项,酌分等第。各管所垦之地,并须各营自由招户变卖,租种得价,亦如上分劈,亦不征荒价,以予利权。"①为使军屯收到捍卫边疆的预期效果,作者还建议在军屯实施过程中实行奖惩制度,官兵所拨荒地,"如能如限垦齐,照战功保奖,逾限未垦齐者,酌量降调,以示劝惩"②。作者展望,"三年为期,将薪饷停放,士卒退归农伍,再招二班,此际粮石易购,货物流通,一镇薪饷可调两镇屯垦,量无不乐为之者。如此循序渐进,而边荒有不日见垦辟者哉?农尽知兵,而封疆有不日见巩固者哉?"③张景阳所论有其合理性,民初由于政权更迭,导致全国局势不稳,边疆地区更是如此,东北地区亦不例外,当地胡匪猖獗,对移民的安全问题造成严重威胁,并阻碍垦务之顺利开展,④以军队保护垦民并兼行屯垦,为一举两得之法。

杨熙在《请放蒙荒安插军队意见书》中,主张在内蒙古实行军屯。作者认为,"各省军队林立,隐患滋多",为防患于未然,"若将此辈移植于东北边地,使作垦荒之业,尤为根本至计,边荒安插一万军队,内地即减少一万游民,曲突徙薪,保全甚大,裕国安民之道,莫善于此"⑤。杨熙指出,东北蒙地,"未经开放者尚多,辽阔无垠,极目千里"⑥,堪称极佳之军屯地域。但是,一般而言,"蒙古王公囿于见闻,恒持保守主义,数百年来,据有膏腴,利源坐失,多藏诲盗,

---

① 张景阳:《垦务刍言》(续第1期),《黑龙江实业月报》1912年第1年第2期,"投稿"。
② 同上。
③ 同上。
④ 关于此点,朱庆澜亦曾指出,黑龙江省"到处膏腴,民居寥落,盗踪四伏,抢劫频闻,是以远人裹足,视为畏途,绥边殖民,尽成空论"。——《呈大总统保王顺存赴京觐见并请优加擢用文》,朱庆澜:《黑龙江政务报告书》(卷五),李兴盛、齐书深、赵桂荣主编:《黑水丛书》本之八,黑龙江人民出版社2001年版,第1113页。
⑤ 杨熙:《请放蒙荒安插军队意见书》,《黑龙江实业月报》1912年第1年第3期,"来稿"。
⑥ 同上。

外人生心",此为军屯之阻力,如何化解？"现在五族共和,正宜设法联络,晓以利害,方能乐于从事"①。作者还规划了军屯之方案,重点在于解决屯垦经费问题。"事之成否,每视经费之盈绌以为衡,未有费不充而事克有济者。但筹款一事,最属困难,若必仰给于司农,窃恐日久而难恃。苟以放荒地价作为屯垦专费,乃两便之道也。"开办经费主要应用于"建房、凿井、购牛、办种、津贴川资"等,支出项目如下："每地一方建房四间,作为屯兵居住之所,约七八十元；耕地用骡或马一二匹,即可敷用,约四十五元；凿井一口以及种子,约八九十元；每兵一名开赴屯田,所须川资约十余元。"如此,"以万人计算,则共约四十余万元,此屯兵万人之开办经费也"。常年运转经费以3年为期,共约364万余元,"此项用费,第一年以放荒地价作抵,第二、三年以该田所出粮价作抵,均觉有盈而无绌,初无藉国家之另筹的款"②。

此外,《盛京时报》也曾刊登建议实行军屯实边的论说："外患之侵入,盖如疾风骤雨之相逼而来,稍一徘徊,便无以善其后,故非于沿边屯驻重兵,万不足以固吾圉也,夫既不能不于沿边屯驻重兵,而饷糈则必须转自内地,又将演为倍极困难之问题,故非于一方面调集重兵沿边置戍,一方面为军屯之计划,使足以经久。"③

如前文所述,辛亥革命前后,俄国乘中国政局不稳之机在我国北方边疆地区图谋进行颠覆活动,其中包括在内蒙古哲里木盟科尔沁右翼前旗及右翼后旗等地区煽动武装叛乱,导致当地危机重重。奉天省洮南、辽源等地区处于科尔沁蒙旗重要位置,并与外蒙古相邻,驻烟台民军统领顾仁邦据此建议将遣散之军队调至辽源一带实行屯垦,并具体拟订方案,"上级官长于遣散时拨给辽源一带蒙荒千

---

① 杨熙：《请放蒙荒安插军队意见书》,《黑龙江实业月报》1912年第1年第3期,"来稿"。
② 同上。
③ 《论应以军屯为固圉之谋》,《盛京时报》1912年12月11日第1版。

亩，中级官八百，下级官四百，其余目兵亦各拨给百亩"①，认为此举不但可以以兵成边、化解当地危机，而且可以节省军费开支，减轻国家财政负担。

东北地方官员也曾经主张在东北实行军屯。与顾仁邦见解相似，曾以镇安上将军之身份节制东三省军务的张锡銮鉴于"洮南、辽源一带与东蒙古毗连，沃野千里，尚多未垦地亩"，遂"与中央政府商准，在该地创行屯田制度，寓兵于农，以开辟地利而便巩固国防"②。张锡銮与奉天巡按使张元奇还曾就此做出具体规划，"以陆军防营中退伍兵士每名拨给荒地若干，另给籽种之费"；为督促屯兵尽快开垦，规定"有能于二年内全行垦熟者，即将籽种费作为奖励，如逾三年成熟者，令其分年摊还"；至于纳租之事，"五年后升科缴租系东省特定专章，不能更改，只可于地价一层酌分等级，宽定年限，分成匀缴"③。二张并派员初步制订了细则，但未经核定，二人离任。继张锡銮之后，段芝贵以镇安上将军之身份督理奉天军务并兼署巡按使，到任后也曾主张实行军屯，"以东省荒地广漠无垠，且屯田之制寓兵于农，意美法良，施行于今日之东省，尤属相宜"，为此"特令秘书会同草拟施行细则之员详细研究"④。此外，时任驻奉天第27师师长张作霖觐见袁世凯时在条陈中也曾提出建议，在东北"开垦荒地，以退伍兵任之"⑤。

----

① 《拟拨荒地以安置遣散之民军》，《盛京时报》1912年9月27日第6版。
② 《上将军创办屯田志闻》，《盛京时报》1915年8月20日第6版。
③ 《续拟屯田制》，《盛京时报》1915年10月10日第6版。
④ 同上。另据《复行屯田制度之陈请》，《盛京时报》1915年10月26日第6版，段芝贵在陈请实行军屯时，曾列举四方面之意义："一可期军额之增多，二不多需养兵之费用，三可充实边防，四可以开潜地利。"段芝贵除建议实行军屯外，也曾建议移难民实边，据《议移灾民实边》，《盛京时报》1915年11月21日第6版，段芝贵"以移民实边政策为当今急务，且于我东三省利害关系极为切要，未容只有空谈而无实效"，为此计划，"移民地点为抚松、辉南、醴泉、安图等县"，将"受灾各县居民资迁"。（辉南今划归吉林省）。另据《难民移黑开垦》，《盛京时报》1915年12月3日第6版，由于1915年夏季，"奉属各县多被水灾，饥民到处皆是"，段芝贵认为，"正可利用此时，将饥民迁往黑龙江开垦"，当时，"辽阳、新民等县愿往之民，已有二百一十余户"，段芝贵为此曾咨商朱庆澜，"筹备安插办法"。
⑤ 《张师长治边之条陈》，《盛京时报》1915年8月14日第6版。

黑龙江省呼伦贝尔地区叛乱引起了东北军事将领的关注,驻呼伦贝尔第29师113团团长蔡某曾就如何化解当地危机提出建议,其中一点是"屯田实边",具体建议是,"实行寓兵于农之法,即将荒段划作屯田",实行军屯,"所有房井牛粮籽种暂由公家筹垫,以下级军官兼充乡官,稽查农务,考其勤惰,不出两年,就地所出之粮足敷军用,不惟无运输之劳,且省粮草之费"①,如此于国家财政、国防安全均有裨益。

(二)军屯实边之结果及分析

如上所述,民国初年出现了实施东北军屯之呼声。而在此之前,清政府在推行东北移民实边政策的过程中,曾将军屯作为政策实施的重要手段之一,并有具体实施的事例,②而民初东北军屯更多的是关于该方面的倡导和建议,并未见诸行动,其原因何在?清廷在其统治末期尽管已是日薄西山,但由于挟200余年统治之余威,尚能在表面上控制全局,因此在东北边疆能够实施军屯,当然,因财力紧张、管理不善、任用非人等种种复杂因素而未能收到实际预期效果,而民初由于政局动荡、军阀纷争,致使权威不足的民国中央政府并不具备将军屯实边之建议付诸实施的能力。

民初军屯实边最大的症结在于仅流于设想、规划等层面而不能真正得以贯彻执行,其原因相当复杂,试分析如下。

第一,出于狭隘的地域观念,民初地方纷争严重,地方当局为自保地盘不惜置国家边政于不顾。据《盛京时报》报道,民国建立不久,山东都督胡瑛曾发出通电,指出由于军队庞杂,致使国家"财政艰难已达极点",因此"现在各军必须裁撤",而"被裁军队倘不熟筹安插之方,即有流离失所之患"。为解决这一问题,胡瑛建议,在蒙古、西藏、新疆及东北等边疆地区,"仿古屯田方法,配置被裁军队,

---

① 《蔡团长治蒙政策》,《大公报》(天津版)1919年11月28日第2版。
② 清末军屯实边,以黑龙江省蒙地札赉特旗哈拉火烧军屯事件最具典型性。1908年,东三省总督徐世昌与黑龙江巡抚周树模奏请在哈拉火烧实行军屯,以黑龙江民政司使倪嗣冲具体筹办,最终由于倪嗣冲腐败营私、办理不善及士兵不安稼穑等原因而无法推行,以失败而告终。

假以资财，督之耕作，一二年后即可自食其力"，如此可以解决这一社会现实问题。胡瑛同时认为，东北等边疆地区大多"旷无居人，故人多以为瓯脱，狡焉思逞，国防不固"，若能实行军屯，"移被裁之军实边远之地，寓干城之士于耕种之民，一旦有事，在边者可作先驱，在内者即为后盾，筹边之术，似以此为上策"①。姑且不论胡瑛所言能否实现，单纯从立论角度而言，自然有其道理，对于实行军屯既可安置闲散军人、更能捍卫边疆的分析也较为透彻，但其反响又如何？东三省旅京团体获悉此音讯后大加反对，理由是："东三省荒地东三省人民自能开垦，勿劳外人越俎代谋。且北方天气苦寒，为南方军队所难堪。至于风土人情、习惯语言，亦与南军队诸多扞格，若贸然前来屯垦，不独毫无利益，必至时起骚扰。无论如何，东三省人士决不承认。"地域之争、门户之见于此立现。不仅如此，甚至宣称，"倘胡瑛坚欲前来东省，必以武装对待"②。结果胡瑛的建议最终作为罢论。③出面反对胡瑛建议的是东北旅京团体，而幕后支持者为当地官员，因担忧外省军队进驻会危及其既得权势而加以反对，以小集团之私利为出发点，边疆安全则被置诸脑后。④

第二，民国政府在调动军队屯垦方面无能为力，无法行使相关权力。张景阳在建议实行军屯的同时，已有如下之担忧："塞下屯田，虽古有成效，而行于今日，则戛乎其难矣：将弁骄浮，未习耕作，其难一；士卒懒惰，不耐勤劳，其难二；库帑空虚，无可筹拨，其难

---

① 《烟台来电》，《盛京时报》1912年3月9日第4版。
② 《反对胡瑛来东屯垦之激烈》，《盛京时报》1912年5月7日第5版。
③ 据《胡瑛东三省之行作罢》，《盛京时报》1912年5月12日第5版，东三省旅京团体"因反对胡瑛赴东三省屯垦"，为此"公举代表谒见大总统，力陈该省反对胡瑛之情形及重兵屯垦之窒碍，大总统之意亦谓，余亦知此事之不可行，必不令胡瑛统兵徂东"。
④ 据《赵都督阻止屯垦使》，《盛京时报》1912年9月7日第6版，"胡都督移屯东三省一事，曾经赵都督电阻"，"近因蒙乱未艾，主张移屯实边者又视为唯一办法，赵都督以东省困难，陆防饷早成剜肉补疮，倘骤添壮丁万人，柴米之供应实难筹措"，"况蒙匪指日可平"，故此事可"再从缓议"，"业将此意电达中央政府"。东北官员反对之态度于此可见。

三。"① 张景阳所虑并非杞人忧天，民初军队在很大程度上形同军阀私人武装，主要为供大小军阀广占地盘、扩张势力的工具而存在，军阀武装一向骄横，根本不会听从中央政府的调遣，赶赴边疆屯垦实边。另外，民初武人当道、军队林立，军费开支巨大，国家财政在很大程度上被军阀穷兵黩武所消耗，用于边政的经费十分有限，没有财力上的有力支撑，军屯很难顺利而持久地开展下去，正因为如此，民初军屯实边的成功范例并不存在。

第三，民初政局动荡，当政者忙于争权夺利，某些高官表面上对军屯实边并不反对甚至加以倡导，但实际上对此漠不关心而故作姿态，当时必欲取东三省最高统治权力的张作霖堪称代表，导致军屯实边之建议虽多但往往束之高阁，无法真正实现。

民初东北军屯实边建议之出现是当时边疆危机日益加深的产物，有其合理性和积极意义，② 如果能够真正贯彻执行，对于巩固边疆安全将会利莫大焉，但由于各种原因，未付诸实践。尽管如此，民初军屯实边设想中所包含的合理性主张和建议，均以消除边患、巩固边疆安全为出发点，应予以肯定，并对之后东北军屯之实践如兴安区屯垦具有启发意义。

---

① 张景阳：《垦务刍言》（续第1期），《黑龙江实业月报》1912年第1年第2期，"投稿"。
② 关于此点，可参见《续拟屯田制》，《盛京时报》1915年10月10日第6版，"移民实边为东三省最要之务，即可开垦荒地成为繁盛之区，又可巩固国防以厚本国之势力，凡属筹边者，莫不采取此义"。

第三章

东北边疆危机之持续发展
(1918—1931)

1917年,是俄国国内局势发生巨变的一年。二月革命导致沙皇政府垮台,十月革命又使以克伦斯基为首的资产阶级临时政府昙花一现,到20世纪20年代,苏维埃政权最终掌控了俄国的一切权力。富于侵略中国(尤其是中国东北)传统的沙皇政府的垮台、苏维埃政权一度对我国示好的表现,使很多中国人对两国关系的发展前景充满了美好的遐想,但是,事与愿违,苏俄(联)政府的某些作为,尤其在事关我国东北地区问题方面的表现,使国人的幻想归于破灭。日本则乘侵夺我国东北权益的最大对手发生巨变之机,进一步加大对我国东北的侵略力度,并最终通过发动"九一八"事变,将我国东北全境置于其殖民统治之下。至此,近代中国东北边疆危机自19世纪中期由帝俄始作其俑、日本变本加厉于其后,历经七十余年,到20世纪30年代初期,趋于极点。

第一节 苏俄(联)与中国东北边疆安全问题

1917年11月7日,俄国爆发十月革命,苏维埃政权取代原资产阶级临时政府成为中国最大陆上邻国的主宰者。北方邻国局势的剧烈变化，为我国东北边疆安全带来了新的问题。

一 中东铁路及"铁路专用地"主权问题：因俄国新旧政治势力内争而引发

十月革命发生后，俄国政局错综复杂，新生的苏维埃政权与不甘心退出历史舞台的旧俄白卫势力之间争斗不休，所谓"战团林立，党派纷争"①。俄国内部新旧政治势力的斗争，对我国东北边疆安全构成了新的威胁。②

（一）旧俄白卫势力侵犯中东铁路及"铁路专用地"之主权

如前文所述，中东铁路自清末建成通车以来，铁路本身连同相关路区即所谓"铁路专用地"，事实上成为俄国在我国东北的殖民地。十月革命之后，中东铁路会办（中东铁路局局长）霍尔瓦特成为中东铁路及"铁路专用地"内旧俄反苏维埃势力之代表人物。

霍尔瓦特自1903年7月14日起，开始充任中东铁路会办之职。③

---

① 《大总统令》，曲友谊、安崎：《远东资料——〈远东报〉摘编（1916—1921）》（上），哈尔滨市地方史研究所1980年发行，第71页。

② 试举数例，以说明此问题。第一，据孙蓉图修，徐希廉纂《瑷珲县志》卷5（外交志·关于俄乱筹备防务纪），李兴盛主编：《黑水丛书》本之十一，黑龙江人民出版社2006年版，第1588—1589页，在黑龙江流域，十月革命后，"俄阿穆尔省发生政争，新旧两党各拥众兵相持不下，兵匪不分，秩序大乱，烧杀抢掠之案，日有所闻。华岸受其影响，谣言纷起，人心惶恐异常。"1918年3月，俄国新旧两党开战，"旧党势力不支"、"全军败窜"，"逃来俄军千余，难民无算，以黑河弹丸之区，遽添若许兵民，其拥挤扰乱情形已可想见"。更为严重的是，俄国"两党仇敌，一党避居我岸，若不设法疏通，其危险更不待言"。第二，据黑龙江省档案馆、哈尔滨师范大学历史系《黑龙江历史大事记（1912—1932）》，黑龙江人民出版社1984年版，第80页，1918年7月，谢米诺夫所部白卫军"为红军所败，越境退入满洲里"，苏俄红军意欲"越境追剿"。第三，据吉林省档案馆编《吉林省大事记（1912—1931）》，1988年内部发行，第167页，1920年3月，来自伯力的旧俄白卫军400余人"携带枪炮辎重，战败窜来饶河"，苏俄红军千余人有越界追击之意图。关于俄国新旧政治势力之斗争及对中国东北边疆安全所造成之威胁，有学者曾总结如下："一、俄国赤白两党势力的消长，在西伯利亚和北满有长久的历史；二、白党因有日本在背后加以指使和掩护的缘故，于是盘踞之地，常在中国边境；三、白党朝东跑，赤党从后而追。这些事实，就是构成那时纷乱情形的主因，同时也就是遗留了后日中国边患的种子。"——高良佐：《中东铁路与远东问题》，上海太平洋书店1930年版，第55页。

③ 哈尔滨市地方史研究所编：《哈尔滨历史编年（1896—1926）》，1980年发行，第201页，《附录七·中东铁路历任督办、局长表》。

1917年3月，俄国发生二月革命，沙皇政权垮台，代之而起的俄国临时政府继续任用霍尔瓦特。十月革命之后，霍尔瓦特对十月革命及苏维埃政权极端仇视，"自知未便服从过激党政府，决定另组管理部，以应合新发生之事势"①，遂以忠于旧政权的部分俄国护路军为基干力量，纠集旧俄白卫势力，以中东铁路及其"专用地"为依托，"一面宣布中东铁路'独立'，一面继续扮演中东铁路'路区'独裁者的角色，紧紧抓住原有的殖民特权不放"，将哈尔滨作为"侵略中国东北地区的中心和反对苏维埃政权的基地"②。

1918年2月，被苏俄红军击溃的白俄军队非法进入我国境内，"沿铁路进入中东铁路路区，使霍尔瓦特增加了反革命班底"③。为实现与苏维埃政权对抗并继续侵略我国东北之目的，霍尔瓦特于当年2月在哈尔滨非法组织所谓"积极保卫祖国与立宪会议远东委员会"，"以支援在中东铁路及附近地区活动的白俄军队"，并企图在该非法委员会的支持下，在我国领土上出任所谓"俄国执政"④。霍尔瓦特所组建的这个非法委员会，实际上成为其"设计的未来俄国政府的雏形"⑤。霍尔瓦特以该委员会为大本营，网罗各色名目的旧俄反苏维埃势力，诸如"民族—国家协会"等小党派、被推翻的托木次克"西伯利亚临时政府"首脑高尔察克，前阿穆尔总督关达基，等等。霍尔瓦特在我国领土上擅自组建性质类似于政权的非法委员会，不仅是对我国主权的公然侵犯，更为严重的是，由于苏维埃政权与旧俄白卫势力势不两立，霍尔瓦特此举必将引起苏维埃政权的强烈反应，将会引发

---

① 《论中东铁路之地位》，《东方杂志》第15卷第7号，1918年7月15日发行，第172页。
② 中国社会科学院近代史研究所：《沙俄侵华史》第4卷下册，人民出版社1990年版，第981页。
③ 薛衔天：《民国时期中苏关系史（1917—1949）》（上），中共党史出版社2009年版，第16页。
④ 中国社会科学院近代史研究所：《沙俄侵华史》第4卷下册，人民出版社1990年版，第983—984页。
⑤ 薛衔天：《民国时期中苏关系史（1917—1949）》（上），中共党史出版社2009年版，第16页。

我国东北边疆之安全问题。正因为如此，在我国政府的反对之下，该非法委员会不久被解散。①

"积极保卫祖国与立宪会议远东委员会"被解散后，霍尔瓦特心有不甘，"大肆活动，谋反革命野心未已，潜招俄军，并募华蒙人为兵"，与其亲信普利什阔夫组织"救国会、义勇团等名目"②，并"利用原有俄军警，自称铁路界内总长官，发布公告"③。霍尔瓦特以所谓"中东铁路区域总长官"之名义，将各种进入中东铁路路区的白卫军队加以组织，在哈尔滨设立总司令部，任命普利什阔夫为总司令，下辖五个分司令部：谢米诺夫所部驻满洲里，奥尔洛夫所部驻哈尔滨，米吉部和卡尔梅克夫部驻绥芬河，瓦斯臣斯基部驻黑河。④霍尔瓦特公然在我国领土上成立军事组织，其性质与可能引发的后果较之组建"积极保卫祖国与立宪会议远东委员会"更为严重，自然会遭到我国政府的强烈反对。我国政府以霍尔瓦特"违约侵权"⑤，提出抗议。不久，以上各非法司令部被解散。

1918年7月，霍尔瓦特离哈尔滨前往俄境格罗捷沃阔，宣布成立"全俄临时政府"，并出任"最高执政官""临时摄政"，同时通过其亲信中东铁路代理会办拉其诺夫继续对中东铁路加以控制。1919年8

---

① 薛衔天：《民国时期中苏关系史（1917—1949）》（上），中共党史出版社2009年版，第16页。

② 据黑龙江省档案馆、哈尔滨师范大学历史系编《黑龙江历史大事记（1912—1932）》，黑龙江人民出版社1984年版，第77页，霍尔瓦特与普利什阔夫在哈尔滨"警察第四区界内旧铁路俱乐部组织救国会，又名远东义勇团。旗为黑色三道、黄色二道；内分军事、外交、筹饷、民政四处。霍总理一切，普为防御司令"。据同资料第78页，对于"救国会"、"远东义勇团"的性质，吉林督军孟恩远和省长郭宗熙在向国务院密电汇报此事时判断，"此举虽未标政府字样，确像政府组织"，这种判断是正确的。滨江道道尹兼哈尔滨交涉员李家鳌据此向霍尔瓦特严正指出，"侨居哈尔滨的俄国人在本埠铁路俱乐部旧址另制旗式，设立机关"为"混淆观听"之举，应"将所设立机关迅速解散，或移出中国国境"。

③ 程廷恒修，张家璠纂：《呼伦贝尔志略·外交》，李兴盛主编：《黑水丛书》本之十一，黑龙江人民出版社2006年版，第2061页。

④ 薛衔天：《民国时期中苏关系史（1917—1949）》（上），中共党史出版社2009年版，第18页。

⑤ 哈尔滨市地方史研究所编：《哈尔滨历史编年（1896—1926）》，1980年发行，第89页。

月，霍尔瓦特回到哈尔滨，复任中东铁路会办之职。

霍尔瓦特复职后，于 1920 年 1 月 14 日通过在哈尔滨发行的俄国《生活报》发布布告，宣布根据前俄政府之委任，恢复自己为"中东铁路界内总长官"，对中东铁路路区之俄民施行"国家统治权"①。1 月 16 日，霍尔瓦特致电吉林督军、中东铁路督办②、护路军总司令③鲍贵卿，请求"力为赞助"④。1 月 26 日，霍尔瓦特发布所谓"十号命令"，宣称"一切军事、行政权"一概归其统辖⑤。霍尔瓦特宣布自己在中东铁路路区有所谓"国家统治权"，将会引起苏维埃政权更加强烈的反应，威胁我国东北之安全，我国政府对此不能熟视无睹，不仅不会"力为赞助"，而且必须要申明立场。鲍贵卿于 1 月 20 日发布布告，宣布中东铁路路区是"中国领土，绝不容许第二国家实行统治权，路界内俄中人民皆由中国保护，限令霍尔瓦特'即将布告取消'"⑥。同时，鲍贵卿致电中央政府，要求中央政府对外申明我国对中东铁路路区拥有完全之主权。1 月 29 日，外交部就此向各国严正声明："一、中东路属于我国领土主权，不容第二国施行统治权；二、霍尔瓦特仅为铁路坐办，无负担国家统治之权能；三、按照铁路合同，公司俄员及居住在沿线之中外人民，应由我国完全保护。"⑦

---

  ① 黑龙江省档案馆、哈尔滨师范大学历史系编：《黑龙江历史大事记（1912—1932）》，黑龙江人民出版社 1984 年版，第 110 页。
  ② 据同上书，第 76 页，在俄国十月革命发生后，我国政府利用"俄人不暇东顾之机，派中东铁路督办，调拨军警驻防"。1918 年 2 月 1 日，中东铁路督办公所成立。
  ③ 据同上书，第 99 页，由于俄国内乱，协约国决议由中国军队担任中东铁路护路之责任，根据此项决议，中东铁路护路军总司令部正式成立于 1919 年 7 月 1 日，其前身为中东铁路警备总司令部。另据吉林省档案馆编《吉林省大事记（1912—1931）》，1988 年内部发行，第 113 页，中东铁路警备总司令部成立于 1917 年 12 月 17 日，陶祥贵为总司令，幺培珍为副司令，高士侯为会办。中东铁路警备总司令部的成立，成为我国行使护路主权之开始。
  ④ 黑龙江省档案馆、哈尔滨师范大学历史系编：《黑龙江历史大事记（1912—1932）》，黑龙江人民出版社 1984 年版，第 110 页。
  ⑤ 哈尔滨市地方史研究所编：《哈尔滨历史编年（1896—1926）》，1980 年发行，第 118 页。
  ⑥ 薛衔天：《民国时期中苏关系史（1917—1949）》（上），中共党史出版社 2009 年版，第 31 页。
  ⑦ 张本政、刘家磊、马国彦、林世慧、毕万闻编：《东北大事记（1898—1931）》，中国人民政治协商会议吉林省委员会文史资料研究委员会 1985 年编辑出版，第 179 页。

霍尔瓦特无视中国主权、为自己及俄国白卫势力攘夺权力之举，加之为维持自身之"政争活动，积欠工资"，激起中东铁路中俄两国工人的强烈不满，从1920年1月15日开始举行罢工，并于3月13日发展为政治同盟总罢工。罢工工人"誓去霍氏"①，中东铁路及路区遂陷于瘫痪状态。我国政府据此认为，"霍尔瓦特已无管理东路能力，而东路在我领土之内，倘仍由霍管理，激党等自有藉口之实，蔓入东路一带"，为此，必须"以地方治安关系，由鲍督军商令霍尔瓦特即日将铁路交我暂行接管，不足以拒激党而维治安。霍于此时似已势穷力竭，倘我声明力保其身家性命，并许其仍居今职，或即就我范围，事诚大幸。设或不然，为杜绝乱萌、维护国权起见计，惟有暂用强权以资解决"②。可见，我国政府"亦以不去霍氏，乱源未已，遂以东省铁路督办名义照会霍氏去职"③。该照会于3月15日发出，照会内容如下：

  为照会事。照得东省铁路全属中国领土，同时在我领土主权之下，不容有第二国家施行其统治权，即不容俄国新旧党人在我国领土以内引起政争，妨害治安，危及路务，叠经宣言抗议在案。现因贵坐办揽去东路各种政权，并利用军警以供政治活动，致路界联合会群起反对，罢工、悬挂红旗，政争激烈达于极点。本督办本总司令为维持路务起见，特行通知贵坐办，克日将东路一切政权悉行解除，由中国照约分别办理。其他军装、器械等项，一并派员接受保存。除布告外，特此备文通告，即希查照。限文到即日照办，迅速答复，是为至要。此照会东省铁路公司霍。④

---

① 程廷恒修，张家璠纂：《呼伦贝尔志略·外交》，李兴盛主编：《黑水丛书》本之十一，黑龙江人民出版社2006年版，第2061页。
② 黑龙江省档案馆、哈尔滨师范大学历史系编：《黑龙江历史大事记（1912—1932）》，黑龙江人民出版社1984年版，第113页。
③ 程廷恒修，张家璠纂：《呼伦贝尔志略·外交》，李兴盛主编：《黑水丛书》本之十一，黑龙江人民出版社2006年版，第2061页。
④ 薛衔天：《民国时期中苏关系史（1917—1949）》（上），中共党史出版社2009年版，第34页。

霍尔瓦特见大势已去,"以环境所迫,不能恋栈,铁路总办[①]名义遂以取消"[②],1920年3月17日,我国军队进驻中东铁路沿线,霍尔瓦特被驱逐,支持他的护路军被解除武装并遣散。3月20日,鲍贵卿接收哈尔滨地方行政权。3月31日,霍尔瓦特前往北京,标志着对中东铁路的控制彻底终结。4月6日,霍尔瓦特辞去中东铁路坐办和局长之职[③],"该职以后由中国派任"[④]。

鲍贵卿于1920年4月21日电告中央政府,报告接收中东铁路之情形:"东路政权,业经完全收回。其他路警各权,均由董事会决定次第施行。公司坐办一职,由皮勉诺夫暂行担任,并公推王代表景春等为帮办,以资襄理。"[⑤] 9月3日,中东铁路正式由我国代管。[⑥]

(二) 苏维埃拥护者在中东铁路路区之作为及分析

如上所述,以霍尔瓦特为代表的旧俄势力在我国东北境内的种种不法举动,不仅关涉中东铁路及路区之主权问题,而且严重威胁到我国东北地区之安全,同样,苏维埃拥护者的所作所为带有类似的性质。

十月革命之后,霍尔瓦特本人及其所任职务作为旧俄政权的政治遗产,自然不会被对旧俄一切政治势力毫不心慈手软的苏维埃政权所承认。1917年12月初,列宁发布通电,宣布"撤销霍尔瓦特中东铁

---

① 按照中俄《合办东省铁路公司合同章程》之规定,中东铁路总办一职由中国官员担任。据哈尔滨市地方史研究所编《哈尔滨历史编年(1896—1926)》,1980年发行,第201页,《附录七·中东铁路历任督办、局长表》,1897年1月19日,许景澄始任此职。但自1900年7月28日许景澄被清政府处死后,此职务长时期虚悬。据吉林省档案馆编《吉林省大事记(1912—1931)》,1988年内部发行,第120页,1918年4月27日,中东铁路股东会议在北京召开,议定董事会迁设北京,以郭宗熙为总理,霍尔瓦特为署理协理兼中东路总办。

② 程廷恒修,张家璠纂:《呼伦贝尔志略·外交》,李兴盛主编:《黑水丛书》本之十一,黑龙江人民出版社2006年版,第2061页。

③ 霍尔瓦特被正式解职之时间为1920年11月6日。——哈尔滨市地方史研究所编:《哈尔滨历史编年(1896—1926)》,1980年发行,第201页,《附录七·中东铁路历任督办、局长表》。

④ 吉林省档案馆编:《吉林省大事记(1912—1931)》,1988年内部发行,第169页。

⑤ 《吉林督军报告接收中东铁路经过》,《东方杂志》第17卷第10号,1920年5月25日发行,"中国大事记",第133页。

⑥ 黑龙江省档案馆、哈尔滨师范大学历史系:《黑龙江历史大事记(1912—1932)》,黑龙江人民出版社1984年版,第126页。

路会办职务，一切权力转归哈尔滨苏维埃"①。早在俄国二月革命之后，在中东铁路路区的俄国工人及部分护路军士兵分别成立了工人代表苏维埃及士兵代表苏维埃。1917年3月20日，苏维埃执行委员会产生。在该委员会中，护路军的代表之一、"驻防中东路伊尔库次克后备军中之下级军官"留金拥护苏维埃政权，遂被举为"赤党首领"②。6月22日，工人代表苏维埃及士兵代表苏维埃合并，成立了工兵代表苏维埃，留金出任主席。留金决定以拥护苏维埃政权的护路军为骨干，"组织军士团，思欲夺取路权，反对霍氏，谓霍氏系著名旧党，不去霍氏，将予新俄政府以不利"③。

以留金为首的哈尔滨工兵代表苏维埃决心"夺权"，"于是俄之革命大波由东省铁路荡入我国哈尔滨地方，一时道里道外④治安惊扰"⑤。经过一番争斗，1917年12月14日，"哈尔滨俄工兵苏维埃军事委员会发布命令，撤销霍尔瓦特及其助手在铁路管理局的职务，任命布尔什维克党员工人斯拉文为'主持中东铁路管理局政治与外交事宜委员'"⑥。但是，霍尔瓦特并不甘心，以拥护旧俄政权的护路军为依托，准备对哈尔滨工兵代表苏维埃进行镇压，维护对中东铁路的控制权。

应当指出的是，哈尔滨工兵代表苏维埃在中东铁路路区实施武装"夺权"，在本质上为侵犯中国主权之举，其理由如下。

第一，即使按照有损中国权益的中俄《合办东省铁路公司合同章程》之规定，中东铁路并非俄国之私产，包括哈尔滨在内的"铁路专

---

① 中国社会科学院近代史研究所：《沙俄侵华史》第4卷下册，人民出版社1990年版，第981页。

② 程廷恒修，张家璠纂：《呼伦贝尔志略·外交》，李兴盛主编：《黑水丛书》本之十一，黑龙江人民出版社2006年版，第2061页。

③ 同上。

④ 据陆士震《近年来我国政治地理之变迁》，《东方杂志》第26卷第22号，1929年11月25日发行，第47页，哈尔滨"以铁路分道里道外，道外为滨江县，道里即今之特别区，长官公署在焉"。特别区即东省特别区。

⑤ 程廷恒修，张家璠纂：《呼伦贝尔志略·外交》，李兴盛主编：《黑水丛书》本之十一，黑龙江人民出版社2006年版，第2061页。

⑥ 哈尔滨市地方史研究所编：《哈尔滨历史编年（1896—1926）》，1980年发行，第82页。

用地"是中国领土,列宁宣布"一切权利转归哈尔滨苏维埃"并无任何国际法之依据。在这一方面,苏俄政权甚至比沙皇政府走得更远。因为在此之前,尽管沙皇政府处心积虑,攘夺中东铁路及其路区的一切权力,但是为了加重中东铁路的商业色彩,决定尽量避免由沙皇政府直接出面,而采用所谓私营股份公司的形式,由华俄道胜银行与中国政府合办中东铁路,它"从来也没有公开宣布主管铁路公司的俄国官员就是其国家主权的正式代表",而苏俄政权"以留金为其国家主权的正式代表,并命令他夺取霍尔瓦特所掌握的一切权利,就意味着对旧俄国侵华遗产的继承,说明刚刚获得政权的布尔什维克党,在对华政策的具体行动上还没有与旧俄政府划清界限"①。显然,在关于中东铁路及其路区主权问题上,苏俄政权的做法较之沙皇政府,可谓有过之而无不及。

当时,俄国新旧政治势力的斗争也充分说明了这一点。十月革命爆发后,在哈尔滨活动的布尔什维克党人与工兵代表苏维埃组织了所谓"城防委员会",② 就是对中国主权的侵犯之举;在哈尔滨工兵代表苏维埃向霍尔瓦特"夺权"时,曾公然宣称军工委员团(即哈尔滨工兵代表苏维埃)"为国家主权正式代表,所有国家公共机关均受本团监察,凡军工委员团发表政见,即为正式命令,并会同铁路公司办事云云"③;并曾向我国滨江道道尹兼哈尔滨交涉员与铁路交涉总局总办施绍常发出所谓"照会",同样宣称"哈尔滨工兵代表苏维埃为执行彼得堡政府命令,宣布自己为政府机关"④,这无异于宣布我国中东铁路路区在哈尔滨工兵代表苏维埃"主权"范围之内;哈尔滨工兵代表

---

① 薛衔天:《民国时期中苏关系史(1917—1949)》(上),中共党史出版社 2009 年版,第 8 页。
② 吉林省档案馆编:《吉林省大事记(1912—1931)》,1988 年内部发行,第 111 页。
③ 远东外交研究会编辑:《最近十年中俄之交涉》,于逢春、高月主编:"中国边疆研究文库·初编(综合卷一)"本,黑龙江教育出版社 2014 年版,第 43 页。
④ 薛衔天:《民国时期中苏关系史(1917—1949)》(上),中共党史出版社 2009 年版,第 7 页。

苏维埃任命斯拉文为"主持中东铁路管理局政治与外交事宜委员",其中所谓主持"外交事宜委员"之头衔显然不伦不类,没有任何依据;1920年4月成立的表面上独立而实际上受控于苏俄政权的远东共和国,也曾公开宣布"中东铁路租借区域"在其固有领土范围之内①,同样也能充分说明这一问题。通过以上所举事例,都可以看出苏维埃拥护者的某些作为是对我国主权的侵犯。

第二,哈尔滨工兵代表苏维埃策划武装"夺权",对中东铁路路区乃至于我国东北北部地区构成了武力威胁,形同军事侵犯。留金在夺权时所依靠的是拥护苏维埃政权的原旧俄驻中东铁路的部分护路军,护路军的存在,本身就是对我国主权的公然侵犯,留金等人依恃这支非法入据我国的武装力量,在我国领土之上对本国另一派政治势力开展所谓"夺权"斗争,其性质究竟如何?是非常清楚的。

为维护主权,我国政府及时采取了必要的行动。对于霍尔瓦特,鉴于其中东铁路局局长之身份,最初"犹认霍为名义较正之俄员",予以一定程度上的保护②,并趁霍尔瓦特为抗拒哈尔滨工兵代表苏维埃"夺权"而有求于我之时机,"由滨江县知事张曾榘募警备队一营,派赴道里巡逻,关营长德山带队过哈,留以巡防,此为我军警进入道里之始",并加派陆军第三混成旅旅长陶祥贵"带兵三营来哈协助",并很快任命陶祥贵为中东铁路警备总司令,团长幺培珍为副司令,

---

① 《远东共和国之成立》,《东方杂志》第17卷第13号,1920年7月10日发行,第123页。另据吉林省档案馆编《吉林省大事记(1912—1931)》,1988年内部发行,第232页,1922年11月17日,哈尔滨俄文报曾刊登一份"远东苏俄政府《宣言书》",竟然"将东省铁路区域,认定为俄国领土主权之范围",我国驻哈尔滨交涉员为此"向苏联政府驻哈代表提出严重抗议",苏方代表表示"宣言书那样写是'出于误会'"。到底是有意为之还是"出于误会",自有公论。

② 关于霍尔瓦特中东铁路局局长之身份问题及哈尔滨工兵代表苏维埃向其夺权之举,可参见徐墀《东省特别区域主权恢复始末记》,《东方杂志》第20卷第12号,1923年6月25日发行,第52页之分析。作者之分析相当到位:"中东铁路,系中俄合办,两国简命该路长官,必须双方同意,方能发生效力,载在该路合同;霍尔瓦特之为中东铁路总办,虽系俄国任用,实为我国所承认,该党人无故而推翻之,且不通知我国,即拟强夺路权,是违约而侵我主权也。"

⇦ 第三章　东北边疆危机之持续发展(1918—1931) 185

"东路沿线于是均有布置"①。我国政府一方面利用霍尔瓦特势单力孤之际行使对中东铁路及路区的护路权力，一方面对留金等人"晓以国际大义，劝其全体解散出境"②。这说明"我军事当局之本心，不过使该党人知所畏惧，不致妄动，弭乱于无形而已"③。留金等人"初则佯允，继忽变议"④。鉴于留金等人"仍不悛改，且起而反抗"⑤，为彻底消除俄国新旧两派争斗对我国东北安全所带来的严重威胁，我国政府采取了断然措施，于1917年12月26日"由陶、幺两司令派兵将附和留金之俄军队解除武装，留金乱事由我解决"⑥，支持留金的2000余名护路军被缴械遣散，至12月28日，此批护路军被遣送出境。

总之，自俄国局势巨变以来，其国内新旧政治势力在我国东北领土之上，以中东铁路及路区为依托，彼此争斗不休。苏维埃拥护者对以霍尔瓦特为代表的俄国旧势力展开夺权斗争，霍尔瓦特则以中东铁路作为"反抗革命、标榜政争之根据地"⑦，二者均有损害我国主权之举，对我国东北边防特别是中东铁路路区之安全造成了威胁。我国政府认为，俄国"新旧党争，公然活动于吉、黑省治管辖之中，明明为有意扰乱地方治安，与国家统治行政之尊严"⑧。为避免"城门失火，殃及池鱼"之现象发生，我国政府因势利导，利用俄国新、旧两派之间的矛盾，"为整饬国防与警备地方计，乃不得已举东路界内设置之

---

①　程廷恒修，张家璠纂：《呼伦贝尔志略·外交》，李兴盛主编：《黑水丛书》本之十一，黑龙江人民出版社2006年版，第2061页。
②　同上。
③　徐墀：《东省特别区域主权恢复始末记》，《东方杂志》第20卷第12号，1923年6月25日发行，第52页。
④　程廷恒修，张家璠纂：《呼伦贝尔志略·外交》，李兴盛主编：《黑水丛书》本之十一，黑龙江人民出版社2006年版，第2061页。
⑤　徐墀：《东省特别区域主权恢复始末记》，《东方杂志》第20卷第12号，1923年6月25日发行，第52页。
⑥　程廷恒修，张家璠纂：《呼伦贝尔志略·外交》，李兴盛主编：《黑水丛书》本之十一，黑龙江人民出版社2006年版，第2061页。
⑦　幹勤：《中东铁路之过去现在及将来》，《东方杂志》第22卷第7号，1925年4月10日发行，第51页。
⑧　同上。

军警，一律卸除武装"①，并"一方面补充护路军警，一方面接管路事，所有附随东路之一切政治权，同时归并于地方行政之下"②，开始着手行使对中东铁路路区之主权。③ 1920年10月31日，中东铁路专用地（即中东铁路路区）改称东省特别区，④ 这意味着帝俄时代俄国所拥有的这块事实上的殖民地之概念至此取消。

1922年秋季，远东共和国在苏俄政权支持下，将旧俄势力逐出西伯利亚，远东共和国随即取消，于11月合并于苏俄政权。1922年12月30日，苏维埃社会主义共和国联盟宣告成立，国力较之苏俄时代已不可同日而语，其有效统治下之疆域与我国重新接壤，包括东北在内的我国北方边境地区越来越受到来自新政权治下北方强邻之威胁，所谓"赤军屡窥边界，劫掠时闻"，导致"边防骤行吃紧，尤以中东铁路东西两端为甚，加以赤军声言夺路，咄咄逼人"并非是耸人听闻之言⑤。在这种边境形势下，"为防患未然，巩固主权计"，我国政府决定设立东省特别区行政长官公署，将护路军总司令部归并于长官公署之内，"以便统御军政两权，而收指挥灵敏之效"⑥。1923年3月1日，东省特别区行政长官公署在哈尔滨正式成立，朱庆澜就任首任行政长

---

① 幹勤：《中东铁路之过去现在及将来》，《东方杂志》第22卷第7号，1925年4月10日发行，第51—52页。另据程廷恒修，张家璠纂《呼伦贝尔志略·外交》，李兴盛主编：《黑水丛书》本之十一，黑龙江人民出版社2006年版，第2061—2062页，大罢工及霍尔瓦特辞职，成为中东铁路控制权的一大转折，"自此风潮后，当局知非一律解除武装，不足以遏乱萌，于沿路军警，无论俄新党旧党，概予解除武器，俄军警亦均俯首帖耳服，轩然大波，一朝戢定。"

② 幹勤：《中东铁路之过去现在及将来》，《东方杂志》第22卷第7号，1925年4月10日发行，第51—52页。

③ 关于此点，可参见徐墀《东省特别区域主权恢复始末记》，《东方杂志》第20卷第12号，1923年6月25日发行，第51页，当因俄国新旧势力斗争而危害到中东铁路路区安全之时，我国政府乘此时机，"以地主之资格出面维持，军政官长派兵设署，始获安宁；并将该国侵我主权之事项，一一收回。"

④ 哈尔滨市地方史研究所编：《哈尔滨历史编年（1896—1926）》，1980年发行，第125页。

⑤ 徐墀：《东省特别区域主权恢复始末记》，《东方杂志》第20卷第12号，1923年6月25日发行，第54—55页。

⑥ 同上书，第55页。

官。东省特别区行政长官公署之设立，成为我国完全恢复行使对中东铁路路区主权的标志性事件。

（三）中苏合办中东铁路原则之确立

如前文所述，苏维埃俄国最初对中东铁路主权问题存在错误认识，但最终鉴于已经不能如同沙皇时代那样独揽中东铁路一切大权之客观事实，于是适时调整其相关政策，就中东铁路问题与中国展开外交谈判。经过长达4年多颇为曲折的反复交涉，1924年5月31日，两国签订《中俄解决悬案大纲协定》和《暂行管理中东铁路协定》（此外有《声明书》7件，中苏双方签约代表互致信函各1件，《议定书》1件），以上外交文件统称为《中苏协定》或《中俄协定》。《中苏协定》的签订，标志着中苏两国正式建立了外交关系，在中东铁路问题方面，确立了两国合办之原则。

《中俄解决悬案大纲协定》第9条是有关中东铁路之规定。第9条第1项规定："两缔约国政府声明，中东铁路存系商业性质，并声明除该路本身营业事务直辖于该路外，所有关系中国国家及地方主权之各项事务，如司法、民政、军务、警务、市政、税务、地亩（除铁路自用地皮外）等，概由中国政府办理。"[①] 此项规定明确了中东铁路商业用途之性质，以国际法的形式否定了中东铁路路区即所谓"铁路专用地"之概念及以往帝俄所攫取的一切特权。第9条第3项规定："苏联政府允诺中国以中国资本赎回中东铁路及该路所属一切财产，并允诺将该路一切股票、债票移归中国。"[②] 此项规定原则上对中国有利，但是早在1896年9月8日中俄《合办东省铁路公司合同章程》中就有相关规定，这说明允许中国政府出资赎回中东铁路并非是苏联政府所做出的重大让步。第9条第7项规定："两国政府根据俄历一千九百九十六年八月二十七日西历九月八日所订中俄所有之权利，与

---

① 《中俄协定之正式公文》，《东方杂志》第21卷第13号，1924年7月10日发行，第140页。
② 同上。

本协定及《暂行管理中东铁路协定》暨中国主权不相抵触者,仍为有效。"① 这说明苏联政府坚持以"中东铁路系由俄国国家出资"为由,继承帝俄时代之衣钵,依旧保有对中东铁路的管理权及其他相应权利。

《暂行管理中东铁路协定》第1条规定:"本铁路设理事会,为议决机关,置理事十人,由中俄两国政府各选派理事五人组织之。中国政府派定华理事一人为理事长,即督办;苏俄政府派定俄理事一人为副理事长,即会办。"第3条规定:"本铁路设局长一人,由俄人充任;副局长二人,华俄各一,均由理事会委派,由各该政府核准。"② 以上规定表面上看似公平合理,但从以后中东铁路管理的实际情况来分析,中方理事长在很大程度上仅是一个摆设,并不掌握实权,而由苏联人充任的中东铁路局局长实则掌控实际权力,并且,帝俄时代中东铁路局局长一职就由沙皇政府委派,《暂行管理中东铁路协定》相关规定在此方面没有任何改变。按照上述规定,苏方事实上控制了中东铁路的管理权。对此,当时就有时论曾就此展开详细而公允的分析,主要内容如下。第一,"《中俄协定》虽规定中东铁路为商业性质,而该路的管理权,竟由俄人操纵。《暂行管理中东铁路协定》规定中东铁路的议事机关,为中俄各五人组织的理事会。但该理事会除保管铁路的实利及签押文书外,别无重要的裁制权。铁路中最重要的职务为管理财政,而理事会只能与俄国三人中国二人组织的监事会共同核准铁路的预算及决算。理事会及监事会联席会议时,俄国人数既然较多,当然没有代中国谋利益的机会了。"③ 第二,关于中东铁路局长、副局长职务之设置,时论认为,"路局至少办理运输,稽核车辆,总理工事路线,及管理局中人员。如此繁杂事务,至归俄人占多数的机关指

---

① 《中俄协定之正式公文》,《东方杂志》第21卷第13号,1924年7月10日发行,第141页。
② 同上书,第142页。
③ 曾友豪:《中俄协定给予中国之利害》,《东方杂志》第21卷第20号,1924年10月25日发行,第32页。

挥,我不知北京外交当局对于此事,何以竟不争执?"① 第三,关于中东铁路中俄职员任用问题,时论指出,"《中俄协定》中始用公允条文,说明中东'铁路各级人员,按照中俄两国人民平均分配任用',使读者见了,以为中东铁路用人,中俄各半,甚为公道。但第七号声明书忽然说'此项原则之适用,不得解作以撤换现在俄籍人员,为实行该原则唯一之意义',又说'各项位置,应照谋事者之能力技术及教育资格补充'。俄国管理中东铁路既久,其在该路服务的人员当然比较中国人多。这些俄国人员的资格,当然比较中国人员高。按照国际公法,同一条约中前后不符时,后成立条文应该取消先成立条文的规定,该声明书老老实实推翻中东铁路人员中俄各半的原则,而维持该路现时俄人操纵的状态。"②

关于中东铁路之种种问题,时论有以上之分析与评价。此外,《中俄解决悬案大纲协定》尚有关于苏联政府宣布废止以前帝俄政府强加给中国的不平等条约,放弃以前俄国旧政权在华拥有的租界、治外法权、关税等特权,放弃给付俄国庚子赔款等方面内容之规定。有论者以此为据,并联系之前苏俄政府分别于1919年7月25日、1920年10月2日发表的对华宣言,强调这是苏俄(联)政府秉承平等交往之原则、对华善意外交的具体体现,事实果真如此吗?不能否认,苏联政府明确宣布放弃帝俄及资产阶级临时政府时代所取得的在华特权,这是自鸦片战争之后西方大国第一次有此明确表态,并在某种程度上付诸实施。但是,苏联政府之所以如此,与当时的实际情况有非常密切的关系,时论对此曾有一针见血的分析与评论:"表面上《中俄协定》对于中国的利总比害多些。但我们要知道中国所得的利,并不一定是苏俄高兴给的,其实苏俄简直没有供给这些利益的能力。譬前俄帝国和中国缔结的不平等条约,自民国六年俄国帝制灭亡后,已不再

---

① 曾友豪:《中俄协定给予中国之利害》,《东方杂志》第21卷第20号,1924年10月25日发行,第32页。

② 同上书,第33页。

为中国所承认。纵使这一次苏俄政府不肯放弃前俄帝国与中国缔结的条约，苏俄也没有法子使中国承认。其余中东路的警政权，治外法权，租界及关税特权，也早经中国政府收回。庚子赔款俄国部分，久已不付。纵使苏俄政府不肯放弃这些权利，也没有能力强逼中国政府再把这些权利送给苏俄，中国政府也决然不肯再行断送。苏俄政府了解这种情形，便利用心理，送给他自己无能力送给的权利，正所谓慷他人之慨。一部分中国人士不加深察，也惊叹苏俄的恩惠，苏俄外交的手腕，于此可见了。"①

以上评论可谓中肯而精辟，因为当时的实际情况确实如此。自俄国帝制崩溃后，俄国在中国的特权逐渐丧失，苏维埃政权成立之初面临艰难的处境，内有旧俄白卫势力之对抗与争权，外有协约国集团之孤立与颠覆，苏俄自保不暇，已经无力维持前政权在中国所攫取的权利，同时为了便于肃清在中苏边境地带及中东铁路路区的旧俄白卫势力，打破协约国集团的经济封锁，于是百般向中国示好。但是，一旦己身处境好转，苏俄立刻改变对华外交政策。② 第一次对华宣言宣布废除1896年中俄条约（包括《中俄密约》和中俄《合办东省铁路公

---

① 曾友豪：《中俄协定给予中国之利害》，《东方杂志》第21卷第20号，1924年10月25日发行，第33—34页。

② 在此，以江东六十四屯归属问题为例，加以说明。据黑龙江省档案馆、哈尔滨师范大学历史系编《黑龙江历史大事记（1912—1932）》，黑龙江人民出版社1984年版，第137页，1921年7月，远东共和国"催订中俄商约"，作为交换条件，"表示愿将俄帝国侵占我国江东六十四屯全部归还"。另据［日］和田清《关于"江东六十四屯"问题》（译自昭和十四年五月《东西交涉史论》，《东亚史论薮》第380—420页），黎光译，《学术研究丛刊》1982年第3期，在此之前，如众所周知，苏俄政府曾经"屡次声明决无继承帝俄侵略的意志，因此，民国政府乘此机会希望收回江东六十四屯被侵占的土地"。1919年，"瑷珲县劝学所所长王纯乐，前县议会议员陶孜城等，向黑龙江议会提出收复六十四屯议案，督军孙烈臣将此电告中央，还派特使李余九等到奉天与东三省巡阅使张作霖协商"。1920年，"省议员马清廉等再次提出此项议案，省议会予以通过，由省长公署通报外交部，结果外交部办事委员长刘镜人将此与远东共和国代表进行讨论"。1923年，"黑龙江省议员陈达光等再次提出此项议案，不久将（笔者注：按照资料原文上下文意，"将"字似为衍字）黑龙江对俄外交讨论会响应，张作霖也采纳了此项议案"。但是，中方的努力最终没有结果，"俄国对此拖衍应付，因此不得要领，遂至今日"。可见，一旦时过境迁，苏俄（联）政府之对华政策立刻改变。

司合同章程》)、放弃对中东铁路的一切权力,而第二次对华宣言则取消了无偿归还中东铁路的承诺,中苏谈判过程的漫长与波折,订约时苏联政府以第一次宣言中已经宣布废除的中俄《合办东省铁路公司合同章程》为依据,以中苏合办之形式实际上重新取得对中东铁路的管理权,都说明了苏俄(联)政府对华外交政策的重大改变。至于帝俄时代的其他在华特权,由于事实上已经荡然无存,中国自然不会返还,苏联政府深知此点,也就顺应现实情况,不便于过分坚持,否则就达不成通过与中国签约、用国际法之形式重新控制中东铁路管理权之目的。另外,如果强行要求恢复帝俄时代的所有在华权力,根本有违于苏联政府所一贯宣称的同情弱小国家、开展平等外交的原则,将会严重影响苏联作为一个社会主义国家的形象,与其如此,不如顺水推舟,以放弃除中东铁路管理权在外的其他已不复存在的在华特权为代价,换取中国的好感,并维护社会主义国家的良好形象。

由于当时中东铁路所在区域中国东北地区实际上处于奉系军阀张作霖控制之下,苏联政府为使协定所载明的纸面权利迅速兑现,遂与张作霖进行秘密谈判并达成结果,双方于1924年9月20日签订了《中华民国东三省自治政府与苏维亚社会联邦政府之协定》,通称《奉俄协定》。《奉俄协定》第1条"中东铁路"第1项之措辞与《中俄解决悬案大纲协定》第9条第1项之规定完全相同,再次明确了中东铁路的商业性质。[1] 第2项规定:"俄历一八九六年八月二十七日西历一八九六年九月八日所订中俄《合办东省铁路合同》第十二条所规定之期限,由八十年减至六十年。期满后,中国政府即无条件享有该路及其附带财产之主权。两缔约政府允许所定期限(即六十年)之再行缩减问题,可以讨论。自本协定签订之日起,苏联政府承认中国有赎回中东铁路之权。"[2] 此项规定再次明确了中国政府有权赎回中东铁路之

---

[1] 《奉俄协定草案》,《东方杂志》第21卷第19号,1924年10月10日发行,第149页。
[2] 同上书,第149—150页。

原则，将期限由中俄《合办东省铁路公司合同章程》所规定的自中东铁路通车之后80年缩短为60年，并规定可就期限再行缩短之问题再做讨论，这是《奉俄协定》较之《中俄解决悬案大纲协定》对中国更为有利之处。

苏联政府与张作霖奉系集团进行秘密谈判并签订外交文件，可以视为是对中国主权的侵犯，因为背着一国中央政府而单独与某地方长官开展秘密外交并签订外交文件，显然是有违于国际公法之举。当《奉俄协定》签订后，1924年9月25日，中国北京政府外交总长顾维钧向苏联使华代表团团长和使华全权代表加拉罕发出照会，"声明局部协定签字倘系事实，当提严重抗议"，加拉罕"对此并不正式答复，只扬言奉俄局部交涉的进行，事前曾得顾维钧同意，且苏俄并未承认奉天为正式政府，为防列强在中东铁路的野心，不得有此应急手段"①。10月14日，顾维钧发出第二次照会，声明："地方长官非由中央特别授权，不能与他国签订任何协定"；"奉俄局部交涉办法，曾经外交部一再切实警告"；"值中央声讨奉张②之期，乘机与之签订协定，殊与五月三十一协定之宗旨背驰，中政府实难承认"，加拉罕"对此仍不正式答复，惟在外扬言：中政府否认《奉俄协定》虽合原理，但地方协定亦属必要，俟中政府收复东三省后，《奉俄协定》当然废止"③。当时，中国尚存另一派举足轻重的政治势力，即以孙中山为代表的广州政府。当《中苏协定》签订之后，"广州政府因与苏俄有特别关系，即宣言以第三者地位维持《中俄协定》，奉天则始终持坚强反对的态度"，于是，"俄代表鉴于《中俄协定》的履行非与东三省妥协不可，乃进而派员赴奉天，与张作霖接洽所谓奉俄局部交涉"④。

---

① 朔一：《奉俄协定与中东路改组》，《东方杂志》第21卷第19号，1924年10月10日发行，第11页。
② 指第二次直奉战争，爆发于1924年9月15日。
③ 朔一：《奉俄协定与中东路改组》，《东方杂志》第21卷第19号，1924年10月10日发行，第11页。
④ 同上书，第9页。

20世纪20年代的中国，各派政治集团林立，彼此之间争权夺势，但国际上普遍以北京政府为可以代表中国的合法政府，苏联亦是。但是，苏联在与中国交涉的过程中，以北京政府为主要交涉对象，同时拉拢中国各派政治势力，诸如广州政府、张作霖、吴佩孚等，利用矛盾、左右逢源，以求本国在华利益之最大化。当中苏两国进行谈判并签订外交文件之际，中国国内各派政治势力仍在缠斗不休，最终导致苏联政府为了本国利益，不惜违背国际公法，与中国地方政府签订了外交文件。苏联政府利用中国各派政治势力之间的矛盾，最终以国际法的形式重新行使对中东铁路的管理权，对此似也不能对苏联政府的所作所为过分苛责，近代以来，中国在外交折冲的过程中屡被对手轻视，本国国内因素的影响是不容忽视的。

尽管《奉俄协定》有损于中央政府的尊严，但北京政府对在东北宣布"自治"的张作霖无可奈何，又由于《奉俄协定》与《中俄解决悬案大纲协定》的原则精神基本一致甚至有对中国更为有利之处，北京政府最终认可了《奉俄协定》的合法性。

中国逐渐收回中东铁路路区主权后，中东铁路名义上是中俄合办，继续任用白俄分子管理中东铁路营运事务，这显然不能为苏联政府所接受。另外，在我国逐渐收回中东铁路路区主权的过程中，1920年10月2日，中国交通总长叶恭绰与道胜银行代表北京道胜银行行长兰德、上海道胜银行行长叶节斯基在北京签订了《管理东省铁路续订合同》。[1] 根据该合同之规定，除督办以外，我国得以在中东铁路公司加入华籍董事及职员，争得部分权力，但实权"仍系俄人主持，吾国毫无实权之可言，所谓中俄合办者，未免有名实不符之讥"[2]，显然，当时中东铁路的管理现状，也不能使我国满意，这成为中苏联合改组中

---

[1] 哈尔滨市地方史研究所编：《哈尔滨历史编年（1896—1926）》，1980年发行，第124页。

[2] 徐墀：《东省特别区域主权恢复始末记》，《东方杂志》第20卷第12号，1923年6月25日发行，第62页。

东铁路管理权的共同基础。于是，苏联政府在《奉俄协定》签订之后不久，立刻会同中国"东三省自治省政府"，"猝然改组中东铁路，将该路干部人员去旧更新"①，以己方人员接管中东铁路管理权。1924年9月23日，苏联新任命的中东铁路公司会办谢列布略阔夫和铁路管理局局长伊万诺夫抵达哈尔滨。② 10月2日，中方理事袁金铠、吕荣寰、刘哲、范其光抵达哈尔滨就职，苏联远东交通部部长尼果重斯基、乌苏里铁路局局长舒里曼前来哈尔滨，参加接管仪式。③ 10月3日，伊万诺夫就职，白俄残余分子中东铁路管理局原局长沃斯特罗乌莫夫、地亩处处长关达基、经济调查局局长米哈伊洛夫被撤职并遭到逮捕，10月8日，中东铁路管理局会计处原处长斯蒂普宁也被撤职并逮捕。④

对于改组中东铁路管理权，时论有如此之评价，苏联"以猝不及防的手段改组中东铁路，使旧党无从抵抗，各国不及干涉，中东铁路主权安然由旧董事与旧总办之手而移交于新董事与新总办"，"使人不免发生感慨"⑤。时论为何"感慨"，无非是惊叹于苏联在接管铁路方面手段之敏捷与强硬。的确如此，苏联从白俄分子手中接收中东铁路管理权，尽管有中方之默许与配合，但从一开始强势之姿态就已经完全显露。中苏联合改组中东铁路管理权，受益者是苏方，顺利继承了本国前政府所拥有的铁路管理权，再加上根据中苏外交文件，名为中苏两国合办中东铁路，实则苏联在管理权限方面明显占据上风，与管理权改组前并无本质上的区别，只是在形式上由以前的中俄合办改为中苏合办而已，这就导致以后中苏两国在具体管理中东铁路时矛盾不

---

① 朔一：《奉俄协定与中东路改组》，《东方杂志》第21卷第19号，1924年10月10日发行，第9页。
② 哈尔滨市地方史研究所编：《哈尔滨历史编年（1896—1926）》，1980年发行，第164页。
③ 同上书，第164—165页。
④ 同上书，第165页。
⑤ 朔一：《奉俄协定与中东路改组》，《东方杂志》第21卷第19号，1924年10月10日发行，第11页。

断加深,最终于1929年酿成了中东路事件,并由此引发苏联对我国发动了一场属于侵略性质的边境战争。

二 中苏东段边界问题

自从19世纪中期帝俄将以黑龙江与乌苏里江为界河的中俄两国东段边界线强加给中国后,两国边界争议与纠纷不断出现,而受损一方总是国力孱弱的中国。民国学者华企云就此曾指出,"帝俄时代,在我满蒙边界方面,常有暗移界石,而侵蚀我边疆数千里之事"[①]。苏维埃政权取代旧政权后,此种边境状况并没有多少实质意义上的改观,"亦效此鼠窃狗偷之故智,利用《中俄协定》第七条中俄边界在未开界务会议以前维持旧界一节,于吾吉林省东北一带,毗连俄境北自绥远耶字界牌起南至图们江口土字界牌止,全线二千余里之地,将界碑向西推移,侵入深度自三哩至十哩不等,最显著者,则为兴凯湖及三角洲两地"[②]。由于当时中苏两国由于意识形态对立、苏联热衷于向中国"输出革命"等诸多复杂因素而导致关系不睦,华企云以上所论或许有言过其实之处,但大体符合当时的实际情况。此外,华企云仅提到我国吉林省一段两国边界状况,对于黑龙江省一段两国边界状况并未涉及。

(一)兴凯湖一带中苏边界状况

兴凯湖作为中俄界湖,我国本应拥有该界湖一半之主权,但是,如前文所述,由于帝俄政府的肆意蚕食,湖权为我国所有者最终缩减至三分之一左右。苏联政府在侵夺兴凯湖方面较之帝俄时代更进一步,"以我国官厅距边界较远之故",于是"乘虚侵入,修筑房屋,派兵驻扎,故兴凯湖实际上已尽为苏俄所占领"。兴凯湖"鱼类充斥,其里甚溥",我国所保有的原三分之一湖面为我国渔民之衣食来源,而当

[①] 华企云:《满蒙问题》,大东书局1931年版,第222页。
[②] 同上书,第222—223页。

苏联政府恃强占有整个湖面后,"我国渔户均被驱逐,仅有少数渔户,在华界北岸打鱼,若偶至湖心,则其人其船,即被逮捕,且不时派遣军舰,巡逻湖面"。面对如此之边界状况,"我国虽迭次抗议,而苏俄则充耳不闻也"①。

关于苏联强占整个兴凯湖之情况,《晨报》1927 年 11 月 6 日第 6 版曾刊文《兴凯湖尽被俄兵占领》,对此亦有介绍。文章指出:"在帝俄时代,俄人常有潜移中俄界碑,侵占华土数千里之事。自该国革命后,政权操诸赤俄掌握,该赤俄遂自命为人类正义之保障者,实亦与前俄同样猴猾。据本埠②行政方面消息,苏联现正在满洲东北部,逐渐侵占中国领土,自三哩至十哩不等。按照中俄两国划界条约东北部两国之境界,以乌苏里江及兴凯湖之中间为界,兴凯湖之三分之二属俄国,三分之一属中国。该湖面积共约三百方里,然在我国界内之部分,因距内地较远,居民既少,官厅方面,对之亦不注意。苏联竟乘虚在沿交界各点,逐渐侵入,始仅起造房屋,现竟派兵占领,其藐视我国已极。此项情形,因当局近派员亲察边界,始行发觉,兴凯湖全部实际上已尽为苏联所侵占,现已用汽船巡弋全湖。此湖产鱼甚富,向有多数之中国渔人,均依此为,案现皆被俄人驱逐,仅有少数尚能在华界湖边打鱼,若一至湖心,则渔船必被该俄人捕去,送至对岸俄境为俘虏。该地中国管辖官厅虽向苏俄军官抗议,然终无效,闻此事将决移中央办理,由外交部电令驻俄郑代办③,提起严重抗议。"④ 接着,文章还介绍了苏联军队陈兵中苏边界及骚扰我国边境之情况:"目下驻在兴凯湖一带,及沿乌苏里江之苏联军队,计有炮队三千人、步队一千人、马队三千人,共七千之众。至于警备该地之中国军队,仅为东北军之第二十一旅,驻在兴凯湖附近之密山,距苏联军司令部

---

① 华企云:《满蒙问题》,大东书局 1931 年版,第 223 页。
② 指哈尔滨,该文由《晨报》驻哈尔滨特约通讯员撰写。
③ 指当时中国驻苏联参事代办郑延禧。郑延禧于 1925 年 8 月被任命为驻苏联代办,同年 11 月到任,1928 年 10 月免。
④ 《兴凯湖尽被俄兵占领》,《晨报》1927 年 11 月 6 日第 6 版。

约十五里。在该地来往之两国民久已断绝,华军现正在密山附近挖壕警戒,因近来俄兵及武装俄匪时常入华界斩伐森林,联络胡匪,与华当局为难,甚至有在华界无故捕去华人之事。"①

(二) 抚远三角洲(黑瞎子岛)归属问题

在前文第一章中,对抚远三角洲之边界问题已有所涉及,这里再详加介绍。

抚远三角洲(中国人称之为黑瞎子岛),"位于东经134°24′—135°05′,北纬48°16′—48°27′,北临黑龙江,东南临乌苏里江,西南是连接黑龙江与乌苏里江的河汊通江子(也称通江,俄国称为卡杂克维赤沃水道)",是"黑龙江、乌苏里江和通江子之间的一个三角洲"②。三角洲"东西最长处约50公里,南北最宽处10多公里,全岛面积约400平方公里。其东北端与俄国哈巴罗夫斯克(伯力)隔江相对,形势险要,土地肥沃。全岛江汊四布,陆地可分为七部分,即黑瞎子通、达子营、瓦盆窑、冯得禄③小河子等"④。

抚远三角洲自古以来就是中国固有领土,即使按照中俄不平等边界条约之规定,"位于黑龙江以南、乌苏里江以西的黑瞎子岛仍然在中国版图之内"⑤。但是,沙俄政府故意混淆边界地区之地理概念,强指位于黑瞎子岛西南的中国内河通江为两国界河混同江,通过此种卑劣手段在事实上控制了抚远三角洲。中国政府为此与俄国政府展开交涉,但由于俄方蛮不讲理,毫无解决问题的诚意,也由于两国政局都

---

① 《兴凯湖尽被俄兵占领》,《晨报》1927年11月6日第6版。关于苏联"在华界无故捕去华人之事",另可参考吉林省档案馆编《吉林省大事记(1912—1931)》,1988年内部发行,第293页,1926年7月,苏联士兵"武装越界在兴凯湖(当时在吉林省境内)强抢华船华物,并掳去商人、水手8名"。

② 吕一燃主编:《中国近代边界史》上卷,人民出版社2013年版,第249页。

③ 据同上书,第250页,冯得禄是清末在黑瞎子岛上定居的汉人,此外有汉人葛云山和赫哲族人德夫克等15户人家,中国人在岛上定居的事实,充分证明了抚远三角洲是中国固有之领土。

④ 同上书,第249页。

⑤ 同上书,第250页。

有变化，交涉没有结果。①

　　1924年5月31日，《中苏协定》签订，中苏两国正式建交，这意味着就黑瞎子岛问题，中国重新有了外交交涉之具体对象。由于在此之前，苏联政府一再宣称在处理中苏两国关系方面（两国边界问题当然应该包括在内）秉承平等之原则，由此造成了错觉，"给中国官民收回被俄国侵占的黑瞎子岛带来了新的希望，但是事实表明，这个希望并没有实现"②。

　　1926年6月至1927年6月，中苏双方就"两国船只航行界河乌苏里江的安全，举行了共同修浚该江和沿江设置灯标的谈判"，谈判将会涉及抚远三角洲归属问题，"如果在谈判中双方都能遵守有关边界条约的规定，此事并不难解决。但令人遗憾的是，由于苏联违反条约规定，要把乌苏里江口至嘎杂克维池俄屯这段乌苏里江和中国的黑瞎子岛据为己有，挑起了领水和领土争端，因而使谈判复杂化了"③。需要指出的是，苏联并不只是"要把乌苏里江口至嘎杂克维池俄屯这段乌苏里江和中国的黑瞎子岛据为己有，挑起了领水和领土争端"，实际上已经继承了帝俄时代的可耻遗产，将中国领土黑瞎子岛继续置于其控制之下，并采取了进一步的动作。据华企云介绍，"前年（民国十六年）七月间，中俄会勘乌苏里江沿江，拟设标杆一百五十处，已设者七十余处，对岸三角洲界限亦拟将界石埋置混同江东岸。乃苏俄于同年九月间，私自占据。我方提出抗议，则谓三角洲在前清咸丰十年《北京条约》中，已归俄属云云。"④ 可见，在非法霸占中国领土抚

----

① 关于中俄两国就此问题展开交涉之过程，详见吕一燃主编《中国近代边界史》上卷，人民出版社2013年版，第253—257页。
② 同上书，第260页。
③ 同上。关于谈判之具体情况，详见同上书，第260—263页。
④ 华企云：《满蒙问题》，大东书局1931年版，第224页。关于此事，《晨报》也曾刊文予以披露，苏联于1927年9月，"私立界牌于通江子华岸，意在侵占三角洲"，中国地方官员对此提出交涉，苏方狡辩，"谓通江子系属国际河流"，与沙皇政府一样，强指中国内河通江为中苏界河。面对苏联的侵犯行为，我国地方官员已将此案报告中央政府，向苏联提出严重抗议，"要求制止俄边界官之侵越行为"。——《苏俄侵占华土》，《晨报》1927年11月21日第3版。

远三角洲之问题上，苏联之举动与帝俄政府如出一辙，这不能不激起"中国官民的无比愤慨，纷纷谴责苏联妄图侵占中国领水、领土的行为"①。华企云指出："查数十年来俄国已侵掠至混同江东岸，所未能越界者，以有三角洲在耳。今既占领该地，安知苏俄不进一步，经营我绥远。若然，则非仅绥远可危，吉省边陲，亦将从此多事矣。"② 以苏联在边界问题的态度与举动来分析，华企云的担忧并非杞人忧天，1929年苏联发动对我国的边境侵略战争，充分证明了这一点。

苏联非法占领黑瞎子岛后，中国政府继续申明对该岛拥有固有主权之严正立场，但是，苏联对此置若罔闻，当"九一八"事变发生后，中国东北地区沦为日本的殖民地，抚远三角洲黑瞎子岛归属遂成为中苏边界遗留问题。关于该问题，日本学者和田清曾有公允的说明："哈巴罗夫斯克对面的黑瞎子岛等，如今是俄国人占领的地方，成为满苏国境上的争论，稍微回溯一下，它属于满洲领土这一点是清楚的，不用说中国的古地图，就是看一下俄国地图，该岛也明确属于清领土，而不是俄领土。"③

（三）额尔古纳河流域洲渚归属问题

中国呼伦贝尔地区与俄国相邻，双方既有水界又有陆界，水界即为额尔古纳河。如前文第一章所述，民初呼伦贝尔地区在沙皇政府的策动下发生了叛乱，叛乱之后实际上受沙皇政府的控制。俄国革命发

---

① 吕一燃主编：《中国近代边界史》上卷，人民出版社2013年版，第264页。
② 华企云：《满蒙问题》，大东书局1931年版，第224页。
③ ［日］和田清：《关于"江东六十四屯"问题》（译自昭和十四年五月《东西交涉史论》，《东亚史论薮》第380—420页），黎光译，《学术研究丛刊》1982年第3期。和田清还就此举出佐证："例如，光绪十七年成书的《吉林通志》、前此绘成的有名的洪钧的《中俄交界全图》等皆如此。洪钧图题记'俄国是图成于光绪十年，云云'，光绪十年即1884年，即此图译自当（笔者注：资料原文无'当'字，此据上下文意酌加）年绘成的俄图。东洋文库藏的1864年绘成的沿海州精图，俄人也如此记载。1858—1859年布德哥斯基大佐实测该地是有名的，其原图大约亦如此。"——同上书，第37页注26。需要指出的是，和田清文最初被收入昭和十四年五月《东西交涉史论》，《东亚史论薮》，昭和十四年系公历1939年，当时伪"满洲国"已经"成立"，黑瞎子岛归属问题成为所谓"满苏国境上的争论"问题当指此点，伪"满洲国"是日本扶植下的傀儡政权，但当时与苏联同样存有边界争端，对此似不应刻意回避。

生后，沙皇政府垮台，呼伦贝尔分裂分子失去了靠山，于1920年自动内附，呼伦贝尔地区重新回到祖国怀抱，但这不能说明该边界地区从此会风平浪静，与之相反，与邻国新政权之间又发生了新的边界争端。

在清末，帝俄政府为达到侵占中俄界河额尔古纳河流域一带土地及我国呼伦贝尔地区之目的，曾挑起该地区之中俄边界争端，并于1911年12月20日逼签中俄《满洲里界约》。条约规定："所有陆路各界，议定通挖土壕，分立石碑，并将各界里数方向暨经纬度数刊入碑内；其水路从前误会各洲渚，亦各树立石碑，载明方里度数，以垂久远而资遵守。"① 在水界方面，按照条约之规定，"仍以额尔古纳河为界，额尔古纳河中的280个洲渚，120个属中国，160个属于俄国"②。尽管条约规定仍然以额尔古纳河为中俄两国之界河，挫败了帝俄占有该河流域一带土地之企图，但是，"又依照俄国的臆造，把河东中国境内的一些河汊定为老额尔古纳河，从而把主航道以东的许多中国洲渚划归俄国"，如此，在额尔古纳河边界线上，"出现了一个奇特的现象，约中规定中俄以额尔古纳河为界，但在该河右岸中国境内的许多洲渚却被划归俄国"③。或许，只有在中俄边界线上，才会出现如此荒唐的划界"奇观"。

中俄《满洲里界约》签订后，中俄两国政府均未曾批准。按照条约之规定，中俄两国应于1912年春季各派代表详细勘界，在水界方面，对于划归俄国的各大洲渚，应由中俄双方"会同设立石碑，并将洲渚的面积里数和石碑所在的经纬度数测明，用中俄文字刻入石碑"④。但是，由于当时清政府已经灭亡，以上规定未能执行。民国成立后，曾于1920年宣布该条约无效。

由于中俄《满洲里界约》签订后，双方并没有详细勘界，额尔古

---

① 佚名：《宣统政纪》第67卷，宣统三年十一月，沈云龙主编：《近代中国史料丛刊三编》第18辑，文海出版社1968年影印本，总第1207页。
② 吕一燃主编：《中国近代边界史》上卷，人民出版社2013年版，第246页。
③ 同上书，第247页。
④ 同上书，第248页。

纳河流域各洲渚的面积、经纬度数也就无从测量清楚，界碑也没有设立，"致使两国河洲界线不清，时常有俄人越界割草，而引起河中洲渚归属问题的争端。"① 俄国新政权出现后，在额尔古纳河流域边界问题的处理方式方面与帝俄时代没有什么区别，仍然放纵本国边民越界割草。例如，1920年，胪滨县知事赵春芳在巡视额尔古纳河沿边洲渚孟克西里等处时，发现有对方边民越界刈割羊草，赵春芳为此"令俄民照章纳税"，以示中国对该洲渚拥有主权，但是，"俄民抗不纳"②。1921年，赵春芳会同呼伦贝尔交涉员就此事致文远东共和国外交代表坡霍瓦林斯基，"详述宣统三年边界商定案未经政府批准施行，并未派员勘测立碑，自应改订，俾清疆界。"对方如何应对？"俄代表始则狡辩，继乃答言，边界商定案虽不能认为有效，但此洲渚暂作为国界不清之处，且屯民生计艰迫，悉令输纳，力有不给，先具字据，请缓纳税"③，实际上是在为己方边民之越界行为撑腰打气。再如巴雅斯胡郎图温都尔洲，"在巴雅斯胡郎图温都尔卡伦，与俄屯则里果为对岸，河中面积甚小"，于是，"俄人一则曰老河身，再则曰老河旧迹，信口指说，诡变多方"④，意在侵渔我方领土。由于对方没有解决边界问题的诚意，额尔古纳河诸多洲渚归属问题始终没有得到有效解决。

总之，苏维埃执掌政权后，在中苏两国边界问题方面一切以本国利益为出发点，基本上秉承帝俄时代之衣钵，大国沙文主义色彩异常浓烈，某些表现较之帝俄时代，甚至有过之而无不及。苏维埃政权在处理边界问题时所坚持的原则与表现，与其所一贯标榜的同情弱小国家、开展平等外交的原则根本背道而驰，这是当时存在的客观历史事实，对此不应回避。

---

① 吕一燃主编：《中国近代边界史》上卷，人民出版社2013年版，第248页。
② 万福麟监修，张伯英总纂，崔重庆等整理：《黑龙江志稿》（卷35·交涉志 界约），黑龙江人民出版社1992年版，第1570页。
③ 同上。
④ 同上书，第1571页。

三 中东路事件与中苏边境战争

根据1924年5月《中苏协定》及同年9月《奉俄协定》之规定，中东铁路由中苏两国合办的原则被确定。但由于种种原因，中苏两国就如何具体合办的细节问题并未加以磋商，因此中东铁路的实际管理权力一如帝俄时代那样，仍然由苏联委派的中东铁路局局长一手操纵，中国委派的理事会理事长（督办）则形同虚设。对此，苏联也是私下承认的。1926年3月，苏联外交人民委员契切林在致副外交人民委员加拉罕的信函中指出："我们在过去的几年里一直在推行加强局长权力的路线，现在已经看到，这种努力的后果及其危害性达到了什么程度。结果是，那些可以不被考虑的人蔑视中国人，理事会降为毫无用处的装饰品，中国人不断地退出，局长个人专权的方针最终变成了不担负责任的帝国主义政策的方针。"① 契切林并不隐讳地承认苏联关于中东铁路的方针与政策是帝国主义属性，可谓触及了问题的实质，当时苏联有关中东铁路的所作所为确实有损于中国主权与利益，与社会主义国家的身份不相符合。

中东铁路的管理现状，当然导致中国的严重不满。再加上其他因素的影响，终于导致中东路事件的发生。1928年，南京国民政府在北伐的基础上开始掌控中国的统治权力。当年年底，继亡父张作霖主政东北的张学良宣布易帜，服从南京国民政府，中国遂归于国民党统治之下。国民党掌控全国大权后，蒋介石与南京国民政府热衷于推行"革命外交"，积极收回丧失的各项国家利权，张学良当时积极追随蒋介石，成为南京国民政府"革命外交"的坚定拥护者，并有意在东北地区予以实施，而苏联的某些作为又成为张学良坚持在东北地区推行"革命外交"之催化剂。催化剂主要包括以下两个方面：首

---

① 刘显忠：《中东路事件研究中的几个问题》，载徐曰彪编《中苏历史悬案的终结》，中共党史出版社2010年版，第145页。

先是中东铁路权益之纷争；其次是苏联为在中国"输出革命"而实施"赤化宣传"。

1929年5月27日，"北满一带，苏联共产党领袖，在驻哈苏联领馆，开第三国际共产宣传大会，经中国东省行政长官查获，内有炸毁中东铁路的议决案件，而被捕人员，又多系中东路重要职员及东路职工联合会，苏联商业联合会，商船局，远东煤油局的经理或委员"①。对此，时论有如此之评论："中东铁路本为中俄合办的营业机关，今因苏俄利用牠作政治上阴谋策源地。"② 中东铁路督办吕荣寰据此指出："五月二十七日搜查驻哈俄领馆案发生，复查明苏联重要路员多兼宣传赤化工作，于是俄方欲把持东路以为赤化根据之用心，遂路人皆知矣。"③ 苏联一度积极推行向别国"输出革命"的政策，这是众所周知的历史事实，关于其中的是非曲直，可以参考下述之评论："赤化的功罪问题，共产主义的是否具有可行性，要待社会学家去研究的，千古自有定论。然而共产主义的不被中国欢迎，是无可否认的。至少是与今日三民主义统治下的中国，发生很多的冲突。在一个不欢迎自己的主义的国家，偏要把自己的主义去从事宣传，这在国际间是不道德的，至少也不能算是一种友谊国家相待的道义。至于以秘密组织，造成恐怖局面，即使在任何国家都是一件罪恶的事，何况在秩序初复人心未定的中国呢？"④ 不可否认，以上评论较为客观而中肯。按照中苏外交文件之规定，中东铁路"纯系商业性质，毫无其他行为"，而

---

① 蒋星德：《中东铁路的时代背景与政治反映》，《东方杂志》第26卷第15号，1929年8月10日发行，第19页。另据育幹《中东路案发生后的各方形势》，《东方杂志》第26卷第14号，1929年7月25日发行，第2页，"苏联共党，在驻哈苏联领馆开第三国际共产宣传大会，当场搜得破坏中国统一，暗杀国府要人，以及种种宣传赤化助长内乱的证据。"

② 育幹：《收回中东路权事件》，《东方杂志》第26卷第13号，1929年7月10日发行，第2页。

③ 《中东路交涉之重要文件·中东路督办吕荣寰宣布执行协定经过（七月十六日）》，《东方杂志》第26卷第14号，1929年7月25日发行，第131页。

④ 蒋星德：《中东铁路的时代背景与政治反映》，《东方杂志》第26卷第15号，1929年8月10日发行，第22页。

苏联驻哈尔滨领事馆内所发生的事件却证明"中东铁道的业务并不如此简单，带有不少的政治意味"，因为"哈领案件，所获人员，多系中东路重要职员，及东路职工联合会等。于此可见俄人实将中东路倚为对华宣传中心，而对华施行各种策略的工具"①，这是任何一个主权国家都不能容忍的，②何况是民族主义情绪强烈、正在积极推行"革命外交"的蒋介石和南京国民政府。

由于中东铁路实际管理权旁落，更由于苏联有意利用该路在中国推行"输出革命"的政策，导致张学良在蒋介石的支持下采取了断然措施。1929年7月10日，张学良、蒋介石与外交部部长王正廷经商议后决定："武力接管中东路，防止'赤化'，甚至与苏断交，在所不惜。"③当天下午，"东省特别区和从满洲里到绥芬河的各个路段的军警一齐出动，接管铁路沿线电话局，关闭商业代表处和其他苏联经济机关；解除苏联公民在铁路上担任的职务"，并"捣毁铁路工人和职员工会组织与合作社，逮捕了200余名苏联公民——中东铁路上的工人和职员，包括中东铁路局长和副局长在内的大约60人被驱逐出中国国境"。④之后，吕荣寰任命中方理事范其光暂时代理管理局局长之职，"原苏联人留下的职位空缺，或由中国人，或由白俄分子充任"⑤。中东路事件就此爆发。

中东路事件爆发后，苏联自然提出强烈抗议，中国受"革命外交"之影响，态度亦很强硬，但双方最初还是就此事件展开了外交磋

---

① 蒋星德：《中东铁路的时代背景与政治反映》，《东方杂志》第26卷第15号，1929年8月10日发行，第22页。
② 薛衔天认为，"任何国家的驻外工作人员到自己国家驻外机关聚会都属于正常活动，对苏联也不例外，这次集会很难说违反了《奉俄协定》的有关规定。以违反《奉俄协定》为由，对苏联领事馆加以搜查并逮捕大批人员，是典型的违反国际公法行为。"——薛衔天：《民国时期中苏关系史（1917—1949）》（上），中共党史出版社2009年版，第222页。薛衔天所论自有道理，但应注意一个前提，任何国家的驻外工作人员到自己国家驻外机关集会虽然受国际法的保护，但不能存有损害所驻国家利益的行为。
③ 同上书，第226页。
④ 同上。
⑤ 同上。

商，以望和平了结。但是，"溯自中东路事件发生后，苏俄对华态度，简直不可捉摸：有时候很强硬，有时候又软化；有时候还用刚柔并济的手段，和平交涉和武力侵略同时并行。这真可以算是极玩弄我国之能事"①。当时，苏联一方面与我国展开外交谈判，另一方面却加紧进行军事部署，施加军事压力："俄国飞机数十架则日在边境示威，俄国军队也陆续向边境方面集中，本月（八月）八号绥芬河和满洲里等处，且有大批俄军游行，并向我军阵地放炮示威。同时沿边一带亦有俄国武装汽车数十辆巡逻威吓。"②

自中东路事件发生后，苏联双管齐下，一方面在谈判桌上与中国折冲樽俎，一方面对中国边境进行军事骚扰，到1929年10月，终于升级为对我国边境地带大规模的军事进攻。10月12日，苏联发动同江之战。当天凌晨，苏军"出动飞机25架、军舰10艘、机关炮车40余辆，后又增派骑兵800余人、步兵3000余人，向同江中国守军发动大规模进攻"，战至午后3时左右，苏军夺取了同江县城（随即很快退出），我军被迫退守富锦。这次战役，中方损失惨重，"海军江防舰队顽强抵抗后几近全军覆没，江平、江安、江泰、利捷、东乙等5舰被击沉，利绥舰受重伤逃回富锦。同时团以下军官17人被打死，士兵伤亡700余人"③。由于中国并未因此而妥协，从11月17日开始，苏军兵分东、西两路，再次大举侵犯我国领土："西路主攻满洲里和札兰诺尔④，东路分别指向绥芬河和密山县，并轰炸了牡丹江。东路深入百余里，打下了密山县，并进至佳木斯以北牡丹江以东地区；西路更是由满洲里、札兰诺尔，经嵯冈一气攻陷了海拉尔。黑龙江守军韩光弟旅全军覆灭，旅长及团长均告阵亡；梁忠甲旅则因突围不成被迫

---

① 育幹：《苏俄大举侵略边境》，《东方杂志》第26卷第16号，1929年8月25日发行，第1页。
② 育幹：《中俄交涉停顿后之俄方侵掠举动》，《东方杂志》第26卷第15号，1929年8月10日发行，第1—2页。
③ 沈志华主编：《中苏关系史纲》（增订版），社会科学文献出版社2011年版，第45页。
④ 今内蒙古自治区满洲里市扎赉诺尔区。

投降。仅西路两旅守军被俘者,就已上万人,其他人员和财产损失更是难计其数。"①

苏联大举侵犯中国领土,其主要目的是重新恢复对中东铁路的实际控制权力,结果,此目的达到。1929年12月22日,中国被迫接受城下之盟——《伯力议定书》和《补充协定》,满足了苏方的一切要求。于是,"中东路冲突按7月13日苏联最后通牒及8月29日苏方修订的联合宣言中的要求得以解决"②,恢复7月10日以前的状态。1930年1月1日,"新任中东路苏正副局长到哈任事"③。1月11日,"中东路苏联局长下令裁撤去年7月10日以后所用华员二百八十余人"④。

综观中东路事件及中苏边境战争之起因,不能说中国没有任何责任,但主要责任方是苏联,则是不争的历史事实。对此,薛衔天认为:"发生这场战争的根本原因是苏联拖延召开中苏会议,没能按1924年《中苏协定》和《奉俄协定》解决中东铁路的管理权问题。对铁路的管理从本质上依然沿用1896年俄国单方面制定的《东省铁路公司章程》,人事权和财权完全掌握在苏联,中国处于不平等的地位。这种状况埋下了中苏冲突的火种。"⑤ 当中东路事件发生后,因意识形态差异一向敌视苏联的西方大国包括在中国东北问题上与苏联矛盾甚深的日本出于维护各自在华既得利益的考虑,并未表示对中国的同情及对苏联的制约,因为在维护在华既得利益方面,本来存在矛盾的西方大国、日本与苏联之间无疑是有共同语言的,但是西方舆论对当事双方的是非曲直还是能够做出基本上客观而公正的评价的。例如,美国著名新闻记者鲍威尔的相关评价颇值得注意:"欲明此案之根本曲直,

---

① 沈志华主编:《中苏关系史纲》(增订版),社会科学文献出版社2011年版,第45页。
② 刘显忠:《中东路事件研究中的几个问题》,载徐曰彪编《中苏历史悬案的终结》,中共党史出版社2010年版,第155页。
③ 黑龙江省档案馆、哈尔滨师范大学历史系编:《黑龙江历史大事记(1912—1932)》,黑龙江人民出版社1984年版,第246页。
④ 同上书,第247页。
⑤ 薛衔天:《民国时期中苏关系史(1917—1949)》(上),中共党史出版社2009年版,第250页。

自属困难,惟俄人在中东路,多少含有'包办'之行动,特别优待赤党路员,则已证实无可粉饰。苏俄似已忘却中东路,系坐落于中国领土之内,是为中国之中东路,而非俄国之中东路也。"① 法国舆论也指出:"中东铁路建筑于前俄帝国时代,以为经济上及政治上侵略中国之工具。中国内乱多年,现归平静,故将该路收回。而莫斯科当局,即用哀的美敦书以恐吓之。但试一阅地图,即知并非中国侵犯苏俄,苏俄实侵犯中国也。"② 可见,中国要求分享在本国领土之内的中东铁路的管理权,完全是合情合理的要求。当然,中方误判形势、强行接管中东路,确实有不妥之处,但中苏双方完全可以在平等协商的基础上和平解决这一问题,以当时中苏两国的国力对比,苏联通过和平手段达成己方目的并非难事,但是,苏联最终竟悍然通过武力加以解决,此举连自发动"四一二"政变后一贯持反苏立场的蒋介石都始料未及。蒋介石认为,"苏联以被压迫民族的解放者自命,因而忌讳对被压迫民族直接使用武力"③。但是,为维护在中国的核心利益,苏联不惜对它自十月革命后一贯宣称的深受列强压迫的"天然盟友"大动干戈,大国沙文主义的面目暴露无遗,在两国关系史上留下了难以抹去的阴影。不仅如此,当苏联公然侵犯中国领土时各大国作壁上观及张学良东北军抵抗不力,"严重暴露了东北军的实力以及国际社会在中国东北问题上可能干预的程度,从而为两年后日本关东军大胆发动九一八事变,提供了重要的参考"④。中东路事件及中苏边境战争使中国国家利益受损,而受益方则是对我国东北地区一向怀有侵略野心、具有侵略传统的两个国家,加剧了我国东北边疆危机。更为严重的是,

---

① [美] J. B. Powell:《满洲中俄事件之写真》,《东方杂志》第 26 卷第 19 号,1929 年 10 月 10 日发行,第 61 页。
② 《法比舆论界对于中俄事件之评论》,《东方杂志》第 26 卷第 19 号,1929 年 10 月 10 日发行,第 66 页。
③ 薛衔天:《民国时期中苏关系史(1917—1949)》(上),中共党史出版社 2009 年版,第 224 页。
④ 沈志华主编:《中苏关系史纲》(增订版),社会科学文献出版社 2011 年版,第 45 页。

苏联此举为两年后日本发动"九一八"事变、进而侵占整个中国东北地区起到了恶劣的"示范"作用，这是不容回避的历史事实。

第二节　日本与中国东北边疆安全问题

俄国十月革命爆发后，帝俄时代在中国东北的优势地位化为乌有，日本见有机可乘，立刻改变了自日俄战争后在中国东北问题方面与沙俄既相互利用又彼此争斗的相关政策，一方面企图将侵略触角伸入原沙俄势力范围"北满"及外蒙古，[①] 一方面继续巩固和扩大在"南满"的既得侵略权益。

一　日本侵略力度强化之表现：就舆论、政策及实施加以分析

进入20世纪20年代，日本朝野更加掀起了关于侵略我国东北的舆论喧嚣，尤以在我国东北的日本人最为卖力。鸭浑两江水上警察厅

---

① 日本大阪朝日新闻社支那部长神田正雄在观察我国东北后，曾有如是说："北满洲者，本为俄国所经营，今中国既收回其地而经营之者，又无实际之经验，故南满必有佳良之效果。反之，使他日北满若有根本上之经营，则土地肥沃，物产丰富，且可拓垦之地随在皆是，一旦得相当之势力，成相当之发展，势必侵入南满特殊之范围，是不能不为之考虑者也。"——高良佐：《中东铁路与远东问题》，上海太平洋书店1930年版，第133页。显然，神田正雄一面宣称日本有"经营""北满"之经验与"资格"，一面又对我国因经营"北满"可能会取得效果，从而对"南满"日本利益圈造成威胁而担忧，因而主张应由日本大力"经营""北满"，这无疑也是日本政府的真实意图。对于位于"北满"的中东铁路，日本也利用协约国集团武装干涉苏俄政权之机，必欲取之而后快。关于日本对中东铁路的野心，可参见傅角今《中东铁路问题之研究》，世界书局1929年版，第28页，"日本自日俄战役，攫取长春至大连之管理权后，遂于与中东路发生重要关系，且大有陇望蜀之概。"另据高良佐《中东铁路与远东问题》，上海太平洋书店1930年版，第62页，当俄国政局巨变后，日本一直渴望的机会终于到来，于是，"一面引起中东路国际共管之议，一面酿成外蒙的事变，开赤俄侵略中国之机"。所谓日本"酿成外蒙的事变，开赤俄侵略中国之机"，是指日本通过豢养旧俄白卫分子之手段，对抗俄国苏维埃政权，并企图将侵略势力扩展到外蒙古地区，日本此举使苏俄以此为由，亦派兵进入外蒙古，并逐渐加以控制。可见，日本的侵略行径不仅直接对我国外蒙古安全构成威胁，而且导致苏俄借此渗透势力于外蒙古，引发了极其严重的后果。另据黑龙江省档案馆、哈尔滨师范大学历史系编《黑龙江历史大事记（1912—1932）》，黑龙江人民出版社1984年版，第90页，1919年3月，"黑龙江交涉公署收到省长公署以密令转发的参谋部谍报员关于设在奉天的日本东拓会社所订'满蒙殖民事项'的报告。内称：日本政府每年给该会社拨款一百万元，该会社每年向满蒙移殖日、朝农民一千五百户；十年内，将日、朝农民五万户二十万人移住满蒙"。

厅长于治功在上奉天省长公署之呈文中指出,"日本自田中内阁①执政以来,对于我国态度大有变更,而在满日人更为兴波助浪,乃复撰制觉书及印刷物多张,寄彼内地大事宣传"②。

1927年11月,"全满日本人大会"在宣传物中宣称,"满蒙者,承明治大帝之宏谋及忠勇义烈之生灵和国民之膏血并牺牲十余亿之国帑为我赢得之特殊地位也,亦为国防上及民族之生存上之所必须行动自由之地域也"③。该宣传物还特别对于我国政府对日本在我国东北土地"商租权"的抵制耿耿于怀,"土地商租权(类于我内地之小作权),依民族发展为基础,未结条约以前已经在满邦人及以水田为主业之百万鲜人,和支那地主自由缔结商租契约,从事经营农业者有之,然而商租权设定之后反而支那官宪发布国土盗卖令,土地商租之支那人严行处罚入狱"④,致使日本侵略图谋受阻。"全满日本人大会"在宣传物中最后叫嚣,我国东北对于日本,"以大者言之,为国家百年之大计;以小者言之,为在满百二十万之同胞⑤所望。政党、政派积极协力一致,以援助满蒙积极政策之遂行,是所至幸"⑥。

1927年12月,"全满日本人大会安东支部"亦抛出所谓"请日人觉悟"之宣传物,叫嚣,"想国人均已知道,我国人口及食料问题之解决,除借满洲为殖民地实无他策。我国在满势力之消长,关于国家将来之盛衰,实为最大之意义"⑦。当时,此类鼓噪不绝于耳,对日本

---

① 指以田中义一为首组成的内阁,该内阁以强烈主张侵略"满蒙"并积极付诸行动而著称,其策划侵略"满蒙"之详情,集中体现于田中奏折中。
② 《奉天省长公署为抄发在满日人所制觉书及印刷物的指令(1928年1月28日)》(奉天交涉员署档),辽宁省档案馆编:《"九·一八事变"档案史料精编》,辽宁人民出版社1991年版,第9页。
③ 同上书,第11页。
④ 同上。
⑤ 所谓"在满百二十万之同胞",系指在我国东北的日本人及被视为日本"臣民"的朝鲜人。
⑥ 《奉天省长公署为抄发在满日人所制觉书及印刷物的指令(1928年1月28日)》(奉天交涉员署档),辽宁省档案馆编:《"九·一八事变"档案史料精编》,辽宁人民出版社1991年版,第14页。
⑦ 同上书,第9页。

政府加大侵略力度，无疑会起到推波助澜的恶劣作用。

1929年，"满洲青年联盟"理事长小日山直登在致满铁总裁山本条太郎信函中声称，"满洲青年联盟，系由驻满日本有志青年所组成，顺应国策，于满蒙大陆掀起发展我民族所必需的诸种运动，以尽力于殖民政策之执行。同时，主动奠定久居满蒙大地的发展基础"①。"满蒙之地不只已是我帝国国防上的重要地区，且对确保我国国民经济上的生存发展也已是唯一必须的产业原料供应地；生产商品的良好市场；并且是过剩人口的移民地。其得失意味着我帝国产业的兴衰，其关涉至为重要。正因如此，在满蒙的日本人的健全发展和依靠他们进行满蒙产业开发，仍属我国上下共同愿望。"②

众所周知，日本"自并吞三韩后，久视我国满蒙为其海外唯一之殖民地，故其侵略满蒙定为传统政策，种种设施异常周备，此固世人所尽知，亦为日人所公认"③。日本相关国策一向如此，再加上来自各方面之鼓噪，于是变本加厉地策划对我国东北的殖民侵略活动。

据辽宁省公安管理处上辽宁省政府之呈文，满铁总裁山本条太郎应首相田中义一之电召回国，"对于满蒙移民及其他政策侵略计划，均有特别之讨论，以期实行其侵略之野心"④。据档案资料之披露，"闻其最要者，则为最先施行其对满移民政策。其初步方法，由山本社长归满蒙提倡组织满洲移民农业会社，基本金由政府拨发金票五千万元。该会社总部设在大连，其他南满沿线如奉天、营口、辽阳、安东，以及北满之长春、哈尔滨、延吉等处，均设置支部。其宗旨，拟以多金诱买中国人田地、房产，或以轻利息借贷与华人，惟须有田地、

---

① 《满铁对满洲青年联盟补助之件（1929年5月至1931年10月）》（总体部376），辽宁省档案馆、辽宁社会科学院编：《"九·一八事变"前后的日本与中国东北——满铁秘档选编》，辽宁人民出版社1991年版，第144—145页。

② 同上书，第145页。

③ 《辽宁省政府为奉令转饬注意防范日本设立满蒙馆的训令（1930年4月8日）》（奉天交涉员署档），辽宁省档案馆编：《"九·一八事变"档案史料精编》，辽宁人民出版社1991年版，第57页。

④ 《辽宁省政府为随时查报日本移民政策的训令（1929年3月27日）》（奉天交涉员署档），辽宁省档案馆编：《"九·一八事变"档案史料精编》，辽宁人民出版社1991年版，第22页。

房产契约为抵押品，始能有效，以将田地房产吸归己有，而实行移民，兼扩充满洲农业计划。预定该会社成立三年后，可由日本及朝鲜内地移来满洲日鲜农民二十万人。关于农事扩张之计划，首注重稻田。兹因近年日本、朝鲜内地稻田歉收，民食军粮均行缺乏，此移民扩农计划实行后，其移民政策不但如愿，即与民食军粮亦有莫大之利益、补助。日本陆军省呈准政府，拟以此次移民耕获之稻粮运入国内存储，以备将来对外战事之准备三个年间足用之军粮。满铁社长山本条太郎业将该移民农业会社内部组织完竣，其自兼任总裁之职，委佐野正雄为总理事长，并委曾在满洲一带充任日本警察官吏及满铁职员之高桥信北、村野三太郎、光谷中村、野田尾崎、作忠川贯、林村贞二、阿部屈三等十人为理事，分赴组织支部事宜。此外聘用曾充任大连西岗子日警署巡捕之邵贵臣、金州日警署巡捕王满堂、复县流氓高晓楼、前营口警察厅翻译李鸿远、辽阳县人杨健堂、长春人沈忠祺、吉林双城人刘华洲等为介绍委员，月金一百五十元外，并酌给置买地房每起奖金二三百元不等。而日方利用此项华人冒名购买田地房产，或由彼等介绍买人、或典押"[1]。可见，日本人在制订殖民侵略计划时，可谓无孔不入、异常周密。辽宁省公安管理处据此认为，"查此批华人多系流氓，与各县士绅土豪恶霸又一般无业游民均有联络，一旦充任斯职，则与日本移民政策之进行实有莫大利益之补助，遗害我国非浅"，"此种移民政策若非预筹制止，将来满蒙隐患殊属堪虞"[2]。另外，1930年，"为奖励向满蒙侵略，并规定步骤起见"，日本特别"筹设满蒙馆于东京，诸端进行设备已将就绪"，我方对此担忧，日本"鲸吞蚕食之谋，必日演日烈，若不速为曲突徙薪之计，东北边防何堪设想"[3]。此预见

---

[1] 《辽宁省政府为随时查报日本移民政策的训令（1929年3月27日）》（奉天交涉员署档），辽宁省档案馆编：《"九·一八事变"档案史料精编》，辽宁人民出版社1991年版，第22—23页。

[2] 同上书，第23页。

[3] 《辽宁省政府为奉令转饬注意防范日本设立满蒙馆的训令（1930年4月8日）》（奉天交涉员署档），辽宁省档案馆编：《"九·一八事变"档案史料精编》，辽宁人民出版社1991年版，第57—58页。

非常准确,因为时隔不久,日本就悍然发动了"九一八"事变。

对于内外蒙古地区,日本一向怀有野心。关于在这段历史时期内日本图谋在内外蒙古地区实施殖民侵略之策划,在1927年7月日本内阁总理大臣田中义一之奏折①中有集中说明:"现在图什业图②王府内之我国退伍军人,共有十九人在矣,而向王府收买土地及羊毛特买权,或矿权,均被我先取定其特权矣。此外接派多数退伍军人密入其地,命其常服支那衣服以避奉天政府嫌疑,散在王府管内,实行垦殖牧畜羊毛买收等权。按其他各王府,仍依对图什业图王府方法而进入,到处安置我国退伍军人,以便操纵其旧王公。待我国民移住多数于内外蒙古之时,我土地所有权先用十把一束之贱价而买定之,然后将其可垦为水田者种植食米,以供我食料不足之用,不能垦为水田者则盛设牧场,养殖军马为③及牛畜,以充我军用及食用,余剩之额,制造罐头运贩欧美,其皮毛亦可供我不足之用。彼时期一到,则内外蒙古均为我有,因乘其领土权未甚明显之时,且支那政府及赤俄尚未注意及此之时,我国预先秘伏势力于其地。如其内外蒙古之土地,多数被我买有之时,斯时也,是蒙古人之蒙古欤,抑或日本人之蒙古欤?使世人无可辩白,我则借国力以扶持我主权而实行我积极政策也,我国对于蒙古之施为,因欲实行如上之政策,按本年起由陆军秘密费项下,抽出一百万元以内,急派官佐四百名,化装为教师或支那人潜入内外蒙古,与各旧王公实行握手,收束其地之牧畜矿山等权,为国家而造成百年大计。"④

---

① 据张本政、刘家磊、马国彦、林世慧、毕万闻编《东北大事记(1898—1931)》,中国人民政治协商会议吉林省委员会文史资料研究委员会1985年编辑出版,第248—249页,1927年6月27日至7月7日,日本政府在东京召开"东方会议",讨论侵华政策,确定了"满蒙积极政策"之侵略方针,7月25日,田中义一根据"东方会议"确定的国策,拟成《帝国对满蒙之积极政策》(史称《田中奏折》),并于当天密奏天皇。

② 指内蒙古哲里木盟科尔沁右翼中旗(图什业图亲王旗)。

③ 依资料上下文意,"为"似为衍字,可删。

④ 胡秋原等:《东北与日本》附录二:《田中义一满蒙积极政策奏章》,波文书局1979年版,第20—21页。从中可以看出,田中义一之奏折,既有对以往殖民侵略成果之总结,又有对未来侵略前景之展望,可谓阴险毒辣,无所不用其极。

综上所述，日本在进入20世纪20年代之后，对进一步侵略"满蒙"煞费苦心、百般策划。不仅如此，日本将其侵略计划付诸实施，自20世纪20年代截至"九一八"事变爆发前，日本继续大力经营在我国东北的原有势力范围——"南满"，其途径大致有二。

第一，按照既定国策，利用各种手段，进一步掠夺土地资源，实施农业殖民侵略政策。日本继续大肆掠夺土地资源的方式，分为两种："直接或间接的收买东北的土地。"①

所谓"直接的收买"，主要表现是，"在大连设立农业股份公司，收买关东州内的土地二千五百响"；此外，东洋拓殖公司在东北收买的土地也不在少数，又曾"收买前清善耆肃亲王底田地一千三百余万亩"。总之，"日人之收买东北土地和华人之盗卖国土事件虽经东北当局之严厉的订有种种惩罚条例，却仍在继续不断的增加"②。据统计，截至"九一八"事变之前，日本在我国东北以"商租"之名义，掠夺土地达403.6多万亩。③

所谓"间接的收买"，方式很多。试举一例，据当时报刊之记载，"若干朝鲜人士已经组织了一家华丰水田公司，准备在吉林省东北部的饶河两岸开垦稻田"55675响，"据说该公司计划先以一家日商东拓会社的贷款八十万元种稻二千响。这个企业虽然是由朝鲜人与中国人发起，并且是作为华商公司向中国当局注册的，但其经营管理完全由日本人控制"④。再举一例，"延边金融之紧迫，利率之高昂，为全省冠，月利五、六分尚不易借得。日人利用此种机会，筹集大宗资本，设立贷款机关，减轻利率，以广招徕，华人以地点（即田单）抵借者，可按原值贷与，利仅七、八厘。在日人用意，欲使华人无法归还，即可处分其土地，而取得所有权。现在该处负日债者，已不可胜计"，

---

① 冯和法编：《中国农村经济资料》下册，华世出版社1978年版，第995页。
② 同上。
③ 孔经纬：《中国近百年经济史纲》，吉林人民出版社1980年版，第206页。
④ 《英文中国经济周刊》第273期，转引自章有义编《中国近代农业史资料》第2辑（1912—1927），生活·读书·新知三联书店1957年版，第499页。

"有珲春某华人，承贷日款未偿潜逃，遗有抵押地数万晌，日人方面照请珲春县知事，恳予追还"①。

在这段历史时期内，日本在我国东北推行农业殖民侵略政策的典型事例是由大连农事株式会社组织的农业殖民活动。1928年2月，"满铁托大连日本商人收买民地2564町步，官有下放地366町步。4月，满铁用1000万元资金设立了向关东州移民的组织机构大连农事株式会社，计划以5000町步的土地入殖日本开拓民500户"。到1931年9月，大连农事株式会社"共收买民地796町步，官有地202町步。之后，大连农事株式会社实施东北移民政策，1929年入殖3户，1930年入殖57户，1931年入殖14户，合计74户。至1932年移民募集中止，到1939年，入殖者仅存66户"②。

此外，进入20世纪20年代之后，移居我国东北的日本人与日俱增。据日本外务省亚细亚局1926年之统计，入居我国东北的日本人之总数为191489人；③据日本满铁会社1929年之调查数字，为212547人；④据1931年日本"满蒙年鉴"之统计数字，为215218人。⑤据该年度"满蒙年鉴"之统计，当年，"日本向外国移民总数共为一百十余万"，其中移民我国东北者，"实占日本全移民数三分之一以上"⑥。

第二，继续利用在我国东北境内朝鲜人问题大做文章，以行其殖民侵略之道。"使朝鲜人为先锋队，杂居满蒙，然后日本人再由朝鲜继续进至满蒙"；⑦驱使朝鲜人移殖我国东北，"把中国人从那里彻底

---

① 《农商公报》第122期，转引自章有义编《中国近代农业史资料》第2辑（1912—1927），生活·读书·新知三联书店1957年版，第509页。
② 孙春日：《中国朝鲜族移民史》，中华书局2009年版，第428—429页。
③ 王海波：《东北移民问题》，中华书局1932年版，第47页。
④ 张佐华：《日本侵略东北政策之昨日与今日》（七）《移民侵略政策》，《新亚细亚》第3卷第1期，1931年10月1日出版，第39页。
⑤ 王海波：《东北移民问题》，中华书局1932年版，第47页。
⑥ 同上。王海波在此说明，日本向外移民者包括日本本土人、朝鲜人及台湾人。
⑦ 《辽宁省政府为日本利用韩人侵略满蒙事的训令（1929年4月19日）》（奉天交涉员署档），辽宁省档案馆编：《"九·一八事变"档案史料精编》，辽宁人民出版社1991年版，第24页。

清除出去,这岂不是执行殖民政策的体现吗?""使朝鲜人站在第一线,而日本人站在第二线,这岂不是国际上适宜的政策?朝鲜人在体力、食物、衣服和住宅等方面,不是可以同中国人对抗并远远地胜过他们吗?"①"暗中组织'满洲开发队',利用鲜人亲日辈,创设开发队事务所,收买或租地耕种,每户发小枪一支,鲜人与华人纠纷时日本以保护鲜人为名,乘机进攻。"② 以上所列各种资料,均可以佐证日本此方面之阴谋。关于这一方面的详细情况,以下重点予以介绍。

二 越境朝鲜人问题:日本侵略阴谋之工具

如第一章第二节所述,在清末,利用因朝鲜人非法越境垦殖所导致的种种问题,已经成为日本施加侵略的有力工具,到民国期间,此种现象有增无已,对我国东北特别是图们江北岸吉林省延吉道所辖地区的边境安全构成了越来越严重的威胁。

(一)越境朝鲜人之激增

朝鲜人越境移垦我国东北,始于清同治年间。当时,"朝鲜咸镜北道大饥,民不能堪,故虽国有厉禁,亦不之顾,私自渡江入我延边垦殖,遂开六十年来移民之先例。"③ 截至20世纪20年代末期,"东省韩民之总数,只以辽④吉两省论,为数已五十余万,其接踵而来者,尚月以数千计。此数十万之韩民,虽十之八系殖于延边,然内地各县,几皆无县无之"⑤。

---

① 《满洲浪人俱乐部、玄洋社、玄洋公社申请满铁补助特别产业资助金(1927年11月)》(总体部376),辽宁省档案馆、辽宁社会科学院:《"九·一八事变"前后的日本与中国东北——满铁秘档选编》,辽宁人民出版社1991年版,第121页。
② 黑龙江省档案馆、哈尔滨师范大学历史系编:《黑龙江历史大事记(1912—1932)》,黑龙江人民出版社1984年版,第217—218页。
③ 陈作桀:《东省韩民问题》,燕京大学政治学系1931年印行,第1页。
④ 据董慧云、张秀春编《张学良与东北新建设资料选》,香港同泽出版社1998年版,第587页,1929年2月5日,"南京政府明令改奉天省为辽宁省。"再据同资料第57页,同年2月28日,"省政府委员会第九次会议决议,自三月一日始,一律改称辽宁省,以昭划一。"
⑤ 陈作桀:《东省韩民问题》,燕京大学政治学系1931年印行,第1页。

据1930年辽宁省民政厅之统计，辽宁省内朝鲜人之户数为19297人，人口数为130550人。① 当时，辽宁省将朝鲜人集中居住、人数较多之辖区划为"东边区"，包括18县：海龙、辉南、② 抚顺、本溪、新宾、宽甸、安东、辑安、岫岩、凤城、庄河、桓仁、通化、柳河③、临江、抚松、安图、长白。④ 在"东边区"内，尤以海龙、抚顺、新宾、宽甸、安东、辑安、凤城、桓仁、柳河、临江、抚松、安图及长白13县朝鲜人人口为多，数字在千人以上，其中新宾、辑安、长白3县，朝鲜人已达万人以上。⑤ 在"东边区"外，沈阳、新民、西丰、开原、铁岭、清原⑥等处的朝鲜人人口数字也在千人以上。⑦

据1930年吉林省民政厅之统计，吉林省内朝鲜人之户数为88195户，人口数为467099人。⑧ 永吉⑨、伊通、磐石、五常、阿城、宾县、桦甸、敦化、额穆、延寿、珠河、宁安、东宁、穆棱、密山、饶河、延吉、和龙、汪清、珲春等县的朝鲜人人口数字在千人以上。延吉、和龙、汪清、珲春四地作为越境朝鲜人最为集中的地区，户数及人口数之多最为突出，其中延吉朝鲜人户数为36379户，人口数为227750人；⑩ 和龙朝鲜人户数为26874户，人口数为100203人；汪清朝鲜人户数为5686户，人口数为32049人；珲春朝鲜人户数为8430户，人口数为50573人。⑪

至于黑龙江省内朝鲜人户数、人口数之情况，当时未做准确之统

---

① 关于上述数字，可详见陈作梁《东省韩民问题》，燕京大学政治学系1931年印行，第13—18页。
② 海龙、辉南今均划归吉林省。
③ 今划归吉林省。
④ 陈作梁：《东省韩民问题》，燕京大学政治学系1931年印行，第25页。
⑤ 关于详请，可参见同上书，第13—14页。
⑥ 今辽宁省清原满族自治县。
⑦ 关于详请，可参见陈作梁《东省韩民问题》，燕京大学政治学系1931年印行，第15—17页。
⑧ 关于上述数字，可详见同上书，第18—22页。
⑨ 1929年，吉林县改称永吉县，今隶属于吉林省吉林市。
⑩ 另有延吉市（笔者注：当时为吉林省省辖市），朝鲜人之户数为461，人口数为2373。——陈作梁：《东省韩民问题》，燕京大学政治学系1931年印行，第22页。
⑪ 关于详请，可参见同上书，第22页。

计，据民国时期对越境朝鲜人问题有专门研究的陈作枨估计，黑龙江省内朝鲜人"亦不外数万人"①。《东北新建设》对此之记载为，截至1929年，仅黑龙江省克山、讷河、嫩江三县，"该三县侨居之鲜人已增至五千九百余名"②。另据日本驻朝鲜总督府1927年之统计，黑龙江省内朝鲜人之人数为12600。③

综上所述，根据陈作枨之统计，截至1930年，在我国东北辽宁、吉林两省，越境朝鲜人达597649人，在黑龙江省，估计朝鲜人之数目亦在万人以上，如此，朝鲜人之总人数应当超过60万。关于截至20世纪20年代末，在我国东北朝鲜人之总人数，各种资料记载不一，中日相关资料之记载就是如此。陈作枨提供之数字已如上述，另外，据日本满蒙拓殖会社1926年之调查数字，为736266人；据日本满洲新闻1927年之调查数字，为812629人；据日本领事馆1929年之调查数字，为619276人；据日本满铁会社1929年之调查数字，为783187人。④ 在以上统计数字中，陈作枨提供之数字源自辽宁与吉林两省民政厅之统计，应当较为可信。日方提供之调查数字显然偏多，仅日本领事馆1929年之调查数字较为接近实际情况。⑤

---

① 陈作枨：《东省韩民问题》，燕京大学政治学系1931年印行，第12页。
② 《北满鲜民日渐增多》，《东北新建设》第2卷第1期，1930年4月30日出版，"日俄拓殖杂讯"，第3页。该资料同页尚记载有，在5900余名朝鲜人中，"百分之九十五六，为开垦稻田之农夫，而十之七八带有家属"。再有，"据闻朝鲜总督近来计划，本年拟向北满移殖鲜农二十万人，而于朝鲜腾出之田地，让由日人耕种，以期达到实行吞并之目的，果尔，今后北满将成朝鲜之殖民地"。该杂志社据此认为，"吾人既不能阻止其北来，亦应设法提倡，将内省民重稠密之处，迁移来满，既可抵制鲜人，复可疏通各地不均之经济，而开发产业，充实边境，尤关重要，一举数得，愿当局注意及之。"当时，民间人士对日本利用朝鲜人侵渔东北土地主权之问题也有相当敏锐的认识，据《奉天实业厅录送奉省通化、安图等县农业情形暨农家状况调查报告书》，1922年9月，中国第二历史档案馆藏，农商部全宗（全宗号：1038），案卷号：1331，通化县农会会长徐德春曾就此指出："县属江河沿岸土质丰厚之地多招韩侨改种水稻，而地主贪图租利便宜则大宗利权溢于外人，不但利权外溢，而土地主权由此破坏。"
③ 孙春日：《中国朝鲜族移民史》，中华书局2009年版，第278页。
④ 张佐华：《日本侵略东北政策之昨日与今日》（七）《移民侵略政策》，《新亚细亚》第3卷第1期，1931年10月1日出版，第39页。
⑤ 据陈作枨《东省韩民问题》，燕京大学政治学系1931年印行，第12页，根据日本"昭和六年满蒙年鉴"，在我国东北之朝鲜人总数字为617280余人，与日本领事馆之调查数字大体相当。昭和六年系公历1931年。

(二) 越境朝鲜人国籍、法律地位及土地所有权等问题

自清末以来,在从朝鲜半岛进入我国东北境内的朝鲜人中,越境垦殖者占有绝大多数,如此,越垦朝鲜人国籍、法律地位及土地所有权等事关我国主权的诸多问题之重要性日益凸显,在越垦朝鲜人人数激增的情况下更是如此,尤以朝鲜垦民集中聚居的延边地区(即延吉道辖境,日本称此地区为"间岛"①)最为突出。

如前文所述,日本在清末曾经利用因朝鲜人非法越境垦殖所导致的中朝边界遗留问题而一手炮制了所谓"间岛"问题,企图将我国吉林省延吉府所辖地区划入已经受控于日本的朝鲜境内。由于遭到我国官民的强烈抵制,日本不得不有所退让,在这种背景下,1909年9月4日,中日两国签订《图们江中韩界务条款》。② 条约第4款承认中国

---

① 需要指出的是,"间岛"这一地理称谓带有侵吞我国领土之险恶用心。我国有识之士对此有如下之详细解析:"间岛交涉,早成名词,时见报章。昨有孙香谷君投函本社,详述中韩交界之地理,并力辟间岛为延吉之伪名,及某国人故作此名之深心。兹将原函录下:我国吉林之南鄙地,名延吉岗者,居中韩分界之图们江北岸,清初为封禁地,后设治曰延吉厅,旋改厅为府,仍名曰延吉府。光绪初年,韩人越界开垦,岁有增加,十三年勘界虽明,而江源红土、石之间,相持未决。(笔者注:十三年指公历1887年,当年中朝两国举行勘界谈判,当时双方已明确以图们江为中朝界河,主要解决图们江江源之问题。在图们江江源中,南源为西豆水,正源为红丹水,北源为石乙水,而红土山水又是石乙水的源头。中方为避免朝方的无理纠缠,放弃以应是图们江真正源头的红丹水为图们江江源,主张以北源石乙水为图们江江源,但朝方却主张以位于石乙水之北的红土山水为图们江江源。按照国际以江河划界的惯例,应以水源流长、水量充沛者作为界河,石乙水宽约三丈有余,红土山水仅宽二丈,石乙水水源亦长于红土山水水源,如此,中朝以石乙水为界是非常合理的。但朝鲜对这一中国已经让步的界线还是毫不退让,坚持必以红土山水为界,企图将红土山水以南的中国领土划归朝鲜,中国对此已经无法再事退让,双方就此问题没有达成协议。于是,石乙水与红土山水之争成为中朝边界遗留问题。之后,《图们江中韩界务条款》规定中朝以石乙水划界,中朝边界争端就此终结。)日俄战后,某国人借口韩人李范之乱,驻兵六道沟等处,我国拒之,交涉遂起,某国人所谓间岛交涉是也。是时,清廷任陈昭常、吴禄贞等先后为边务督办,设公署于延吉府。宣统元年七月,图们江中(笔者注:'中'字,资料原文缺)韩界条约告成,许某国人吉会铁路建筑权,而我国图们江北之领土如故也。盖某国人呼延吉为间岛者,取其间置无主之义,借以肆其蚕食之谋。呼!四界无水,何以岛名?延吉、珲春间,有山名高岭者,某国人私刻石于上,曰高丽岭,如此类者,不一而足。某国人鱼目混珠,乃其惯技,恒借伪名,误我人士之听闻。近数年来,我国关于延吉地面之记载,每发现有间岛二字之名词,鄙人深以为忧,盖领土之所关,以正名为第一要义,名亡实即随之俱亡,此古今中外不易之理也。惟愿我国人士,知间岛二字为延吉之伪名,幸甚!"——《延吉与中韩交界之原委》,《晨报》1920年10月17日第2版。

② 条约签订之时,朝鲜已经沦为日本的保护国,因此该条约是以中日两国签订的形式而出现的。

政府对越境朝鲜垦民有管理主权，具体规定是："图们江北地方杂居区域①内之垦地居住之韩民服从中国法权，归中国地方官管辖裁判。中国官吏当将该韩民与中国一律相待，所有应纳税项及一切行政上处分，亦与中国民同。至于关系该韩民之民事、刑事一切诉讼案件，应由中国官员按照中国法律秉公审判。"②根据该条款之规定，在杂居区内的朝鲜垦民勿论其是否取得中国国籍，由于服从中国法权，并在权利与义务方面等同于中国人，实际上已经被视为中国臣民。条约第5款规定，"所有图们江北杂居区域内韩民之地产、房屋等由中国政府与华民产业一同切实保护"③。该条款再次强调杂居区内朝鲜垦民等同于中国臣民，与中国臣民享有相同的权利，而"地产"则意味着杂居区内被视为中国臣民的朝鲜垦民已经事实上"实得有土地所有权④"⑤。但是，条约第4款又规定，"日本领事官，或由领事官委派官吏，可任便到堂听审"，还特别规定凡涉及"人命重案，则须先行知照日本国领事官到堂听审"，并且，"如日本国领事官能指出不按法律判断之处，可请中国另派员复审，以昭信谳"⑥，这又赋予日本领事官干涉中国政府对杂居区内朝鲜垦民（实际上是中国臣民）管理之权力，为以后中日两国关于越垦朝鲜人国籍、法律地位及土地所有权等诸多问题埋下了严重的隐患。

---

① 按照《图们江中韩界务条款》之规定，在延吉府所辖地区内，以龙井村、局子街、头道沟及百草沟为通商口岸，日本驻通商口岸领事官对通商口岸之内的朝鲜人拥有完全的领事裁判权。通商口岸之外的凡有朝鲜垦民的地区为所谓杂居区，杂居区之内的朝鲜人法律地位按照条约第4款之规定处理。

② 中日《图们江中韩界务条款》，杨昭全、孙玉梅编：《中朝边界沿革及界务交涉史料汇编》，吉林文史出版社1994年版，第1260—1261页。

③ 同上书，第1261页。

④ 关于此种"土地所有权"，有广义、侠义之两种区分，详见下文所引陈作棨之解释。

⑤ 《收吉林巡按使［孟宪彝］咨陈（民国四年八月二十四日）》附件《密陈中日条约吉林善后计划第七案呈文》，台北"中央研究院"近代史研究所编印：《中日关系史料·二十一条交涉（民国四年至五年）》（下），台北"中央研究院"近代史研究所发行1985年版，第654页。

⑥ 中日《图们江中韩界务条款》，杨昭全、孙玉梅编：《中朝边界沿革及界务交涉史料汇编》，吉林文史出版社1994年版，第1261页。

事态发展果然如此，1915年5月25日，日本逼签《关于南满洲及东部内蒙古之条约》，日本人据此攫取了在我国东北特定地域内之居住权、土地商租权等一系列特权。条约签订当年11月，日本由驻华公使出面，"主张中韩界约内所规定之居住裁判土地等事项，新约既另有规定，按照新约第八条，应即失其效力"。① 应当指出的是，日方主张完全是无中生有，因为《关于南满洲及东部内蒙古之条约》对于越境垦殖朝鲜人之相关问题只字未提，并且，条约第8条原文如此："关于东三省中日现行各条约，除本条约另有规定外，一概仍照旧实行。"② 既然《关于南满洲及东部内蒙古之条约》对于朝鲜垦民并无"另有规定"，《图们江中韩界务条款》中有关杂居区内越垦朝鲜人问题之规定当然应继续有效，"照旧实行"。此外，无论从历史还是从地理以及中日两国交涉之角度分析，延吉道辖区从来不属于《关于南满洲及东部内蒙古之条约》中规定的日本人享有居住权、土地商租权等一系列特权的"南满"地区，日本相关主张没有任何依据。③

---

① 《发驻日本章公使〔宗祥〕函（民国六年一月十一日）》，台北"中央研究院"近代史研究所编印：《中日关系史料·东北问题（民国六年至十六年）》（一），台北"中央研究院"近代史研究所发行1989年版，第6页。

② 王芸生：《六十年来中国与日本》第6卷，生活·读书·新知三联书店2005年版，第266—267页。

③ 对此，吉林省长徐鼐霖曾指出："自民国四年满蒙新约签订以后，驻延日领谓，延、珲、和、汪各县均在南满区域范围以内，即认图们江约为无效，意在使一般垦民脱离我管辖裁判而隶彼管治之下。查条约之缔结及消灭，须取得立约国之同意为有效，彼乃藉口政府之命令施之于国际间，不计对手国承认与否，是为蔑公法而逞强权。"徐鼐霖并从以下三方面，指出日方无理主张之无效：第一，"查满蒙新约签字后，奉发到原约条文及宣布始末情节，于南满区域确未有明文之规定，矧南满名称自南满铁路沿传而来，各国既无此称谓，我国历史上亦无此，故实可确其范围，且证明延、和各县不在南满划界以内，曾奉明令行知，此于地域上，不能认图们江界约可以取消者一也"；第二，"查满蒙条约原文内，每一条件各有事实为主体，其第八条载关于中日现行各条约，除本条约另有规定外，一概仍照旧实行。寻释本条文系概括之词亦即抽象之义，图们江界约未见有何项条件提出于新约内另行规定，当然照旧实行毫无疑义，此于条文上不能认图们江界约可以取消者二也"；第三，"条约由两国合意而结成，非有他故不能任一国片面的意思取消。界约成立而后，以我之土地供韩民之垦居，复从而保护以维持其生殖，在我（转下页）

但是，日本有意抓住《关于南满洲及东部内蒙古之条约》中"日本国臣民"几个字不放，无理宣称日韩既然早已合并，在我国东北的所有朝鲜人无论其是否已经取得中国国籍，均应视为"日本国臣民"，均应服从于日本法律之管辖，而不再服从于中国法权，并取得条约中所规定的相关权益，包括土地商租权。①日本不但有如此之主张，而且已在付诸行动。1917年8月，吉林交涉员吴宗濂致函外交部，陈述日本此方面之侵略行径："自民国四年中日新约告成，日使借口新约八条与中韩图们江界务条款第三四等条抵触，要求为一部分之撤废，急欲将侨居延、和、汪三县十九万垦民之管辖权完全攫去，争议经年，至今卒成悬案。然彼国官署竟已实行逮捕垦民，对于已归化之人民亦

（接上页）实履行条约义务之国，我非有背于义务，彼无取消之理由，当为国际所公认。此于事实上及法理上，不能认图们江界约可以取消者三也"。——《收吉林省长［徐鼐霖］咨（民国九年一月二十九日）》，台北"中央研究院"近代史研究所编印：《中日关系史料·东北问题（民国六年至十六年）》（二），台北"中央研究院"近代史研究所发行1990年版，第997—998页。

① 当中日两国就《图们江中韩界务条款》和《关于南满洲及东部内蒙古之条约》中相关规定发生歧义后，日本驻华使馆曾于1915年9月发出"节略"，有如此之狡辩："中国政府以明治四十二年（笔者注：指公历1909年）缔结之间岛协约（笔者注：指《图们江中韩界务条款》）规定，不受此次关于南满洲及东部内蒙古条约之影响，并援引新条约第八条等因。帝国政府不能充分了解其理由之所在。盖因有关于南满洲及东部内蒙古条约之规定，则间岛协约中规定之一部分自然受其影响，归于消灭。查新条约第八条所谓现行各条约，非指条约之全部，乃指条约之各规定而言。盖遇新旧两条约抵触时，当就条约之各规定而论，是为常例。所以新条约第八条之规定：关于满洲中日现行各条约，除本条约有特别规定外，一切应照旧实行。故由反面言之，如新条约别有规定，则关于与此同一之事项，旧约中之规定自不得照旧实行，应即以新条约之规定代之，所有间岛协约中第四条之规定，此次新约既另有规定，新约一经实施，同时不得不认旧约失其效力。现间岛本国领事以新条约之实施，受理南满江（笔者注：指图们江）北地方杂居区域内垦地居住为帝国臣民之朝鲜人之诉讼，又派遣吏员行使召唤等事，悉按照新条约第五条之规定办理，诚属当然之结果，殊难认其为出于何等误会之举动。关于此案，帝国政府不能副中国政府之希望，甚为遗憾。"——《收日本使馆节略（民国四年九月二十日）》，台北"中央研究院"近代史研究所编印：《中日关系史料·二十一条交涉（民国四年至五年）》（下），台北"中央研究院"近代史研究所发行1985年版，第666—667页。日本驻华使馆"节略"中所指所谓"新约第五条之规定"为："民刑诉讼日本国臣民为被告时，归日本国领事官，又中国人民为被告时，归中国官吏审判，彼此均得派员到堂旁听；但关于土地之日本国臣民与中国人民之民事诉讼，按照中国法律及地方习惯，由两国派员共同审判。"——王芸生：《六十年来中国与日本》第6卷，生活·读书·新知三联书店2005年版，第266页。显然，日本驻华使馆所指"日本国臣民"包括在我国东北的所有朝鲜人，无论其是否已经取得中国国籍，而关于土地问题之诉讼，无疑会涉及在我国东北之朝鲜人土地商租权问题，"由两国派员共同审判"，便利于日本插手其间以行其侵略之道。

拘讯，任意显示垦民以归化中国之无效，一方面则励行其韩童之教育，已成小学二十三处。该各县中户口垦民本居大半，长此侵凌吾国，于此直是有土地而无人民，遑言政事。乃至珲春等县，日本之警务政权渐以插入，省中韩侨年年增益，窃恐缘此界约存覆问题，隐祸蔓延，不可收拾。"①

日方无理主张及行径事关中国主权，不容任何疏忽，我国政府对此不能等闲视之。由于当时在我国东北特别是延吉地区之很多朝鲜垦民事实上都已经拥有了土地所有权，一旦他们成为"日本国臣民"，对于我国土地主权的危害性是不言而喻的。我国内务部指出，"延边一带越垦韩民多已购有地亩，万一日人坚持图们旧约无效，则韩民从前购买之土地所有权必随之而去"②。据《农商公报》之记载，"延吉道属之延吉、和龙、珲春、汪清四县，向为韩人杂居区域，人口占十之七、八，而地方行政亦大半操诸日人之手，所谓土地、人民、政治立国三要素，几去其二，仅土地所有权，尚未失落而已"③。但是，由于日本步步紧逼，土地主权也有丧失之虞，有鉴于此，我国政府希望解决越境垦殖朝鲜人国籍问题，以根除后患。

自清末以来，进入我国东北的朝鲜人绝大多数以农耕为生，涉及土地所有权或者耕种权问题，如此，一旦越境垦殖朝鲜人仍系外籍，将会导致土地主权受损现象发生，当朝鲜逐渐受控于日本之后，此问题之危害程度显然日益上升，当朝鲜完全沦为日本殖民地后，日本更是利用此问题大做文章。在越垦朝鲜人聚居的延吉地区，我国土地主

---

① 《收吉林交涉员［吴宗濂］函（民国六年八月二十三日）》，台北"中央研究院"近代史研究所编印：《中日关系史料·东北问题（民国六年至十六年）》（一），台北"中央研究院"近代史研究所发行1989年版，第83页。

② 《收内务部咨（民国八年七月五日）》（附件一），台北"中央研究院"近代史研究所编印：《中日关系史料·东北问题（民国六年至十六年）》（二），台北"中央研究院"近代史研究所发行1990年版，第661页。

③ 《农商公报》第122期，转引自章有义编《中国近代农业史资料》第2辑（1912—1927），生活·读书·新知三联书店1957年版，第509页。

权的受损程度最为明显。^① 我国政府为避免土地主权受损,一直对越垦朝鲜人的国籍问题加以重视,一般以劝导越垦朝鲜人归化入籍,作为主要的应对手段:凡归化入籍者,承认其土地所有权;反之,则加以限制。早在清朝末年,我国政府已经规定:"就现有韩侨已相沿袭有土地权者,劝令入籍作中国民。反言之,即韩侨不得有土地权并不准杂居。"^② 民国成立后,实行类似的政策。1914 年,民国政府规定,对于入境朝鲜人,"凡在中国领买土地十年以上者,令其薙发易服,使入中国国籍。至从前由一人冒名买地者,亦勒令更换自己名照,如有不愿入籍者,即照章将其所有土地酌价收回"^③。1925年,"珲春县下令对于非归化朝鲜族农民借用已入籍人名义购买土地者,不承认其土地管理权与所有权,并无条件地没收其土地"^④。1928年,"和龙当局下令,要劝导拥有一千坪^⑤以下土地的朝鲜族农民

---

① 关于此点,可参见陈作樑《东省韩民问题》,燕京大学政治学系 1931 年印行,第 7—9 页:"实为将来隐忧之所在者,即为土地权之丧失之问题也。盖自图们江界约成立以后,依条约之解释,延边越垦韩民,本应与中国人民同享有土地权,因约中原有韩民之财产应与中国人民同等待遇之规定也。然又有依侠义之解释,云越垦韩民,只有土地开垦权,而无土地所有者;故条约中所云之财产保障,亦尽于此。我地方当局,及韩民之意识,皆从后说,故不但不许其有土地权,即韩民之欲买土地者,亦每凑足款项,用经已入籍之韩民出名顶买,而后更分立契据,各自保存,可见其心理并非以为必然之权利矣。但以后日久转卖,每致发生争端,遂由出名买地之入籍韩民等,要求破契,中方官吏,当时亦即允许,由是而未入籍之韩民,亦竟取得土地所有权。此种土地权转入于韩民之手,本尚不足为虑,但以韩民多系垦农,经济常感压迫,日方乃从而利用之,以民九屠杀安分韩民(笔者注:指 1920 年珲春事件)后日政府所颁给之恤金,组织金融部,附设于日领事馆,倘韩民有急需时,即可向该部借款,年终还付,由是逐年放息,韩民春假秋还,亦遂逐岁增多。故苟无现金,则偿之以谷,谷值不足,则更押之以土地。况外乎金融部者,尚有朝鲜拓殖会社分立之救济部,亦营同种事业,其利既厚,而又可为侵略之先导也。于是延边土地,辗转典押而入于日人之手者,盖已占耕地之半,倘从此以往,无法抵御,则不出数年,土非我有,吏同虚设,延边既失,日人更进而经营东省之内地,更何往而不用其旧智。"

② 《大清国籍条例施行细则》,杨昭全、孙玉梅编:《中朝边界沿革及界务交涉史料汇编》,吉林文史出版社 1994 年版,第 1283 页。

③ 孙运来、沙允中主编:《吉林省边疆民族地区稳定和发展的主要问题与对策》,中央民族大学出版社 1994 年版,第 61 页。

④ 同上书,第 62 页。

⑤ 据程维荣《近代东北铁路附属地》,上海社会科学院出版社 2008 年版,第 65 页注②,1 坪等于 3.30582 平方米。

'归化入集①'"②。1929年,"敦化县下令,朝鲜族限期一个月办理入籍手续,违者一律退回"③。可见,将国籍问题与土地权问题紧密结合,成为我国政府在处理越境朝鲜人国籍问题时一直秉承的一个原则,这是出于维护主权之考虑,是非常必要的。

但是,对于我国有关越垦朝鲜人之入籍政策,日本横加干涉。1917年6月,日本驻华使馆根据本国政府之训令,向我国发出照会,内称:"顷奉本国政府训令称,本国政府否认朝鲜人归化贵国一事,屡经本馆及有关系本国领事馆,对于贵国政府及地方官宪,一再声明在案。而贵国政府依然承认朝鲜人归化,并随时刊登政府公报发表。即内务部编订之国籍变更一览表内列记朝鲜人姓名认为归化,无视本国正当之主张,不顾两国国交,洵为遗憾。关于此案,本国政府依然维持,照上年八月三日前任小幡临时代理公使④致陈前外交总长⑤照会之主张,对于在贵国朝鲜人之归化,毕竟认为无效。"⑥ 日本所谓"本国正当之主张"是指,"查本国国籍法未经施行朝鲜,今欲使朝鲜人脱离帝国国籍,为日本法制所不许,日本政府不惟对于居住中国之朝鲜人,即对于居住欧美各国之朝鲜人,亦无承认韩人丧失日本国籍之事,即按照中国国籍须丧失本国国籍之规定,朝鲜人脱离日本国籍,既为日本法制所不许,即按照中国法制,对于许可韩人归化亦不得不认为违法"⑦。

针对日本上述所谓"正当之主张",我国内务部辩驳如下:"韩民

---

① 资料原文如此,此处之"集"有误,应作"籍"。
② 孙运来、沙允中主编:《吉林省边疆民族地区稳定和发展的主要问题与对策》,中央民族大学出版社1994年版,第62页。
③ 同上。
④ 指当时日本驻华代理公使小幡西吉。
⑤ 指陈锦涛,当时以财政总长之身份兼署外交总长。
⑥ 《收日本馆照会(民国六年六月六日)》,台北"中央研究院"近代史研究所编印:《中日关系史料·东北问题(民国六年至十六年)》(一),台北"中央研究院"近代史研究所发行1989年版,第72页。
⑦ 《收吉林省长公署令(民国七年十一月二十日)》(附件三 说贴),台北"中央研究院"近代史研究所编印:《中日关系史料·东北问题(民国六年至十六年)》(一),台北"中央研究院"近代史研究所发行1989年版,第238—239页。

归化自前清颁布国籍条例，历经办理有案。日使以中国国籍法归化条件，有因取得中国国籍，须丧失其本国国籍之规定，日本法制不许韩人脱离日本国籍，则许可韩人归化认为违法。查现行国籍法之有此项规定，盖为预防国籍冲突起见，其意谓若因归化而取得中国国籍，一方即应丧失其本国国籍，日本国籍法第二十条载有，依自己志望，取得外国国籍者，即丧失日本国籍等语。日、韩合并以后，朝鲜人即为日本人民，当然适用日本国籍法，即如日使所称朝鲜人，即无所谓国籍法，则该使称日本法制不许韩人脱离日本国籍，已失根据。又据吉林报告，最近韩人之入俄籍者已不下十万，未闻日本有不承认之表示。"① 可见，无论从何种法律角度及朝鲜人入籍之实际情况来分析，日本阻挠朝鲜垦民归化我国而取得我国国籍均是站不住脚的。实际上，日本对在我国东北境内越垦朝鲜人是否取得我国国籍并不是十分关心，其表现主要有三方面：第一，尽可能阻挠朝鲜垦民取得我国国籍，如此，指认他们为"日本国臣民"即为顺理成章之事；第二，如果不能阻止朝鲜垦民获得我国国籍，则曲解中日两国国籍法的相关规定，有意制造越垦朝鲜人的双重国籍问题，夺取对越垦朝鲜人之管辖权力；第三，出于需要，日本甚至有时还有意指使部分亲日朝鲜垦民假为"归化"而获得中国国籍。② 可见，在朝鲜垦民国籍问题上，日本交替使用各种手段，都是以侵犯我国主权特别是土地主权为出发点。

综上所述，关于朝鲜垦民的国籍问题，自中日两国发生"二十一条"交涉以来，直到20世纪20年代，日本一直纠缠不休，成为悬案。对此，陈作樑曾有如下之分析："缘以日韩合并，去今已及二十载，以今日之韩民而言，在国际上实不能讳其为有日本国籍之臣民，依日

---

① 《收吉林省长公署令（民国七年十一月二十日）》（附件三 说贴），台北"中央研究院"近代史研究所编印：《中日关系史料·东北问题（民国六年至十六年）》（一），台北"中央研究院"近代史研究所发行1989年版，第239页。

② 据冯和法编《中国农村经济资料》下册，华世出版社1978年版，第996页，日本此举之目的在于，"嗾使移居东北的韩农，首先归化为华人，然后再藉着日本政府之经济上的援助，而取得或占领土地所用权"。

本之国籍法，凡由于自己之志愿而入外国国籍者，同时即失其本国之国籍，故如东省韩民能合于中国国籍法所规定之条件，听其归化，同时亦自丧失其日本国国籍，概由我方统制，然其所以不能如此者，即格于日人之阻挠故也。日人对于韩民，每云其不能适用日本国国籍法，故虽已入我籍，倘日本政府未予出籍，则概否认其为有效，其日本帝国之国籍，亦断不因之丧失；但经我国驳诘后，则又云我国之国籍法第三条第五款规定，因取得中华民国之国籍，即丧失本国国籍之条件，（民元民三之国籍法皆有此款十八年新颁布之国籍法无之①）在朝鲜人不能丧失帝国国籍，故中国许可归化，亦为违法。夫日本国籍法，倘能适用于韩民，则韩民依法入籍，同时亦即丧失日本国籍，对于我国国籍法第三条第五款之规定，实无违背；倘日本国籍法不能适用于韩民，则韩民已为无国籍之民族，我国许其入籍，亦不违法，然即此亦不过就以往之国籍法而言，至我国十八年新颁布之国籍法，则已无此款，更可不论，而日人所谓朝鲜人不能丧失帝国国籍一语，实不知作何解释！且韩民之入俄国国籍者，自西历一千八百九十四年迄今东海滨一带已达十万人，均由俄政府发给执照，至一千九百零九年，俄政府并认入籍韩民有服兵役之义务，当欧战时，韩人之服兵役者，颇不乏人，日方既谓帝国不许韩民出籍，何以竟听俄人之征调，而不过问？况韩民在延边各县者，生息已数十年，其居住蕃殖，远在日韩合并之前，实际上亦可谓为无国籍之人民，是亦可云其未取得日本国籍耶？凡此种种理由，我方当地官宪，亦已于交涉时尽情陈述，但日方仍坚持己见，强为曲解。我方吉林省省长公署，乃于民国五年间，责令延吉道尹，告以双方各持一说，辩论终无了期，吾中央业已提出谈判，惟有静候两国政府谈判解决明白宣布时，再行遵办而已。但事经十载有余，而本案悬搁如旧，倘双方有因国籍问题而起争议，亦皆因便办理，毫无准绳。此

---

① 1929年2月，我国修订国籍法，删除外国人取得我国国籍之同时必须丧失其本国国籍之规定，正是为了避免在此问题上来自日本的无理纠缠。

在既往虽无大害，而于将来统治之政略，实为惟一之病端。盖以韩民之国籍既不确定，我方欲予入籍，亦不能脱其日本之关系，将来蓄聚滋息，必成为绝大之问题；倘不予入籍，则施政方针难于收效，而韩侨杂居日繁，中方防御无术，东北土地，不成为第二高丽者，亦难矣！"① 陈作樑以上分析，指出日本阻挠越垦朝鲜人归化中国为非法，并对这一棘手问题长时期未能得到有效解决而导致的后果忧心忡忡。

越垦朝鲜人国籍问题久悬未决，严重威胁到我国东北边疆之安全，同样，其法律地位问题，也成为重大隐患。如上所述，按照《图们江中韩界务条款》之规定，在延吉府所辖地区，以龙井村、局子街、头道沟及百草沟为通商口岸，日本有权设立领事馆，② 领事官对通商口岸内朝鲜人行使完全的领事裁判权；通商口岸以外为杂居区，居住其中之朝鲜垦民服从中国法权。但是，由于条约同时赋予日本领事官干涉中国政府对杂居区内朝鲜垦民管理之权力，导致日本对朝鲜人法权的扩张。特别在日本逼签《关于南满洲及东部内蒙古之条约》后，"日人主张图们江旧约一部失效，其所谓一部失效者，即欲韩民依旧享受杂民之权，而免除归中国官厅审判之义务也。互相争持四年未结，乃日人虑目的之难达，频派法警下乡滥收韩人诉讼，力与抗议佯置弗闻"③。"欲韩民依旧享受杂民之权，而免除归中国官厅审判之义务"，显然系指日本企图使杂居区内之朝鲜垦民依然享有包括土地所有权在内的各种权利，但却置于日方的控制之下。显然，按照日本的如意算盘，朝鲜垦民享受中国给予之权利却不接受中国之管辖，这是极不公正的，我国万难接受。

---

① 陈作樑：《东省韩民问题》，燕京大学政治学系1931年印行，第2—4页。
② 据孙运来、沙允中主编《吉林省边疆民族地区稳定和发展的主要问题与对策》，中央民族大学出版社1994年版，第58页，日本据此"在龙井镇设立间岛日本总领事馆，在局子街等地设立领事分馆"。
③ 《收国务院公函（民国八年三月二十一日）》（附件一），台北"中央研究院"近代史研究所编印：《中日关系史料·东北问题（民国六年至十六年）》（一），台北"中央研究院"近代史研究所发行1989年版，第376页。

到20世纪20年代,日本在延吉地区"有总领馆一所,分领馆四所,共占东省日领馆总数四分之一",并且,"延边日领,因有朝鲜民会及日本警署之创立,实际上已由外交而牵及内政,我方行政之官署,有反为留延领事之形势"①,真可谓反客为主,岂非怪事!陈作樑就此指出:"夫延边韩民,本为越垦居民,依约本不应受日领之裁判,但因官方之姑息,遂致沿成今日之局面,可胜慨叹。况由此裁判之权,侵扩张为内政之管理权,一般无识韩民,盖已不知有中国官厅之存在,即知其存在,亦不过目为虚设,实际上认识中之管属机关,已专属于日领事馆矣!我人兴论及此,殊不能否认一地方上有二重管理权,是不但审判上在在感受窒碍,诸凡其他内政之处置,亦莫不感受限制,主客颠倒,国权消丧,吾人实有不忍于言者焉。"②

总之,自清末以来,日本就已经开始利用越境朝鲜人侵犯我国多项主权,自逼签《关于南满洲及东部内蒙古之条约》后,日本侵略行径变本加厉,围绕越境朝鲜人国籍、法律地位及土地所有权③等问题而大做文章,进入20世纪20年代,由上述问题而引发的边疆安全问题愈演愈烈,加剧了东北边疆危机。

三 朝鲜独立运动与珲春事件: 威胁中国东北边疆之安全

(一) 朝鲜独立运动波及中国,珲春事件发生

日本将朝鲜半岛置于其殖民统治之后,统治手段之阴狠与毒辣,

---

① 陈作樑:《东省韩民问题》,燕京大学政治学系1931年印行,第5页。
② 同上书,第5—6页。
③ 日本利用朝鲜人侵犯中国土地所有权可谓用心险恶、毒辣至极,其当政者曾就此直言不讳地宣称,利用朝鲜人移殖中国东北,"为帝国对满蒙之利权,不求而可自得,真可为国家造成莫大幸福。而帝国对满蒙之国防上经济上,添加无数势力,为鲜民统治上,显出莫大曙光。然朝鲜民移住东三省之众,可为母国民而开拓满蒙处女地,以便母国民进取,且亦可藉朝鲜民为阶段,而可与支那民联络一切。一面利用有归化支那国籍之鲜民,盛为收买满蒙水田地,而另由各地之信用合作或银行,或东拓会社,或满铁公司,通融彼等有支那籍之朝鲜民以资金而作我经济侵入之司令塔也。亦可作我食料之增产以救国危,是亦新殖民地开拓之一机会。"——胡秋原等:《东北与日本》附录二:《田中义一满蒙积极政策奏章》,波文书局1979年版,第22页。

在世界殖民统治史上堪称仅见。朝鲜人痛苦不堪，不断发起反抗斗争，在第一次世界大战结束之后更是如此。

第一次世界大战之后，西方大国需要重建世界新秩序，美国总统威尔逊提出民族自决之建议。在第一次世界大战中，俄罗斯帝国、奥匈帝国及奥斯曼土耳其帝国被摧毁，原从属于以上帝国的许多被压迫民族纷纷独立，建立起新兴民族国家，于是，"朝鲜全国之男女老少，皆为民族自决之思想所激荡，十余年酝酿之运动，一触即发"[①]。1919年3月1日，朝鲜民族主义者和爱国学生在汉城集会，"由孙秉熙等三十三人署名，发布朝鲜独立宣言，全国一致举行表现民意之运动"[②]。朝鲜半岛的民族独立风潮涉及在中国东北的越境朝鲜人聚居地，"延边四县，亦在三月十二日举行民意之表现，四五万群众齐集龙井村，高呼万岁"[③]。应当指出的是，朝鲜独立运动之影响波及我国，给日本扩大侵略以可乘之机，我国政府公文对此曾指出，"自上年三月，鲜人在鲜境起事以还，延疆各处时见响应，一案发生，辄穷措置。而日领则警探四布，分所出张沿街逮捕，数见不鲜，就国际交涉而言，无一非造成恶例"，"吉省对外危机无逾于此"[④]。可见，朝鲜反日势力的存在为我国东北边疆安全带来了新的不稳定因素，吉林省长徐鼐霖就此曾指出，"韩民仇日情深，复国念切，组织决死队、正义团、军政署种种机关，蓄械勒捐，到处藏匿，扰害良善，垦户颇受其累"，导致"治安既足滋虑"之问题；同时，朝鲜反日势力"扰害良善"，在遭受扰害者中，朝鲜垦民自然占据多数，我国人民遭受扰害者亦不乏人；不仅如此，更为严重的是，"延吉、珲春、和龙、汪清四县，垦民多于华民数倍，喧宾夺主积渐使然，而

---

① 陈作枻：《东省韩民问题》，燕京大学政治学系1931年印行，第43页。
② 同上。
③ 同上。
④ 《收吉林省长［徐鼐霖］咨（民国九年一月二十九日）》，台北"中央研究院"近代史研究所编印：《中日关系史料·东北问题（民国六年至十六年）》（二），台北"中央研究院"近代史研究所发行1990年版，第999页。

东邻复利用此民以为伸张势力之地步,自上年韩倡独立,彼尤注意,胁迫压制无所不用其极",在这种情况下,"交涉日繁",我国疲于应对①。

朝鲜"三一"民族独立运动遭到日本的血腥镇压,朝鲜反日人员因此大批转入我国东北境内,主要活动于图们江与鸭绿江中朝交界地区,组织各种反日团体,"延边各地成立所谓国民会,义军团,军政署,都督府等等团体,购买大批枪械,训练正式军队"②。当时,"在图们江流域活动的朝鲜反日独立军,在洪范图、崔明禄等人的率领下经常袭击图们江以南朝鲜边境地区,扰乱日本统治秩序"③。日本一方面为镇压朝鲜独立运动以稳固殖民统治,另一方面企图趁机借此进一步扩张在我国东北地区的侵略势力,于是策划新的阴谋,集中表现是珲春事件。

1920年10月2日,日本经精心策划,"暗派浪人,勾结土匪谭东海,供给枪械及巨额金钱","攻陷珲春城,焚烧日本领事馆,并劫去现金十二万元及人质六十余名"④。可见,珲春事件之所以发生,日本实际上是幕后主使者,因为有日本浪人参杂其间,且参与者"所用枪支,系日本式"⑤。日本导演的这一出丑剧,为其"造成出兵之口实,而以由西比利亚撤退之军队⑥,遣入延境,大举讨伐"⑦。日军侵入我国延吉地区之后,对朝鲜垦民大加屠杀,我国边民也因此而无辜受累、横遭祸殃:"围攻韩人村落,不论男女老幼,一律锁闭屋中,放火焚杀,日军包围四周,凡由火中奔出者,即以枪刃格毙,或则掘成大坑,

---

① 《收吉林省长[徐鼐霖]快邮代电(民国九年二月二十四日)》,台北"中央研究院"近代史研究所编印:《中日关系史料·东北问题(民国六年至十六年)》(二),台北"中央研究院"近代史研究所发行1990年版,第1028页。
② 陈作樑:《东省韩民问题》,燕京大学政治学系1931年印行,第43页。
③ 孙春日:《中国朝鲜族移民史》,中华书局2009年版,第308页注③。
④ 陈作樑:《东省韩民问题》,燕京大学政治学系1931年印行,第43页。
⑤ 《珲春共同剿匪之交涉》,《申报》1920年10月17日第7版。
⑥ 指日本参加干涉苏维埃俄国的军队。
⑦ 陈作樑:《东省韩民问题》,燕京大学政治学系1931年印行,第43页。

活埋无辜青年，其受害最甚者，为东盛涌西南之獐岩洞，日军将十余里獐岩洞村落烧毁成空，牛羊鸡犬一无所留，当地华人亦同与焚如。"① 日军在我国领土上肆意施暴，致使当地陷于浩劫之中。

(二) 日本借题发挥，侵犯吉林东疆

日本有意借题发挥，借此侵犯我国珲春，早在珲春事件发生之前就已显露端倪。吉林督军鲍贵卿、省长徐鼐霖曾于1920年1月电告外交部与内务部，指出"鲜境日警藉口侦捕韩党，上月曾三次越界，宪兵亦越界一次"，强调"此等行动殊碍我国主权"②。更有甚者，据延吉道地方官员于1920年5月之呈报，"日本人暗使亲日朝鲜人组织秘密团体，假冒朝鲜独立军名义，四处活动"③，以期达成其不可告人之目的。由此可见，珲春事件是日本借端侵略阴谋之总爆发。事件发生之后，日本公使小幡酉吉对我国外交总长有如下之表示："韩党前此屡在延吉滋扰，其后陆续加入中俄人民人数愈多，一月以前，曾至珲春掠夺一次，其时以贵国人民受害最甚，日人未尝被害。按照当时情形，已可推知该党必将再来滋扰，故由日领商请吉林官宪请为注意，不意贵国官宪并不设法取缔，以至发生此次惨事，殊为遗憾。"④ 小幡酉吉不顾此次事件幕后黑手正是日本之事实，将本方责任推得一干二净，并指责我国维持地方秩序不力，企图将责任强加于我方，并为进一步出兵寻找借口。日本一方面施展外交辞令，另一方面立刻采取行动，照会我国政府，声称由于延吉"日侨迭电请求保护"，日本"决定派遣陆军四中队赴龙井村，又因地方广大，拟派四大队前往保护，此乃暂时之事，毫无占地之意，一俟地方平靖，即当全撤，此系迫不

---

① 陈作樑：《东省韩民问题》，燕京大学政治学系1931年印行，第44页。
② 《收吉林鲍督军[贵卿]徐省长[鼐霖]电（民国九年一月二十九日）》，台北"中央研究院"近代史研究所编印：《中日关系史料·东北问题（民国六年至十六年）》（二），台北"中央研究院"近代史研究所发行1990年版，第1001页。
③ 吉林省档案馆编：《吉林省大事记（1912—1931）》，1988年内部发行，第171页。
④ 《收总长会晤日本小幡公使问答（民国九年十月九日）》，台北"中央研究院"近代史研究所编印：《中日关系史料·东北问题（民国六年至十六年）》（三），台北"中央研究院"近代史研究所发行1991年版，第1463页。

得已之情，请予体谅"①。我方对此提出抗议，日本置之不理，派遣"七六联队、步兵六中队，于七日进驻延埠局子街百八十名、六道沟五百名、头道沟九十名，并借三埠电话、线杆，另设军用电话"②。日本增兵规模不断扩大，在我国领土之上横行无忌。据吉林省议会通电之披露，截至1920年11月中旬，在珲春、延吉、和龙、汪清及东宁五县，日军集结"约有二万余人，在珲春杀毙英姓一家三口，并将和龙第二、第三学校焚毁，打伤教员、学生暨在各处占据商民房屋，安设电报、电话、无线电台，并到处挖修壕堑，监诘行人，任意逮捕，其种种骚扰指不胜屈，附近商民流离失所，惨苦情形目不忍睹。日兵在我境内自由行动，实在藐视我国主权"③。华企云就此曾指出，"查珲春为我国领土，日侨如有事变，自应受我处置，乃竟藐视我之主权，擅派大军，屠杀无辜，而又殃及我当地华人，且进一步而占领我未出事之和龙等五县，岂亦欲肆其屠杀之手段耶？抑将占领后为要挟硬索权利之地步耶？二者必居一于此矣"④。显然，前者为表面现象，而后者则是日本出兵真实目的之所在。

日本无视我国主权，悍然出兵我国东北，激起了我国各界的极大义愤，诚如新疆省议会所指出的那样："近闻韩国党人启衅珲春，扰我治安，日人反借口匪徒，强硬增兵，自由行动，政府抗议无效，国土行见丧失，恶耗传来，群情震骇。查珲春为我国领土，韩人启衅，侵扰治安，维持解决我国自有主权，日人不自咎责而反借端增兵，横

---

① 《发日本公使照会（民国九年十月十一日）》，台北"中央研究院"近代史研究所编印：《中日关系史料·东北问题（民国六年至十六年）》（三），台北"中央研究院"近代史研究所发行1991年版，第1465页。

② 《收延吉道尹［陶彬］电（民国九年十月十二日）》，台北"中央研究院"近代史研究所编印：《中日关系史料·东北问题（民国六年至十六年）》（三），台北"中央研究院"近代史研究所发行1991年版，第1466页。

③ 《收吉林省议会电（民国九年十一月十六日）》，台北"中央研究院"近代史研究所编印：《中日关系史料·东北问题（民国六年至十六年）》（三），台北"中央研究院"近代史研究所发行1991年版，第1531—1532页。

④ 华企云：《满蒙问题》，大东书局1931年版，第298—299页。

加干涉，恃强蔑理，日事侵略，凡我国民莫不激愤。当此一发千钧之际，若不誓死抵抗，示以决心，不惟青岛之续复见于珲春，而主权日削，国何以国。"① 由于我国的坚决反对，非法侵入珲春、延吉、和龙、汪清及东宁5县的日军大部队于1920年12月4日开始，"允为陆续撤退"，但是，"日本当局复向我国驻日公使胡惟德要求在东道沟、百草沟、局子街等处设立日警，并保留出兵珲春之权"，胡惟德对此表示拒绝②。日本对胡惟德的答复置之不理，"各县城及商埠内尚各留三、四百或一、二百人未撤"，并且，据珲春县知事电告，日本又派遣"武装日警九名、警察十八名分赴东沟、河南等处，随行大车均载军装物品，似在乡分驻"③。可见，日本一方面继续留驻少量军队，另一方面以武装警察代替军队，以此为手段，继续保持在珲春、延吉、和龙、汪清及东宁等我国各县武装力量的存在。

当珲春事件发生后，日本不但不断增兵我国延吉地区，而且乘机有意强化对当地朝鲜垦民的非法管辖权力。据延吉道尹陶彬之报告，"迭据延、珲、和、汪各县报告，日军在各埠设立归顺者取报所，强令垦居韩民归顺并挨户发给誓约书，凡久居我土及入中国籍者，令具结脱离中国关系，归顺日本，并令垦民组织居留民会，受日领指挥"④。日本还炮制所谓"间岛韩人请愿书"，为进一步加强对朝鲜垦民的管理制造借口。鉴于该"请愿书"之无耻程度实为世所罕有，兹全文引录如下：

---

① 《收新疆省议会电（民国九年十一月十一日）》，台北"中央研究院"近代史研究所编印：《中日关系史料·东北问题（民国六年至十六年）》（三），台北"中央研究院"近代史研究所发行1991年版，第1522页。

② 王芸生：《六十年来中国与日本》第8卷，生活·读书·新知三联书店2005年版，第23页。

③ 《收延吉道尹［陶彬］电（民国十年一月一日）》，台北"中央研究院"近代史研究所编印：《中日关系史料·东北问题（民国六年至十六年）》（三），台北"中央研究院"近代史研究所发行1991年版，第1585页。

④ 《收国务院函（民国十年一月一日）》，台北"中央研究院"近代史研究所编印：《中日关系史料·东北问题（民国六年至十六年）》（三），台北"中央研究院"近代史研究所发行1991年版，第1584页。

日、韩合并以来，朝鲜民族猥蒙我至仁至慈之天皇陛下维持东洋和平，保护半岛。黎庶未受战祸，饱浴文明，感戴莫可言喻。惟以本国地狭人多，频年饥馑，不得已扶老携幼，远适殊方，生活于异邦法律之下，其遭遇亦大可怜也。而不逞之徒合匪党，闯入村落，威迫忠良，掠夺财谷，杀戮邮差，跳梁跋扈，且有大举过江之势。幸珲春事起，贵军开来烈风迅雷，扫除群丑，脱民等男女老幼于危险之中，真所谓义军一到遍地皆春，近闻有撤退消息，不胜惶惑，深恐我军撤后，邻邦之不法行为与匪类之侵掠计划，从此益形猖獗。民等为除暴安良计，要求永久驻军。特胪列左之八条以请愿：

一、日本领事馆及间岛各县枢要地，驻扎宪兵，保护韩民。

二、整理居留民籍，编入朝鲜总督统治之下。

三、居留朝鲜人诉讼事件，归日本官宪审理。

四、朝鲜人与中国人诉讼事件，归两国官宪协同审理。

五、各社设面长及里长，朝鲜人村落归朝鲜人选定，中国人村落归中国人选定，庶免行政上复杂错乱。

六、日本官用品归朝鲜人供给，中国官用品归中国人供给。

七、地税一项照旧完纳，但桥梁道路修筑，朝鲜人所有土地区域内归朝鲜人负担，中国人所有土地区域内归中国人负担。

八、以上要求各件，恳尊官转达朝鲜总督，提交万国议和会议决。①

稍加分析，可知该"请愿书"为日本殖民统治歌功颂德、为施暴日军涂脂抹粉，颠倒黑白、恬不知耻已达极点。中国驻朝鲜元山领事马永发曾就该"请愿书"之内容详加分析，非常到位。马永发首先指

---

① 《收驻元山马领事［永发］密呈（民国十年一月五日）》（附件 间岛韩人请愿书），台北"中央研究院"近代史研究所编印：《中日关系史料·东北问题（民国六年至十六年）》（三），台北"中央研究院"近代史研究所发行1991年版，第1586—1587页。

出,"制造谣言荧惑观听,乃日人常技,司空见惯,弗足称奇,是非真伪,理宜置之,原无足轻重"。接着,马永发就核心问题加以分析,"奉、吉边陲一带垦民足为中、日致乱之源也","日本对我东三省政策,抱定制造机会四字为宗旨,是以彼邦官民在我境内者,无分上下,金以伺隙挑衅为唯一职务,然而逆来顺受,我固事事优与容忍,无形隐患于以销减者,何日何地无之,盖直接之事显而易见,防范较易著手耳。至于间接之事,即彼意中第二政策,恒藉垦民为媒介者,是事之发生每出意外,初不必有所构造,遇华、韩人间稍有事故,认为有机可乘,有利可图,无不可以横加干涉,藉口垦民为己国人而袒护之,固不必问其人之有无入我国籍也。甚有狡狯韩民,虽隶我籍,仍然心向彼邦,情甘为虎作伥者,则更可随地随时滋生事端,使我防不胜防,诸如此类,过去交涉中不一而足。查垦民中是否已隶我国国籍,固有证据可凭,尤以曾否获得土地所有权为证据中最显之点。盖未入籍不能享有土地权,又或外人误购土地,均作无效云云,载在章程不容顶冒也。查该请愿书虽假韩民名义,系属日人捏造或授意,无可疑义,窃其目的不外注重第二、第三两条,以期实现其野心,系直以领土视我延、珲也。"随后,马永发提出抵制之建议,"宜引据我国通商条约成案,商埠之外外人不得享有土地所有权之条,将垦民土地所有权全行取销,以为抵制之方法。盖日人既欲将全部韩民置于治外法权之下,遂其侵占主权之宿志,则我对于入籍之垦民,自当默认重脱国籍,所有获得之土地所有权立予取销,一面限制商埠之外韩民不得居住,则日人虽极狡狯,当无可施其伎俩,否则仍照垦民章程严行取缔,以行使我固有之主权,庶几外患可戢,乱源以靖。"① 马永发所论,触及了日本精心策划这份"请愿书"的实质性问题,即趁珲春事件之机扩大对朝鲜垦民的管理权力,以实现其侵渔我国主权、包括关系至重的土地主权之野心。

---

① 《收驻元山马领事[永发]密呈(民国十年一月五日)》,台北"中央研究院"近代史研究所编印:《中日关系史料·东北问题(民国六年至十六年)》(三),台北"中央研究院"近代史研究所发行1991年版,第1585—1586页。

综观珲春事件之始末缘由,可以分析如下:不甘屈服于日本殖民统治的朝鲜人发起民族独立运动本无可厚非,为躲避日方之迫害而避入我国境内亦可理解,但是,不能否认,这种局面之存在危及我国边疆安全。如前文所述,中国驻朝鲜元山领事马永发曾明确指出,"日本对我东三省政策,抱定制造机会四字为宗旨,是以彼邦官民在我境内者,无分上下,佥以伺隙挑衅为唯一职务",马永发所言一语中的,可谓触及问题之实质,朝鲜独立运动波及我国之后,日本立刻加以利用而"制造机会"。就珲春事件而言,"本是韩党对于日本政治上不平而起,吾国领地已遭池鱼之灾,日本不深惟对韩政策之失,反借题发挥,进兵中土"①。日本趁机出兵我国延吉,"意在乘此机会,占据珲春,以解决延吉交涉问题"②。为达此目的,日本曾提出具体的交涉条件,主要包括:"(一)珲春一带永驻日军;(二)辟日本居留地,废除杂居区域;(三)延珲一带法权管理权均归日人掌握。"③ 在以上日本所提条件当中,以掌握延吉一带越垦朝民管理权最为重要,日本之所以"于所到之县,设置警察署,然后始行撤兵",④ 正是为了达到这一目的。⑤

---

① 《日本进兵中国领土之措词》,《晨报》1920年10月14日第2版。
② 《日本竟在珲春自由行动》,《晨报》1920年10月7日第2版。
③ 《珲春问题紧急》,《晨报》1920年10月13日第2版。
④ 华企云:《满蒙问题》,大东书局1931年版,第299页。
⑤ 日本在这一方面之目的,最终达到。据《黑龙江省政府据内政部密咨日本籍韩人移垦侵略东省问题转令交涉署查照之密令》,黑龙江省档案馆、黑龙江民族研究所编《黑龙江少数民族档案史料选编(1903—1931)》,1985年内部发行,第435页,当珲春事件发生后,日本先是"藉口剿灭韩匪,入寇我国,示威杀戮,延至年终",然后对于朝鲜垦民,"复施笼络手腕招降归顺,竟于延、珲、和、汪四县内设立日本警察十八处,朝鲜民会十八处,每一警察附设一民会,民会实为警察行政之机关,东亚帝国斯此之举,其阴谋以警察、民会为侵我东三省领土根据之步骤"。另据陈作樑《东省韩民问题》,燕京大学政治学系1931年印行,第55—57页,"日方在延边设警,系始于民国九年,至今日本警察署直隶于龙井村总领事管辖者,有十八处,皆设于朝鲜民会所在地,计延吉境内八处,和龙境内四处,汪清境内三处,珲春境内三处,总共警员四百二十余人"。日本不但非法在延吉地区设警,更有甚者,在"图们江我岸市镇,亦有日警分署,系隶于彼岸县城之警署管辖,如驻汪清县英豪甸子之日警,系属对岸大稳城警署管辖是也",陈作樑就此指出,日本此举,"比较诸领事馆管辖之日警,当更进一步矣,盖直视我土为彼之统辖区域也"。至于朝鲜民会,据陈作樑之记载,"总共亦有十八处,其分布各县数目与日本警察署同",延吉境内者八处,和龙境内者四处,汪清境内者三处,珲春境内者三处,均以在延吉境内龙井村之民会为中心。

日本对于在我国境内之朝鲜垦民，或者借口取缔"不逞鲜人"而出兵讨伐、大肆屠杀，或者宣称要加以"保护"、施以怀柔，其相关政策完全根据自己之需要，翻云覆雨、变幻无常，都是出于侵犯我国主权之目的。以日本"保护"在延吉朝鲜垦民为例，日本驻朝鲜总督府曾宣称，"间岛地方，虽为中国之领土，但是大部分之居民为朝鲜农民，华人却居少数，事实上已成日本的殖民地。若任令华方无理蹂躏朝鲜同胞，而且坐视中国军警之敲诈蛮横、华人地主之剥削压榨，不但鲜侨再无法立足间岛，恐将全部相率逃归故国，不惟朝鲜人民之生计将受影响，即日本政府之殖民政策亦须受莫大之打击也"①。显然，日本驻朝鲜总督府对我国为防范日本利用越垦朝鲜人大肆侵略而采取的必要措施无理指责，其本意并非为"朝鲜同胞"着想，而"日本政府之殖民政策亦须受莫大之打击"才是其本意。珲春事件是取缔"不逞鲜人"的典型表现，而发生于1931年的万宝山事件则是以"保护"朝鲜垦民为借口。② 总之，日本利用在我国东北境内朝鲜人问题

---

① 《张学良为寄送"关于间岛问题日方所持之态度"事致臧式毅函（1930年5月11日）》（奉天省公署档），辽宁省档案馆编：《"九·一八事变"档案史料精编》，辽宁人民出版社1991年版，第61—62页。

② 万宝山事件在很大程度上因越境朝鲜人开垦土地时的不法行为而引起，当时，确有大量越境朝鲜人倚仗日本的势力，侵夺我国土地资源。据档案资料之记载，1929年9月，开原县属城西十社农民张起、张祥、张珍等人控诉，"窃民土地坐落城西铁道之西，历年耕种有契照为凭，不料于今突有日人主使韩人除距铁道四十丈外又占去民之地段八丈有余，计其所侵民之土地三十余亩，侵占张祥与张珍土地五亩之多。查民所有权土地耕种高粱，由春至秋勤劳农事，手胼足胝，已至秋成收割期间，竟有韩人具寿吉倚仗日人主使，胆敢恣意侵占，立标桩而划侵耦地点，直是无法无畏，强威相迫。以民之土地，竟被羁为外人所有，迫民与其结约出纳承租之费，民念自己土权丧失犹小，而国土外溢罪何以堪。进退思维，拒未私许。当此收割禾稼期间，旋有韩人横加侵占，致民禾稼不得收割，土地又遭羁占。倘如据理私较，恐其强权之下，不论情理，别滋不测。"开原县县长李毅据此请求从严交涉，"以重国土而保民生"。——《开原县政府为呈报日人山林侵占田地情形并请严重交涉呈（1930年1月23日）》（奉天交涉员署档），辽宁省档案馆编：《"九·一八事变"档案史料精编》，辽宁人民出版社1991年版，第44—45页。另据张本政、刘家磊、马国彦、林世慧、毕万闻编《东北大事记（1898—1931）》，中国人民政治协商会议吉林省委员会文史资料研究委员会1985年编辑出版，第239页，1926年7月，"五千鲜农偷至中国境内种植水稻，华警前往阻止，日警前往'保护'"，导致"中日军警在安东发生冲突"；据同上书，第242页，当年10月，"日本铁道守备队向安东集中，并从奉天、旅顺调去六十名日警，'保护'鲜农强行收割水稻"。当时，类似事件层出不穷。

借题发挥、大做文章，加剧了我国东北边疆危机。

　　1931年9月18日，日本悍然发动"九一八"事变，很快占领我国东北全境，并随即炮制伪"满洲国"。如此，近代中国东北边疆危机自19世纪中期由帝俄始作其俑、日本变本加厉于其后，历经七十余年，至此达到极点。

第四章

移民实边政策之继续推行
（1918—1931）

如上所述，俄国爆发十月革命后，新生的苏维埃政权在对华政策方面，除在特殊时期内，与俄国旧政权相比较，在本质上并没有根本的转变，这一点，在处理有关中国东北问题时表现得尤为明显。另外，日本则进一步加大了侵略我国东北的力度。东北边疆危机的进一步加剧，促使我国政府进一步加紧实施东北移民实边政策，并取得了一定的成效。但是，随着"九一八"事变的爆发，我国东北移民实边政策被强行中断，尽管如此，政策实施的深远影响犹存。

第一节　移民实边相关政策之实施

进入 20 世纪初叶，东北边疆危机继续存在并且进一步加剧的事实，给国人以更加强烈的危机感。于是，继民初之后，有关东北边疆危机与移民实边之舆论再次勃发，例如，《新亚细亚》曾多次刊文阐发这一点。章勃在《殖边问题与中国》中指出，日本对我国东北的侵略步步紧逼，"由南满而东蒙而东满而北满，得寸进尺，愈迫愈紧，观其对于满蒙铁道计划、移民政策，不啻认满蒙为其所有也，不仅认满蒙为其殖民地而已"①。裴锡颐在《日本对满蒙移殖韩民之研究》中指出,"日人侵略满蒙之目的,则不外实现其操纵满蒙农业的政策","日人所用之手段,则为近来东京政治野心家所高唱的'移民政策',日人于此,筹划已久,且著有成效,吾人岂可漠视?"②马鹤夫则就此而指出,"移民满蒙以侵略我国,为日本历来之政策。年来因感觉困难,欲改变方法,先移朝鲜人于我东北,再移日人于朝鲜,不遗余力,积极猛进,故有最近之万宝山案,与韩人惨杀华侨之事件发生。据日本最近各报所载,日本举国一致,欲借中村事件③,出兵东三省,强取满蒙。苏俄在中东路沿线,亦渐次恢复其帝国时代之政策。如欲巩固东北,惟有移民以实"④。除舆论大兴之外,在当时,"研究东北移民问题之各团体,遂亦顿呈活波现象"⑤。

与民初之情况相类似,相关舆论及社团之勃兴与活跃,对政府进一步推行东北移民实边政策起到了督促之作用。国民党在执掌全国政权后,依然继续推行东北移民实边之政策。国民党浙江省党部曾经颁发《移民东北宣传大纲》,大纲指出,"移民东北不仅可以救济灾民,均调人口,且系实行总理殖边遗教,为党发展国力,防止帝国主义者觊觎边境最有效用之政策"⑥。国民党浙江省党部这一举动,既代表了执政党在东北推行移民实边政策的意愿,也说明了相关舆论对国民党施政的深刻影响。

自19世纪60年代以来,到20世纪初叶,东北移民实边政策已经

---

① 章勃:《殖边问题与中国》,《新亚细亚》第3卷第4期,1932年1月1日出版,第14页。
② 裴锡颐:《日本对满蒙移殖韩民之研究》,《新亚细亚》第3卷第1期,1931年10月1日出版,第141页。
③ 指1931年6月,日本参谋本部大尉中村震太郎等人因到我国东北非法从事间谍活动,被我国驻东北兴安屯垦区军队处决之事件。
④ 马鹤夫:《救济灾民与移民东北》,《新亚细亚》第3卷第1期,1931年10月1日出版,第138—139页。马鹤夫此文作于1931年9月15日,距"九一八"事变爆发仅隔3天,作者敏锐地意识到日本即将对我国东北发动侵略战争。
⑤ 朱玉湘、刘培平:《论"九一八"事变后东北地区的关内移民》,《近代史研究》1992年第3期。
⑥ 同上。

推行了六十年左右，成效可谓卓著，其表现之一是大片荒地业已丈量开放、招民开垦。于是，奉天、吉林两省的腹地，大片荒地已所剩无几，但是，在三省沿边地带及所属蒙地，仍然有荒地存在，"茫茫旷野，有待于移民的垦殖"①，未开垦可耕地仍大量存在。具体而言，"吉林东北沿边一带（如依兰、密山、临江等），及黑龙江北中大部分，犹复荒凉遍野，渺无人烟"②。据1927年8月经调查所得东三省部分县未垦可耕地之数字，奉天省调查39县，计1298万亩；吉林省调查28县，计3130万亩；黑龙江省调查20县，计7280.8万亩，三省共计11708.8万亩。③ 该数字并非包括当时东三省全部未垦可耕地，仅反映出上述部分县区之情况。在这种情况之下，移民实边仍然大有可为，"一方面由于人民发起，一方面由政府提倡，此等荒野开垦者，已日盛一日"④。

一 奉天（辽宁）省

由于在东北三省中自然条件最为优越、移民实边政策实施较早，奉天省招民垦荒的力度与效果在三省当中堪称领先，到20世纪10年代末20年代初，奉天省之荒地主要集中于西北部，一般位于蒙旗所属地区。为此，张作霖于1923年"在东蒙设立一所垦务局。对凡愿移往开垦的农民，将发给旅费、种子及农具。新垦土地将免租免赋三年。张的计划得到蒙古的王公们的赞助"⑤。从1916年至1930年，奉天

---

① 徐恒耀：《满蒙的劳动状况与移民》（续），《东方杂志》第22卷第22号，1925年11月25日发行，第37页。

② 孙绍康：《东省农话》（《农商公报》第53期），转引自章有义编《中国近代农业史资料》第2辑（1912—1927），生活·读书·新知三联书店1957年版，第657页。资料中"临江"应为"同江"。

③ 路遇：《清代和民国山东移民东北史略》，上海社会科学院出版社1987年版，第58页。

④ 孙绍康：《东省农话》（《农商公报》第53期），转引自章有义编《中国近代农业史资料》第2辑（1912—1927），生活·读书·新知三联书店1957年版，第657页。

⑤ 《中国经济讨论处英文周刊》第1种，第130期，转引自章有义编《中国近代农业史资料》第2辑（1912—1927），生活·读书·新知三联书店1957年版，第656页。

(辽宁)省"丈放了昌图、康平、怀德、辽源、法库、梨树6县境内的达尔罕王、博王、宾图王旗之蒙地14796193亩"①。

1930年3月,东北政务委员会通过《辽宁移民垦荒大纲》13条。大纲第7条规定:"垦荒区域,暂以洮南、双山②、安广③、镇东、开通、突泉、瞻榆④、通辽⑤、临江、长白、金川⑥、安图、抚松等县为限,各该县须将可垦荒地尽数详查具报,勿稍遗漏,以便按照亩数多寡,分拨灾民,尽量安排"⑦。在东北政务委员会所规定的垦荒各县中,蒙旗所属地区占有相当大的比例。"《移民大纲》公布后,各垦区分拨难民,计洮南八千人,安广⑧一千人,长白二百人,其他十县未详,惟于民十八已到县者共2265人。"⑨

与清末民初的现象相类似,到20世纪20年代,奉天省已放荒地未加垦辟的现象依然存在。例如,1928年11月,奉天实业厅厅长刘鹤龄在呈报实业行政大纲时指出,"本省官有荒地,人民虽皆遵例呈报,而已领未垦者甚多。查其原因,类皆为有力者所垄断,其用意所在,非本垦荒,不过为转售谋利之计。故承领之后,惟待地价增加,巧为转卖,于应行垦辟之事全弗顾及,妨害荒务,莫此为甚"。刘鹤龄据此建议,"拟先通饬各县,详查境内有无荒地,应将坐落亩数及地形高下土质优劣分别查明绘图具报,以便有所根据而施进行办法,

---

① 毛英萍:《略论民国时期东北的农业经济政策》,《北方文物》1997年第2期。达尔罕王、博王、宾图王旗分别指内蒙古哲里木盟科尔沁左翼中旗(达尔汉亲王旗)、科尔沁左翼后旗(博多勒噶台亲王旗)、科尔沁左翼前旗(宾图郡王旗)。
② 今吉林省双辽市双山镇。
③ 今属吉林省大安市。
④ 今吉林省通榆县。
⑤ 今内蒙古自治区通辽市。
⑥ 今吉林省辉南县金川镇。
⑦ 《东北政务委员会为审查辽宁省移民垦荒大纲的训令(1930年3月28日)》,董慧云、张秀春编:《张学良与东北新建设资料选》,香港同泽出版社1998年版,第361页。
⑧ 资料原文作"广安",有误,应是"安广"。
⑨ 吴希庸:《近代东北移民史略(初稿)》,国立东北大学东北史地经济研究室编辑发行:《东北集刊》第2期,国立东北大学印刷所1941年石印本,第40页。

⇐ 第四章 移民实边政策之继续推行（1918—1931） 243

则庶野无闲田隙地矣"。① 针对长期存在的荒务顽疾，《辽宁移民垦荒大纲》第9条曾具体规定，"凡壮丁领受荒地十响，应限期垦荒，熟满五年后再行升科，以示体恤"②。此条规定既说明辽宁省政府根治此类顽疾的决心，同时也表明对垦民的优待政策。

在20世纪20年代末30年代初，辽宁省移民实边政策实施以兴安屯垦区最为突出、效果最为显著。兴安屯垦区作为当时"东北垦务中之彰明较著者"，"以辽省之洮安、黑省之索伦③两县治为主"④。为保障屯垦区正常运转，东北政务委员会命令，由辽宁省财政厅"筹垫屯垦费现洋五十万元，该款先向边业银行暂行垫付，后再由厅拨还"⑤。兴安屯垦区以军队屯垦与一般民垦并重，为吸引垦民并使之安居乐业，屯垦区专门制定了一系列的政策措施，以促进该项事业之顺利发展，以下予以介绍。

首先，兴安屯垦区公署鉴于"屯垦区荒地逐渐开辟，为促进农民及垦军之安居乐业，并招徕外来垦户起见，特设组新农村，用合理方

---

① 《奉天实业厅长刘鹤龄呈报实业行政大纲（1928年11月3日）》，董慧云、张秀春编：《张学良与东北新建设资料选》，香港同泽出版社1998年版，第106页。据同上书，第106页，刘鹤龄在该实业行政大纲中同时指出，"本省西北荒地甚多，当地修明内政之时，正宜进行垦殖事业，化兵为农，莫此为善。其办理办法，如划分垦殖区域，组织垦殖团体，设立垦殖银行，奖励垦殖企业，皆其大端，拟次第施行。"刘鹤龄所云奉天省西北部正是荒地广布的蒙旗所在地，而"化兵为农"在兴安屯垦之实践中得到体现。

② 《东北政务委员会为审查辽宁省移民垦荒大纲的训令（1930年3月28日）》，董慧云、张秀春编：《张学良与东北新建设资料选》，香港同泽出版社1998年版，第362页。

③ 在"九一八"事变之前，索伦（山）设有设治局，并未正式设立县治。

④ 兴安屯垦区位于内蒙古东部地区，据《东北政务委员会为办理兴安屯垦有益蒙民生计给辽宁省政府训令（1929年7月30日）》，董慧云、张秀春编：《张学良与东北新建设资料选》，香港同泽出版社1998年版，第320页，兴安屯垦区，"以索伦为中心，东南沿洮儿、归流两河以达洮安、西南抵乌珠穆沁，东北括江省扎赉特旗，西北达大兴安岭"，主要包括奉天所属科尔沁右翼前旗、科尔沁右翼中旗与科尔沁右翼后旗，另外包括黑龙江所属扎赉特旗与索伦设治局，均属于东北边防要地，在该地区兴办屯垦事业，无疑有利于巩固边防，对于防范日本的侵略野心具有重要的意义。关于此点，东北政务委员会明确指出，"筹办屯垦原为移民实边，并有益蒙民生计"。

⑤ 《关于筹拨兴安屯垦经费的文件（1929年6月13日—1930年1月19日）》，董慧云、张秀春编：《张学良与东北新建设资料选》，香港同泽出版社1998年版，第315页。

法集中屯垦军民，以为开发基础"，为此"拟具农村组织大纲，呈准东北政务委员会施行在案"①。该大纲计14条，对屯垦军队及一般垦民之授地、住房、建立学校及合作社等事项，均有明文规定。

此外，为更加有效地招徕垦民，兴安屯垦区公署专门"设移民事务所于洮安，公布移民办法十四条，收容各省农民"②。《兴安区屯垦移民办法》第9条规定："移民所乘之火车船舶，除移民团体归其自行管理外，其经本署办理者，由本署交涉免费或减价"；第10条规定："被移民户所携带之必要农具，仍由各承办机关向路船各局交涉免费或减价"；第11条规定："被移民户必须补助之农具、牲畜、籽种、食粮，除由荒户招佃者外，由移民事务所临时调查，通报垦殖局，酌量补助"；第12条规定："被移民户所用水井，由垦殖局或垦户先行开垦"；第13条规定："被移民户住室，由公家预为建筑，或贷与材料，使之自筑。其建筑材料等费，由各垦户请领后，由第一年起分三年偿还之，有特别情形者酌予延期"③。可见，在兴安屯垦区，移民办法中规定的优惠政策涉及迁移、生活及生产等各方面，以地价为例，"荒地价目计分三等：上等每垧大洋八元，中等每垧大洋六元，下等每垧大洋四元"④，相对低廉的荒价，对于贫穷垦民是有吸引力的。由于有以上优惠政策，"实行以来，颇著成效，徕民拓地，皆有统计可考，若非沦于敌手，前途发展，希望甚大。"具体成效如下：1929年5月，兴安屯垦区先后六批由河南、山东招徕垦民，计944户、4857人，1930年放出荒地8386垧，其中上等荒2363垧、中等荒3471垧、下等荒2212垧，"其地点均在洮南新安镇之间，与

---

① 《兴安区农村组织大纲（1930年）》，董慧云、张秀春编：《张学良与东北新建设资料选》，香港同泽出版社1998年版，第386页。

② 吴希庸：《近代东北移民史略（初稿）》，国立东北大学东北史地经济研究室编辑发行：《东北集刊》第2期，国立东北大学印刷所1941年石印本，第42页。

③ 《兴安区屯垦移民办法（1930年）》，董慧云、张秀春编：《张学良与东北新建设资料选》，香港同泽出版社1998年版，第390—391页。

④ 钟悌之：《东北移民问题》，上海日本研究社1931年版，第57页。

奈公府毗连，为扎萨克图及镇国公二旗地"①，在移垦方面取得了成效。民国初年，扎萨克图及镇国公二旗地在帝俄操纵下曾发起叛乱，而后，日本又对其百般觊觎，在两地兴办移垦事业，有利于捍卫当地之安全。

兴安屯垦区带有军事屯垦之性质，在巩固蒙边安全与稳定方面，意义显然不容忽视。

二 吉林省

在东北三省中，吉林省土地开发及移民政策之实施较之奉天省稍显逊色，但自清末以来也已经取得较大成效，到 20 世纪 10 年代末 20 年代初，得到进一步的发展。

1918 年，"五常县界石头河子地方有荒地四十余方，确系官产性质，近闻吉署协领白家驹呈请省长公署，由旗族备价，将该荒领垦，不惟裨益生计，兼可振兴地利"②。1918 年至 1922 年，"吉林省对舒兰境内的四合川、霍伦川、珠琦川 3 处的皇族地产也进行了丈放，共堪放 16 万余亩皇产地，11 万亩押租地"③。旗人价领官荒及丈放前清皇族地产，是民初吉林省清丈旗地政策之延续。

值得注意的是，在这段时期，吉林省地方政府有意将发展垦务与消弭边患加以结合，并收到了实效。

1918 年，吉林省"省署训令延吉道尹，略以该道署延吉县尚有未放零荒，为数不资"，"应即酌量出放"④。延吉县是越境朝鲜人聚居区，在越垦韩民喧宾夺主之情势下，此举对于巩固边防是有重要意义的。1918 年，吉林省实业厅训令吉林、伊通、濛江、桦甸、磐石、双阳、延吉、珲春、敦化、额穆、汪清、和龙等 12 县，略谓，"吉省东

---

① 吴希庸：《近代东北移民史略（初稿）》，国立东北大学东北史地经济研究室编辑发行：《东北集刊》第 2 期，国立东北大学印刷所 1941 年石印本，第 43 页。
② 《请领官荒》，《吉林农报》第 52 期，1918 年 6 月 11 日发行，"新闻"，第 4 页。
③ 毛英萍：《略论民国时期东北的农业经济政策》，《北方文物》1997 年第 2 期。
④ 《令勘放零荒》，《吉林农报》第 41 期，1918 年 2 月 11 日发行，"新闻"，第 1 页。

南各县地多宜稻，近年侨民窜入到垦①"，为保护土地主权，吉林省实业厅决定，"个人或法人及其他团体垦辟荒地、耕种水稻，确著成绩者，得由实业厅长按照农商部奖章规则，开具事由，呈请省长公署咨达农商部核给奖章"②。同样，为抵制日本借越垦朝鲜人侵渔我国土地权益，1923年1月，"吉林省长公署通令各地发展水田，饬令位于江河湖边各县把洼地改建水田"③。1930年2月，"吉林省政府规定奖励抢垦水田办法"，规定凡开垦水田在800垧以上者，"给予3年收益，并免除捐税"④。

在20世纪10年代，就有奉天省人到吉林、黑龙江两省领垦荒地。到20世纪10年代末20年代初，由于奉天省腹地之荒地绝大多数已经得到开发，于是当地农民多有前往吉林、黑龙江两省垦荒之现象，成为这一时期东北移民的一大特点。据《吉林农报》之报道，吉林东陲密山、东宁、虎林等处"土地肥饶，人烟较稀"，而"荒地极广"，"近年以来施行移民殖边政策，遂将官荒开放、招民开垦，故一般农民迁移开垦者益见增多，昨有奉省盖平、锦州、辽阳等县农民十余家携带眷属赴密山、东宁等县购买荒地，以备开垦"⑤。

另外，私营垦殖公司开始出现，成为这一阶段吉林省垦务发展的一种表现。1924年8月，"吉林省甲寅垦殖社股份有限公司正式创立。该公司最早是由商人龚克生在乌珠河一带购买荒地发起组织的，为我省第一家私营垦殖公司。1925年10月13日经农商部核准注册，并发给执照"⑥。

与奉天省情况相类似，当时吉林省荒地放而未垦的现象亦很

---

① 依上下文意，"到垦"似应为"盗垦"。
② 《奖励耕种水稻》，《吉林农报》第58期，1918年8月11日发行，"新闻"，第1—2页。
③ 吉林省档案馆编：《吉林省大事记（1912—1931）》，1988年内部发行，第238页。
④ 同上书，第374—375页。
⑤ 《奉吉移民开垦谈》，《吉林农报》第45期，1918年4月1日发行，"新闻"，第3页。
⑥ 吉林省档案馆编：《吉林省大事记（1912—1931）》，1988年内部发行，第261页。

严重。①吉林省农会会员何向阳曾为此上书实业厅长，阐发建议，主旨是"垦矿亟宜注意开办，实边安民扩充利权"。何向阳指出，"吉省畸零夹荒早已放尽，惟沿边十四县开放最晚，如绥远、宝清、富锦、饶河、临江等县，设治均不过数年，荒虽已放，垦尚无人"，"以致大段有主之荒依然荆蒿满目，不知者以为此荒之未放，其知者深痛此荒之废弃"②。何向阳为此请求实业厅长，"要求政府减轻边远十四县之捐税课赋，及一切零细杂捐切勿施行于彼处，更宜推广招徕，劝勉有荒者陆续到段而开垦，宽以年限，不急急以升科，缓其农力"③。可见，何向阳建议通过采用轻徭薄赋之政策，以解决这一问题。

此外，为从根本上解决这一问题，1923年11月，吉林全省清理田赋局发布第6号布告。布告指出，沿边荒地领而不垦之现象依然严重，在这种情况下，"若不另拟促垦办法，几无实边裕课之日"，为此，清理田赋局拟订了抢垦章程《吉林省沿边清丈各县荒地抢垦试办章程》，"布告沿边各县领荒人民，一体周知"④，并宣布章程于1924年开始执行。《吉林省沿边清丈各县荒地抢垦试办章程》计23条。章程第1条首先宣布颁布该章程意义之所在，"吉省沿边各县荒地，每被领户包揽大段，延不开垦，兹为催垦起见，特定抢垦办法，以期边荒早日垦齐"。第2条规定："沿边各县大段官荒，无论已放未放，凡未经开垦者，概准抢垦"。第3条规定："抢垦区域仍以依兰、宁安、富

---

① 当时，东北地区大片荒地放而未垦，除有居奇者希图借此渔利之外，由于人口稀少而导致劳动力缺乏亦是重要原因之一。对此，《吉林农报》曾有报道："吉省开放荒地，迄今已阅十余年，然成熟者不过十之六七，余则无力开垦，或乏人耕种，坐是荒务未能发达，兹有招佃之说，致一般有荒者多烦人由关里大招佃户，譬如开成熟地十垧者，或交地主七垧，或五年不纳租粮，兼之关里连遭天灾，谋生不易，是以摒挡一切，筹措川资，携家来吉，以便开垦。"——《佃户来吉多》，《吉林农报》第45期，1918年4月1日发行，"新闻"，第2—3页。关于因劳动力缺乏而导致土地得不到有效开发并引发难民潮涌东北之情况，详见本章第二节。

② 《吉林省农会会员何向阳上实业厅长意见书》，《吉林农报》第40期，1918年2月1日发行，"附录"，第7页。

③ 同上。

④ 《吉林全省清理田赋局布告第六号》，吉林省长公署政务厅第一科编辑发行：《吉林公报》，民国十二年十二月二十八日第2469号，第10—11页。

锦、桦川、桦甸、额穆、穆棱、密山、濛江、虎林、同江、饶河、绥远、宝清、勃利十五县为限"。为保护土地主权，章程第4条专门规定，"抢垦户以中华民国国籍人民为限"。章程第6—9条，是关于抢垦方法之规定。第6条规定："凡三方以上未垦之荒地，此项新章颁布后，原领户如愿自垦，须于每岁阴历年前开具响数坐落四至，报经该管县署立案，发给许可证"；第9条规定："抢垦户报领荒地，分三年垦齐，其垦熟之地，以四成归原领户，以六成归垦户"。为限制过分领荒、领而不垦，章程第10条规定："垦户有牛犁一具，只准抢垦一方，不准多报"；第19条规定："垦户因无力制买牛具，只用人力刨垦者，按每男一口准垦二十响"。为使沿边荒地尽早得以开垦，章程第11条规定："垦户领得准垦执据，即须实行开垦，第一年应开成十分之二，第二年开成十分之六，第三年将报垦地亩全数开齐，如有违误，由县查明，将准垦执据缴销"。为使广为周知，章程第22条指出，"原领户外省人居多数，本章程奉准后"，应由吉林省长公署咨行奉天、黑龙江、山东、直隶等各省公署，及时通知各领户①。

《吉林省沿边清丈各县荒地抢垦试办章程》的颁布，对沿边荒务起到了促进作用，但还存在问题。1927年，吉林省长张作相在致张作霖呈文中，再次指出沿边垦务久未解决的这一弊端："沿边各县荒地丈放多年，至今多未开垦，揆其阻碍原因，最足令垦户裹足者，莫如放荒时大户从中包揽大段，既不能实行开垦，又不肯垫款招户，而官家复无良法以敦促之，遂致悬历岁时，荒芜如故。作相洞悉此弊，前年令饬清理田赋局拟订抢垦章程，凡从前已放未垦荒地，准予有力无地之户一律抢垦，以期边荒早日垦齐，并经通行布告周知，俾已领者不敢再事因循，未领者亦皆有地可辟。"②之后，张作相提出解决问题

---

① 《吉林省沿边清丈各县荒地抢垦试办章程》，吉林省长公署政务厅第一科编辑发行：《吉林公报》，民国十二年十二月二十八日第2469号，第11—13页。
② 《兼署吉林省长张作相呈大元帅陈报吉林省吏治年来筹办情形附具事实节略请鉴文（附件）》，中国第二历史档案馆整理编辑：《政府公报》第236册，上海书店1988年影印本，第247页。

之方案："现因直鲁难民来吉甚多，大半皆赴各县垦荒，复将抢垦章程重为修改，并对于垦户优予维持，订明垦熟之地，除以四成归原领之户外，其余六成均归垦户，利之所在，人必争趋，吉省垦务之发达，此后当可操券。"① 张作相在呈文中，附有修改后的抢垦章程②及《安抚外来难民办法》9条③、《救济难民办法》6条④。抢垦章程的作用，在下文所述难民移垦东北时得到了体现，抢垦政策与安抚、救济难民相结合，终于收到实效。

除沿边地带外，腹地也继续放荒。1926年5月，吉林省公署下令，"将毗连农安、扶余、长岭等县荒地勘放40万垧"⑤。

关于这一阶段吉林省土地开发与人口增长之情况，以牡丹江流域为例，加以说明。在民国时期，牡丹江流域主要包括东宁、宁安、穆棱、密山及虎林等县，⑥ 多属沿边地带。从1914年到1929年，"东宁县垦地面积由20900垧增加到55517垧；宁安县由153500垧增加到260136垧；密山县由21800垧增加到46935垧；虎林县由3200垧增加到5000垧；穆棱县由17100垧增加到24274垧"⑦。大片荒地化为良

---

① 《兼署吉林省长张作相呈大元帅陈报吉林省吏治年来筹办情形附具事实节略请鉴文（附件）》，中国第二历史档案馆整理编辑：《政府公报》第236册，上海书店1988年影印本，第247—248页。

② 章程名曰《修正吉林省沿边清丈各县荒地抢垦试办章程》，计24条，载于中国第二历史档案馆整理编辑《政府公报》第236册，上海书店1988年影印本，第449—450页。与原章程相比较，修正程度不大，主要有两点：第一，抢垦区域未包括额穆，由原15县缩减为14县；第二，修正章程第5条规定："原领户不论原领荒地若干垧，凡未开垦之地，准由有力无地之户一律抢垦，以资振兴"，而原章程第5条则规定："原领户在三方（每方四十五垧）以下之荒地，他人不得抢垦"，修正后的章程将抢垦范围进一步予以放宽，意在发展沿边垦务。

③ 《安抚外来难民办法》载于同上书，第279—280页。"办法"第3条规定："荒地较多各县，如穆棱、方正、依兰、桦川、饶河、宝清、富锦"，应制订相应措施，"容纳难民抢垦荒地"。

④ 《救济难民办法》载于同上书，第280—281页。"办法"第5条规定，依兰道所属同江县应切实执行允许难民抢垦荒地之政策，并给予官方资助，"开成荒地，按照抢垦章程，分给地主十分之四，其余归垦户所有。"

⑤ 吉林省档案馆编：《吉林省大事记（1912—1931）》，1988年内部发行，第291页。

⑥ 衣保中：《清末民国时期牡丹江地区的土地开发》，《吉林师范学院学报》1991年第3、4期。

⑦ 同上。

田，移民功不可没。从1914年到1930年，"东宁、宁安、密山、虎林、穆棱五县的人口，由184600人增加到378349人"①。

在20世纪20年代，吉林省对本省所属蒙地也进行了丈放。从1920年至1923年，吉林省"丈放了长春、农安、德惠、长岭4县蒙地，丈出浮多地1229887亩、荒地7240亩"②。1926年4月，"吉林省督办公署与省长公署决定，将本省境内的哲里木盟前郭尔罗斯③西部荒地招民开垦，设治放荒。"5月，"吉林省长公署颁发吉林勘放蒙荒总局木质关防一颗，文曰'吉林勘放蒙荒总局关防'"④。到1928年，吉林省总共约"丈放郭尔罗斯蒙荒400万亩"⑤。

三 黑龙江省

在东北三省中，黑龙江省由于长期封禁、开发最晚，因而人口稀少、土地抛荒的现象最为严重，也正因为如此，当移民实边政策在该省区实施之后，成效也显得最为显著。进入20世纪10年代末20年代初，在前期移民实边政策渐次开展并逐渐取得成效之基础上，由于政策实施的力度进一步加大，成效亦因此越发彰显。

当时，黑龙江省地方官员就移民实边之问题多有思考，并曾提出某些具体规划。黑龙江省省长毕桂芳鉴于"江省沿边各荒未开者尚多"，曾经"呈请中央，除移民垦荒外，并举办屯垦"；黑龙江督军鲍贵卿也"以实边计划首在屯田，拟将收抚各蒙匪暨本省外省退伍兵士，送往沿边各地，按名拨田，使之屯垦，十年以后可收大利，不但寓兵于农，并可保固沿边之疆域"⑥。之后，鲍贵卿就军屯问题又详加

---

① 衣保中：《清末民国时期牡丹江地区的土地开发》，《吉林师范学院学报》1991年第3、4期。
② 毛英萍：《略论民国时期东北的农业经济政策》，《北方文物》1997年第2期。
③ 指郭尔罗斯前旗。
④ 吉林省档案馆编：《吉林省大事记（1912—1931）》，1988年内部发行，第291页。
⑤ 毛英萍：《略论民国时期东北的农业经济政策》，《北方文物》1997年第2期。
⑥ 《屯垦果能实行乎》，《吉林农报》第41期，1918年2月11日发行，"新闻"，第4页。

规划:"江省鲍督军以索伦山向为蒙人游牧之区,综计全境南北四百余里,东西亦二百余里,地旷人稀,荒凉满目,从前放荒共四百①三千余垧,现在垦种者尚未及千数,推其原因,一则索荒僻远,垦户难招,一则蒙匪猖獗,农人裹足不前,兹拟实行设法以殖民为前提,而殖民之方非设法招徕实行督垦,加以除暴安良,民心不能稳固,地面亦难期发达,闻已分行该局筹办。"②索伦为兴安屯垦之组成部分,鲍贵卿相关规划为兴安屯垦区的建设与发展做好了前期铺垫。兴安屯垦区成立后,奉天省与黑龙江省蒙荒归其管理,"曾多次组织移民对扎萨克图、镇国公、扎赉特旗进行屯垦,促进了该处荒地的开发"③。此外,黑龙江督军兼省长吴俊升于1923年4月曾经做出决定,"在呼伦贝尔中苏边界增兵屯田久成",具体方案是,"没卡增添卡兵三、四十名,准其携带眷口,每兵拨给荒地一方,由官家出款盖房穿井并供其牛犁籽种,使其自食其力,散为农而聚为兵"④。

除对军屯事宜加以考虑之外,黑龙江省地方官员对于一般民垦事务也颇为重视。1920年7月,"通北县印发招垦白话布告一千张,分发省内外,以广招徕"⑤。1926年3月,萝北县知事程汝霖"劝农试种稻田,呈请免予升科五年"。程汝霖在呈文中指出,"萝北对岸俄屯气候极寒,近数年有韩人试办稻田,每垧地可获纯利六百五、六十元。县境都鲁河、凤鸣河、鸭蛋河、大玛哈河水源甚长,两岸低洼区域约有七万余垧,气候较俄屯温暖,试种稻田'获利可操左券','春初召集当地殷实勤俭农户,晓以稻田种种利益',有五户情愿试办。拟请免予升科(免除田赋)五年,以资鼓励"⑥。当年9月,程汝霖向实业厅汇

---

① 资料原文如此,似有误,疑为"万"。
② 《边陲垦荒计划》,《吉林农报》第43期,1918年3月11日发行,"新闻",第5页。
③ 毛英萍:《略论民国时期东北的农业经济政策》,《北方文物》1997年第2期。
④ 黑龙江省档案馆、哈尔滨师范大学历史系编:《黑龙江历史大事记(1912—1932)》,黑龙江人民出版社1984年版,第157页。
⑤ 同上书,第124页。
⑥ 同上书,第189页。

报,"试种水稻一百零七垧即将成熟,并呈送稻样一束",据程汝霖之汇报,"已种的一百零七垧,均已长成,每垧至少可得十四、五石"①。

前文提到,当时,奉天省农民多有前往吉林、黑龙江两省垦荒之现象,《吉林农报》对吉林省相关情况有报道,对黑龙江省亦是:"江省腴荒甚多,未开垦者尚有十之六七,去岁奉直一带水灾甚重,居民糊口维艰,多有迁地为良②之意,日来直奉灾民以大车载全家老幼赴克山、嫩江、布西开垦者日有数起,本年垦务谅有起色。"③此外,亦有吉林省腹地农户前往黑龙江省经营农业。据《农商公报》之记载,"吉、奉殷实农户,聚积资本,多有北赴而买荒田者,一经开辟成熟,无不获利致富"④。

荒地放而未垦之现象在黑龙江省同样存在,与奉天与吉林两省一样,黑龙江省地方政府也曾采取措施,以根治这一垦务中之顽疾。例如,龙江县托里河一带有浮多地亩10800余晌,龙江县署免价出放给190户,但到段开垦者仅36户,其余150余户均未到段开垦,1919年,龙江县为此规定,"未到段各领户一律撤佃招户另放,将从前所发信票,按名公布取消"⑤。1920年10月,黑龙江省财政厅制定"欠租逃佃各地撤归官放办法"10条,"呈省政府转咨财政部备案"。该项办法"规定各县查明逃亡户数、地数,由官家将各县佃户逃亡之地,分拨给各省来江难民承领耕种",财政厅认为,如此不仅可以"开疆实边",又可以"安插难民"⑥。

另外,为了促进垦务,黑龙江省官员及政府对此问题加以思考与规划,对于边疆危机日益加深的沿边地带,更是如此。1921年,黑河

---

① 黑龙江省档案馆、哈尔滨师范大学历史系编:《黑龙江历史大事记(1912—1932)》,黑龙江人民出版社1984年版,第193页。
② 资料原文如此,按照文意,"为良"似应为"为粮"。
③ 《灾民多来江垦荒》,《吉林农报》第45期,1918年4月1日发行,"新闻",第7页。
④ 孙绍康:《东省农话》(《农商公报》第53期),转引自章有义编《中国近代农业史资料》第2辑(1912—1927),生活·读书·新知三联书店1957年版,第657页。
⑤ 孙占文:《黑龙江省史探索》,黑龙江人民出版社1983年版,第292—293页。
⑥ 同上书,第293页。

道道尹向黑龙江督军兼省长呈文,提出改进沿边地带招垦办法,共计4条。呈文指出,"乌云①、萝北、绥东三县局,土地膏腴,地利丰厚,而人民未聚,千里萧条",其原因主要在于"囿于成法,未因地制宜"。黑河道道尹据此建议,"一、特许耕种:对于乌、萝、绥东三处荒原,无论已放未放,有主无主之荒,一律许人择地垦种,垦田得田,概免领费。变荒为熟,权归所有。即原有领主,经人占种,领主到时亦只拨于二成之田,而不能夺其已垦之地;二、宽减赋税:大租三费粮石各租税,概予免除;三、保护治安:寓兵于农,官民一气,正本清源,戢止匪踪;四、厉行奖惩:比较垦田,按年考察,增垦多者,优予升擢,增垦少者,严为惩戒。"以上建议得到上峰之批准,"如呈办理"②。1924年,黑河道道尹宋文郁又有关于开放呼玛、漠河两县"地亩、林、渔、矿产及防卫边圉各策"之建议,黑龙江省长公署下令予以核议③。

1928年,黑龙江省公布了《黑龙江省沿边各属荒地抢垦试办章程》18条,"对沿边荒地出放进一步采取了有效措施"。章程规定:"抢垦区域以铁力④、通北、东兴、汤原、绥东、萝北、乌云、逊河⑤、佛山、龙镇、瑷珲、嫩江、呼玛、漠河、布西、雅鲁⑥、泰康⑦、甘南、索伦山⑧,荒多户稀各县局为限。"⑨为促进上述地区之垦务,章程规定在租赋方面给予抢垦户以优惠政策,具体规定是:"如系已届升科,官荒三年后完纳。内中如有已届升科民地,从前所欠租捐,概行豁免,俟三年期满,自第四年起,再照章完纳一切捐赋。"⑩ 在公布章程之同

---

① 今黑龙江省嘉荫县乌云镇。
② 孙占文:《黑龙江省史探索》,黑龙江人民出版社1983年版,第294页。
③ 黑龙江省档案馆、哈尔滨师范大学历史系编:《黑龙江历史大事记(1912—1932)》,黑龙江人民出版社1984年版,第172页。
④ 当时,"铁力"应作"铁骊",为铁骊设治局辖地,今黑龙江省铁力市。
⑤ 今黑龙江省逊克县。
⑥ 今内蒙古自治区扎兰屯市。
⑦ 今黑龙江省杜尔伯特蒙古族自治县泰康镇。
⑧ 当时,该地设有索伦山设治局,今内蒙古自治区兴安盟科尔沁右翼前旗索伦镇。
⑨ 孙占文:《黑龙江省史探索》,黑龙江人民出版社1983年版,第294页。
⑩ 同上书,第294—295页。

时，黑龙江省长公署于当年10月发出咨文，再次强调指出，"查本省沿边各属出放荒地迄今年久，业经开垦者固多，其未到段未开垦者仍属不少"，这种状况，"既误国赋之收入，又误地方之发达，更误实边之要计"，因此与"实边国防，所关亦巨"。有鉴于此，"本省长为督促实垦起见，特定边荒抢垦章程十八条，大致内分官荒民荒两种，官荒准随时抢垦，民荒限至本年阳历十二月底，原户愿自垦者，报请许可，俟明年阳历四月底以前到段实垦，逾限不垦，即行撤放，任由他户抢垦。并责成各该管县局认真办理，将来即以抢垦地亩多寡为考核成绩依据"①。1931年，抢垦办法被推广到黑龙江省腹地，据黑龙江省政府当年1月之咨文："前据民政厅呈，以本省腹部各县荒地未经到段开垦尚居多数。拟即援照沿边抢垦章程，限期抢垦，以资督促等情。经省委员会决议通过，并令行遵照。"②当抢垦办法由沿边地带被推广到腹地之后，黑龙江"全省皆为抢垦区域矣——此实为东北垦殖史中一要政也"③。对清末民国时期东北移民问题有专门研究的民国学者吴希庸认为，"回溯清末及民国以来之垦务，其最大之缺点为丈放与垦种之不能并行。抢垦之政为除弊之良方，惜实行未久，即败于敌人枪炮之下"④。由于日本的军事侵略，我国移民实边之策遭到外敌人为的破坏，但这是暂时的。

就上述情况，孙占文先生曾经指出，"黑龙江省地方当局，从实边兴垦出发，由提倡招垦官家资助而布告催垦撤佃另放，以至宽减赋税自由抢垦等，为督促实垦，因地制宜地采取了许多措施，这一切确实收到实垦成绩，应予肯定"⑤。瑷珲、呼玛、东兴、萝北、乌云、逊河、佛山、凤山⑥、奇克、鸥浦⑦等沿边各县耕地均在增长，"甚至最

---

① 孙占文：《黑龙江省史探索》，黑龙江人民出版社1983年版，第295页。
② 同上。
③ 吴希庸：《近代东北移民史略（初稿）》，国立东北大学东北史地经济研究室编辑发行：《东北集刊》第2期，国立东北大学印刷所1941年石印本，第41页。
④ 同上书，第46页。
⑤ 孙占文：《黑龙江省史探索》，黑龙江人民出版社1983年版，第295页。
⑥ 今黑龙江省通河县凤山镇。
⑦ 今黑龙江省呼玛县鸥浦乡。

远的漠河也有耕地四百五十余垧","沿黑龙江边增加了不少村屯聚落,初步改变了千里榛莽的局面,对巩固国防是很有意义的"[1]。

由于上述原因,民国建立之后,黑龙江省垦务得到较大发展,截止1927年,黑龙江省放荒数字如表4所示。

表4　　　　黑龙江省放荒数字列表（1914—1927年）

荒地区段	面积（垧）
1. 讷河沿江河套：嫩江东岸、乌裕尔河等	129000
2. 西布特哈共计1380井	2235600
3. 肇州、肇东已丈已报官碱荒地	154900
4. 克音段正白旗撤佃荒地	12901
5. 绥化上集厂迤东撂荒地	20000
6. 绥化津河段滨河一带	110000
7. 庆城沿江各区洼地	150000
8. 拜泉贞字迤东夹荒	25000
9. 景星段安家屯	1800
10. 泰来大赉两属洼地	150000
11. 安达草甸区域及洼荒	134800
12. 汤原萝北原放民佃毛荒	713000
13. 汤原、萝北、通河三属余荒	280000
14. 呼兰生计地及出放民荒	19961
15. 龙门镇余荒	226800
16. 续放龙门镇荒地	291600
17. 瑷珲已放官荒	47642
18. 郭尔罗斯后旗蒙荒	394470
合计	5097474

资料来源：孙占文：《黑龙江省史探索》,黑龙江人民出版社1983年版,第284—285页[孙占文先生注明：表中数字据《黑龙江志稿》卷9（经政志·垦丈）,惟郭尔罗斯后旗蒙荒据《盛京时报》1927年4月8日]。

---

[1]　孙占文：《黑龙江省史探索》,黑龙江人民出版社1983年版,第296页。

第二节　关内难民潮涌与移垦东北实边

民国初年，作为东北移民实边政策实施之重要组成部分，难民移垦已开始出现，并初具成效，到 20 世纪 20 年代，由于当政者的重视与社会各界的配合，这种实边方式得到进一步的落实，成效更加显著。

一　难民潮涌之原因

中国人向以乡土观念浓厚闻名于世，注重安土重迁，一般不愿意轻易抛弃家园而远适他乡谋生，因此，民国时期特别是 20 世纪 20 年代大批难民涌入东北，一定有其特殊原因，主要如下：

首先，难民原籍所在地动荡不安，捐税沉重，百姓不堪重负。当时，移垦东北之关内难民，多来自华北农村，以山东、直隶及河南等省为最多，其原因在于："华北的农村自清末以来，即已日趋衰颓，民国成立以后，军阀割据，内战频仍，土匪散布各地，对于农民的苛索过甚，使农民的生活日趋穷困，难于就地谋生，乃不得不出关或过海到东北各地寻觅新的出路。"[①]

兵灾、匪灾及捐税负担成为难民移居东北的主要原因之一，符合当时的实际情况。兵灾在于"武人政客攘夺权位，致造成连年不绝的内战，关内各省几乎无时无地不在战祸恐吓之中"，于是东北"成为关内各省兵灾劫余的逃生路"；匪灾则以"山东、河南，匪祸尤炽"，如此"东北自又成为一部份难民流亡之目的地"[②]。捐税负担以山东省为例，在 1925—1928 年张宗昌治鲁期间，任意加重捐税，仅 1926 年 4 月即"加增税捐达六次之多"，此外滥发公债及没有金融信用的钞币、

[①] 王成敬：《东北移民问题》，《东方杂志》第 43 卷第 14 号，1947 年 8 月发行，第 12—13 页。

[②] 钟悌之：《东北移民问题》，上海日本研究社 1931 年版，第 39—40 页。

铜元票等，致使民不堪命、痛苦异常[1]。

其次，灾害频仍，民不聊生。当时，难民原籍所在地山东、直隶及河南等地区，自然灾害频发。例如，1927 年，山东、直隶发生大的灾害，"灾区之大，为数十年来所未有，兵匪、旱灾与蝗虫相互为因，酿成极严重之饥馑"，致使灾民"辗转而赴东三省者，不下百余万人"[2]。河南省灾害情况也很严重，1928—1929 年间，该省西部 21 县和南阳地区"旱蝗雹风，相继为灾，粒米未收"，同时，东部和北部地区亦受灾严重，"被灾人民，辗转逃生，富厚的东北，自然是他们最好的去处"[3]。

再次，中央及东北当政者对难民持招徕之态度，希望通过此举开发东北，以达移民实边、抵制外患之目的。如前文所述，民国初年，东北地方政府曾经积极招徕关内难民，是出于此种考虑。到 20 世纪 20 年代，鉴于东北边患依旧严重，又由于大批难民涌入东北，安置难民垦荒实边越发受到当政者的重视。1920 年 11 月，中央政府派往东北之调查人员指出，东北地区由于"人民稀少"，乏人垦荒，"坐使数千里原田膴壤没于荒烟蔓草之郊"，而关内省份"生齿日繁，饥馑洊至"。在这种情况下，"苟施以调剂转移之策，即可足财用而杜凶荒"。何谓"调剂转移之策"？在于"行移民之法"，并且应"在黄河以北诸省积极招募"，"务期生聚之能足以副地利所需要，则可指日成开拓之功"[4]。中央政府有此意图，东北地方政府更是出于开发地利、保障边疆安全等方面之考虑，积极推行移民实边之策。[5]

---

[1] 路遇：《清代和民国山东移民东北史略》，上海社会科学院出版社 1987 年版，第 57 页。
[2] 朱偰：《满洲移民的历史和现状》，《东方杂志》第 25 卷第 12 号，1928 年 6 月 25 日发行，第 16 页。
[3] 钟悌之：《东北移民问题》，上海日本研究社 1931 年版，第 39 页。
[4] 《特派劝办实业专使叶恭绰呈大总统呈报劝办东三省实业情形文》，中国第二历史档案馆整理编辑：《政府公报》第 166 册，上海书店 1988 年影印本，第 424 页。
[5] 据雨苏《移民屯垦》，《东方杂志》第 22 卷第 5 号，1925 年 3 月 10 日发行，第 7 页，张作霖主政东北后，曾以"东北边防督办而兼东北屯垦督办"之身份，"对于垦务颇有所筹划"，并已经"拟订计划，划分垦区（奉九区，吉五区，黑八区），筹集款项，预备农具，并编配护垦军队，以资保护"，以便于推行移民政策。

当时，东北当政者有意引导、奖励难民赴吉林、黑龙江等边远地区垦荒，这一方面系出于对难民"悯念流离"的考虑，另一方面"复谋利用时机殖边招垦，迭令各属妥为安抚，促办垦务"①。能够得到来自官府的救助，在其指导下垦荒谋生，成为当时吸引关内难民进入东北的重要因素之一，否则，流落东北后一旦生计无着，自然会使难民丧失前往东北的积极性。

最后，东北地区特别是偏远地带，由于人口稀少导致劳动力相对稀缺，②而大片荒地又有待于开垦，为难民移垦提供了条件。《吉林农报》曾刊登一篇论说，详细分析了这一点。该篇论说指出，在东北地区，"劳力居首位，资本较之而土地为下下，盖以地广人稀，地价过价，人工缺乏"③，"人工缺乏"到何种程度？论说指出，"劳金近日每工已涨至十余吊，推厥原因，不外人少故耳"④。在边患严重的东北地区，"人工缺乏"在表面上似乎仅是经济问题，但其实不然，应将其上升到关乎边疆安全的高度之上而加以考虑，论说对此加以分析，"工贵则将来粮价必高，而普通人民之受苦更不少，否则粮价仍旧则农民之赔累过多，势必改业，或致粮食仰给外来，而粮价更贵，或致固有之农民去而代之以异族异种之人，则其危险不更甚乎，故移民一事实为当务之急"⑤。可见，论说特别指出移民是解决"人工缺乏"的重要措施之一，所谓"当今劳金昂贵之际，欲其低廉，窃以为舍移民莫由"⑥，"如欲挽救之，窃为非移民不为功"⑦，并且进一步指出，"论移民者恒

---

① 《令各属安抚难民》，《盛京时报》1928年1月8日第4版。
② 关于此点，可参见孙绍康《东省农话》（《农商公报》第53期），转引自章有义编《中国近代农业史资料》第2辑（1912—1927），生活·读书·新知三联书店1957年版，第657页，由于劳动人手缺乏，导致某些荒地，"或开垦无力，或招佃不易，致荒芜如昔者"，即使得以开垦，"开辟而后，每届耕耘之际，又有工人缺乏之患"。
③ 《移民以抵制劳金昂贵说》，《吉林农报》第55期，1918年7月11日发行，"论说"，第1页。
④ 同上书，第2页。
⑤ 同上书，第3页。
⑥ 同上。
⑦ 同上书，第2页。

以移山东及直隶诸省农民为宜，以彼此之习惯、气候大抵相同也"①。该篇论说从劳金昂贵谈移民之重要性，兼及边疆安全问题，并揭示了劳动力稀缺成为难民大量涌入东北的重要原因之一。

此外，难民原籍所在地最多的两个省份——山东与直隶，在地理位置、交通等方面为难民移垦关外提供了便利条件。山东"与东北隔海相望"，堪称"一舟之便"；而直隶"与东北壤地相接"，其东部与东北仅"一关之隔"，陆上交通有铁道相连接，非常便利，此外，"沿海的帆船往来，也是很方便的"②。地缘优势与交通条件的便利，有利于难民出关谋生。

二 难民潮涌与社会救济

20世纪20年代，山东、直隶等地难民大量涌入东北。山东难民"多系乘帆船到大连、旅顺或营口、安东一带，然后步往哈尔滨，或再循铁路散往各方"，直隶难民则一般经由京奉铁路出山海关，之后沿铁道线四散分布。难民背井离乡、流往东北，限于川资窘困，所带旅费"多不能支持，中途卖妻鬻子倒毙自杀者，时有所闻"③。东北地方当局鉴于难民"川资缺乏，重以家室之累，交通阻滞，中道流离，情甚可悯"，于是"商准各路局及东北航务局，加挂免费客车，酌减车价、船价，以利运输"④。中央政府交通部亦于1926年2月呈文临时执政段祺瑞，指出"我国关东塞北土壤广袤，居民鲜少"，"亟应移民垦拓"，鉴于"内地灾祲频仍、民生疲敝"，决定拟订"京奉、京绥、津浦、京汉四路运送大宗垦民减价规则"，"令行各该路遵照，嗣后各

---

① 《移民以抵制劳金昂贵说》，《吉林农报》第55期，1918年7月11日发行，"论说"，第2页。
② 王成敬：《东北移民问题》，《东方杂志》第43卷第14号，1947年8月发行，第12页。
③ 王海波：《东北移民问题》，中华书局1932年版，第24页。
④ 《兼署吉林省长张作相呈大元帅陈报吉林省吏治年来筹办情形附具事实节略请鉴文（附件）》，中国第二历史档案馆整理编辑：《政府公报》第236册，上海书店1988年影印本，第247页。

省移送大宗垦民,一律照此办理",及时输送关内灾民远赴边地垦荒,以收"兴利实边、野无旷土之实效"①。

由于东北地方政府之吁请及中央交通部门之部令,当时,关内外铁路对难民大多实行了减免票价的优惠政策。国有京奉铁路对于难民及其家属"发售减价车票""随带农具免收运费"②。由中苏合办的中东铁路对于输送难民也提供了优惠条件:"中东路鉴于今年直鲁难民北上之踊跃,深虑来春增多运输困难,议具移民改造货车五十辆为移民专用车,每车容四十人,长、哈间每日三次往复,则日可运六千人北上。并就长、哈各驿购买民地,建筑难民临时免费寄宿舍各一所,每所可容三千人,概不收费。"③在水路输送难民方面,据《晨报》所载,"大连政记公司经理张某特拨轮船一只,专来往青岛、大连间,装载难民,不收票价"④。可见,来自各方面的帮助纷至沓来,在交通方面给予难民以优惠政策,以保证难民可以顺利抵达东北。

受限于各种因素,当时进入东北的难民数字一般没有非常确切的统计,仅是大概数字。据美国报纸之估计,自1923年至1927年,移居东北者,"大部是从山东来的,其次为直隶等省",1923年的数字为30万人左右,1926年的数字约为1923年的两倍,1927年涌入东北的关内难民总数达百余万人之多⑤。美国报纸估计1927年约有百万难民涌入东北,与朱偰的估算大致相同:"由大连上陆者七十余万人,营口上陆者二十余万人,由京奉路来者十万人。又据大连某船长调查,谓难民北来,以由大连上陆者为最多,一月至八月末,由青岛来者,

---

① 《交通部呈 临时执政为本部拟订京奉京绥津浦京汉四路运送垦民减价规则业经国务会议议决由部公布实行缮单呈鉴文》,中国第二历史档案馆整理编辑:《政府公报》第226册,上海书店1988年影印本,第588页。
② 《移民车票减运费》,《盛京时报》1925年4月15日第4版。
③ 《东铁移民新计划》,《盛京时报》1928年1月5日第2版。
④ 《中原已无干净土,群向关东寻桃园》,《晨报》1927年11月2日第6版。
⑤ [美] W. Young:《美报之华人满洲移民运动观》,《东方杂志》第25卷第24号,1928年12月25日发行,第49—50页。

有五十二万七千一百人，斯时在青岛候船来者，尚有十余万人，由营口上陆者，三十一万人，加以京奉路来者，总在百万人左右。"① 难民涌入东北的趋势在 1928 年间有增无已，据《晨报》1928 年 4 月之报道："山东难民逃来东三省谋生者，近日又形众多。每日由大连上陆者至少二千人，多则三千余人；由营口上陆者四百余人；由京奉路来者，日五百余人。总计三月中经奉天者，已有十三万七千余人。来长春转赴吉林哈埠者，九万一千余人。各路火车及难民栖留所，无不拥挤异常。车站候车难民，如长春、奉天、四平街、哈埠等地，竟有数日不能登车者。"② 另据《盛京时报》之统计，1928 年全年进入东北的移民总数为约 1089000 人，1929 年数字为 1046291 人。③

难民流入东北，大多境况悲惨，"衣服褴褛不堪，在此朔风朔雪之中，冻馁交迫，惨状不堪言状。"④ 在这种情况下，对难民施加救济成为当务之急，若非如此，其身份始终将是背井离乡的流离失所者，难以成为充实边疆的主力军，甚至会有因生活所迫铤而走险、流为盗匪的可能。为救济难民，东北地方政府及社会各界都曾施以援手，善举颇多。据俄文资料之记载，"地方当局、中东铁路和中国社会团体面对规模出人意料的移民浪潮并未袖手旁观，而是从各自方面采取了一系列措施，以协助减轻和调整这一运动"⑤。另外，对于流入东北的关内难民而言，"先前移居这里的亲戚和老乡都有助于安置大批涌来的新移民"⑥。

当时，对难民的救济主要体现在提供衣食、住所、医疗等方面，以满足难民的基本生活需要，对此，东北社会各界贡献良多。1928 年

---

① 朱偰：《满洲移民的历史和现状》，《东方杂志》第 25 卷第 12 号，1928 年 6 月 25 日发行，第 17 页。
② 《东北官商竭力救济难民》，《晨报》1928 年 4 月 8 日第 6 版。
③ 《东北移民渐减——去年较前年减百分之六》，《盛京时报》1930 年 7 月 13 日第 4 版。
④ 《中原已无干净土，群向关东寻桃园》，《晨报》1927 年 11 月 2 日第 6 版。
⑤ 宋嗣喜译：《一九二七年的北满移民运动》（译自哈尔滨出版的《东省杂志》副刊《经济通报》1927 年第 36—37 期，原文作者具体姓氏不详），《黑河学刊》1989 年第 3 期。
⑥ 同上。

3月29日,奉天直鲁难民救济总会成立,"其款先由省署拨垫,嗣再设法募集"。总会成立后,"难民有欲赴吉林、黑龙江两省荒地开垦者,由该会向各铁路局交涉,发给半票,并预先知会所往地点官吏,接待抚恤,并垫资开垦"①。再以难民聚集地哈尔滨社会各界的慈善活动为例,据《晨报》之报道:"本埠救济所本为鲁直同乡会及道里外两商会所组设,由春间三月成立,专招待难民,为难民预备旅店饭食,代难民交涉火车轮船免票,慈善之谊,殊不可没。该所前后已费去款项不少,此笔款项悉由捐助而来,刻间又有大批难民将到,遂又筹捐款项,以便接济。东铁每日为难民挂有四等客车四辆,近日则不敷用,又由直鲁同乡会向东铁呈请,每日增挂四辆,连同共为八辆,并为暖车,由本日起实行。又埠内巨商同昌隆执事穆文焕,近向特区地亩局呈请拨予地皮一号,将独立建筑板房一所,以便难民栖止。"② 于此可见,哈尔滨鲁直同乡会及商会在1927年间为安置难民做了大量工作,并且计划在来年继续承担这一社会义务。据报纸报道,"哈尔滨总商会会长张凤亭以旧历年关在即,难民前来之期当属非遥,亟应预筹救济方法,以免有临渴掘井情事,前曾函请东省铁路当局共同筹谋救济方法。"经中东铁路局、慈善机构代表及公益团体代表共同商议,拟订以下救济方案:"(一)因北来难民既众,其中自不免有患病者,应在中东路沿线各大站组设卫生队,以便疗治;(二)预备大宗温暖车辆,以便运送;(三)在长春、哈尔滨二站添设温暖楼留所,以便各难民未能立即转住他处者暂时楼居,并组设施粥厂,以免难民有冻馁之虞。"③ 显然,对于身在异乡、饥寒交迫的难民而言,来自社会各界的救助无异于雪中送炭之举。

---

① 《奉天成立难民救济总会》,《晨报》1928年4月6日第6版。
② 《中原已无干净土,群向关东寻桃园》,《晨报》1927年11月2日第6版。
③ 《哈埠人士准备救济来年难民》,《晨报》1927年12月29日第6版。

三　难民垦荒与充实边疆

得到来自社会各界的救济，是难民得以在东北立足的第一步，但是，难民欲想在关东大地长时期定居生活，仅依靠救济是远远不够的，需要有自主谋生的手段，这才是锦上添花的长久之计。由于民国年间东北地区尚有大片荒地有待开垦，因此引导难民垦荒，不仅可以为其提供谋生的机会，而且能够起到开发边疆以巩固其稳定与安全之作用。吉林省农会就曾认为，"吉省土地辽阔，荒地极多，又界于日俄之间，外人每思侵占，现在直鲁难民，日日接踵北来，遂以移民实边之策，请愿于省议会"。吉林省农会提供于省议会的具体建议是："移民实边以固疆圉。查吉省界于日俄朝鲜之间，荒僻之地甚广，多未开辟，日本数思侵占，使不设法保固，久之必至于剥削而不可收拾。现在直鲁难民，源源北来，无以安插，莫若由省设立招垦总局，其他边远各县，设立招垦分局，将该项难民移至东北、东南边疆各地，补助牛粮籽种之类，随时督促开垦荒地，国家每年可得增加收入，而边疆亦可因之而巩固。"① 当时，类似建议很多，对当局相关施政起到了督促作用，基于实边固圉之考虑，东北地方政府不仅对难民在生活上予以关照，而且将引导难民垦荒实边作为妥善安置的重中之重。

当时，对于涌入东北的关内难民，东北地方政府在进行安置时，首先征询难民的职业取向。据《晨报》报道，"三省当局于北来难民之安插计划，大致均系取诸难民同意，然后由各公团指导其分赴各县开垦，或入各矿区各森林公司工作"②。可见，东北地方政府在安置难民时，不强人所难，值得称许。如果难民志在务农，则确定招垦区域，并制订招垦原则，"所有招垦各县，另由省令训知，设立

---

① 《吉省农会移民实边计划》，《晨报》1928年1月29日第6版。
② 《东三省当局安插移民计划（取得难民同意后再遣赴各县开垦）》，《晨报》1928年2月18日第6版。

招垦处，委任专员，负招揽难民领至垦区责任。各县视款项之多寡，酌量资助难民。并为预备农具，以便难民从事于垦殖。其招垦章程，由各县斟酌情形，订定办法，另由道尹核准，即行施行。大概每县原领有山荒地主，均须觅人开垦，否则由官家收回，从行发放。至于垦户与地主，每垦成熟地十坰，以四六或三七对分。此项办法，由官厅规定，私家不得变更。奉天招垦县分，计有洮南，洮安，镇东，安广，通辽，瞻榆，突泉，双山，以及接近内蒙各地山荒。吉林计有依兰，富锦，同江，绥远，桦川，勃利，方正，同宾，苇河，珠河，长山岭①，东宁，密山，舒兰，宁安，穆棱，穆②，敦化，汪清，和龙等县。黑龙江则有萝北，绥东，汤源③，巴兰④，绥楞⑤，绥化，呼兰，海伦，通河，木兰，巴彦，兰西，青冈，克山，明水，通兆⑥，龙镇，望奎，林甸等县。其北部荒原虽多，但恐难民不去，所以暂就东荒招垦。三省除招垦外，奉天尚拟采纳实业厅长张仙舫建议，其建议以内蒙各地，土旷人稀，胡匪充斥，即以难民，实于蒙边，开垦荒地，以兴地利。吉省则拟办一银行，专贷给难民款项，以便难民经营山林矿产或垦田。总之，三省对于难民，听其个人意向，以为之断，并不强为安插。"⑦经此妥善安置，"今后北来难民，职业问题，亦无可虑。经过哈埠，亦不至风餐露宿，感受困苦矣"⑧。

当时，吉林省具体规定，对于难民，"有一定目的地者，无论赴本省辖境各县或赴黑龙江，由经过所在之地方官饬属妥为保护，务

---

① 资料原文如此，似应是"长岭"。
② 资料原文如此，此处之"穆"字似为衍字，应删除；或者系指"额穆"。
③ 资料原文如此，应是"汤原"。
④ 资料原文如此，有误，因当时黑龙江省无此县治。
⑤ 今黑龙江省绥棱县。
⑥ 资料原文如此，疑为"通北"之误。
⑦《东三省当局安插移民计划（取得难民同意后再遣赴各县开垦）》，《晨报》1928年2月18日第6版。
⑧ 同上。

使安全达到；其因身罹灾患资用无著不能前往目的地者，随时予以相当之救助；其夙习农业希冀垦荒而无一定之趋向者，概由荒地较多之依兰道属各县分别安插，①并将难民中之实在无力者，分起送往同江县，劝令开垦，省委专员会县办理安抚事宜。所有盖房、凿井及购备农具、籽种、口粮等项，由公家筹款，酌量贷给②。以上优惠政策收到了实效，"除他县随时安插之难民不计外，只论同江一处，据报已成立七屯，共安插二百七十户，现仍在继续进行之中"③。另据《晨报》之报道，"难民在七月以前北来者，赴吉东、黑东，均以谋得垦殖职业。因吉黑两省均订有垦民章程，难民一经到境，供给食粮、锄镐及一切籽种等类，故七月以前过哈之难民，皆有安身之所"④。

由于有官方的引导，难民来到东北后，据调查，"百名难民中，八十五人志在农业"。进入奉天省之难民，"十分之六被人雇佣垦地，十分之三自领官地垦荒"；吉林省"各县官荒，现均奉省令一律开放，

---

① 据《吉省当局妥筹安抚移民办法》，《晨报》1928年3月15日第6版，对于志愿前往依兰道所属各县垦荒之难民，"所定目的而以耕种为业者，应由开荒之依兰道，设法安插。依兰道尹，应即分饬所属各县，妥拟安插难民计划，及能安插若干，报道查夺。长春、滨江两道，对于指导前往依兰之难民，应随时列单，知会依兰道尹，即将单列难民分往何处，并知会其管地方官，接到知会，应谕饬农会或当地士绅，对于入境难民竭诚匡助，冀广招徕。"
② 《兼署吉林省长张作相呈大元帅陈报吉林省吏治年来筹办情形附具事实节略请鉴文（附件）》，中国第二历史档案馆整理编辑：《政府公报》第236册，上海书店1988年影印本，第247页。当时，在日常生活与农业生产安置等方面给予难民以帮助，不仅限于同江县，成为东北各地方政府普遍的做法。"据《国际协报》1927年5月3日报道，地方行政当局对集体移民给予帮助，要求首先拨给居住区用地，在居住区里应为每五个人修建一间简易住房，为每五百人打一眼井，设一盘简陋的碾磨。建筑物应由公家出材料，但由移民出资。此外，公家发给每个移民购买一把镰刀、一把锄头、一把丁字镐的钱，一石五斗谷物实物，还特别发给十美金，以购置家庭用具。所有这些贷款均由移民担保方能供给。"——宋嗣喜译：《一九二七年的北满移民运动》（译自哈尔滨出版的《东省杂志》副刊《经济通报》1927年第36—37期，原文作者具体姓氏不详），《黑河学刊》1989年第3期。
③ 《兼署吉林省长张作相呈大元帅陈报吉林省吏治年来筹办情形附具事实节略请鉴文（附件）》，中国第二历史档案馆整理编辑：《政府公报》第236册，上海书店1988年影印本，第247页。
④ 《中原已无干净土，群向关东寻桃园》，《晨报》1927年11月2日第6版。

作为移民开垦地"①，该省"荒地较多各县，如穆棱，方正，依兰，桦川，饶河，宝清，富锦"，"召集地方富绅，劝令组织垦地公司，容纳难民抢垦荒地。其确有资本之公司并准由地方公款内按实收资，予以十分之五之补助，年息五厘，三年分还"②；黑龙江省规定对于尚未出放的国有荒地，"任令难民自由垦殖"，对于"从前已放官荒，仍给以最短期限，由原领户尽先开垦，一经逾期，即准难民抢垦"③。以上官方优惠政策的实施，对难民垦荒无疑有很大的吸引力。

1927—1929年间是关内难民移垦东北的高峰期，1930年以后人数开始减少，但仍有大批山东、河北、河南等地的难民进入东北，这一趋势一直持续到1931年"九一八"事变前。东北地方政府继续因势利导，指导、鼓励难民开垦边荒。在东北政务委员会通过的《辽宁移民垦荒大纲》中，规定了比较系统的优待垦荒难民的政策。大纲第1条开宗明义地宣布，制订该大纲之目的在于"容纳内地灾民，开辟荒地"；第3条规定，对于"内地各省大批难民，如系壮丁，有家室子女，情愿出关垦荒者"，一律欢迎；第4条规定："灾民搭乘国有铁路时，按照东北交通委员会制定之运送垦荒难民暂行章程，分别减免"④。

对于20世纪20年代难民潮涌东北这一社会现象，当时的海关报告有较为详细的记载和分析。海关报告指出，自1922年至1931年，"在其中间几年显示出由山东和河北向东北移民的狂潮，其规模之大，可以算得是人类有史以来最大的人口移动之一。这主要是由于河北和山东所遭受的饥荒、内战和匪祸。尤其是山东省，成千上万的田场被抛弃了，甚至全村荒废了。多少世代以来，都有向满洲

---

① 朱偰：《满洲移民的历史和现状》，《东方杂志》第25卷第12号，1928年6月25日发行，第18页。
② 《吉省当局妥筹安抚移民办法》，《晨报》1928年3月15日第6版。
③ 《黑龙江两年来垦荒成绩》，《大公报》（天津版）1929年2月17日第7版。
④ 《东北政务委员会为审查辽宁省移民垦荒大纲的训令（1930年3月28日）》，董慧云、张秀春编：《张学良与东北新建设资料选》，香港同泽出版社1998年版，第361页。

移民的，——在19世纪70年代的大饥荒中，移民数量相当大——但是，从来没有像现在这样大的规模。从一九二三年开始发生的这次移民的特点，是有很大一部分人长期定居在满洲，——这些人大部分都往新开垦的黑龙江区，这种趋势是由新建成的从呼兰至海伦，以及从昂昂溪①往北的铁路所促成的。另一些移民就在沿中东铁路的东段以及蒙古东南部——洮南地区等地定居下来。据铁路公司统计，从一九二三年到一九二九年进入满洲的移民在五百万以上，其中有二百五十万人定居下来，有意义的是在后来几年当中，许多移民都带着家内老小一道"②。

如海关报告所述，在20世纪20年代，关内难民进入东北之后，定居生活于当地成为显著现象，以山东籍难民为例，说明这一问题。据山东地方志之记载，"鲁人之移殖于东三省者，其职业以农为主。每逢冬令，胶济铁路必为移民加开一、二次列车。而烟潍③一路，徒步负载，结队成群，其熙熙攘攘之状，亦复不相上下。综计一往一来，恒在百万以上；而移出之超过于归还，年辄五、六万人不等。近数年以政令之烦，军匪之扰，移出之数倍于往昔；且多货其田庐，携其妻子，为久居不归之计"④。可见，难民奔赴东北开垦荒地，与土地高度结合的结果是长期在东北定居。他们"不是为求暂时的工作，而是在求久安的居住"，特别是在荒地较多的吉林和黑龙江两省之沿边地带，广大难民"披荆斩棘，扩展到边疆上去，他们在自由垦殖或向省政府用极低租金贷得的荒土上，斫伐林木，建筑居屋，经营他们的农耕事业"⑤。关内难民在东北定居务农，一方面使边疆人口得以增殖，另一

---

① 今黑龙江省齐齐哈尔市昂昂溪区。
② 《海关十年报告》1922—31，卷1，转引自章有义编《中国近代农业史资料》第2辑（1912—1927），生活·读书·新知三联书店1957年版，第638—639页。
③ 指山东省烟台和潍坊。
④ 袁荣叜等：《胶澳志》卷3，转引自章有义编《中国近代农业史资料》第2辑（1912—1927），生活·读书·新知三联书店1957年版，第638页。
⑤ ［美］W. Young：《美报之华人满洲移民运动观》，《东方杂志》第25卷第24号，1928年12月25日发行，第53页。

方面将东北边疆大片荒地化作良田，其艰辛移垦、筚路蓝缕之功不容忽视。

综上所述，民国时期尤其是20世纪20年代后期直到"九一八"事变之前，关内大批难民涌入东北，民国中央和东北地方政府一方面出于解决此社会问题之需要，另一方面鉴于消弭东北边患之考量，给予难民以诸多方面的优惠政策，使其在东北定居垦殖，这是移民实边政策实施的具体表现："一方面可乘机开辟荒地，救济难民而辟利源；一方面又可杜外人觊觎之心，实际上作自卫之防御，此诚一举而两得。"[①] 诚如斯言，因为就当时情况而言，东北边疆由于人口稀少，导致土地开发、农业生产相对落后，而土地资源的开发程度如何、土地与人口的结合程度如何，与边疆安全息息相关。土地开发有赖于劳动力资源，劳动力资源的扩充除人口自然增长因素之外，更多的是需要通过迁移关内过剩人口之手段予以实现，如此才能够发展农耕经济，使东北边疆辽阔的土地资源得到有效开发，并使人口与土地牢固地结合起来，使边疆地区的巩固与安全得到真正保障，否则会导致严重的边疆安全问题。民国时期关内难民移垦实边成为自清末以来我国政府实施东北移民实边政策的重要组成部分，对于保障东北边疆之安全，有着重大的意义。

第三节 地方设治与人口增殖

1912—1931年，东北移民实边政策实施之成效，不仅表现于土地开发与垦务发展，在地方行政设治与人口数量增殖等方面亦有突出的表现。

一 耕地数字增长对比情况

自从清末实施东北移民实边政策以来，截至20世纪20年代末期，

[①] 朱偰：《日本侵略满蒙之研究》，商务印书馆1930年版，第108页。

由于政府的重视与各项方针政策的贯彻执行，东北垦务得到较大发展，其中一大显著成效表现为耕地数字不断增长。关于增长具体数字，有学者指出，"关于东北全境的耕地面积及其增长情况，只有来自不同渠道、互有出入的一些断续数字，而缺乏全面系统而准确的统计资料。从一些资料反映的情况看，东北耕地面积在咸丰十年部分放垦，光绪二十八年全面放垦，光宣之交和北洋政府后期，有几次大幅度的增长"[1]。关于其间耕地数字增长之具体情况，可参见表5。

表5　　　　东北三省耕地面积增长情况列表（1887—1927年）

省别	1887年 面积（亩）	指数	1894年 面积（亩）	指数	1914年 面积（亩）	指数	1927年 面积（亩）	指数
奉天	28495900	100	28495900	100[2]	51412710	180	55373000	194
吉林	1497900	100	22690000	1515	47810059	3192	66218000	4421
黑龙江	81600	100	9902290	12315	34806648	42655	50174000[3]	61488
合计	30075400	100	61088190	203	134029417	446	171765000	569

资料来源：刘克祥：《清末和北洋政府时期东北地区的土地开垦和农业发展》，《中国经济史研究》1995年第4期（刘克祥说明："表中数字，1887年据光绪《大清会典》卷17，页184—185；1894年，奉天暂用1887年数字，吉林、黑龙江见本文；1914年据北洋政府农商部：《第三次农商统计表》，页1；1927年据连濬：《东三省经济实况揽要》，页131"）。

由表5可知，在约40年的时间之内，"东北耕地面积从1887年的3007万余亩增加到1927年的1.7亿余亩，增加了4.7倍。其中黑龙江增幅最大，达615倍，而吉林增加耕地最多，达6472万亩。奉天新增的耕地面积也不算少，达2687万余亩[4]，但因基数大，增长的倍率不高，尚不足一倍，而且基本上是在1914年以前"。与奉天省情况不同，

---

[1] 刘克祥：《清末和北洋政府时期东北地区的土地开垦和农业发展》，《中国经济史研究》1995年第4期。

[2] 资料原表此处指数为1200，但鉴于耕地数字并没有发生变化，故指数仍应是100。

[3] 据孙占文先生推算，截至1927年，黑龙江省放荒数字为50974740亩［详见表4：黑龙江省放荒数字列（1914—1927年）］，大于表5所列耕地数字，但比较接近，原因在于：第一，东北地区丈放荒地数字一向大于实际可耕地数字，因有些荒地放而不垦；第二，如孙占文及本表制作者刘克祥所言，东北丈放及耕地数字，因统计不完全，一向互有出入。

[4] 资料原文无此"亩"字，此据上下文意酌加。

1927年与1914年相比较,在东北三省中,原本人烟稀少、土地开发滞后的吉林和黑龙江两省,"分别新增耕地2434万余亩和1556万余亩,分别增长50.9%和45.0%",尤其在1925年后,"随着关内移民数量的猛增,耕地面积的增长速度也随之加快。据日本人调查说,自1925年后,东北每年都有五、六百万亩耕地的增加。1925年至1927年底的三年间,东北全境的耕地约增长14%"[①]。

耕地数字的不断增长与移民的辛勤劳作关系甚大,移入人口与开发边地、巩固边疆之目的亦因此而得以实现,东北地区逐渐由以前的不毛之地转变为全国的粮仓,至今依然如此。

二 地方设治及其意义

自清末实施东北移民实边政策以来,其成效之一是在东北地区特别是沿边地带普遍设治,民国时期,地方设治的规模在清末已有的基础之上,得到进一步的发展。当时,对于东北边疆地区地方设治的重要意义,上至政府官员,下至民间人士,认同是一致的。地方设治特别是沿边地带设治,在当时成为东北移民实边政策实施的重要组成部分,对于完善边疆地区行政管理、抵制外来侵略能够发挥重大作用。

以下,以黑龙江省极北边陲重镇漠河设治为例,说明这一问题。

民国初年,中俄界河黑龙江沿岸设有漠河总卡。1914年,黑河道道尹"以边防重要,请将该卡改为县治,先行设治"。朱庆澜"召集署务会议,佥以废卡设治,有种种之必要",为此向内务部详细陈说其理由:第一,漠河位于"江省之极西北隅,距省城约两千余里,距黑河观察使治所亦千八百余里",距离如此遥远,加以交通不便,"孤悬绝域,无论为对外计、对内计,第一则在通道,第二则

[①] 刘克祥:《清末和北洋政府时期东北地区的土地开垦和农业发展》,《中国经济史研究》1995年第4期。

在设治";第二,漠河"东南距库马尔设治局①约千里,而南距呼伦所属之吉拉林设治局亦约千里。地域既处极边,距离各局又甚窎远,中俄两国人民仅隔一江,时往时来,易生龃龉,若先行设官治理,轻微案件固可就地解决,免起交涉,重大问题亦可据实呈报黑河交涉员,以资臂助";第三,漠河金矿附近之人,"原非土著,究系客民,非可久恃,必须植民兴垦,方树长治久安之规";第四,当呼伦贝尔发生叛乱后,"屡有蒙匪拟往强劫金厂之说,去冬益甚",若在漠河设治,"呼伦独立未经取消之前,我有官守,则该处直至奇乾河以上,不但消息灵通,且可壮我声威"②。基于上述理由,朱庆澜建议,将漠河总卡"酌量改组,先行设治",并"定名为漠河设治局"③。

内务部据此发出指令,指出漠河"远介强邻,金厂星罗,森林蔚茂,微独该省西北之门户,抑亦极边之重镇。前清光绪三十四年,曾有拟设漠河直隶厅之案,乃时逾六年,迄未实行"。并且,"今昔之缓急既殊,边陲之形势益岌",从地理、边防、外交、司法、垦务等方面考虑,确实有设治之必要,"自应准如原议,将总卡改为漠河设治局,以资治理"④。

按照内务部之指令,1914年,漠河置设治局,1917年,改为县治。⑤

现将自1912年民国建立至1931年"九一八"事变,在该段历史时期之内,东北三省地方政区设治新增情况列于表6。

---

① 指呼玛设治局。
② 《呈内务部筹拟漠河设治办法文》,朱庆澜:《黑龙江政务报告书》(卷一),李兴盛、齐书深、赵桂荣主编:《黑水丛书》本之八,黑龙江人民出版社2001年版,第736页。
③ 同上书,第737页。
④ 同上。
⑤ 熊知白:《东北县治纪要》,立达书局1933年版,第474页。

表6　　东北三省地方政区设治新增情况列表（1912—1931年）

省别	政区名称	政区设治	政区现状
奉天	台安县	《东三省纪略》第42页：1914年1月，析辽中县之八角台等地，益以镇安县迤南地亩，置台安县	辽宁省台安县
	双山县	《政府公报》第39册，第175页：1914年9月，在哲里木盟双山镇置双山县	吉林省双辽市双山镇
	瞻榆县	《政府公报》第57册，第306—307页：1915年5月，析突泉县南段自太本站留界起、迄南境止，置瞻榆县，县治治所拟设在开化镇	吉林省通榆县
	通辽县	《奉天通志》第66卷，第1449页：1918年，设通辽县治，县治治所为白音泰来，当西辽河之北	内蒙古自治区通辽市
	清原县	《奉天通志》第65卷，第1402页：1925年，析开原、兴京、海龙、通化、铁岭各县地置，县治治所在八家镇，当英额河之北	辽宁省清原满族自治县
	金川县	《吉林省大事记（1912—1931）》第292页：1926年6月，通化县、柳河县部分所属地区划拨金川设治局，1929年3月，金川设治局升格为金川县	吉林省辉南县金川镇
吉林	宝清县	《政府公报》第85册，第58页：1912年，置宝清分防经历，隶属临江府治，1913年，改为宝清分治员，仍归同江县管理；《东北大事记（1898—1931）》第139页：1916年4月，宝清县治正式设立	黑龙江省宝清县
	勃利县	《东北县治纪要》第380页：位于窝肯河之上流，原为依兰、宁安往来之旧驿站，俗称曰四站，1914年置设治局，1917年升格为县	黑龙江省勃利县
	珠河县	《黑龙江历史大事记（1912—1932）》第200页：1921年，置乌珠河设治局，1927年11月，乌珠河设治局升格为县	黑龙江省尚志市
	苇河县	《黑龙江历史大事记（1912—1932）》第200页：1921年，置苇沙河设治局，1927年11月，苇沙河设治局升格为县	并于黑龙江省尚志市
	乾安设治局	《吉林省大事记（1912—1931）》第316页：1927年12月，郭尔罗斯前旗勘放蒙荒总局等设乾安县治，1928年3月，任命蒙荒局总办徐晋贤为乾安设治员	吉林省乾安县
黑龙江	肇东县	《东三省纪略》第84页：原郭尔罗斯后旗，1906年设肇东分防经历，驻昌五城，归肇州厅管辖，1912年1月改为昌五城设治局，1913年12月改为肇东县	黑龙江省肇东市
	克山县	《黑龙江历史大事记（1912—1932）》第44页：1915年5月，在讷河三站置克山设治局；第45页：1915年7月，克山设治局升为县	黑龙江省克山县
	泰来县	《黑龙江历史大事记（1912—1932）》第24页：1913年11月，撤销杜扎屯垦局，另置泰来镇设治局；第67页：1917年1月，升县	黑龙江省泰来县

续表

省别	政区名称	政区设治	政区现状
黑龙江	林甸县	《黑龙江设治》下册第805页：1914年9月，安达县东集镇稽垦局升格为林甸设治局；《政府公报》第114册第355页：1917年8月，林甸设治局升格为县治	黑龙江省林甸县
	景星县	《黑龙江历史大事记（1912—1932）》第44页：1915年5月，景星镇县佐升格为景星设治局；第243页：1929年11月，升格为县治	黑龙江省龙江县景星镇
	龙镇县	《黑龙江历史大事记（1912—1932）》第7页：1912年5月，置龙门镇设治局；第67页：1917年1月，设治局升格为龙门县；第69页：1917年6月，为避免与广东省龙门县县名重名，改称龙镇县	黑龙江省五大连池市龙镇
	绥棱县	《黑龙江历史大事记（1912—1932）》第43页：1915年4月，绥化县上集厂县佐升为绥楞设治局；第67页：1917年1月，升格为县	黑龙江省绥棱县
	望奎县	《黑龙江历史大事记（1912—1932）》第68页：1917年4月，望奎镇置设治局；第75页：1918年2月，望奎设治局升格为县治	黑龙江省望奎县
	通北县	《黑龙江历史大事记（1912—1932）》第43页：1915年5月，通北稽垦局改置为设治局；第67页：1917年1月，设治局升格为县治	并于黑龙江省北安市
	布西设治局	《布特哈志略》第164页：1915年，西布特哈总管衙门属地经西布特哈总管金纯德兼筹设治，改为布西设治局，放荒招民开垦	内蒙古自治区莫力达瓦达斡尔族自治旗
	索伦山设治局	《黑龙江历史大事记（1912—1932）》第55页：1916年2月，置索伦山宣抚局；第68页：1917年3月，索伦山宣抚局改为设治局	内蒙古自治区兴安盟科尔沁右翼前旗索伦镇
	明水县	《黑龙江历史大事记（1912—1932）》第164—165页：1923年12月，在原拜泉县所属之兴隆镇置明水设治局（因兴隆镇附近有明水泉，故名）；第243页：1929年11月，明水设治局升格为县治	黑龙江省明水县
	依安县	《黑龙江历史大事记（1912—1932）》第165页：1923年12月，在原林甸县所属之龙泉镇置依安设治局（因龙泉镇界内有依克明安公旗府，故名）；第243页：1929年11月，依安设治局升格为县治	黑龙江省依安县
	甘南设治局	《黑龙江历史大事记（1912—1932）》第184页：1925年12月，经黑龙江省长公署批准，甘井子佐治局改为甘南设治局	黑龙江省甘南县
	雅鲁县	《黑龙江历史大事记（1912—1932）》第184页：1925年12月，札兰屯、济沁河两稽垦局归并为雅鲁设治局；1929年11月，升为县	内蒙古自治区扎兰屯市
	泰康设治局	《黑龙江历史大事记（1912—1932）》第200页：1927年5月，在泰来县东境杜尔伯特旗"时和年丰""民康物阜"地段内置设治局	黑龙江省杜尔伯特蒙古族自治县泰康镇

续表

省别	政区名称	政区设治	政区现状
黑龙江	铁骊设治局	《东三省纪略》第90页：位于庆城县东北境内，地名铁山包，原为旗丁屯垦地；《黑龙江历史大事记（1912—1932）》第44页：1915年5月，庆城县铁山包协领改为铁骊设治局	黑龙江省铁力市
	东兴设治局	《东三省纪略》第91页：位于木兰县迤北境内，地名东兴镇，旧为旗丁屯垦地；《黑龙江历史大事记（1912—1932）》第199页：1927年3月，经黑龙江省长公署批准，在木兰县东兴镇置东兴设治局	黑龙江省木兰县东兴镇
	萝北县	《东三省纪略》第92页：1912年，置设治局，1913年12月，正名为萝北县	黑龙江省萝北县北
	漠河县	《东北县治纪要》第474页：1914年，置设治局；1917年，改县	黑龙江省漠河县
	呼玛县	《东三省纪略》第92页：1913年3月，置呼玛县治，县治治所土名为西尔根；《黑龙江历史大事记（1912—1932）》第9页：1916年7月，呼玛县署迁至古站	黑龙江省呼玛县
	乌云县	《黑龙江历史大事记（1912—1932）》第68页：1917年4月，萝北县一带添设乌云设治局；第243页：1929年11月，设治局升为县	黑龙江省嘉荫县乌云镇
	绥滨县	《政府公报》第107册第168页：1917年4月，萝北县属绥东县佐升格为设治局；《黑龙江历史大事记（1912—1932）》第219页：1929年1月9日，设治局升格为绥东县；《黑龙江历史大事记（1912—1932）》第220—221页：1929年1月23日，因与热河之绥东县名重复，改称绥滨县；《黑龙江历史大事记（1912—1932）》第243页：1929年11月，奉国民政府行政院指令，绥滨县正式设立	黑龙江省绥滨县
	佛山县	《黑龙江历史大事记（1912—1932）》第201页：1927年9月，置佛山设治局；第243页：1929年11月，设治局升格为佛山县	黑龙江省嘉荫县
	室韦县	《东北县治纪要》第481页：位于额尔古纳河之右岸，原属前清呼伦贝尔副都统领地，1909年置吉拉林设治局，1920年改称室韦县	内蒙古自治区额尔古纳市室韦镇
	奇乾县	《东北县治纪要》第482页：位于额尔古纳河之右岸，一名兴隆镇，1920年，置设治局。1922年，设治局升格为奇乾县	内蒙古自治区额尔古纳市奇乾乡
	逊河设治局	《黑龙江历史大事记（1912—1932）》第216页：1916年4月，置逊河稽垦局，1928年11月，逊河稽垦局升格为逊河设治局	黑龙江省逊克县
	克东设治局	《黑龙江历史大事记（1912—1932）》第222页：1929年1月，在克山县之二克山镇置克东设治局，3月，设治局治所迁到德都镇，并更名为德都设治局；第243页：1929年11月，恢复克东设治局	黑龙江省克东县

第四章 移民实边政策之继续推行（1918—1931） 275

续表

省别	政区名称	政区设治	政区现状
黑龙江	德都设治局	《黑龙江历史大事记（1912—1932）》第243页：1929年11月，当克东设治局恢复治所后，在原克山县德都镇置德都设治局	归并于黑龙江省五大连池市
	奇克县	《黑龙江历史大事记（1912—1932）》第219页：1929年2月，瑷珲县属奇克特县佐升格为奇克特设治局；第243页：1929年11月，设治局升格为奇克县	黑龙江省逊克县奇克镇
	鸥浦县	《黑龙江历史大事记（1912—1932）》第219页：1929年2月，呼玛县属倭西门县佐升格为鸥浦设治局；第243页：1929年11月，鸥浦设治局升格为鸥浦县	黑龙江省呼玛县鸥浦乡
	凤山设治局	《黑龙江历史大事记（1912—1932）》第243页：1929年11月，置凤山设治局	黑龙江省通河县凤山镇
	富裕设治局	《黑龙江历史大事记（1912—1932）》第222页：1929年4月，在龙江县属地启用富裕设治局关防；第243页：1929年11月，富裕设治局正式设立	黑龙江省富裕县

资料来源：徐曦：《东三省纪略》；《内务部呈核复奉天巡按使呈请将双山镇改设县治拟请照准至所请以牛尔裕试署知事应由该巡按使委任署理文并批令》，中国第二历史档案馆整理编辑：《政府公报》第39册，上海书店1988年影印本；《内务 财政部呈遵核奉天巡按使呈增设瞻榆县治并改置突泉设治委员一案会请训示文并批令》，中国第二历史档案馆整理编辑：《政府公报》第57册，上海书店1988年影印本；王树楠、吴廷燮、金毓黻等编撰，东北文史丛书编辑委员会点校出版：《奉天通志》第65、66卷，沈阳古旧书店1983年版；吉林省档案馆编：《吉林省大事记（1912—1931）》，1988年内部发行；《吉林巡按使王揖唐呈边地重要拟请改设县治并恳饬部备案文并批令》，中国第二历史档案馆整理编辑：《政府公报》第85册，上海书店1988年影印本；张本政、刘家磊、马国彦、林世慧、毕万闻编：《东北大事记（1898—1931）》，中国人民政治协商会议吉林省委员会文史资料研究委员会1985年编辑出版；熊知白：《东北县治纪要》，立达书局1933年版；黑龙江省档案馆、哈尔滨师范大学历史系：《黑龙江历史大事记（1912—1932）》，黑龙江人民出版社1984年版；《驻哈黑龙江铁路交涉总局为东集镇稽垦局改为林甸设治局饬（民国三年十一月三日）》附件二："内务部为复准东集镇稽垦局改为林甸设治局咨（民国三年九月二日）"，黑龙江省档案馆编：《黑龙江设治》下册，1985年内部发行；《内务总长汤化龙 财政总长梁启超呈大总统会核黑龙江省林甸设治局改设县缺拟请照准文》，中国第二历史档案馆整理编辑：《政府公报》第114册，上海书店1988年影印本；孟定恭：《布特哈志略》，姜维公、刘立强主编："中国边疆研究文库·初编（东北边疆卷 十一）"本，黑龙江教育出版社2014年版；《内务部咨财政部 黑龙江省长萝北县属绥东地方准将原设县佐改为设治局并指明移置设治地点请查照文》，中国第二历史档案馆整理编辑：《政府公报》第107册，上海书店1988年影印本。

根据以上表格可知，自民国建立迄1931年"九一八"事变爆发止，东北三省地方政区新增达44个（含尚未完全具备设立县治条件，作为地方设治过渡性质的设治局），其中奉天省6个、吉林省5个、黑龙江省33个。奉天省在清代早有地方设治基础，再经清末大规模设治，地方设治已经基本完成，民初由于受外蒙古"独立"、呼伦贝尔叛乱之影响，内蒙古哲里木盟少数上层分裂分子如法炮制、叛乱接连发生，导致蒙疆不靖，为捍卫边疆安全、宣示国家主权，民国北京政府先后设立了台安、双山、瞻榆及通辽等县治。吉林省在民国成立之前地方设治亦较有基础，因此入民国之后新设地方政区不多，而宝清、勃利两县治设立于边境地带，显然是出于巩固边疆安全之考虑，珠河、苇河两县治及乾安设治局的设立，则更多是由于放荒招民导致地方逐步繁荣、人口日渐增加，确有设治以资管理之必要。在东北三省中，黑龙江省地方设治最晚、基础最为薄弱，在清末移民实边政策推行过程中，地方设治开始渐有起色，但仍存在很大不足之处，民国北京政府在前清地方设治的基础上进一步加大力度，而当南京国民政府对东北地区行使统治权后，从1929年开始到1931年"九一八"事变爆发，在相当短的时间之内，东北地方设治有了进一步快速发展之趋势，但很快被日本的武装侵略强行打断。

地方设治是自清末以来，中国政府推行东北移民实边政策的重要组成部分，既是政策实施的必然结果，又对政策实施起到推动与促进的作用，经清末与民国时期的东北地方设治，基本上奠定了现今东北地方行政区划的格局。

三 人口增殖

关于移民实边政策，就某种意义而言，"移民"仅是一种手段，而"实边"则是终极目标，基于此点，东北人口增殖成为衡量政策实施成效如何的重要参照物之一。

在清代相当长的历史时期之内，清政府在东北地区实施二重管理体系：旗治与民治并行，加之清政府对人口调查有所忽视，由于上述种种复杂因素，东北地区人口统计数据一向不完整、不准确。自清末实施移民实边政策以来尤其到光绪朝后期，民治超越旗治，成为东北地方管理之主要体系，人口统计数据才得以逐渐清晰。到宣统朝，作为清末新政的组成部分，清政府在全国范围内曾做过一次人口普查工作。经学者整理，当时东北三省人口调查情况如表7所示。

表7　　　　　清宣统朝东北三省人口调查数据（1911年）

省别	户口数	男性人口数	女性人口数	总人口数
奉天	1707642	6093637	4924880	11018517
吉林	800099	3151611	2386794	5538405
黑龙江	245957	1017064	841728	1858792
合计	2753698	10262312	8153402	18415714

资料来源：葛剑雄主编，侯杨方著：《中国人口史》第6卷（1910—1953年），复旦大学出版社2001年版，第147页。[1]

根据表7所列，截至清宣统朝，东北三省人口总数约为1841万余，与清前期相比较，人口增殖规模巨大。[2] 入民国之后，在清末人口总量基数之上，东北三省人口继续猛增，除去自然增长因素，移民大量迁入仍是其主因。吴希庸就此指出，截至"九一八"事变前夕，"东北移民已达空前未有之盛状"，"增加之速，诚足惊人"[3]。现将自1912年至1930年间移入东北之移民人数，分两阶段列表于下：

---

[1] 表列人口调查统计数字之具体年代应为清宣统三年（1911年）。学者梁方仲得出该年度东北三省人口调查之结果与上表大体相同，仅黑龙江省户数之调查结果不同。梁方仲所得结果为：黑龙江省户数为269433户，其他男女及总人口数目相同，可参见梁方仲编著《中国历代户口、田地、田赋统计》，上海人民出版社1980年版，第269页。据同上书，第271页之编者所注："清宣统年间（1909—1911年），民政部曾进行户口调查，但这一工作未及完成，清政府便被推翻了。民国元年（1912年）五月内务部根据所存清民政部过去三年之户口调查档案，来汇造户籍表册。"由此可见，当政局动荡之际人口调查所得之数据，当然不会十分准确，但大体能够反映实际情况。清末东北三省人口在1835万至1840万之间，是可信的。

[2] 据杨余练等编著《清代东北史》，辽宁教育出版社1991年版，第448—450页：清道光二十年（1840年）前后，东北人口总数约为270万；清光绪十三年（1887年），东北人口总计约520万；清宣统三年（1911年），东北三省的人口达到1841万余，为1840年东北人口数的6.8倍。当然，由于前述原因，1840年与1887年的人口统计数据是不全面的，但是，东北三省人口快速增长的主要原因在于移民大量迁入，是公认的历史事实，显然，这是清末东北移民实边政策实施成效表现之一。

[3] 吴希庸：《近代东北移民史略（初稿）》，国立东北大学东北史地经济研究室编辑发行：《东北集刊》第2期，国立东北大学印刷所1941年石印本，第42页。

表8-1　　　　　移入东北人数统计（1912—1922年）

年份	移民人数	指数
1912	10000	100
1913	13000	130
1914	9000	90
1915	13000	130
1916	24000	240
1917	31000	310
1918	26000	260
1919	30000	300
1920	28000	280
1921	25000	250
1922	32000	320

资料来源：吴希庸：《近代东北移民史略（初稿）》，国立东北大学东北史地经济研究室编辑发行：《东北集刊》第2期，国立东北大学印刷所1941年石印本，第46—47页。

表8-2　　　　　移入东北人数统计（1923—1930年）

年份	移民人数	指数
1923	342000	100
1924	385000	126.6
1925	473000	138.3
1926	567000	165.8
1927	1051000	307.3
1928	1089000	318.4
1929	1046000	305.8
1930	748000	218.7
总计	5701000	

资料来源：吴希庸：《近代东北移民史略（初稿）》，国立东北大学东北史地经济研究室编辑发行：《东北集刊》第2期，国立东北大学印刷所1941年石印本，第47页。

吴希庸对上列两表有如下说明："表一所列数字系根据英文'满洲年鉴'，表二系根据南开大学社会经济委员会之报告。后者已公认为与事实相去无几，则前者当嫌估计过低。"吴希庸之所以认为表8-1所列数字"估计过低"，是基于以下之分析："若将二表所列数字合并观察，颇有不可解处"，1922年与1923年仅时隔一年，但移入人数1922年为32000人、1923年为342000人，相差极为悬殊。吴希庸认为，"移民数字不应有十倍以上之突增也"，其原因在于英文"满洲年鉴"对于1922年以前移入东北之人数估算过低。吴希庸据此判断，如果按照自1923年至1927年间"移入人数之增加情形"，1912年移入人数，"当在三万左右"，以后年份再依此类推。吴希庸还指出，1930年移民人数减少有特殊原因，"吾人不应以民十九移入人数之减少，遽认为此后移民潮趋于衰落也"①。但是，这一移民潮涌之势于1931年因日本的武装侵略而被迫中断。

移民迁入东北后，"并非全部留居，其中来而复返者，且常居半数以上，此为安土重迁之心理另一表现"②。以下为1923—1930年间东北移民迁出及留居人数对比：

表9　　　　东北移民迁出及留居数字对比（1923—1930年）

年份	迁出人数	占移民数百分比	留居人数	占移民数百分比	留居者指数
1923	241000	70.4%	101000	29.6%	100
1924	200000	52.0%	185000	48.0%	183
1925	238000	50.4%	235000	49.6%	233
1926	324000	57.1%	243000	42.9%	241
1927	342000	32.5%	709000	67.5%	704
1928	578000	53.1%	511000	46.9%	506
1929	622000	59.5%	424000	40.5%	420
1930	512000	68.4%	236000	31.6%	233
合计	3057000	53.6%	2644000	46.4%	

资料来源：吴希庸：《近代东北移民史略（初稿）》，国立东北大学东北史地经济研究室编辑发行：《东北集刊》第2期，国立东北大学印刷所1941年石印本，第48页。

就表9分析，自1923至1930年间，除1927年外，东北移民迁出

---

① 吴希庸：《近代东北移民史略（初稿）》，国立东北大学东北史地经济研究室编辑发行：《东北集刊》第2期，国立东北大学印刷所1941年石印本，第47—48页。
② 同上书，第48页。

之比例大于留居之比例,但由于当时移民基数数量庞大,因此留居者绝对人数仍然相当可观,且除 1923 年、1929 年及 1930 年,在其他年份,东北移民迁出者与留居者之比例大致相当。如此,自 1912 年至 1931 年"九一八"事变前夕,东北人口持续快速增殖,除自然增长因素之外,移民大量迁入并留居,成为主导因素。

关于自民国建立(时间适当向前延伸至 1907 年)到 1930 年(1929 年人口数据缺),东北三省人口数据之整体情况,可参考表 10。

表 10　　东北三省人口增殖总表(1907—1930 年,1929 年缺)　单位:千人

年份	奉天省(1930年为辽宁省)	吉林省	黑龙江省	总计	增加数	指数
1907	10637	4416	1725	16778		100
1908	10796	4553	1806	17155	377	102
1909	10957	4694	1892	17543	388	105
1910	11121	4840	1981	17942	399	107
1911	11288	4990	2074	18352	410	109
1912	11457	5145	2172	18774	422	112
1913	11628	5304	2274	19206	432	114
1914	11802	5469	2381	19652	446	117
1915	11979	5638	2494	20111	459	120
1916	12159	5813	2611	20583	472	123
1917	12341	5993	2733	21067	484	126
1918	12526	6179	2862	21567	500	129
1919	12714	6371	2996	22081	514	132
1920	12905	6568	3137	22610	529	135
1921	13098	6772	3285	23155	545	138
1922	13295	6982	3439	23716	561	141
1923	13494	7198	3601	24293	577	145
1924	13697	7421	3770	24888	595	148
1925	13920	7651	3947	25518	630	152
1926	14111	7889	4133	26133	615	156
1927	14322	8134	4327	26783	650	160

续表

年份	奉天省（1930年为辽宁省）	吉林省	黑龙江省	总计	增加数	指数
1928	14476	8592	4965	28033	1250	167
1930	14998	9076	5134	29208	1175	174

资料来源：[日] 东亚经济调查局编：《满蒙政治经济提要》，东京改造社昭和七年（1932年）版，第19页。（笔者注：资料原表某些数据有误，表10所列数据为笔者校正后之数据）

根据表10可知，自1907年以来，奉天、吉林和黑龙江东北三省人口逐年增殖，并且呈现快速增长之趋势，这种现象之所以能够出现，除非迁入大量人口，仅仅依靠人口自然增长，是很难达到如此人口快速而庞大的增长规模的。东北人口持续而快速增长，到1931年"九一八"事变爆发之前，总人口数达到将近3000万，较之清末1911年约1840万人口，在短短20年的时间之内，人口净增数字约1160万，这是一个相当惊人的人口增殖数字，成为民国政府实施移民实边政策以充实边疆的重大成效之一，也成为保障东北边疆安全与稳定的重要因素之一。

结束语

　　中国东北地区地处东北亚，经济、战略地位重要，自古以来就是中国版图之重要组成部分。在历史上，契丹人建立的辽、女真人建立的金之所以能够勃兴并与中原王朝分庭抗礼，均与此辽阔地域息息相关，蒙古人更是因此而一统中原，并曾经一度威震亚欧大陆。16 世纪后半期，女真部族之人杰爱新觉罗·努尔哈赤以微末之势逐渐崛起于白山黑水之间，但其目光似尚局限于山海关外一隅之地，努尔哈赤子皇太极承继父业，建立大清王朝，并意欲进取中原，皇太极子福临风云际会，于 17 世纪中叶定鼎中原。清王朝统一中国后，东北地区作为爱新觉罗家族发祥之地，备受统治者之重视。但也由于此方面之原因，出于各种所谓"深谋远虑"，清王朝对东北地区长时期实施封禁政策，禁止关内汉人涉足山海关外。封禁政策是一种典型的"虚边"政策，导致东北边疆长时期处于封闭、落后的边缘化状态之中，主要表现是人烟稀少、土地抛荒、人口与土地严重脱节，农耕生产落后、行政管理疏松。以黑龙江将军驻所多次移治为例，1683 年，清王朝设立镇守黑龙江等处将军，将军治所最初在今俄罗斯境内位于黑龙江东岸的旧瑷珲城，次年移治黑龙江西岸新瑷珲城，次年再移驻墨尔根，1699 年最终移驻齐齐哈尔城。经一再南迁，黑龙江将军驻地由边陲重镇迁至该省腹地，这显然不利于加强对边境地带的有效治理。同样，清王朝驻吉林最高军政长官由最初驻节边陲要地宁古塔移治处于腹地的吉林城,这些都成为清王朝对东北边疆地区漫不经心、疏于管理的典型表现。

  当清王朝国力尚可之时,这种治边策略的弊端并未显现,王朝统治者也因此安于现状、泰然处之。实际上,早在17世纪时,北方邻国俄罗斯帝国已经开始对我国黑龙江流域施加侵扰,由于当时清帝国尚处于蓬勃发展的上升阶段,能够与北方强邻相抗衡,俄国人的企图才未能得逞。但这毕竟是边疆危机开始萌发的信号,惜乎满洲贵族对此并不以为意。时光流逝约两个世纪之后,到19世纪中期,清帝国已是暮气沉沉,加之东北边疆空虚之状况与200年前相比较依然如故,没有任何实质意义上的变化,帝俄见有机可乘,先实施武装移民、后逼签不平等边界条约,用一种近似"和平"之手段,掠取中国东北边疆大片所谓"空旷无主之地"。清帝国在谈判桌上折冲樽俎之间丧失大片国土,如此方式,在世界历史上或许也是绝无仅有的,其根源何在?正在于出于各种"深谋远虑"而精心设计并贯彻执行的边疆封禁政策。帝俄在将我国东北边疆大片领土收入囊中之后,并不以此为满足,采用各种手段,继续对我国东北边疆加以侵扰与蚕食。新兴强国日本自19世纪末20世纪初逐渐掌控朝鲜半岛而取得侵略我国东北的地缘优势之后,也对我国东北地区施加侵略,并且其侵略势头大有后来居上之势。日俄战争之后,日本与帝俄一南一北,在我国东北划分势力范围,对该地区百般觊觎,东北地区处于两强夹缝之中,边疆危机日益剧烈。关于此中原因,民初报刊《吉林农报》有如下之评论:"构成国家之要素有三:土地、人民、主权。土地者,所以载人民者也,仅有土地而无人民以居之,则其土地终不可自保也。况近世侵人土地者,由征伐主义转而为殖民政策,苟其地不自固藩篱,则适为他人开拓之余步。东三省入于外人势力范围之中,其前车焉。"[①]

[①]《移民垦殖足以弭乱固边说》,《吉林农报》第28期,1917年10月1日发行,"论说",第6页。

在蒙受重大国土损失并承受边疆危机持续加剧的情况下，满洲贵族无法漠视"龙兴之地"因人烟稀少、人地脱节而导致危机重重之现状，被迫改变错误的边疆治理政策，以"实边"取代"虚边"，逐步实施并深化东北移民实边政策，并因此在捍卫边疆安全方面收到实效。19世纪中期之后，清帝国之国力江河日下，在经历中日甲午战争之后更是一溃千里，在各大国的心目中，不仅完全丧失了远东第一大国的地位，甚至与其原先藩属朝鲜一样被列强相提并论，处于"人为刀俎、我为鱼肉"的可悲境地，帝俄与日本对中国东北地区虎视眈眈，肆意侵略，但即使是在这种极为险恶的局势之下，东北边疆大片国土沦丧的悲剧有幸没有重演，其原因何在？最根本的因素在于由于东北移民实边政策之实施，导致中国主体民族汉民族不断涌入关东大地定居耕植，逐渐稠密的人口与先前荒废的土地开始紧密结合，地方设治也随之而不断完善，不再是所谓"空旷无主之地"，所有这一切都在向外部世界宣示：被列强习惯上称为"满洲"的这块辽阔土地，是属于中国的。当然，以英、美为代表的西方大国出于各自在华权益的考虑，对俄、日企图独占"满洲"的阴谋有所遏制，俄、日两强在"满洲"的相互博弈所导致的一种微妙的力量均衡，也都在某种程度上使东北地区没有成为中国的瓯脱之地。民国建立之后，继续推行前朝东北移民实边政策，并且进一步加大力度，以确保对东北地区行使主权。

俄国十月革命爆发后，尽管苏维埃政权意欲继承帝俄时代的既得侵略成果，并常有侵略意图及行径之流露与表现，但基本上放弃了占据我国东北地区的打算，而日本则不然，趁竞争对手退出争夺之机，企图独占我国东北。当时，日本在对我国东北地区施加侵略时，非常重视农业殖民的方式，虽然取得了某些方面的进展，但从总体而言，未能达其目的。日本几经努力，但农业殖民侵略始终成效不大，究其根源，在于来自我国关内移民的强大阻力。时人曾就此指出："帝国主义者垂涎东北，已非一日，其所以迟迟不敢下手者，实有赖于此数十年来移民之力。明乎此，则东北移民在国防上的意义，思过半矣。"[1] 日本在农业殖民侵略方面煞费苦心、无所不用其极，但始终成效不大，于是被迫放弃"文装的武备论"，最终悍然发动"九·一八"事变，以武力强行占据我国东北地区。但正因为在此之前移民实边政策的大力推行，关内人民早已根植于关东大地，东北以往人烟稀少、土地虚悬、人地分离、荒凉不治的空虚状况得到彻底改观，尽管日本通过军事侵略之手段暂时占领了我国东北全境，并炮制伪"满洲国"，企图变"满蒙"为其殖民地，但由于中国主体民族在东北定居垦殖的事实，充分证明了东北地区早已成为中国不可分割的组成部分，事实俱在，毫无争议，《国联调查团报告书》就明确指出了这一点，[2] 这成为粉碎日本罪恶图谋的最为关键而重要的因素，日本对我国东北的军事占领也因此仅维持了短短十余年的时间。若将19世纪五六十年代帝俄与20世纪三四十年代日本对我国东北地区施加侵略加以比较，其结果一成一败，根本原因就在于由于"虚边"与"实边"两种不同的治边策略，导致东北地区之面貌迥然不同："虚边"必将导致边疆地区满目荒凉、空虚异常，应对边患无能为力，而"实边"则地辟民稠、等同内地，对于外来侵略具有天然的抵抗作用。

不能否认，自古以来，中国版图不断扩大的过程，就某种意义而言，是汉民族不断向周边地区辐射先进文化、施政理念与生产方式，使周边地区不断受其浸润从而实现汉化的过程，东北边疆面貌的巨大变迁亦是如此。由于汉民族的大量迁入，东北边疆地区逐渐摆脱了中国边缘化的落后地位，由先前以渔猎、游牧为主的不毛之

---

[1] 王海波：《东北移民问题》，中华书局1932年版，第30页。
[2] 针对日本妄称由于中国人在东北稀少而导致当地荒凉不治，日本因而在"开发满蒙"方面"贡献颇多"之谬论，我国在致国联调查团之备忘录中严正指出，"东三省之繁荣基于农业，每年农产，价值二十万万元，等于日本投资之总数。此为三千万勤勉之中国人辛苦劳作之成果，得之于外来之助力者绝少。"——转引自吴希庸《近代东北移民史略（初稿）》，国立东北大学东北史地经济研究室编辑发行：《东北集刊》第2期，国立东北大学印刷所1941年石印本，第46页。我国的严正声明符合实际情况，因此被国联调查团采信。

地转化为以农耕经济为主、并带动工商业等各种产业逐渐发展、趋于发达的繁盛之区，文明开化、社会发展，甚至不再具有一般边疆地区的概念，这一点为世人所公认。东北移民实边政策之实施及其成效，对于当今如何有效治理广大的边疆地区，仍然具有非常重要的现实借鉴意义。

参考文献

一 档案

(一) 未刊

辽宁省档案馆藏,奉天省长公署全宗,全宗号：JC10。
辽宁省档案馆藏,奉天官地清丈局全宗,全宗号：JC12。
辽宁省档案馆藏,奉天省财政局全宗,全宗号：JC12。
吉林省档案馆藏,吉林垦植分会全宗,全宗号：131。
中国第二历史档案馆藏,农商部全宗,全宗号：1038。
中国第二历史档案馆藏,财政部全宗,全宗号：1027。

(二) 已刊

中国第一历史档案馆编：《光绪朝硃批奏折》第93辑（农业·屯垦耕作），中华书局1996年版。

中国第一历史档案馆编：《清代中俄关系档案史料选编》第3编下册，中华书局1981年版。

中国第二历史档案馆整理编辑：《政府公报》，上海书店1988年影印本。

黑龙江省档案馆编：《黑龙江设治》，1985年内部发行。

黑龙江省档案馆、黑龙江民族研究所编：《黑龙江少数民族档案史料选编（1903—1931）》，1985年内部发行。

辽宁省档案馆编：《"九·一八事变"档案史料精编》，辽宁人民出版社 1991 年版。

辽宁省档案馆、辽宁社会科学院编：《"九·一八事变"前后的日本与中国东北——满铁秘档选编》，辽宁人民出版社 1991 年版。

台北"中央研究院"近代史研究所编印：《中日关系史料·二十一条交涉（民国四年至五年）》（下），台北"中央研究院"近代史研究所发行 1985 年版。

台北"中央研究院"近代史研究所编印：《中日关系史料·东北问题（民国六年至十六年）》（一），台北"中央研究院"近代史研究所发行 1989 年版。

台北"中央研究院"近代史研究所编印：《中日关系史料·东北问题（民国六年至十六年）》（二），台北"中央研究院"近代史研究所发行 1990 年版。

台北"中央研究院"近代史研究所编印：《中日关系史料·东北问题（民国六年至十六年）》（三），台北"中央研究院"近代史研究所发行 1991 年版。

台北"中央研究院"近代史研究所编印：《中俄关系史料·东北边防（民国六年至八年）》（一），台北"中央研究院"近代史研究所发行 1960 年版。

陟墙、刘敏：《章炳麟出任东三省筹边使档案史料选》，《历史档案》1991 年第 1 期。

二 地方志

王树楠、吴廷燮、金毓黻等编撰，东北文史丛书编辑委员会点校出版：《奉天通志》，沈阳古旧书店 1983 年版。

万福麟监修，张伯英总纂，崔重庆等整理：《黑龙江志稿》，黑龙江人民出版社 1992 年版。

魏声龢：《鸡林旧闻录》，1913 年版。

魏声龢：《吉林地志》，原吉东印刷社 1913 年版，此据姜维公、刘立强主编"中国边疆研究文库·初编（东北边疆 卷八）"本，黑龙江教育出版社 2014 年版。

刘爽：《吉林新志》，远东编译社 1934 年增订版。

（民国）赵恭寅、曾有翼纂，民国六年铅印本影印：《沈阳县志》（一），（台北）成文出版社有限公司 1974 年版。

孙蓉图修，徐希廉纂：《瑷珲县志》，原民国九年线装铅印本，此据李兴盛主编：《黑水丛书》本之十一，黑龙江人民出版社 2006 年版。

孟定恭：《布特哈志略》，据姜维公、刘立强主编"中国边疆研究文库·初编（东北边疆 卷十一）"本，黑龙江教育出版社 2014 年版。

《呼伦贝尔志略》，所用版本有两种，分别是：程廷恒鉴定，张家璠总编纂：《呼伦贝尔志略》，上海太平洋印刷公司 1923 年版；程廷恒修，张家璠纂：《呼伦贝尔志略》，李兴盛主编：《黑水丛书》本之十一，黑龙江人民出版社 2006 年版。

《黑龙江通北设治局通志》，未明确注明版权及出版时间。

三　资料汇编

张本政、刘家磊、马国彦、林世慧、毕万闻编：《东北大事记（1898—1931）》，中国人民政治协商会议吉林省委员会文史资料研究委员会 1985 年编辑出版。

黑龙江省档案馆、哈尔滨师范大学历史系编：《黑龙江历史大事记（1912—1932）》，黑龙江人民出版社 1984 年版。

吉林省档案馆编：《吉林省大事记（1912—1931）》，1988 年内部发行。

哈尔滨市地方史研究所编：《哈尔滨历史编年（1896—1926）》，1980 年发行。

曲友谊、安崎：《远东资料——〈远东报〉摘编（1916—1921）》（上），哈尔滨市地方史研究所 1980 年发行。

吕一燃编：《北洋政府时期的蒙古地区历史资料》，黑龙江教育出版社 2014 年版。

陈春华编译：《俄国外交文书选译——关于蒙古问题》，黑龙江教育出版社2013年版。

孟广耀主编：《中俄关系资料选编·近代蒙古部分》（下），内蒙古语文历史研究所1976年内部发行。

章有义编：《中国近代农业史资料》第2辑（1912—1927），生活·读书·新知三联书店1957年版。

章有义编：《中国近代农业史资料》第3辑（1927—1937），生活·读书·新知三联书店1957年版。

冯和法编：《中国农村经济资料》下册，（台北）华世出版社1978年版。

董慧云、张秀春编：《张学良与东北新建设资料选》，香港同泽出版社1998年版。

杨昭全、孙玉梅编：《中朝边界沿革及界务交涉史料汇编》，吉林文史出版社1994年版。

四 政书

佚名：《宣统政纪》，沈云龙主编：《近代中国史料丛刊三编》第18辑，（台北）文海出版社1968年影印本。

徐世昌：《东三省政略》，（台北）文海出版社1965年影印本。

徐世昌：《退耕堂政书》，沈云龙主编：《近代中国史料丛刊》第23辑，（台北）文海出版社1968年影印本。

姚和锟、汪樾：《吉林边务报告书》，李兴盛等主编：《黑水丛书》本之九，黑龙江人民出版社2003年版。

朱庆澜：《黑龙江政务报告书》，原民国初年线装铅印本，此据李兴盛、齐书深、赵桂荣主编：《黑水丛书》本之八，黑龙江人民出版社2001年版。

何煜：《龙江公牍存略》，（台北）文海出版社1978年影印本。

何煜：《黑龙江垦殖说略》，1915年铅印本。

张寿增：《黑河观察使筹办政务志略》，1914年江省吉庆山房铅印本。

黑龙江省清丈兼招垦总局编：《黑龙江省清丈兼招垦总局计划书》，原
　　1914年铅印本，此据李兴盛、马秀娟主编《黑水丛书》本之七，
　　黑龙江人民出版社1999年版。
《黑龙江公报跋》（土地）。
奉天省官地清丈局：《奉天全省官地清丈局兼屯垦局报告书》下卷，
　　1924年。
奉天省巡按使公署政务厅 财政厅总编辑并发行：《奉天公报》。
吉林省长公署政务厅第一科编辑发行：《吉林公报》。

五 报刊资料

《东方杂志》、《新亚细亚》、《东北新建设》、《吉林农报》、《黑龙江实
　　业月报》、《盛京时报》、《吉长日报》、《晨钟报》——《晨报》、
　　《大公报》（天津版）、《申报》。

六 先行著述与论文

吉林垦植分会：《调查东北路沿疆总纲报告》，民国稿本。
缪学贤：《黑龙江》，原1913年东三省筹边公署铅印本，此据李兴盛、
　　马秀娟主编《黑水丛书》本之七，黑龙江人民出版社1999年版。
徐曦：《东三省纪略》，商务印书馆1915年版。
郭葆琳、王兰馨：《东三省农林垦务调查书》，东京神田印刷所1915年
　　发行。
白眉初：《中华民国省区全志》第2册《满洲三省志》，北京师范大学
　　史地系1924年版。
熊知白：《东北县治纪要》，立达书局1933年版。
钟悌之：《东北移民问题》，日本研究社1931年版。
王海波：《东北移民问题》，中华书局1932年版。
华企云：《满蒙问题》，大东书局1931年版。
陈作椠：《东省韩民问题》，燕京大学政治学系1931年印行。

朱偰：《日本侵略满蒙之研究》，商务印书馆1930年版。

雷殷：《中东路问题》，沈云龙主编：《近代中国史料丛刊三编》第51辑，（台北）文海出版社1989年影印本。

傅角今：《中东铁路问题之研究》，世界书局1929年版。

高良佐：《中东铁路与远东问题》，上海太平洋书店1930年版。

远东外交研究会编辑：《最近十年中俄之交涉》，原民国国际协报社1923年刊本，此据于逢春、高月主编"中国边疆研究文库·初编（综合卷 一）"本，黑龙江教育出版社2014年版。

［日］东亚经济调查局编：《满蒙政治经济提要》，东京改造社昭和七年（1932年）版。

胡秋原等：《东北与日本》，波文书局1979年版。

王芸生：《六十年来中国与日本》，生活·读书·新知三联书店2005年版。

高乐才：《日本"满洲移民"研究》，人民出版社2000年版。

孙春日：《中国朝鲜族移民史》，中华书局2009年版。

中国社会科学院近代史研究所：《沙俄侵华史》第4卷下册，人民出版社1990年版。

薛衔天：《民国时期中苏关系史（1917—1949）》，中共党史出版社2009年版。

徐曰彪编：《中苏历史悬案的终结》，中共党史出版社2010年版。

沈志华主编：《中苏关系史纲》（增订版），社会科学文献出版社2011年版。

吕一燃主编：《中国近代边界史》上卷，人民出版社2013年版。

孙占文：《黑龙江省史探索》，黑龙江人民出版社1983年版。

路遇：《清代和民国山东移民东北史略》，上海社会科学院出版社1987年版。

李德滨、石方：《黑龙江移民概要》，黑龙江人民出版社1987年版。

孔经纬：《中国近百年经济史纲》，吉林人民出版社1980年版。

孔经纬主编：《清代东北地区经济史》，黑龙江人民出版社 1990 年版。

杨余练等编著：《清代东北史》，辽宁教育出版社 1991 年版。

孙运来、沙允中主编：《吉林省边疆民族地区稳定和发展的主要问题与对策》，中央民族大学出版社 1994 年版。

李济棠：《中东铁路》，黑龙江人民出版社 1979 年版。

程维荣：《近代东北铁路附属地》，上海社会科学院出版社 2008 年版。

葛剑雄主编，侯杨方著：《中国人口史》第 6 卷（1910—1953 年），复旦大学出版社 2001 年版。

梁方仲编著：《中国历代户口、田地、田赋统计》，上海人民出版社 1980 年版。

章氏国学讲习会校印：《太炎先生自定年谱》（章氏国学讲习会排印本），上海书店 1986 年影印本。

汤志钧：《章太炎年谱长编》上册，中华书局 1979 年版。

吴希庸：《近代东北移民史略（初稿）》，国立东北大学东北史地经济研究室编辑发行：《东北集刊》第 2 期，国立东北大学印刷所 1941 年石印本。

黄福庆：《论后藤新平的满洲殖民政策》，台北"中央研究院"近代史研究所集刊编辑委员会编辑：《中央研究院近代史研究所集刊》第 15 期上册，台北"中央研究院"近代史研究所 1986 年版。

林明德：《日俄战争后日本势力在东北的扩张》，台北"中央研究院"近代史研究所集刊编辑委员会编辑：《中央研究院近代史研究所集刊》第 21 期，台北"中央研究院"近代史研究所 1992 年版。

刘敏、张志强：《章太炎在东北的筹边活动》，《社会科学战线》1991 年第 3 期。

朱玉湘、刘培平：《论"九一八"事变后东北地区的关内移民》，《近代史研究》1992 年第 3 期。

衣保中：《清末民国时期牡丹江地区的土地开发》，《吉林师范学院学报》1991 年第 3、4 期。

衣保中：《民初的吉林垦植分会及其筹边活动》，《中国边疆史地研究》1993年第4期。

刘克祥：《清末和北洋政府时期东北地区的土地开垦和农业发展》，《中国经济史研究》1995年第4期。

毛英萍：《略论民国时期东北的农业经济政策》，《北方文物》1997年第2期。

［日］和田清：《关于"江东六十四屯"问题》（译自昭和十四年五月《东西交涉史论》，《东亚史论薮》），黎光译，《学术研究丛刊》1982年第3期。

［日］会田勉：《川岛浪速与"满蒙独立运动"》，陈仲言译，中国社会科学院。近代史研究所近代史资料编辑组编：《近代史资料》总48号（1982年第2期），中国社会科学出版社1982年版。

［日］栗原健：《第一次和第二次"满蒙独立运动"》（译自日本国际政治学会编：《日本外交史研究——大正时代》，东京1958年版），章伯锋译，邹念之校，中国社会科学院近代史研究所《国外中国近代史研究》编辑部编：《国外中国近代史研究》第3辑，中国社会科学出版社1982年版。

宋嗣喜译：《一九二七年的北满移民运动》（译自哈尔滨出版的《东省杂志》副刊《经济通报》1927年第36—37期，原文作者具体姓氏不详），《黑河学刊》1989年第3期。